株式会社ATKdesign　一級建築士 近藤 岳志

はじめに

２級建築施工管理技士（以下，２級技士）は，建設業法27条に基づく国家資格です。昨今は有資格者が不足していることから，以前にも増して社会的評価を高く受けている資格といえます。

試験は，2021年4月の建設業法第27条の一部改正により，これまで学科・実地試験により合否を判定されてきたものが，第一次検定・第二次検定でそれぞれ総合的に判定されるようになりました。第一次検定のみの合格で「２級技士補」，第一次検定と第二次検定の両方の合格で「２級技士」の称号が付与されます。２級技士合格後は，主任技術者，専任技術者などとして工事現場などで活躍できます。また，２級技士に合格後は，すぐに１級の第一次検定を受検することが可能になり，合格後は１級技士補として監理技術者の補佐ができるようになります。

出題は例年，過去問題に類似した出題が中心となっており，これまでの2級技士の合格率は（年によって振れ幅があるものの）第一次検定で45％前後，第二次検定で50％前後です。

そこで本書では，過去10年間で出題された試験問題の要点を抽出し，第一次検定と第二次検定までを一冊にまとめ，わかりやすい解説に努めました。また，はじめて学習に取り組む読者も視野に入れ，基礎的な知識を身につけられるように考慮しています。

各節末と後半には，過去問題の重要な問題を掲載していますので，知識の定着を確認できます。

本書により，合格の栄光を手にされることを祈念いたします。

目次

第2章　建築施工

第3章　施工管理法

第4章 法規

第二次検定

第1章 施工経験記述

第2章　施工全般

※本書で掲載している過去問題は，本文の表記方法に合わせているため，実際の試験とは一部表現が異なります。

受検案内

技術検定の受検資格の見直し

建設業では、入職者の減少が課題となっていることから、中長期的な担い手の確保・育成などを図ることを目的に技術検定の受検資格の見直しが行われました。令和6年度より施工管理技術検定の受検資格が変更されます。

◆新受検資格での受検イメージ

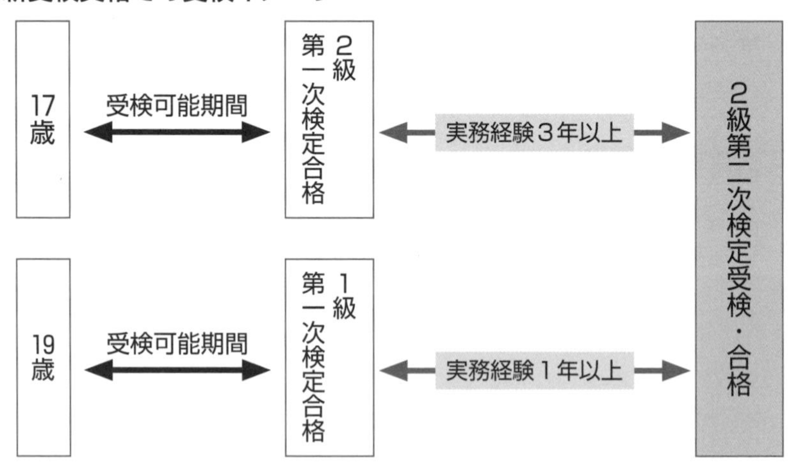

◆経過措置による受検資格

- 令和10年度までの間は、制度改正前の受検資格要件による2次検定が可能
- 令和6年度から10年度までの間に、有効な二次検定受検票の交付を受けた場合、令和11年度以降も引き続き同二次検定を受検可能（旧2級学科試験合格者および同日受検における一次検定不合格者を除く）
- 旧2級学科試験合格者の経過措置については従前通り合格年度を含む12年以内かつ連続2回に限り当該二次検定を制度改正前の資格要件で受検可能

受検資格

受検資格は次の表の通りです。詳細は，一般財団法人建設業振興基金のホームページを参照して下さい。

◆第一次検定

・満17歳以上であること

◆第二次検定

・2級一次検定合格後、実務経験3年以上（建設機械種目については2年以上）

・1級一次検定合格後、実務経験1年以上

・1級建築士試験合格後、実務経験1年以上

◆第一次検定の一部免除の対象等

第一次検定の一部免除については、次の表の通りです。いずれも令和6年以降の入学者または学位認定者に限り、令和11年度以降の検定が対象です。

免除を受けることができる者	免除の範囲
大学の建築学の専門課程卒業者（大学改革支援・学位授与機構により専攻分野を建築学とする学士の学位認定を受けた者、大学院に飛び入学した者を含む）	建築種目の1級および2級の一次検定のうち工学基礎に関する問題
短期大学、高等専門学校、高等学校、中等教育学校の建築学の専門課程卒業者	建築種目の2級の一次検定のうち工学基礎に関する問題

※当該学科が高度な専門教育を行うものであることについて学校が証明し試験機関に届け出たものを適用対象とする。

試験日程

	第一次検定のみ（前期）	第一次・第二次検定
受検申込受付期間	2月上旬	7月上旬～7月下旬
実施日	6月上旬	11月下旬
合格発表日	7月上旬	一次：1月上旬、二次：2月上旬

試験科目・出題形式

◆第一次検定

検定科目	知識能力	解答形式
建築学等	知識	四肢一択（マークシート）
施工管理法	知識	四肢一択（マークシート）
	能力	四肢二択（マークシート）
法規	知識	四肢一択（マークシート）

◆第二次検定

種別	検定科目	知識能力	解答形式
建築	施工管理法	知識	四肢一択（マークシート）
		能力	記述
躯体	躯体 施工管理法	知識	四肢一択（マークシート）
		能力	記述
仕上げ	仕上げ 施工管理法	知識	四肢一択（マークシート）
		能力	記述

問い合わせ先

一般財団法人建設業振興基金　試験研修本部

〒105-0001

東京都港区虎ノ門4丁目2-12　虎ノ門4丁目MTビル2号館

TEL　03-5473-1581　　Mail　k-info@kensetsu-kikin.or.jp

ホームページ　http://www.fcip-shiken.jp/

第一次検定

第1章

建築学等

第1章 建築学等

CASE 1 環境工学

まとめ & 丸暗記　この節の学習内容とまとめ

- □ 二酸化炭素（CO_2）：室内汚染の指標。無味，無臭の気体
- □ 必要換気量（m^3/h）：二酸化炭素濃度を基準としている居室の必要換気量は，一般に成人１人当たり30 m^3/h程度

$$\text{必要換気量}\ Q(m^3/h) = \frac{\text{在室者の}\ CO_2\ \text{発生量}(m^3/h)}{\text{室内}\ CO_2\ \text{許容濃度}(m^3/m^3) - \text{外気}\ CO_2\ \text{濃度}(m^3/m^3)}$$

$$\text{換気回数}\ N(\text{回}/h) = \frac{1\ \text{時間当たりの換気量}\ Q(m^3/h)}{\text{室の容積}\ V(m^3)}$$

- □ 熱貫流率：床，壁，窓などの部位の断熱性能を表す値で，この値が大きいほど熱が伝わりやすく，断熱性能が低い
- □ 熱伝達率：固体（壁など）と流体（水，空気など）の間での熱の伝わりやすさを表す値で，伝達する表面にあたる風速が大きいほど，熱伝達率は大きくなる
- □ 終日日影：建物などにより，１日中日影になる部分
- □ 終日日射量：冬至における終日日射量は，南向きの鉛直面が他のどの向きの鉛直面よりも大きい
- □ 昼光率：全天空照度に対する室内のある点の照度の比
- □ 均斉度：作業面の最低照度の最高照度に対する比
- □ 床衝撃音：軽量床衝撃音と重量床衝撃音がある
- □ 純色：各色相の中で最も彩度の高い色をいう

換気・通風

1 空気汚染物質

室内では，さまざまな汚染物質が発生し，発生量によっては，人体に影響が出ることがあります。

一酸化炭素（CO）	無味，無臭で無色の猛毒な気体。酸素が不十分な環境で炭素を燃焼させた際，不完全燃焼により発生
二酸化炭素（CO_2）	無味，無臭の気体。室内汚染の指標とされ，炭素の完全燃焼により発生
浮遊粉じん	喫煙による空気汚染の原因の１つ

2 換気の分類

換気は，大きく分けて**自然換気**と**機械換気**があります。

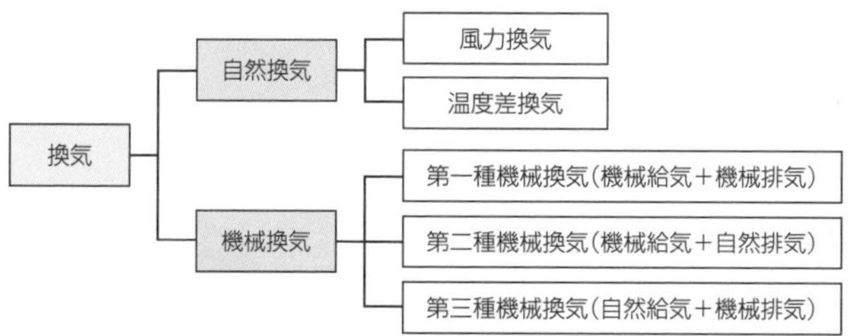

3 自然換気

自然換気とは，風や温度といった自然の力によって換気する方法で，**風力換気**と**温度差換気**があります。

ホルムアルデヒド
建材，家具，壁紙などの接着剤に含まれ，許容量は0.1 mg/m^{3}以下です。

通風
室内を風が通り抜けることを通風といい，もっぱら夏季の防暑対策として利用されます。

熱交換器
冷暖房時に換気する熱損失，熱取得を軽減するために用いられます。

空気齢
空気が流入口から室内のある点まで到達するのに要する時間のこと。

①風力換気

風による室内外の気圧の差（圧力差）による換気です。風上側と風下側に外部開口部をもつ室における風力による自然換気量は，風向きが一定であれば，外部風速が速いほど大きくなります。

②温度差換気

暖かい空気は軽く，冷たい空気は重いため，外部との圧力差から，下部より給気，上部より排気する換気です。温度差の換気量は，開口部の高低差や温度差が大きいほど換気量は多くなります。

4 機械換気

機械換気は，ファンなどの機械設備によって換気する方法で，給気と排気の方式から3種類があります。

①第一種機械換気方式（機械給気＋機械排気）

給気，排気の両方に送風機などの機械を用いる方式です。室内圧・室内気流を自由に設定・調整でき，地下街，劇場など外気から遮断された大きな空間の換気に適しています。

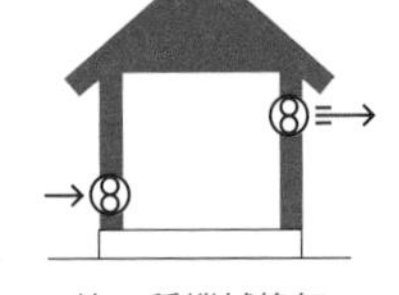
第一種機械換気

②第二種機械換気方式（機械給気＋自然排気）

機械で強制的に室内に空気を送り込み，自然排気口から排出する方式です。室内の圧力は正圧となり，手術室やクリーンルームなどに用いられます。

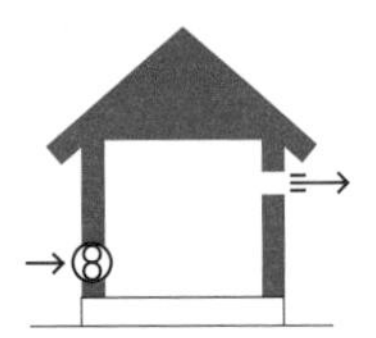
第二種機械換気

③第三種機械換気方式（自然給気＋機械排気）

室内の空気を機械で強制的に排気し，自然給気口から外気を取り入れる方式です。室内の圧力は負圧となり，便所，浴室，厨房などに用いられます。

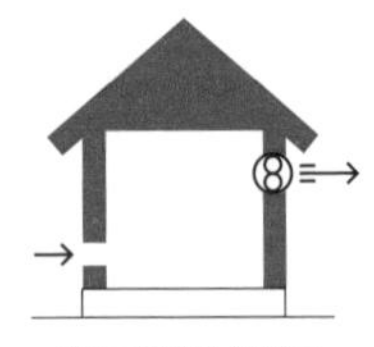
第三種機械換気

⑧…換気扇

5 必要換気量

室内汚染物質濃度を許容濃度以下に保つために必要な最小の換気量を必

要換気量といいます。

二酸化炭素濃度を基準とした居室の必要換気量は，一般に成人1人当たり30 m^3/h程度として算出し，在室者の人数に関係します。

必要換気量 $Q(m^3/h)$ ＝

$$\frac{\text{在室者の }CO_2\text{ 発生量}(m^3/h)}{\text{室内 }CO_2\text{ 許容濃度}(m^3/m^3)-\text{外気 }CO_2\text{ 濃度}(m^3/m^3)}$$

換気回数は，室内の空気が1時間に何回入れ替わるかを表し，室の容積で割った値です。

換気回数 N(回 /h) ＝

$$\frac{\text{1時間当たりの換気量 }Q(m^3/h)}{\text{室の容積 }V(m^3)}$$

全般換気
室内全体の空気を外気によって希釈しながら入れ替える換気方式のこと。

局所換気
局所的に発生する汚染物質を発生源近くで，捕集して排出する換気方式のこと。

チャレンジ問題！

問1　難 **中** 易

換気に関する記述として，最も不適当なものはどれか。

(1) 室内空気の二酸化炭素の濃度は，室内の空気汚染の程度を表す指標として用いられている。

(2) 室内外の空気の温度差による自然換気では，温度差が大きくなるほど換気量は多くなる。

(3) 事務室における必要換気量は，室の容積でその値が変動し，在室者の人数に関係しない。

(4) 第一種機械換気方式は，地下街や劇場など外気から遮断された大きな空間の換気に適している。

解 説

必要換気量は，在室者のCO_2発生量により変化するため，在室者の人数に関係します。

解答 (3)

伝熱・結露

1 伝熱

熱は，高温側から低温側に熱伝導，熱貫流，熱伝達によって移動しますが，この移動を伝熱といいます。

熱伝導率	材料の熱の伝わりやすさを表したもの。同じ材料でも含湿率の増加したものや，密度が大きい材料ほど，熱伝導率が大きくなる。また，熱伝導率の逆数を熱伝導抵抗といい，材料の厚さが同じ場合，グラスウール[※1]のほうがコンクリートより大きくなる。
熱貫流率	床，壁，窓などの部位の断熱性能を表す値。この値が大きいほど熱が伝わりやすく，断熱性能が低い。熱貫流率の逆数を熱貫流抵抗という。
熱伝達率	固体(壁など)と流体(水，空気など)の間での熱の伝わりやすさを表す値。この値が小さいほど熱が伝わりにくい。壁表面が粗なほど，また伝達する表面にあたる風速が大きいほど，熱伝達率は大きくなる。

2 断熱

断熱とは，熱が伝わらないようにすることをいいます。

①空気層の熱抵抗

熱の伝えにくさを示す数値を**熱抵抗**といい，空気層の熱抵抗は，厚さ20～30 mm程度まで**比例して増加**しますが，それ以上はほとんど変化しません。

②外断熱と内断熱

建物の外部に面する部分に，包み込むように**断熱材を施工**する構法を外断熱，建物の**内側**に**断熱材を施工**する構法を内断熱といいます。

3 結露

結露とは，空気中の水蒸気[※2]が冷やされて水滴となって現れる現象です。結露防止には，室内の換気を行ったり，室内の水蒸気発生の抑制，壁体の温度の上昇，室内側の壁体表面に近い空気の流動，熱橋という熱が逃げやすい部分（ヒートブリッジ）の断熱性を高めることが有効です。

①表面結露

室内側の壁体表面の温度が室内の露点[※3]温度より低い場合に，壁体表面近くの水蒸気が露点以下に冷やされ，表面に水滴が付着する現象です。

②内部結露

外部に面する壁体の内部で結露する現象です。

※1
グラスウール
ガラスを主原料とした線状の断熱・吸音材。

※2
水蒸気
乾燥空気と共存できる水蒸気の量は，気温が低いときよりも高いときの方が多いです。

※3
露点温度
絶対湿度を一定に保ったまま，空気を冷却した場合，相対湿度が100％となる温度のこと。

チャレンジ問題！

問1　難　**中**　易

冬季暖房時における外壁の室内側表面の結露防止対策に関する記述として，最も不適当なものはどれか。

(1) 室内の換気をできるだけ行わない。
(2) 室内の水蒸気の発生を抑制する。
(3) 室内側表面に近い空気を流動させる。
(4) 外壁の断熱性を高める。

解　説

結露防止には，室内の換気を行うことが有効です。

解答（1）

日照・日影・日射

1 日照

日照とは，太陽の直射光が地表を照らしている状態のことをいいます。実際に日が照った時間を**日照時間**といい，日の出から日没までの時間を**可照時間**といいます。また，可照時間に対する日照時間の比を**日照率**といい，日照のあった割合を表します。太陽が真南にくる時刻を**南中時**といいます。また，太陽の南中から次の南中までの時間を**真太陽日**といいます。

$$日照率 = \frac{日照時間}{可照時間} \times 100(\%)$$

壁面の方位と可照時間

壁面の方位	夏至	春・秋分	冬至
南面	7時間　0分	12時間0分	9時間32分
東西面	7時間14分	6時間0分	4時間46分
北面	7時間28分※	0分	0分

※日の出直後と日の入り直前の合計

2 日影

日影とは，建物によって直射光が遮られてできる影のことをいい，1日中日影になる部分を**終日日影**といいます。**夏至に終日日影となる部分は**，1年を通じて日影となるので**永久日影**といいます。

3 日射

日射とは，太陽からの放射エネルギーのことです。**直達日射**[※4]と**天空日射**[※5]の2つに大別され，両者の日射量[※6]の合計を**全天日射量**といいます。

1日分の日射量を合計したものを**終日日射量**といいます。各方面の鉛直壁面・水平面を下図に示します。例えば，冬至における終日日射量は，南向きの鉛直面が他のどの向きの鉛直面よりも大きいことが分かります。

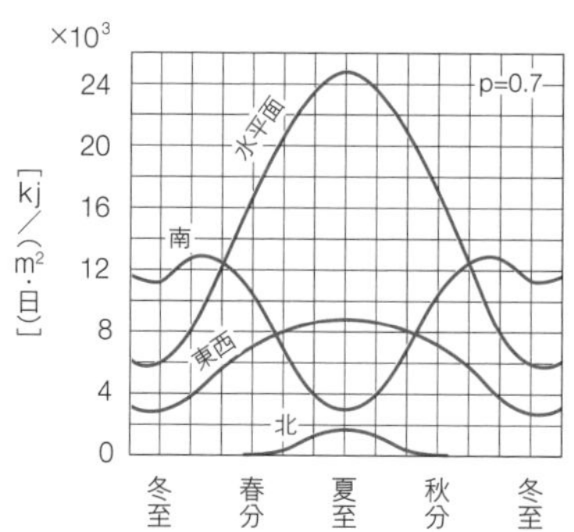

各方面の鉛直壁面・水平面の終日日射量(北緯35度)

※4
直達日射
太陽から直接地表面に到達した日射量のこと。大気透過率が高いほど強くなります。

※5
天空日射
日射が大気中で散乱した後，地表に到達する日射量のこと。大気透過率が高くなるほど弱くなります。

※6
日射量
ある面が単位面積当たり単位時間内に受ける熱量で表されます。

チャレンジ問題！

問1　難　中　易

日照および日射に関する記述として，最も不適当なものはどれか。

(1) 北緯35度付近の冬至における終日日射量は，南向きの鉛直面が他のどの向きの鉛直面よりも大きい。

(2) 日照時間は，日の出から日没までの時間をいう。

(3) 北緯35度付近の夏至における終日日射量は，東向きの鉛直面よりも水平面の方が大きい。

(4) 大気透過率が高くなるほど，直達日射が強くなり，天空日射は弱くなる。

解説

日の出から日没までの時間を可照時間といいます。

解答 (2)

採光・照明

1 採光と照明

①採光

採光とは，昼光照明ともいい，昼光（太陽の光）を光源とします。

窓が高い位置にあるほど採光上有利になり，天窓は同じ面積の側窓の3倍の採光量があります。

②照明

主に電気エネルギーを用いた人工光源による照明で，人工照明ともいいます。自然採光に比べ一定の明るさを保ちやすく，色温度が高くなるほど**青白い光色**となります。単位はK（ケルビン）です。

点光源による照度は，光源からの距離の2乗に**反比例**します。

●照明の方式

光天井照明は，室内の照度分布が均等になり，照明による影がやわらかくなります。また，直接照明は，間接照明よりも**陰影が濃く**なります。

全般照明と局部照明を併せて行う方式をタスク・アンビエント照明といいます。全般照明と局部照明を併用する場合，全般照明の照度は，局部照明による照度の$\frac{1}{10}$以上とするのが望ましいです。

2 光の単位と昼光率

昼光を光源とする照明を採光（昼光照明）といいます。光の単位を次の表に示します。

測光量	単位	定義
光束（F）	lm（ルーメン）：lm	単位時間当たりの発散，透過または入射する光のエネルギー量
光度（I）	cd（カンデラ）：lm/sr	光源からある方向に向かう単位立体角に含まれる光束の大きさ（光の強さ）

照度（E）	lx（ルクス）：lm/m²	単位面積当たりに入射する光束
輝度（L）	cd/m²：lm/m²・sr	発光体の単位面積当たりの明るさ

昼光とは太陽の光のことで，直射光と天空光に分けられます。大気層を通過して直接地上に到達する光を直射光といい，大気層で拡散，乱反射してから地上を照らす光を天空光といいます。室内の採光計画には，一般に天空光を利用します。昼光率は，全天空照度に対する室内のある点の照度の比で，屋外の明るさが変化しても昼光率は変化しません。周囲に障害物のない開放された場所での直射日光を除いた天空光だけの水平面照度を全天空照度といいます。

$$昼光率 D = \frac{室内のある点の水平面照度 E(\mathrm{lx})}{屋外の全天空照度 Es(\mathrm{lx})} \times 100(\%)$$

均斉度
室内の照度分布の均一性を表す指標で，最高照度に対する最低照度の比で表されます。

グレア
高輝度な部分や極端な輝度対比などによって感じるまぶしさのこと。

演色性
物の色の見え方に影響を与える光源の性質をいいます。

基準昼光率
居間より事務所の方が高いです。

チャレンジ問題！

問１ 難 **中** 易

照明に関する記述として，最も不適当なものはどれか。

(1) 光源の光色は色温度で表され，単位はK（ケルビン）である。
(2) 一般に直接照明による陰影は，間接照明と比べて濃くなる。
(3) 照度は，点光源からある方向への光の強さを示す量である。
(4) タスク・アンビエント照明は，全般照明と局部照明を併せて行う方式である。

解説

照度は，単位面積当たりに入射する光束をいいます。

解答（3）

音響

1 音の基本的性質

音は，音源から発生した空気の振動のことです。振動数が多いと高い音，振動数が少ないと低い音に聞こえます。

①音圧レベルと回折現象

音の物理的な強さは，音の通過により空気中に生じる圧力を示す**音圧レベル**で表すことができ，dB（デシベル）を用います。音の強さには性質があり，音の強さが$\frac{1}{2}$になると**3**dB**減少**し，音源からの距離が**2倍**になるごとに約**6** dBずつ**減衰**，また，音の進む方向に音源からの距離の**2乗**に**反比例**します。

また，音波が障害物の背後へ回り込む現象を**回折現象**といいます。

②マスキング（隠ぺい作用）効果

聞こえている音が，他の大きな音により聞こえにくくなることを**マスキング効果**といいます。相互の音の周波数が近いほど効果は大きくなります。

2 遮音・吸音

遮音は，音を透過させないようにすることです。**固く密な材料ほど高音域の遮音効果が高く**，単層壁で同じ材料の場合，厚さが厚いものほど，**透過損失も大きく**なります。**吸音**は，壁体などに入射する音を吸収または透過させ，反射させないようにすることです。**多孔質材料**[※7]**は高音に対してよく吸音**します。**吸音率**とは，入射する音のエネルギーに対する反射音以外の音のエネルギーの割合です。

3 残響・反響

残響とは音が鳴った後，室内に音が残る現象をいい，音源が停止してから音圧レベルが60 dB減衰するのに要する時間を残響時間といいます。残響時間は，室容積に比例し，室内の総吸音力に反比例します。音の到達時間がずれ，二重に聞こえる現象をエコー（反響）といいます。

※7
多孔質材料
小さい空孔が無数にある材料のこと。多孔質ガラス，活性炭などがあります。

最適残響時間
講演を主とする室の最適残響時間は音楽ホールに比べて短いです。

騒音防止対策
遮音による騒音防止の効果を上げるには，壁や窓などの透過損失の値を高めます。

4 騒音

不快や苦痛を感じる音を騒音といいます。騒音は，一般に空気伝搬音と固体伝搬音とに分けられます。また，床衝撃音には，軽量床衝撃音と重量床衝撃音があります。音が人に与える不快感やうるささの程度はNC曲線で表し，NC値が大きいほどうるさいと感じます。

チャレンジ問題！

問1　難　**中**　易

音に関する記述として，最も不適当なものはどれか。

(1) 1点から球面状に広がる音源の場合，音源からの距離が2倍になると，音の強さのレベルは約6 dB 減少する。

(2) 残響時間は，室内の仕上げが同じ場合，室の容積が大きいほど長くなる。

(3) 同じ機械を同じ出力で2台運転した場合，1台を止めると，音の強さのレベルは約3 dB減少する。

(4) 単層壁の透過損失は，同じ材料の場合，厚さが厚いものほど小さくなる。

解　説

透過損失は，材料の厚さが厚いものほど大きくなります。

解答（4）

色彩

1 マンセル表色系

色の表し方を表色系といいます。マンセル表色系は，表色系の1つで，色彩を色相，明度，彩度の3要素で表します。表示方法は「5RP3/8」のようにし「5RP」は色相，「3」は明度，「8」は彩度を表します。

色相 （ヒュー）	R（赤），Y（黄），G（緑），B（青），P（紫）の5色相と，その中間となるYR（黄赤），GY（黄緑），BG（青緑），PB（青紫），RP（赤紫）を加えた10色相で構成されている
明度 （バリュー）	色の明るさの度合いを表し，その色の反射率0％を黒色（明度0），反射率が100％を白（明度10）の10段階に分割している
彩度 （クロマ）	色の鮮やかさの度合いを表し，鮮やかさが増すほど，値が大きくなる。最高彩度は色相や明度によって異なる。 純色とは，各色相の中で最も彩度の高い色をいい，純色に白または黒を混色してできる色を，清色という

2 色の表示と対比

色の表示方法として，無彩色，有彩色があり，色の対比として補色や，面積の大小によって，それぞれ色の見え方が変わります。

無彩色は，白，灰色，黒などのように色味がなく，明るさの程度で色の違いを表します。表記方法は記号Nと明度を使用します。また，無彩色以外のすべての色を有彩色といい，色相，明度，彩度をもちます。

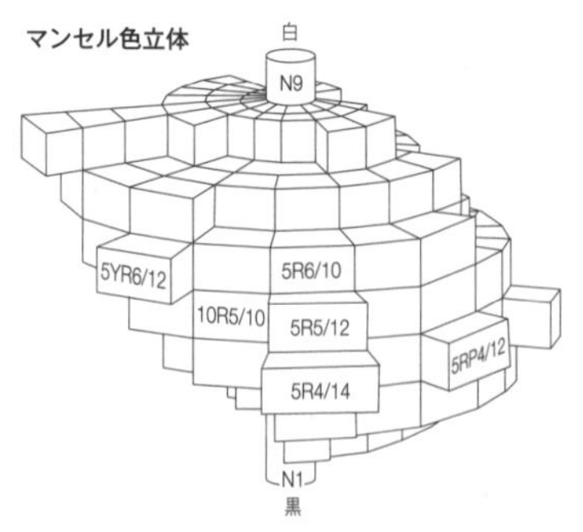

①**補色対比**

2つの色を混合すると**無彩色（灰色）**になる色で，マンセル色相環で向かい合った色が補色の関係となります。補色を並べると，互いに彩度を高め合い，両方とも鮮やかに見えます。

②**面積対比**

面積の大きいものほど，明度も彩度も高く見えます。

③**膨張色と収縮色**

色の膨張や収縮の感覚は，一般に**明度が高い色ほど膨張**して見え，**明度が低いほど収縮**して見えます。

④**色彩効果**

色の温度感覚では，赤，橙，黄などの暖かく感じる色を暖色，青などの冷たく感じる色を寒色といいます。また，それらに属さない色を**中性色**といいます。

上部を明度の高い色，下部を明度の低い色で塗り分けると，**安定感**が生じます。

色の進退感覚

暖色系の色は進出的（近くに見える），寒色系の色は後退的（遠くに見える）に感じます。

色の派手・地味の感覚

色の派手，地味の感覚は，一般に明度や彩度が高いほど，派手に感じられます。

チャレンジ問題！

問1　難　中　**易**

色に関する記述として，最も不適当なものはどれか。

(1) 一般に明度や彩度が高いほど，派手に感じられる。
(2) 純色とは，各色相の中で最も明度の高い色をいう。
(3) 無彩色とは，色味をもたない明度だけをもつ色をいう。
(4) 色の温度感覚には，暖色や寒色と，それらに属さない中性色がある。

解説

純色とは，各色相の中で最も彩度の高い色をいいます。

解答（2）

第1章  建築学等

CASE 2 構造力学

まとめ & 丸暗記　この節の学習内容とまとめ

□ 力のモーメント：物体に回転を起こさせる力

$$M = P \times \ell$$

M:モーメント　P:作用する力
ℓ:基準点から力の作用点までの距離

□ 力のつり合い条件：
垂直方向（Y方向），水平方向（X方向）の合力が0，力のモーメントの和が0の状態のとき，力がつり合っている

$$\Sigma X = 0 \quad \Sigma Y = 0 \quad \Sigma M = 0$$

□ 集中荷重と等分布荷重のせん断力図と曲げモーメント図：

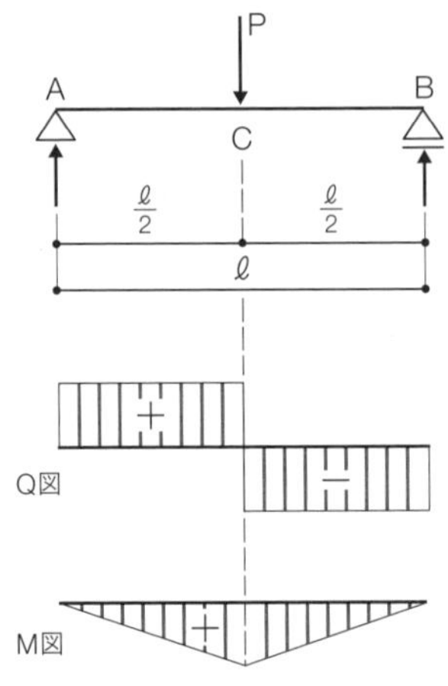

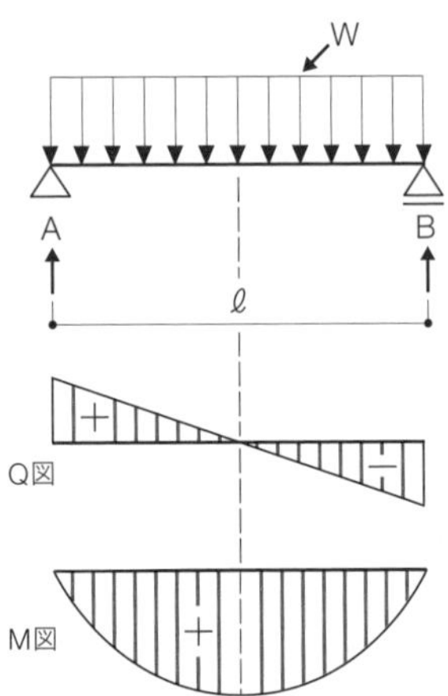

□ クリープ：一定の大きさの持続荷重によって，ひずみが時間とともに増大する現象をいう

□ 風圧力：速度圧に風力係数を掛けて求める。風力係数は，建築物の断面および平面の形状に応じて定められている

力学

1 力

力とは，物体に作用し，物体に加速度を生じさせたり，物体の加速度を変化させるものです。

①力の三要素

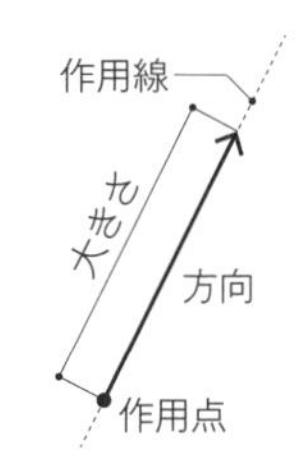

力の大きさ：線の長さで表示

力の方向　：矢印で表示

力の作用点：黒丸・で表示

②力の符号※1

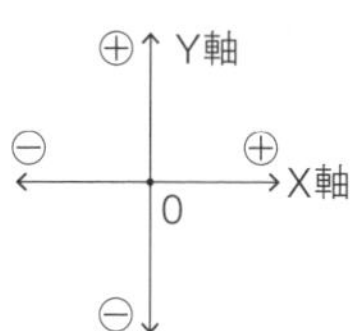

力の符号は座標軸（X軸・Y軸）を基本にして，図のようにX軸は右方向が+，Y軸は上方向が+とします。

③力の合成・分解

複数の力を，これらの力が同時に作用したときと同じ働きをする1つの力に置き換えることを**力の合成**といい，1つに合成された力を**合力**といいます。逆に，1つの力を，これと同じ働きをするいくつかの力に分けることを**力の分解**といいます。

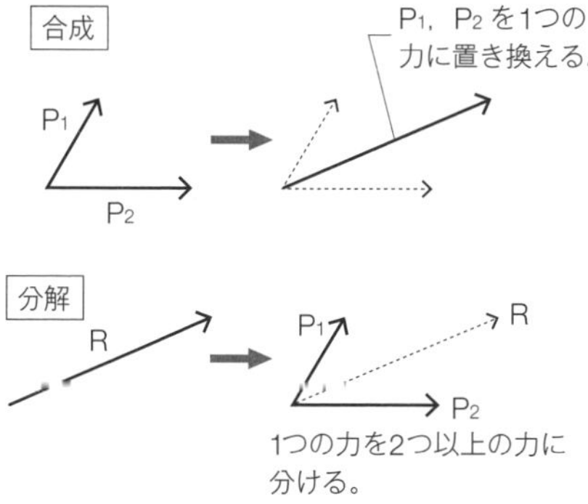

※1
符号について
「力の符号」と「力のモーメントの符号」は考え方が違うので，注意が必要です。

2 力のモーメント

力のモーメントとは，物体に回転を起こさせる力のことで，作用する力と，回転の中心から作用線への垂直距離との積で求めます。よって，力のモーメントは，力の大きさと作用線までの距離に比例します。

$$M = P(\text{力}) \times \ell(\text{距離})$$

M：モーメント　P：作用する力

ℓ：基準点から力の作用点までの距離

●力のモーメントの符号

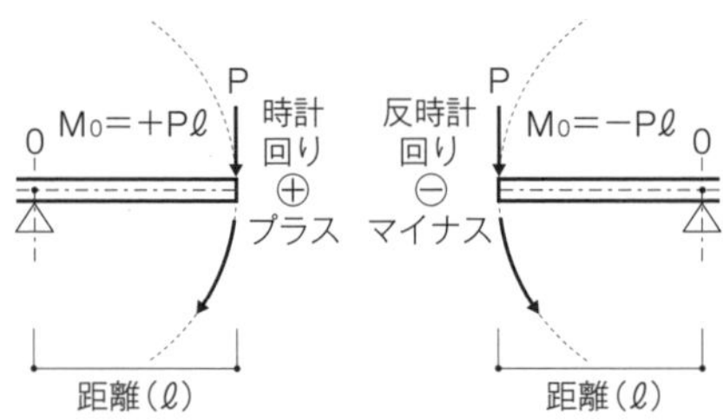

3 力のつり合い

構造物が動かず，回転しない状態は力がつり合っているといえます。

①2つの力のつり合い条件

2つの力が作用する場合，次の条件がすべて成立すれば2つの力はつり合っているといえます。

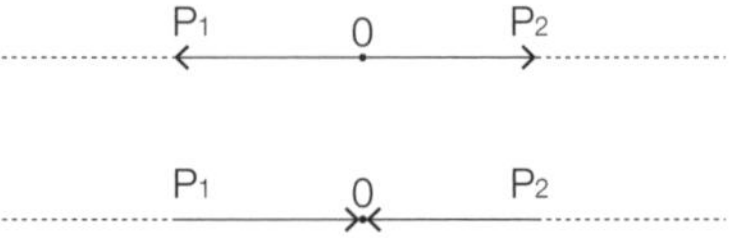

・力の大きさが等しい　・同一作用線上にある　・力の向きが反対

②3つ以上の力のつり合い条件

3つ以上の力が作用する場合，次の図のように，力の始点と終点をつなぎ，閉じた状態を，これらの力はつり合っているといえます。

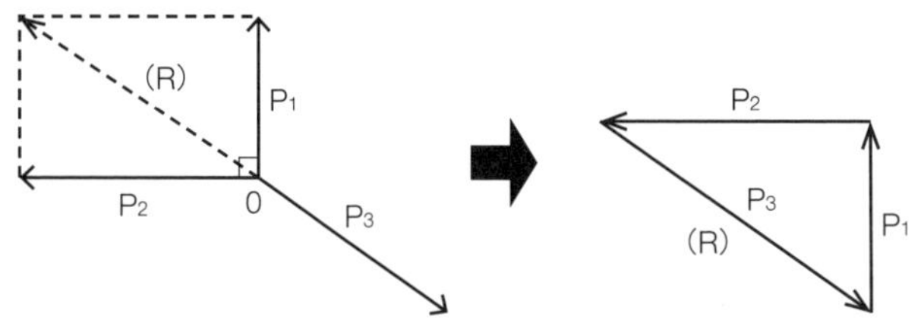

③力のつり合い条件式

垂直方向（Y方向），水平方向（X方向）の合力が0，力のモーメントの和が0の状態のとき，力がつり合っている状態で，次の式で表されます。

$$\Sigma X=0 \quad \Sigma Y=0 \quad \Sigma M=0$$

4 応力と反力

●応力の種類

荷重が作用する点から支点まで，力が伝達する力を応力といいます。

①軸方向力（N）

部材の軸方向に作用する力で，力の向きによって圧縮力と引張力があります。

②せん断力（Q）

部材をせん断しようとする外力に対抗する一対の力です。

③曲げモーメント（M）

部材を曲げようとする外力に抵抗する一対の力です。

●荷重と反力

構造物には，圧力や外力，重さなど，構造物に作用する荷重が働いており，集中荷重と等分布荷重があります。また，外力を受ける構造物が移動や回転を起こさないように支点を設けたとき，この外力に抵抗する

示力図
力の三角形や多角形の始点と終点が一致した状態の図をいいます。

Σ（シグマ）
総和を示す記号です。

許容応力度
部材の応力度の限界値のこと。

軸方向による応力度

$$\sigma=\frac{N}{A}$$

σ：垂直応力度
N：軸方向力
A：断面積

せん断による応力度

$$\tau=\frac{Q}{A}$$

τ：せん断応力度
Q：せん断力
A：断面積

曲げモーメントによる応力度

$$\sigma_{max}=\frac{M}{Z}$$

σ_{max}：曲げ応力度
M：曲げモーメント
Z：断面係数

ように各支点に働く力を反力といいます。

①集中荷重　**②等分布荷重**

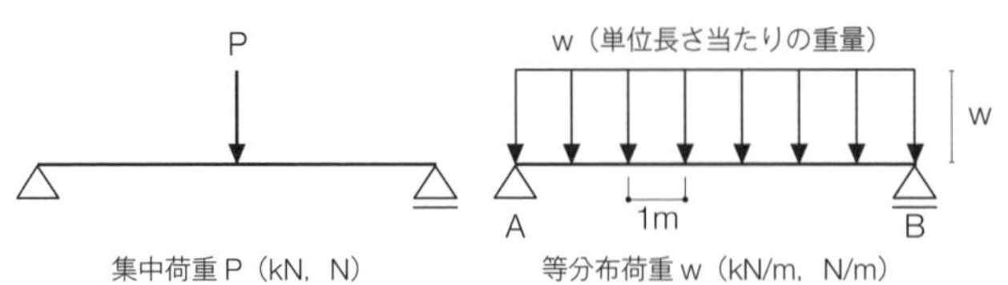

③反力と支点の種類

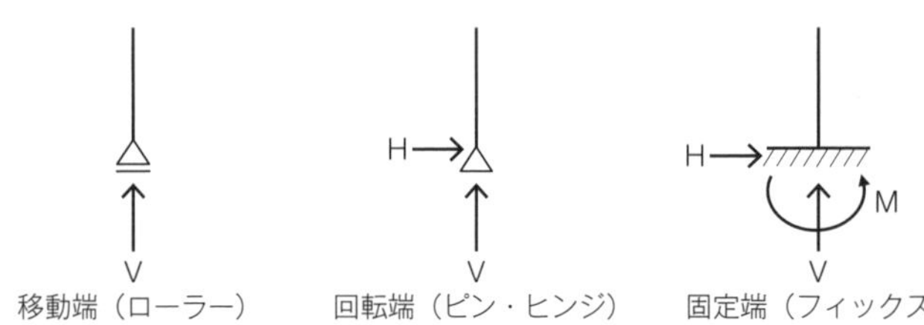

反力 V：鉛直方向
反力 H：水平方向
反力 M：回転方向

節点の種類

名称	記号	特徴
ピン(ヒンジ)節点		・節点は自由に回転する ・モーメントは伝達できない
剛節点		・節点は拘束され回転しない ・RC造などの節点

5 安定構造物と不安定構造物

構造物が任意の外力の作用により，移動したり，形を崩したりすることのない建物を**安定構造物**といいます。一方，その外力の作用により，形を崩し倒れてしまう建物を**不安定構造物**といいます。

①静定構造物と不静定構造物

安定構造物は，**静定構造物**と**不静定構造物**に分かれます。

構造物 ─┬─ 安定 ─┬─ 静定
　　　　│　　　　└─ 不静定
　　　　└─ 不安定 ※構造成立不可

静定構造物は力のつり合い条件のみで反力，応力を求めることができますが，**不静定構造物**は反力の数が4つ以上になり，力のつり合い条件と変形条件などを合わせて考える必要があります。

②安定・不安定の判定式

$m=n+s+a-2k>0$（安定で不静定）

$=0$（安定で静定）

<0（不安定）

n：総反力　s：部材総数

k：総節点数（自由端，支点，節点の合計数）

a：剛接合部材数（節点で剛接合されている部材の数から1を引いた数）

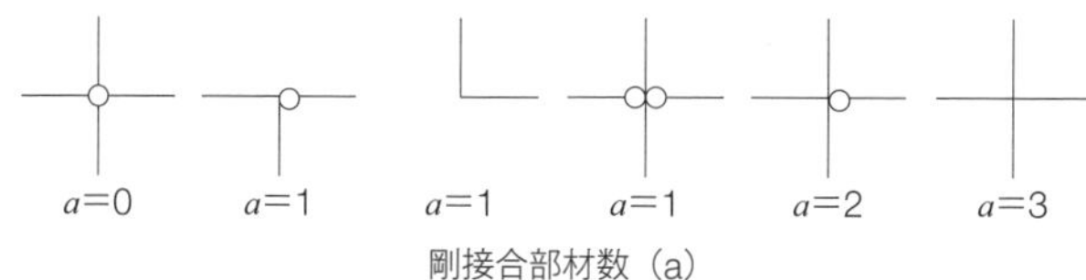

剛接合部材数（a）

座屈荷重

$$P_k=\frac{\pi^2 EI}{l_k^2}$$

P_k：座屈荷重

E：ヤング係数

I：断面二次モーメント

l_k：座屈長さ

6 反力の求め方

反力とは，構造物に作用する荷重に対して支点に生じる力をいい，荷重と反力がすべてつり合っていれば，構造物が成り立ちます。図に示す単純梁の支点A，Bに生じる反力は等分布荷重や等変分布荷重を集中荷重に置き換えて求めます。

図に示す単純梁の支点A, Bに生じる反力を求めよ。

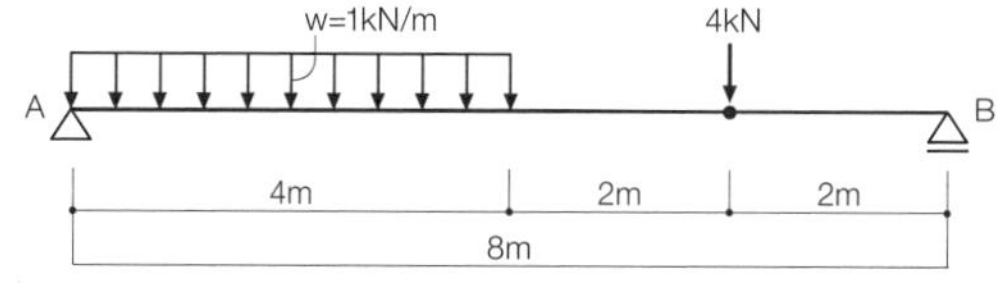

等分布荷重や等変分布荷重は集中荷重に置き換える。

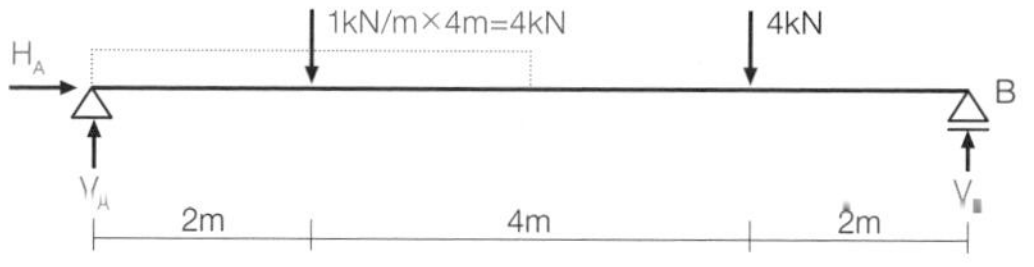

$\Sigma M_A=0$より，$4\,\text{kN}\times 2\,\text{m}+4\,\text{kN}\times 6\,\text{m}-V_B\times 8\,\text{m}=0$

$\therefore V_B = 4\,\mathrm{kN}$

$\Sigma Y = 0$より，$V_A - 4\,\mathrm{kN} - 4\,\mathrm{kN} + V_B = 0$

$\therefore V_A = 4\,\mathrm{kN}$　$\Sigma X = 0$より，$H_A = 0\,\mathrm{kN}$

V_A，V_Bは，いずれも「＋」の値なので，仮定した反力の向きは正しい。

$\therefore H_A = 0\,\mathrm{kN}$　$\therefore V_A = 4\,\mathrm{kN}$（↑）　$\therefore V_B = 4\,\mathrm{kN}$（↑）

7 断面の性質

①断面一次モーメントS（cm^3）

断面積（A）に，基準となる軸から図心までの距離（x_0, y_0）を掛けた値です。断面図形の図心（重心）を求める場合に利用されます。

・X軸に関する断面一次モーメントS（cm^3）

$$S_x = A \cdot y_0$$

・Y軸に関する断面一次モーメントS（cm^3）

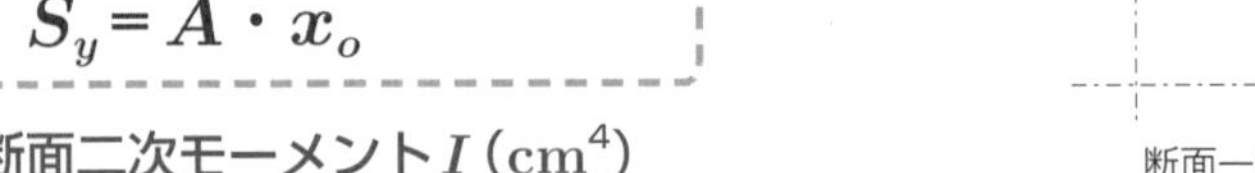

$$S_y = A \cdot x_o$$

断面一次モーメント図

②断面二次モーメントI（cm^4）

断面による部材の曲げ変形のしにくさを表します。Iが大きい部材ほど曲げ変形しにくくなります。

・X軸に関する断面二次モーメントI（cm^4）

$$I_x = \frac{bh^3}{12}$$

b：Y軸に平行な辺
h：X軸に平行な辺

・Y軸に関する断面二次モーメントI（cm^4）

$$I_y = \frac{hb^3}{12}$$

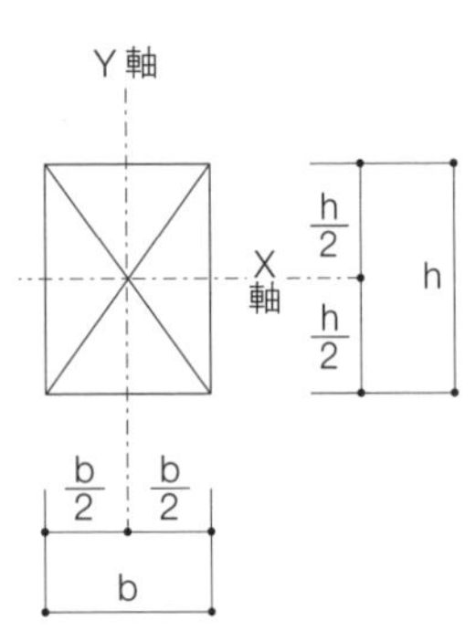

断面二次モーメント図

③断面係数Z（cm^3）

部材の曲げ強さを示します。

・X軸に関する
断面係数Z（cm^3）

$$Z_x = \frac{bh^2}{6}$$

・Y軸に関する
断面係数Z（cm^3）

$$Z_y = \frac{hb^2}{6}$$

8 梁のたわみ・座屈・弾性

①梁のたわみ

梁に荷重が作用したときの曲げ変形をたわみ（δ）で表します。

②座屈[※2]

座屈とは，細長い材の材軸方向に圧縮力が生じているとき，その力がある限界を超えると，その材が安定を失って曲がる現象をいいます。

移動に対する条件	水平移動拘束			水平移動自由	
回転に対する条件	両端ピン	両端固定	一端固定 他端ピン	両端固定	一端固定 他端ピン
座屈形 ℓ：材長 ℓ_b：座屈長さ					
座屈長さℓ_b	ℓ	0.5ℓ	0.7ℓ	ℓ	2ℓ

③弾性と塑性

外力を加えると変形しますが，外力を取り去れば原形にもどる性質を弾性といい，外力を除いても，変形が残る性質を塑性といいます。

※2

座屈
座屈には，圧縮力を受ける圧縮部材の曲げ座屈や，曲げを受ける丈の高い梁の横座屈などがあります。また，他にも局部座屈や圧縮座屈などがあります。

ヤング係数
弾性係数の1つで，垂直応力度σと材軸方向のひずみ度εとの比（σ/ε）をヤング係数といい，材料の変形のしにくさを表す係数です。材料によって異なり，数値が大きいほど変形しにくいです。

ポアソン比
物体の一軸方向に外力が作用するとき，伸びのひずみとそれに対して直角方向に収縮するひずみとの比をいいます。

クリープ
一定の大きさの持続荷重によって，ひずみが時間とともに増大する現象をいいます。

9 応力図（参考）

応力には，軸方向力，せん断力，曲げモーメントがあります。片持ち梁，単純梁などの梁の種類や，集中荷重や，等分布荷重などの荷重条件に応じた代表的な応力図を次に示します。

	荷重条件	せん断力図	曲げモーメント図
片持ち梁	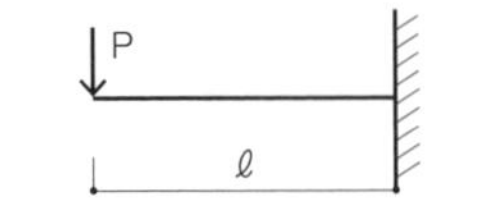 P, ℓ	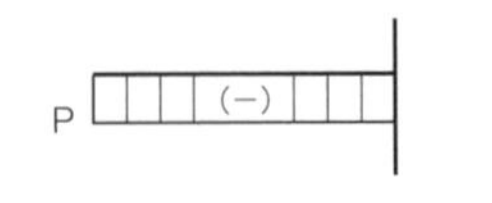 P, (−)	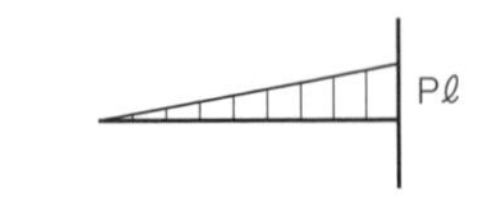 Pℓ
	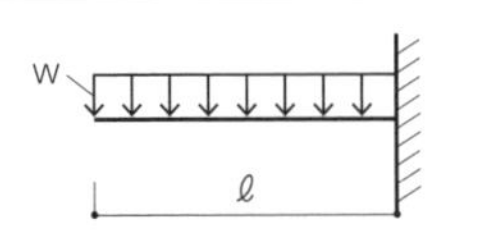 w, ℓ	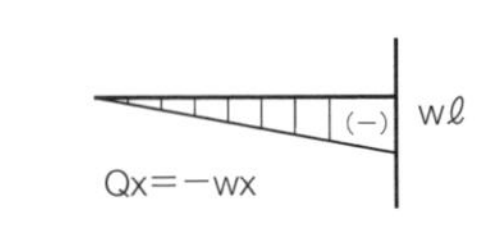 (−), wℓ, Qx＝−wx	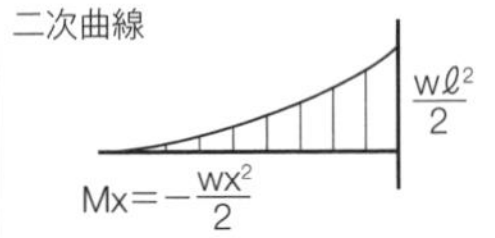 二次曲線, $\frac{w\ell^2}{2}$, Mx＝$-\frac{wx^2}{2}$
	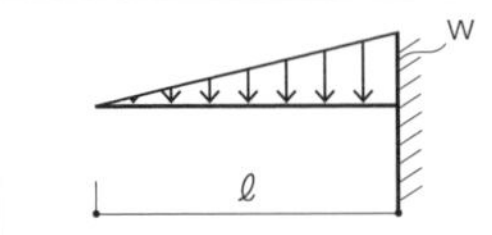 w, ℓ	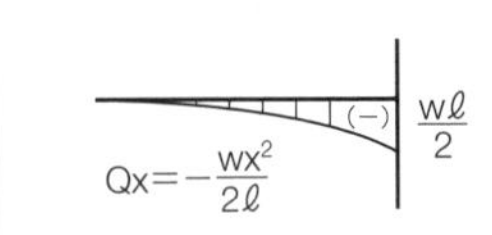 (−), $\frac{w\ell}{2}$, Qx＝$-\frac{wx^2}{2\ell}$	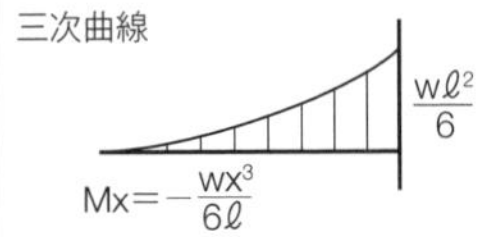 三次曲線, $\frac{w\ell^2}{6}$, Mx＝$-\frac{wx^3}{6\ell}$
	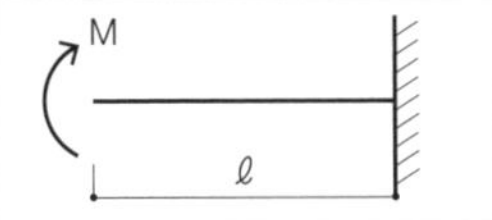 M, ℓ	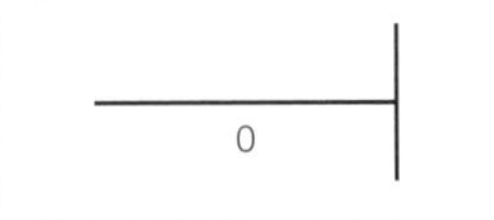 0	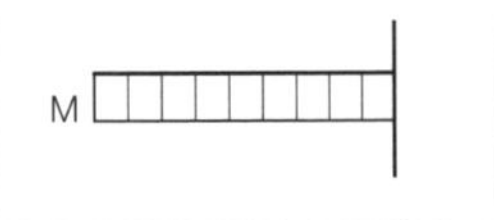 M
単純梁	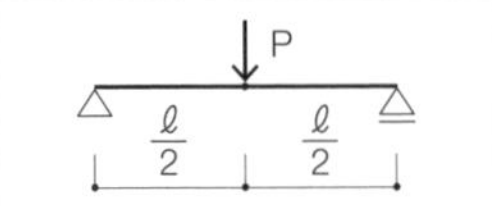 P, $\frac{\ell}{2}$, $\frac{\ell}{2}$	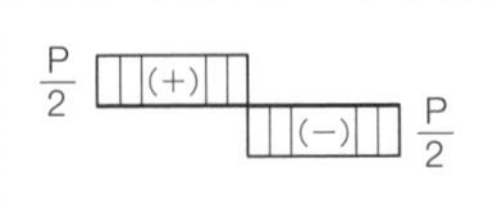 $\frac{P}{2}$, (+), (−), $\frac{P}{2}$	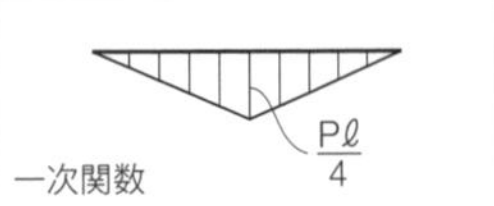 一次関数, $\frac{P\ell}{4}$
	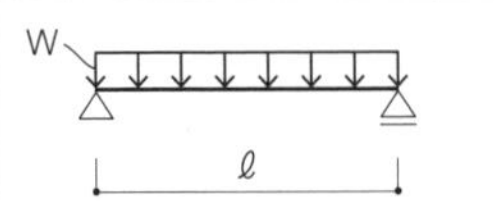 W, ℓ	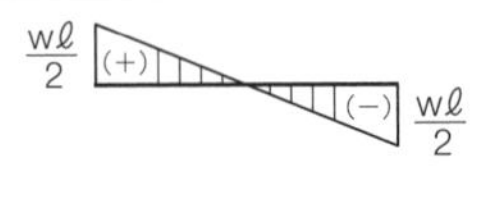 $\frac{w\ell}{2}$, (+), (−), $\frac{w\ell}{2}$	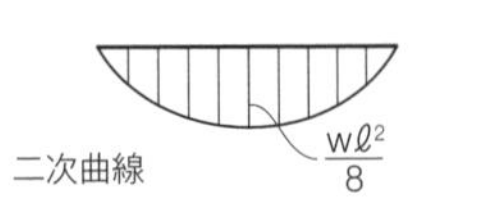 二次曲線, $\frac{w\ell^2}{8}$
	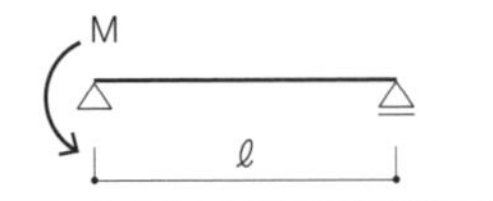 M, ℓ	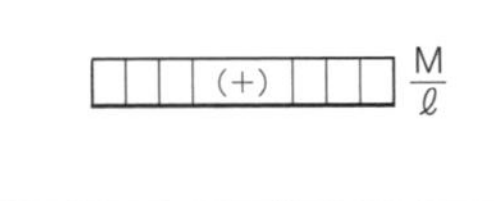 (+), $\frac{M}{\ell}$	 M
	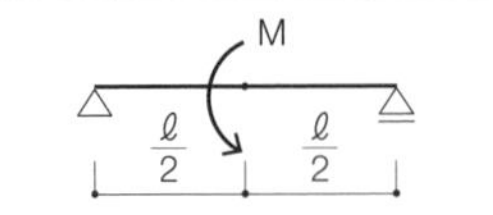 M, $\frac{\ell}{2}$, $\frac{\ell}{2}$	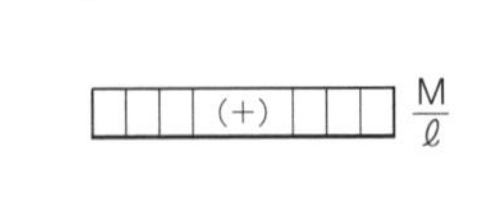 (+), $\frac{M}{\ell}$	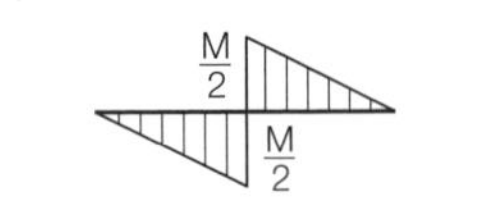 $\frac{M}{2}$, $\frac{M}{2}$

チャレンジ問題！

問1

難　中　易

図に示す片持ち梁に同じ大きさの集中荷重Pが作用したときの曲げモーメント図として，正しいものはどれか。

ただし，曲げモーメントは材の引張側に描くものとする。

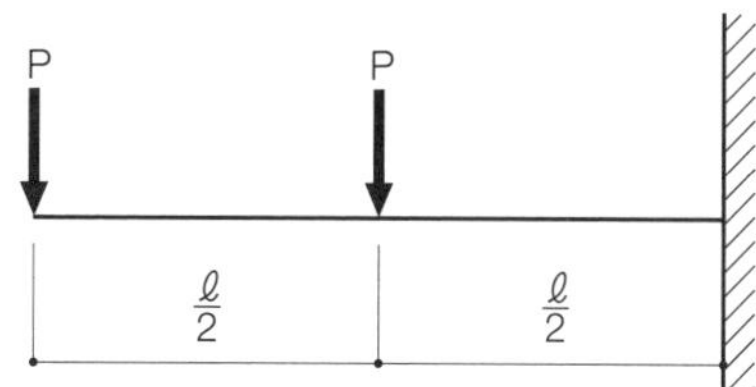

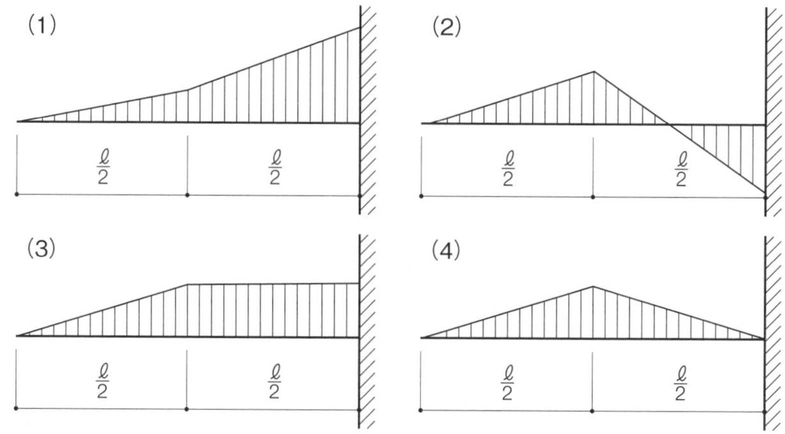

解説

2つの集中荷重の曲げモーメント図をそれぞれ重ねます。

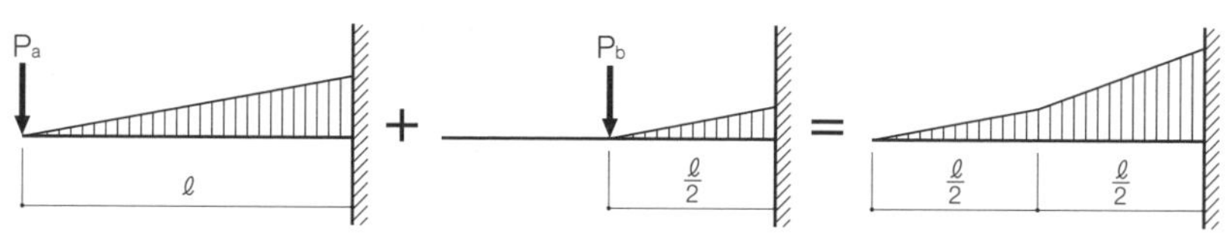

解答（1）

構造設計

1 構造設計とは

構造設計は，建築物の設計にあたって，構造計画の立案や構造計算，構造図の作成などを行うことです。構造物は，荷重，風圧力，地震力などに対して構造耐力上安全でなければいけません。

①荷重

荷重とは構造物に作用する力のことで，3つの種類があります。まず**固定荷重**は，容易に取り外したり移動したりすることのない，建築物の構成部分（仕上材などの荷重も含む）の重さによる荷重をいいます。固定荷重の計算は，建築物各部自体の**体積**にその部分の材料の**単位体積質量**および**重力加速度**を乗じて計算します。

積載荷重は建築物の使用に伴って生じる移動可能な荷重をいいます。積載荷重は室[※3]の種類および構造計算の対象によって荷重が異なります。構造計算の対象別の積載荷重の大小関係は，**床＞大梁・柱・基礎＞地震力**の順番なので，床の積載荷重の値は，床の構造計算をする場合と大梁の構造計算をする場合で**異なる数値**を用いることができます。

積雪荷重は積[※4]雪の単位荷重に屋根の水平投影面積およびその地方における垂直積雪量を掛けて計算しますが，**屋根勾配が60度を超える場合は積雪荷重の考慮は不要**です。また，屋根面における積雪量が**不均等**となるおそれのある場合は，その影響を考慮して積雪荷重を計算します。

②風圧力

風圧力は，風が建築物などに与える圧力で，**速度圧に風力係数を掛けて**求めます。**風力係数は**，建築物の断面と平面の形状に応じて定められた数値とするか，**風[※5]洞実験**によって定めます。**防風林**などにより風を有効に遮ることができる場合，その方向における速度圧を$\frac{1}{2}$まで減らすことができます。風圧力と地震力は**同時に発生しない**ものとして計算することができます。

③地震力

地震力とは地震によって建物などに作用する荷重のことで，地上部分i階の地震力は地震層せん断力で求めます。算定に必要な用語，計算式は次の通りです。

●地震層せん断力（Q_i）

$$Q_i = C_i \times W_i$$

Q_i：i階に作用する地震層せん断力
C_i：i階の地震層せん断力係数
W_i：i階よりも上部の固定荷重，積載荷重

●地震層せん断力係数※6（C_i）

$$C_i = Z \times R_t \times A_i \times C_o$$

Z：地震地域係数※7，R_t：振動特性係数
A_i：高さ方向の分布係数，C_o：標準せん断力係数

●振動特性係数（R_t）

建築物の振動特性を表すもので，建築物の弾性域における固有周期※8と地盤種別に影響されます。

●多雪区域

多雪区域における地震力の算定に用いる荷重は，建築物の固定荷重と積載荷重の和に積雪荷重を加えたものです。

2 構造計画

構造計画とは，建築物を建てる際に，その使用目的，立地条件，安全性，コストなどを考慮して，最適な構造方式や骨組形式などを計画することです。**建物形状**は，平面的には正方形に近い形状が理想的で，立体的にもバランスがとれた形状が望ましいです。

※3
室の種類による積載荷重の大小
「住宅の居室・住宅以外の寝室・病室」＜「教室」＜「事務室」

バルコニーの積載荷重
共同住宅 ＜ 学校

※4
積雪の単位荷重
積雪量1 cmごとに20 N/m^{2}以上とします。

積雪荷重の低減
雪下ろしを行う慣習のある地方では，積雪荷重を低減できます。

※5
風洞実験
トンネル型の装置で人工的に空気の流れをつくり，空気の流れや変化を確認する実験のこと。

※6
地震層せん断力係数（C_i）
上階になるほど大きくなります。

※7
地震地域係数（Z）
地域による地震力の低減係数で，0.7～1.0の範囲があり，大きな地震が起こりやすい地域は数値が大きくなります。

①エキスパンションジョイント

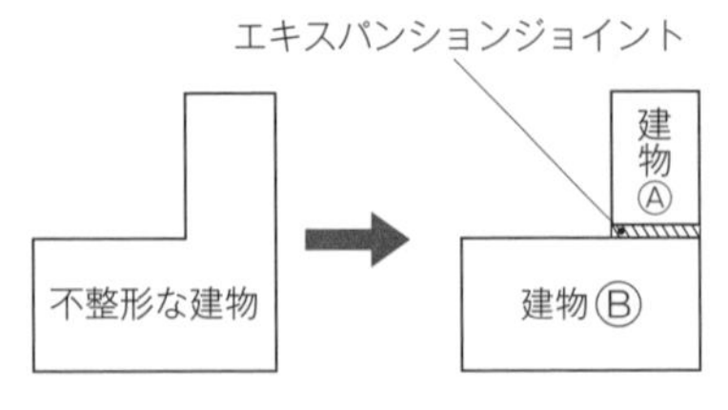

エキスパンションジョイントとは，地震などで，構造体が相互に力学上有害な影響を及ぼさないようにするため，**構造体を力学的に分離した接続方法の接続部分**をいいます。平面的に長大な建物には，コンクリートの乾燥収縮や不同沈下などの問題が生じやすいので，エキスパンションジョイントを設けます。また，**クリアランス**は，大地震時でも建物相互が衝突しないように，**十分に確保する**必要があります。

②剛性率（0.6以上）と偏心率（0.15以下）

●剛性率

建物の構造設計を行う際に，建物の剛性（外力に対する部材の変形のしにくさ）の上下方向のばらつきを評価するための指標で，各階の剛性を全階の剛性の平均値で割った値のことです。特定の階だけ階高を高くすると剛性が不連続になるので，耐震壁を増やすなど，その階の剛性増加を図る必要があります。**重心と剛心が一致しない建築物**では，地震時にねじれ変形が生じ，**剛心から近い構面ほど層間変形が小さく**なります。

●偏心率

各階の重心と剛心との距離のねじれ抵抗に対する割合であり，値が大きいほどねじれ振動が生じやすくなります。

3 特殊な構法

①免震構造

免震構造は，建物と地盤との間に装置を設け，固有周期を長くすることにより，構造物に生じる応力や変形を小さく抑制しようとする構造のことです。地震動による建物に作用する水平力を大きく低減する効果があり，建物を鉛直方向および水平方向に支える機構（アイソレーター）と，建物に作用するエネルギーを吸収する機構（ダンパー）から構成されます。

アイソレーターは，上部構造の重量を支持しつつ，水平変形に追従し，適切な復元力を持ちます。ねじれの影響を小さくするためには，上部構造全体の重心と免震部材全体の剛心とのずれを極力小さくすることです。地下部分に免震層を設ける場合は，水平変位[※9]に支障のないように上部構造と周囲の地盤との間に十分なクリアランスを確保します。

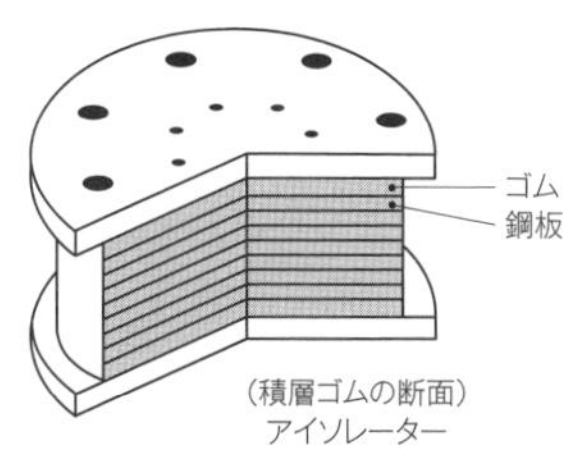

（積層ゴムの断面）
アイソレーター

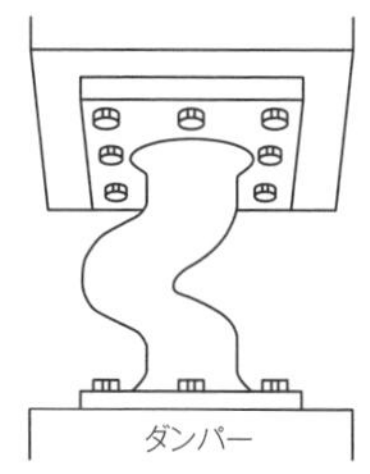
ダンパー

※8
固有周期
振動系に強制的に初期変位を与え，強制力を除いた後に派生する振動の周期で，質量が大きくなるほど長くなり，剛性が大きくなるほど短くなります。

※9
各層の水平変位
層間変形角が大きくなると外装材などの脱落につながるので，一定制限内に納めます。

チャレンジ問題！

問1　　難　**中**　易

建築物の構造設計における荷重および外力に関する記述として，最も不適当なものはどれか。

(1) 風圧力は，その地方における過去の台風の記録に基づいて定められた風速に，風力係数を乗じて計算する。
(2) 地上階における地震力は，算定しようとする階の支える荷重に，その階の地震層せん断力係数を乗じて計算する。
(3) 床の構造計算をする場合と大梁の構造計算をする場合では，異なる単位床面積当たりの積載荷重を用いることができる。
(4) 雪下ろしを行う慣習のある地方では，積雪荷重を低減することができる。

解説

風圧力は，速度圧に風力係数を掛けて求めます。

解答（1）

第1章  建築学等

CASE 3 一般構造

まとめ & 丸暗記　この節の学習内容とまとめ

■ 基礎構造

□ 独立［フーチング基礎］：
柱ごとに単一に設ける基礎で，一般に基礎梁で連結する

□ 直接基礎の鉛直支持力：
基礎スラブの根入れ深さが深くなるほど鉛直支持力は大きくなる

■ 木構造

□ 胴差し：木造軸組の中間部に設けられる横架材。柱相互を連結し，2階の壁と床を支える

□ 圧縮力を負担する木材の筋かいの大きさ：
厚さ3 cm×幅9 cm以上

■ 鉄筋コンクリート構造（RC造）

□ スリット：地震時に，腰壁や垂れ壁がついた柱がせん断破壊するのを防ぐためのもの

□ 耐震壁の位置：上階，下階とも同じ位置になるように設ける

■ 鉄骨造（S造）

□ 鉄骨造：主要な骨組みに鉄骨を用いた構造で，耐火性が小さい

□ 隅肉溶接の有効長さ：隅肉溶接の始端から終端までの長さから隅肉サイズの2倍を減じた長さ

基礎構造

1 基礎構造

基礎とは，上部構造からの荷重を支え，地盤に伝える下部構造で，直接基礎と杭基礎があります。同一建築物に杭基礎と直接基礎の異種の基礎を併用することは不同沈下が発生しやすく，なるべく避けます。

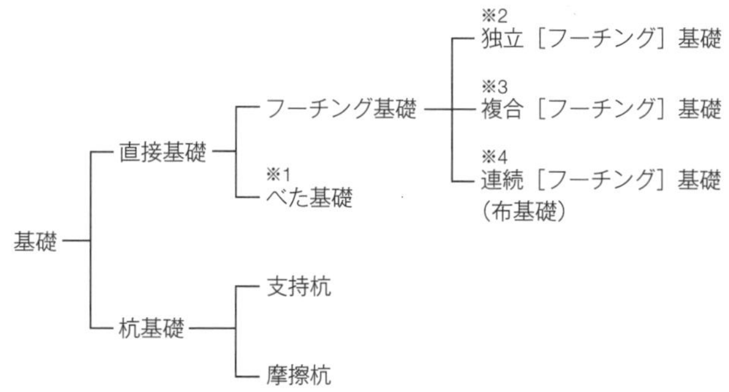

2 杭基礎

杭とは，構造物の荷重をフーチングや基礎スラブから，地盤中あるいは地盤の深部に伝達する役割をする柱状の構造材をいいます。

①工法

杭基礎の工法には，打込み杭，埋込み杭，場所打ちコンクリート杭などがあります。

打込み杭は，ハンマーなどの杭打ち機械によって，木杭や既製鉄筋コンクリート杭，鋼杭などを地中に打ち込んで設けた杭のことです。埋込み杭は，地盤を掘削して既製鉄筋コンクリート杭や鋼杭を沈設した杭のことです。場所打ちコンクリート杭は，地盤を削孔し，

洪積層と沖積層
洪積層は良質な地盤で，沖積層は比較的軟弱な地盤です。水を多く含んだ粘性土地盤では，圧密沈下が生じやすいです。

※1
べた基礎
建築物の底面全体に設けられた基礎です。

※2
独立［フーチング］基礎
柱ごとに単一に設ける基礎で，一般に基礎梁で連結します。

※3
複合［フーチング］基礎
隣接した数本の柱を1か所で支えるために設ける基礎で，隣接する柱間隔が狭い場合などに用いられます。

※4
連続［フーチング］基礎
外壁や間仕切壁の下に連続して設ける基礎です。

杭の設計
地震時に働く水平力などを考慮します。

その中に鉄筋かごを挿入したのち，コンクリートを打ち込んでつくる杭のことで，狭い敷地に適したアースドリル工法や，オールケーシング工法，リバース工法などの工法があります。既製コンクリート杭のセメントミルク工法は，**伏流水**（地下水）がある地盤に適していません。場所打ちコンクリート杭では，地盤の種類によらず，**周面摩擦力**を杭の支持力に**見込め**ます。

②支持杭と摩擦杭

地盤が軟弱で，建物が過大な沈下を起こしたり，支持力が不足したりする場合には，**支持杭**や**摩擦杭**などで建物を支持させます。**支持杭**は地中の良質地盤に荷重を支持させる形式をいい，**摩擦杭**は主に土と杭周面の摩擦力で荷重を支持させる形式をいいます。

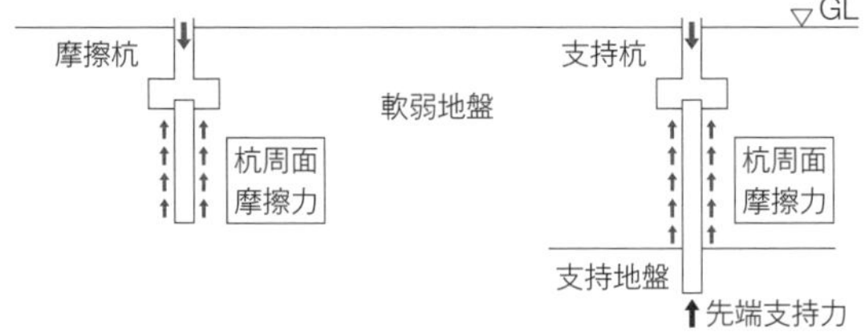

3 直接基礎

直接基礎とは，建物の荷重を基礎スラブで直接地盤に伝える構法です。

基礎底面に水平力が作用する場合は，**基礎の根入れを深く**するなどして，基礎のすべりに対して検討する必要があります。直接基礎の底面は，**冬季の地下凍結深度より深く**します。また，直接基礎の**鉛直支持力**は，基礎スラブの根入れ深さが深くなるほど**大きく**なります。

4 杭基礎についての特徴・留意点

杭基礎の許容支持力[※5]は，**杭の支持力**のみによるものとし，基礎スラブ底面の地盤は支持層としては期待できないため，基礎スラブ底面の支持力は**加算しません**。

支持杭の場合は，杭周囲に**地盤沈下**が生じると杭が沈下しないので，杭周面に**負の摩擦力**（**下向き**に作用する摩擦力）が生じます。一般に，支持杭のほうが摩擦杭より負の摩擦力が大きくなります。

鋼管杭は，既製コンクリート杭に比べて破損しにくく，運搬や仮置きに際して，**取扱いが容易**です。また，地中での腐食への対処法として，塗装，ライニング※6を行う方法や**肉厚を厚くする**方法などがあります。

遠心力高強度プレストレストコンクリート杭（ST杭）は，先端部を軸径より太径にした杭で，大きな支持力を得ることができます。

節付き遠心力高強度プレストレストコンクリート杭（節杭）は，杭本体部に外径が軸径よりも大きい節部を多数設けたもので，主に摩擦杭として用いられます。

外殻鋼管付きのコンクリート杭（SC杭）は，じん性に富み，大きな水平力が作用する杭に適しています。

※5

許容支持力

荷重を加えられた地盤が，せん断破壊に対して安全で，かつ，せん断変形による沈下が許容量以下であるときの地盤の支持耐力です。

※6

ライニング

表面を皮膜で覆って耐食性を向上させます。一般にフーチングよりも厚く塗ります。

地震時の杭の状況

地盤中に埋設された杭には，地震時に曲げモーメントが生じます。

チャレンジ問題！

問1　　難　**中**　易

基礎構造に関する記述として，最も不適当なものはどれか。

(1) 独立フーチング基礎は，一般に基礎梁で連結する。

(2) 同一建築物に杭基礎と直接基礎の異種の基礎を併用することは，なるべく避ける。

(3) 直接基礎の鉛直支持力は，基礎スラブの根入れ深さが深くなるほど大きくなる。

(4) 直接基礎の底面は，冬季の地下凍結深度より浅くする。

解説

直接基礎の底面は，冬季の地下凍結深度より深くします。

解答（4）

木構造

1 在来軸組工法

在来軸組工法とは，主に，土台，柱，梁，桁，筋かい[※7]などから構成されている木材の架構方式です。

①土台

土台は，軸組最下部の水平材で，柱の下端を連結し，柱からの荷重を基礎に伝えるために用いられます。

②柱

柱は，建築物の軸組において，屋根や床などの荷重を土台や基礎へ伝えるために垂直に建てられた部材で，階数が2階以上の建築物における隅柱またはこれに準ずる柱は，原則として**通し柱**とするか，または接合部を通し柱と同等以上の耐力を有するように補強した柱とします。

構造耐力上主要な部分である**柱の有効細長比**は，**150以下**とします。

3階建の1階の構造耐力上主要な部分である**柱の断面**は，原則として，小径**13.5** cm以上とします。

③胴差し

胴差しは，木造軸組の中間部に設けられ，柱相互を連結し，2階の壁および床を支える横架材です。

④軒桁

軒桁は，垂木を直接受けて屋根荷重を柱に伝えるために用いられる横架材です。

梁，桁その他の横架材のスパン中央部付近の下側には，**欠込み**[※8]**を設けない**ものとします。

⑤筋かい

筋かいは，水平力に対抗させ，骨組の変形を防ぐために軸組などに入れる斜材です。筋かいを入れた軸組は，地震力などの水平荷重に対して，建築物にねじれが生じないようにつり合いよく配置します。

筋かいにより引張力が生じる柱の脚部近くの土台には，アンカーボルト[※9]を設置します。

引張力を負担する木材の筋かいは，厚さ1.5 cm以上×幅9 cm以上とし，圧縮力を負担する木材の筋かいは，厚さ3 cm以上×幅9 cm以上とします。

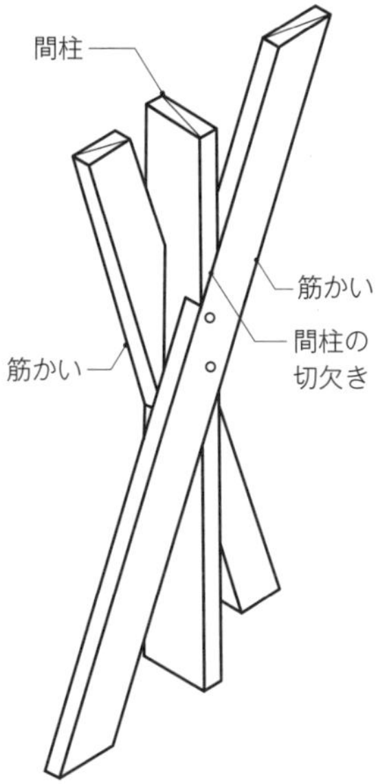

筋かいと間柱の交差する部分は，筋かいを欠き取らずに，**間柱断面を切り欠く**ようにします。また，筋かいをたすき掛けにするため，やむを得ず筋かいを欠き込む場合は，**必要な補強**を行います。

筋かいの**端部**は，柱と梁その他の横架材との仕口に接近して，ボルト，かすがい，くぎその他の**金物で緊結**します。

片側に筋かいを入れた軸組の構造耐力上必要な長さの算定を次に示します。

工法	倍率
厚さ1.5 cm×幅9 cmの木材	1.0(2.0)
厚さ3 cm×幅9 cmの木材	1.5(3.0)
厚さ4.5 cm×幅9 cmの木材	2.0(4.0)
9 cm角の木材	3.0(5.0)

※表中(　)内はたすき掛けの場合です。

構造耐力上必要な筋かいを入れた軸組の長さは，各階の床面積が同じ場合，2階より1階の方が**大きな値**となります。

※7

筋かい
柱と柱の間に斜めに入れる構造補強部材です。

※8

欠込み
材の一部を他材の幅の分だけ切り取ること。

※9

アンカーボルト
土台をコンクリートの基礎に緊結するための埋込みボルトのこと。

継手・仕口
構造耐力上主要な部分である継手や仕口は，ボルト締，かすがい打，込み栓打などによりその部分の存在応力を伝えるように緊結します。

真壁
壁を柱と柱の間に納め，柱が外面に現れる壁をいいます。

水平構面
床などの水平構面は，水平荷重を耐力壁や軸組に伝達できるよう水平剛性をできるだけ高くします。

耐力壁の必要長さ
地震力に対して有効な耐力壁の必要長さは，各階の床面積が同じ2階建であれば，1階の方が長くなります。

⑥火打梁

火打梁は，外周軸組の四隅や大きな力を受ける間仕切軸組の交差部に入れ，骨組の水平面を堅固にします。

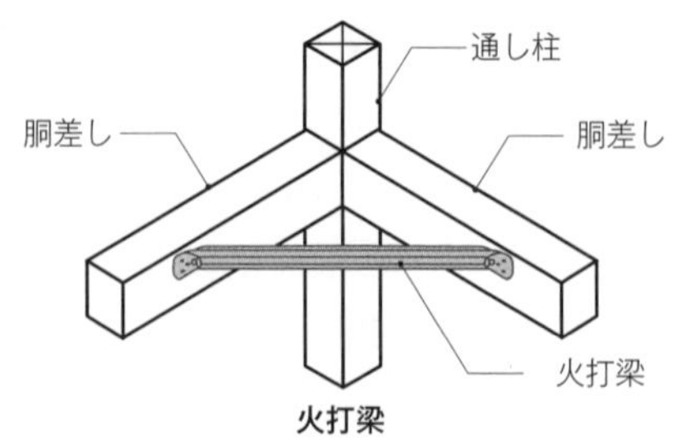

火打梁

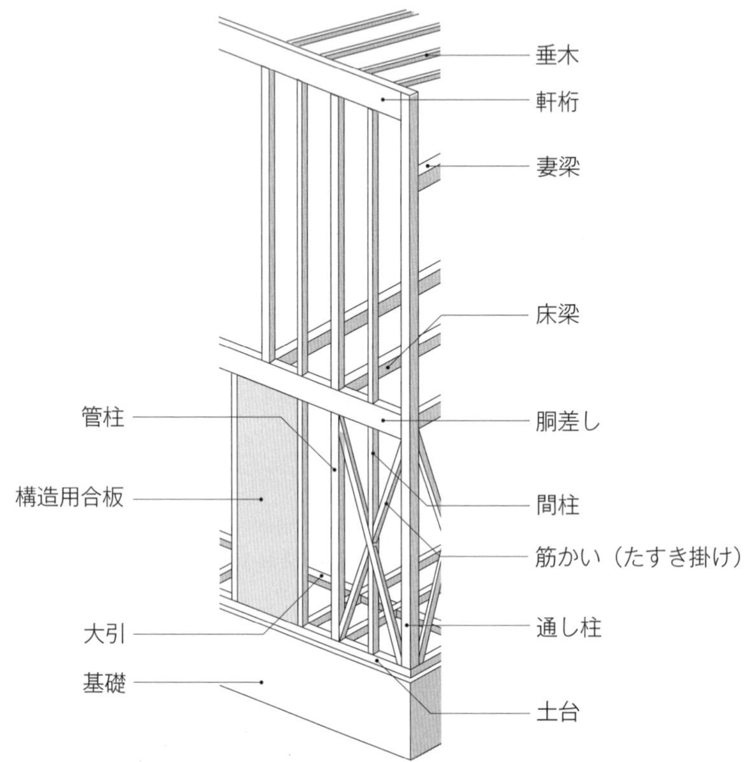

⑦接合金物

木造の各部材を緊結するために，さまざまな金物があります。

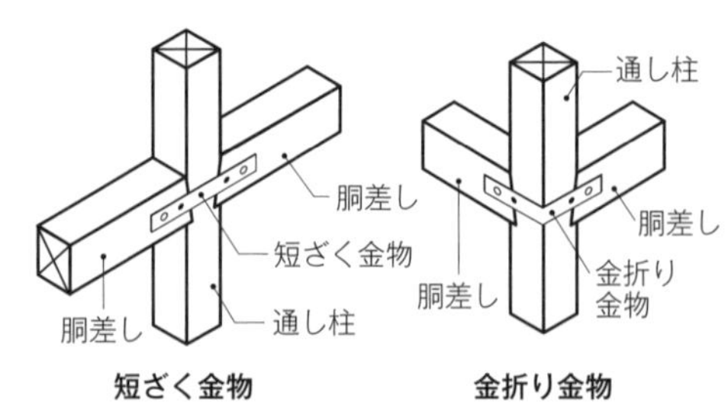

短ざく金物　**金折り金物**

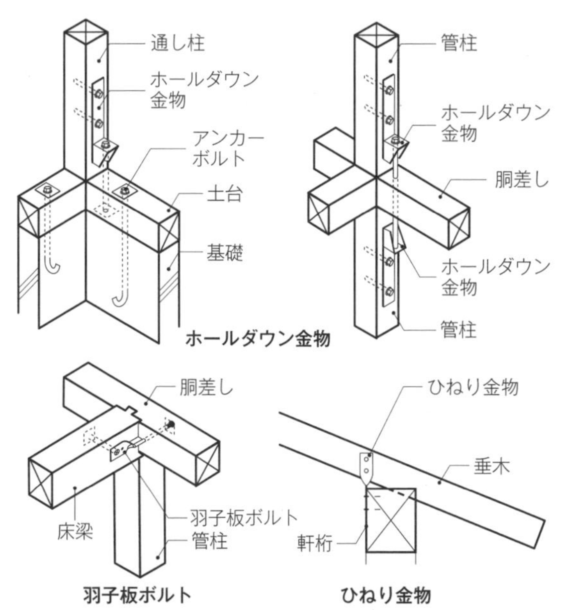

和小屋
曲げ材としての梁と，鉛直力を受ける束から構成され，和小屋の小屋梁には，曲げモーメントが生じます。

チャレンジ問題！

問1 難 **中** 易

木造在来軸組工法に関する記述として，最も不適当なものはどれか。

(1) 構造耐力上必要な軸組の長さの算定において，9 cm 角の木材の筋かいを片側のみ入れた軸組の軸組長さに乗ずる倍率は3とする。
(2) 構造耐力上主要な部分である柱の有効細長比は，150以下とする。
(3) 3階建の1階の構造耐力上主要な部分である柱の断面は，原則として，小径13.5 cm以上とする。
(4) 圧縮力を負担する木材の筋かいは，厚さ1.5 cm以上で幅9 cm以上とする。

解説

圧縮力を負担する木材の筋かいは，厚さ3 cm以上で幅9 cm以上とします。

解答（4）

鉄筋コンクリート構造（RC造）

1 鉄筋コンクリート構造の特徴

鉄筋コンクリート構造（RC造）とは，圧縮に強いコンクリートを，引張りに強い鉄筋で補強したものをいいます。コンクリートと鉄筋の線膨張係数（温度上昇による材料の単位長さ当たりの伸縮量）はほぼ同じです。鉄筋は，引張力だけでなく圧縮力に対しても有効に働きます。また，鉄筋に対するコンクリートのかぶり厚さは，構造耐力，耐久性および耐火性を確保するために必要です。

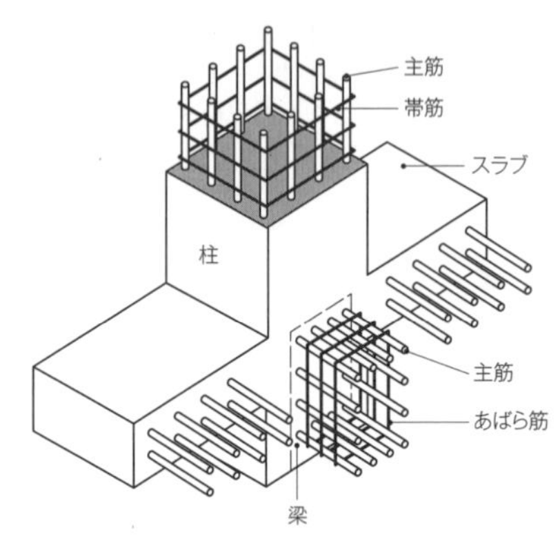

2 柱

柱とは，建物の軸組において基礎などに荷重を伝えるための垂直の部材です。柱の最小径は，構造耐力上主要な支点間（上下の梁の内法）距離の$\frac{1}{15}$以上とします。※10

①主筋

柱の主筋は，上下に流れる太い鉄筋のことです。主筋の断面積の和は，コンクリート断面積の0.8％以上とします。

②帯筋（フープ）

帯筋は，柱の主筋に対して直交するように設けます。柱に作用するせん断力に抵抗し，座屈によって主筋がはみ出るのを防ぐために，柱の主筋に所定の間隔で水平に取り付ける補強筋のことで，帯筋比は0.2％以上とします。帯筋を密に入れるとせん断耐力が増し，ねばり強くなります。また，帯筋は，柱の中央部より上下端部の間隔を密にします。帯筋としてスパイラル筋[※11]を使用すると，柱の強度とねばり強さを増す効果があります。

③留意点

柱は，軸方向の圧縮力，曲げモーメントおよびせん断力に耐えられるように設計します。

垂れ壁や腰壁があると，支点間距離の短い短柱となり，地震時に水平力が集中するので，せん断破壊を起こしやすくなります。そのため，柱と壁の間にスリット[※12]（切り欠き）などを設けます。

3 梁

梁は，柱と柱を横につなぎ地震力などの水平力に抵抗し，床の鉛直荷重を支える部材です。梁の圧縮鉄筋は，じん性の確保やクリープによるたわみ防止に有効です。大梁は大地震に対してねばりで抵抗させるため，原則として，両端での曲げ降伏がせん断破壊に先行するように設計します。

①主筋

梁の主筋は，梁の上部と下部に流れる太い鉄筋のことです。曲げモーメントによって引張力を生じる側に主筋を入れたものを単筋梁といい，圧縮力を生じる側にも主筋を入れたものを複筋梁といいます。構造耐力上主要な部分である梁は，全スパンにわたり複筋梁とします。梁に長期荷重が作用する場合には，一般に梁中央部の下側に引張力が生じます。梁の断面算定にあたっては，コンクリートの引張強度は無視します。

②あばら筋（スタラップ）

あばら筋は，主筋を囲んで巻いた鉄筋のことです。

純ラーメン構造
柱と梁の接合部を剛接合とし，骨組みで地震力などの水平力に抵抗する構造です。

※10
主筋
鉄筋コンクリート造において，曲げモーメントおよび軸方向力によって生じる引張力を負担するために配置される鉄筋です。柱は，材軸方向に入れ，梁では上端筋・下端筋，スラブでは短辺方向の上・下端筋に入れます。

※11
スパイラル筋
らせん状に巻かれた帯筋のこと。

※12
スリット
構造的に弱い部分に力が集中するのを防ぐために設ける切り込みやすき間のこと。

風圧力と地震力
一般の鉄筋コンクリート造建築物では，風圧によって生じる応力より，地震によって生じる応力の方が大きくなります。

端部に大きく加わる力であるせん断力を負担するため，あばら筋を端部に密に入れます。これにより，ひび割れ防止やねばりのある梁になります。また，あばら筋比は，0.2％以上とします。

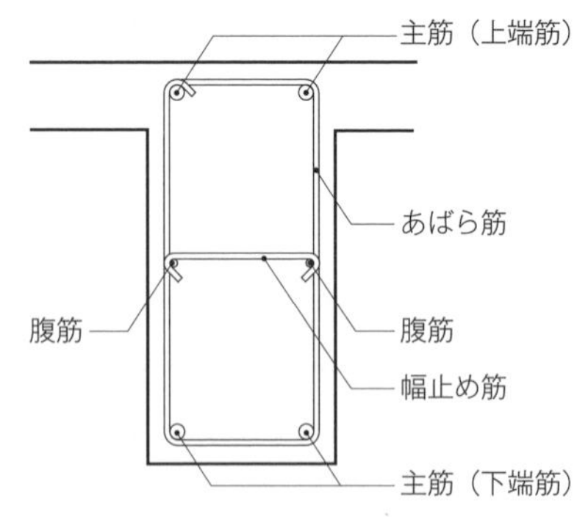

③幅止め筋・腹筋

腹筋は，あばら筋を保持するための鉄筋で，主筋と平行に配置されます。幅止め筋は，腹筋間に架け渡したもので，あばら筋の振れ止めおよびはらみ止めの働きをします。

4 床スラブと耐震壁

①床スラブ

床スラブとは，床に用いられる鉄筋コンクリート造の板状の版をいいます。床スラブは，床の鉛直荷重を梁に伝えるとともに，架構を一体化し地震力などの水平力に抵抗させる役割も持っています。

四辺固定の長方形床スラブの中央部の引張鉄筋は，スラブの下側に配筋します。また，スラブ筋が複配筋の場合，短辺方向の鉄筋は長辺方向の鉄筋の外側に配置します。

床スラブの厚さは80 mm以上とし，かつ短辺方向における有効スパンの$\frac{1}{40}$以上とします。スラブ厚が小さくなると，たわみや振動障害を生じやすくなります。また，各方向の全幅について，スラブの配筋の割合は，鉄筋全断面積のコンクリート全断面積に対して0.2％以上とします。

床開口部補強のための斜め補強筋は，上端筋および下端筋の内側に配筋します。

②耐震壁

耐震壁とは，鉛直荷重による軸力と，地震時の水平荷重によるせん断力，曲げモーメントを負担する柱や梁に囲まれた壁のことです。耐震壁は，上階，下階ともなるべく同じ位置になるように設けるのがよく，上階よりも下階の壁量を多くします。

耐震壁は，建築物の重心と剛心との距離ができるだけ大きくならないように配置します。

壁厚は120 mm以上，かつ壁板の内法高さの$\frac{1}{30}$以上とし，壁厚が200 mm以上ある場合は，壁筋を複配筋とします。

下図のように，壁に小さな開口がある場合でも，その壁を耐震壁として扱うことができます。

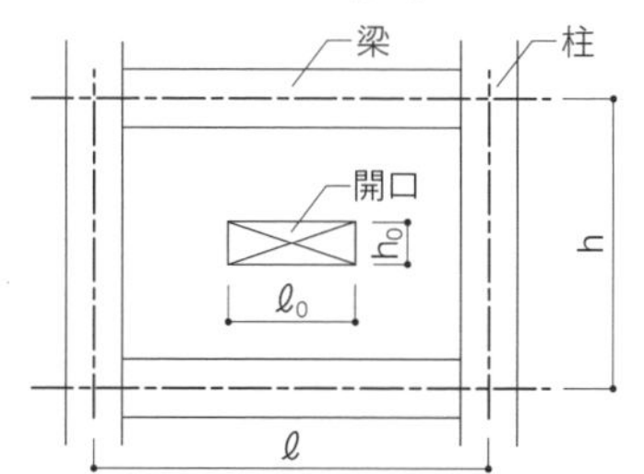

開口補強筋
壁の開口隅角部には斜め方向の引張力が生じるので，補強筋を配置します。

片持ちスラブ
片持ちスラブの厚さは，持出し長さの1/10以上とします。

チャレンジ問題！

問1　難　**中**　易

鉄筋コンクリート構造に関する記述として，最も不適当なものはどれか。

(1) 構造耐力上主要な部分である柱の主筋の断面積の和は，コンクリートの断面積の0.4 %以上とする。
(2) 構造耐力上主要な部分である柱の帯筋比は，0.2 %以上とする。
(3) 梁の幅止め筋は，腹筋間に架け渡したもので，あばら筋の振れ止めおよびはらみ止めの働きをする。
(4) 構造耐力上主要な部分である梁は，全スパンにわたり複筋梁とする。

解説

柱の主筋の断面積の和は，コンクリートの断面積の0.8 %以上とします。

解答（1）

鉄骨造（S造）

1 鉄骨造の特徴

鉄骨造とは，建物の主要な骨組みに形鋼を使用したものをいいます。部材には，H形鋼やラチス柱，角形鋼管や鋼管が用いられます。鉄筋コンクリート構造よりも軽く，強くてねばりがあります。架構の変形能力が高く，地震に強いので，大スパンの構造物や高層建築物に向いていますが，耐火性が小さく，座屈や腐食しやすい欠点があります。また，鉄筋コンクリート構造に比べ，工場加工の比率が高く，現場作業が少ない特徴があります。構造形式には，ラーメン構造[※13]，ブレース構造[※14]，トラス構造[※15]などがあります。通常の形鋼に比べて，軽量鉄骨構造に用いる軽量形鋼は，部材にねじれや局部座屈が生じやすいです。

2 柱と梁の座屈

①柱

柱の形式には，形鋼などの単一材を用いた柱のほか，溶接組立箱形断面柱などの組立柱があります。柱は細長比の大きいものほど座屈しやすく，構造用鋼管の柱は横座屈を生じにくくなります。柱脚の種類は，露出形式，根巻き形式，埋込み形式があります。

②梁

梁の形式には，単一材を用いた形鋼梁のほか，プレート梁やトラス梁などの組立梁があります。

H形鋼の梁には，曲げ応力を受けるフランジと，せん断応力を受けるウェブがあります。フランジやウェブの板要素の幅厚比が大きくなると局部座屈を生じやすいため，ウェブの座屈を防ぐスチフナと呼ばれるプレートを用います。中間スチフナは主としてせん断座屈の補強，水平スチフナは主として曲げ，圧縮座屈の補強として用います。

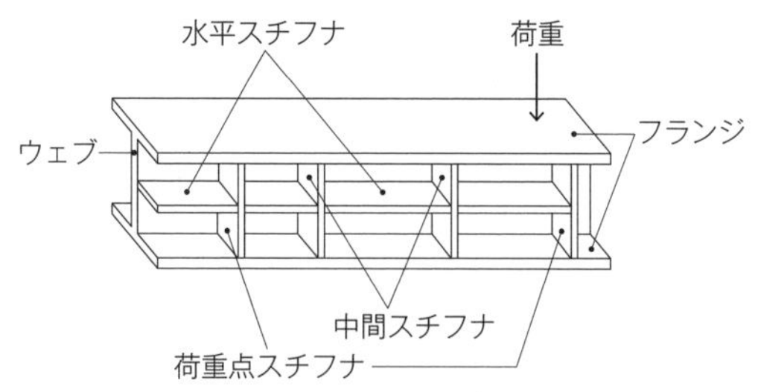

3 ボルト接合

①高力ボルト接合

高力ボルト接合には，高力ボルトを用います。高張力鋼を用いてつくられた引張耐力の大きいボルトで，ハイテンションボルトともいいます。

接合には摩擦接合，支圧接合，引張接合などがあり，摩擦接合が多く用いられています。**摩擦接合**は，接合部を強い力で締め付け，鋼材間に生じる摩擦力を利用して接合します。**支圧接合**は，ボルト軸部のせん断力と部材の支圧によって応力を伝える接合方法です。

部材の引張力によってボルト孔周辺に生じる応力集中の度合は，**普通ボルト接合**の場合より**高力ボルト摩擦接合**のほうが**少なく**なります。引張材の接合を高力ボルト摩擦接合とする場合は，**母材のボルト孔**による**断面欠損**を**考慮**して引張応力度を計算します。

高力ボルト接合の摩擦面には，適切な荒さ（赤錆の発生）による一定の値以上のすべり係数が必要です。

②普通ボルト接合

普通ボルト接合には，普通ボルトを用います。一般に用いるのは六角ボルトで，建築構造用としては中ボルトを指します。

普通ボルトを接合に用いる建築物は，延べ面積，軒

※13
ラーメン構造
柱と梁など，部材と部材を剛接合させて骨組みが構成された構造です。

※14
ブレース構造
柱と梁に加え，ブレース（筋かい）と呼ばれる斜め部材で地震力を負担させた構造です。

※15
トラス構造
比較的細い部材で三角形を構成し，大きな空間をつくることができる構造です。

ガセットプレート
ガセットプレートは，節点に集まる部材相互の接合に用いられる鋼板です。

フィラープレート
厚さの異なる板をボルト接合する際に設けるプレートで，板厚の差によるすき間を少なくするために用います。

スプライスプレート
ボルト接合の際に部材間の応力を伝達するために設けるプレートで，母材に添えて用います。

の高さ，張り間について，**規模の制限**があり，ボルトが緩まないようにナットを溶接したり二重にするなどの**戻止めの措置**を講じます。

4 溶接接合

溶接接合とは，鋼材などの部材と部材を物理的，科学的に融合して接合する方法です。接合部の剛性が大きく，施工方法によっては，**母材と同じ耐力**があるものとして考えられます。しかし，接合部の収縮，変形によるひずみが生じやすく，ボルト接合に比べて施工の良否によって接合耐力に差が現れやすくなります。溶接接合には，完全溶込み溶接（突合せ溶接），隅肉溶接，部分溶込み溶接などがあります。

①完全溶込み溶接（突合せ溶接）

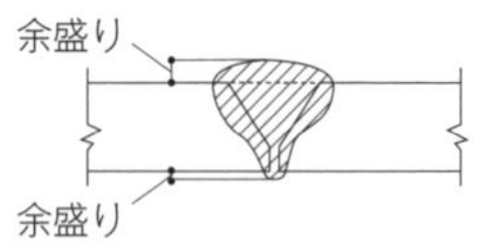

完全溶込み溶接

完全溶込み溶接とは，突き合わせた母材に開先と呼ばれる母材間に設ける溝をつくり，溶着金属でその**全断面を完全に接合**する溶接です。完全溶込み溶接の許容応力度は，接合される**母材と同等以上の許容応力度**とすることができます。

完全溶込み溶接を片面から行うために，溶接線に沿って開先ルート部の裏側に取り付けられる鋼板を**裏当て金**といいます。また，エンドタブは，溶接時に溶接線の始終端に取り付けられる補助部材です。

②隅肉溶接

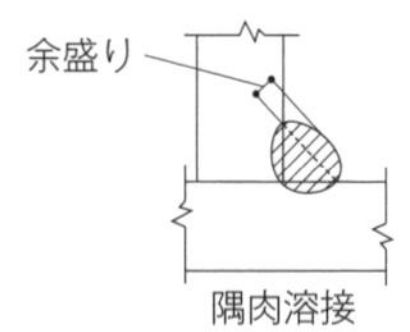

隅肉溶接

隅肉溶接とは，直角あるいは角度を持つ母材相互の隅の部分に行う溶接です。T継手，角継手，重ね継手などの場合に用いられます。隅肉溶接の有効長さは，隅肉溶接の始端から終端までの長さから**隅肉サイズの2倍を減じた長さ**となります。

③部分溶込み溶接

部分溶込み溶接とは，継手の一部に不溶着部分を残す溶接です。

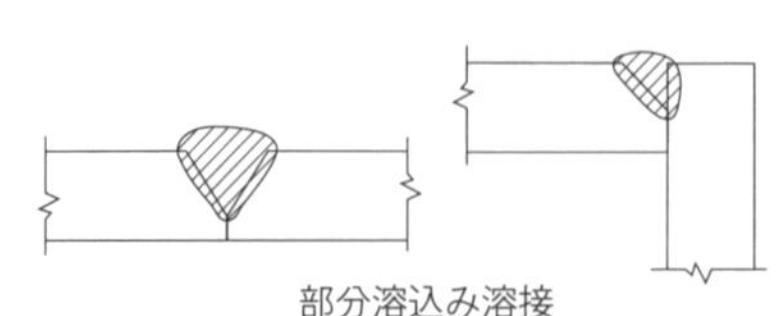
部分溶込み溶接

●接合方法の併用

溶接と高力ボルトの併用の場合は，全応力を溶接が負担します。ただし，溶接より先に高力ボルトを締め付ける場合は両方の許容耐力を加算できます。

●ダイアフラム

ダイアフラムとは，柱と梁を一体化させるために必要な鋼板（補強材）のことです。角形鋼管柱とH形鋼梁の剛接合の仕口部には，梁フランジの板厚以上のダイアフラムを設けて力が円滑に流れるようにします。

●頭付きスタッド

合成梁に用いる頭付きスタッドは，鉄骨梁と鉄筋コンクリート床版が一体となるように設けるボルトです。

通しダイアフラム

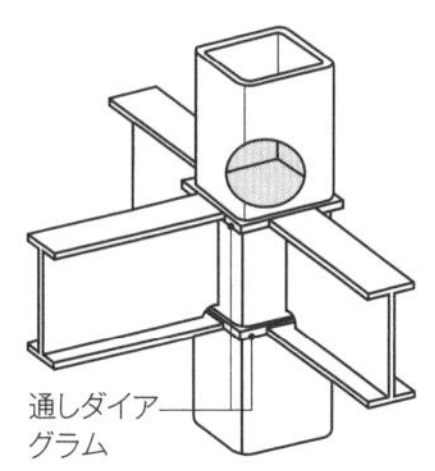

鋼構造において中空断面材や仕口部分の剛性を高めるために中間に設ける薄板のこと。

チャレンジ問題！

問1　難　**中**　易

鉄骨造の一般的な特徴に関する記述として，最も不適当なものはどれか。

(1) 軽量鉄骨構造に用いる軽量形鋼は，通常の形鋼に比べて，部材にねじれや局部座屈が生じやすい。
(2) 鉄筋コンクリート構造に比べ，鉄骨造の方が架構の変形能力が高い。
(3) 鋼材は不燃材料であるため，骨組は十分な耐火性能を有する。
(4) 鉄筋コンクリート構造に比べ，鉄骨造の方が大スパンの建築物を構築できる。

解　説

鋼材は不燃材料ですが，耐火性能に乏しいため，耐火被覆が必要です。

解答（3）

第1章 建築学等

CASE 4 建築材料

まとめ & 丸暗記　この節の学習内容とまとめ

- □ コンクリートの強度発現：
  セメントの粉末が微細なほど，コンクリートの強度発現は早くなる
- □ 鋼材の炭素含有量：
  鋼材の炭素量が多いと，引張強さと硬さが増すが，伸び，ねばり強さ，加工性，溶接性は悪くなる
- □ 木材の絶乾状態：
  木材の含水率が0％の状態を絶乾状態といい，木材中の水分がすべて蒸発した状態
- □ 砂付穴あきアスファルトルーフィング：
  防水工事に用いられる材料で，下地と防水層を絶縁するために用いられる
- □ 変成シリコーン系シーリング材：
  建築材料などのすき間をシールする材料で，耐候性や耐久性が良好だが，ガラス越しの耐光接着性は適していない
- □ タイルの素地：
  素地はタイルの主体をなす部分をいい，施ゆうタイルの場合，表面に施したうわぐすりを除いた部分をいう
- □ 合成樹脂エマルションペイント塗り：
  塗装材料の１つで，木部，コンクリート面などに適している
- □ 強化ガラス：
  割れた場合，破片は粒状となり安全性は高いが，飛散防止効果はない

セメント・コンクリート

1 セメント

セメントとは，時間の経過とともに水和反応が進み強度が発現していく水硬性材料です。モルタル※1やコンクリートの原料として用いられる材料で，ポルトランドセメント※2や高炉セメントなどの種類があります。

セメントの種類

種類	特性	用途
普通ポルトランドセメント	一般的に使用されるセメント	一般の建築構造物
早強ポルトランドセメント	普通セメントより強度発現が早く，低温でも強度を発揮する	緊急工事，寒中コンクリート，コンクリート製品
中庸熱ポルトランドセメント	水和熱が小さく，乾燥収縮が小さい	マスコンクリート，遮へい用コンクリート
低熱ポルトランドセメント	初期強度は小さいが長期強度が大きく，水和熱と乾燥収縮が小さい	マスコンクリート，高流動コンクリート，高強度コンクリート
高炉セメントB種	初期強度はやや小さいが長期強度が大きく，水和熱と化学抵抗性が大きい	一般建築構造物，マスコンクリート，海水・熱の作用を受けるコンクリート，地下構造物コンクリート
フライアッシュセメントA種・B種	ワーカビリティがよく，長期強度が大きいが，水和熱と乾燥収縮が小さい	一般建築構造物，マスコンクリート，水中コンクリート

※1
モルタル
砂とセメントと水でつくられたものをいいます。

※2
ポルトランドセメント
クリンカーと呼ばれる，粘土と石灰石を用いてつくる小さな球粒に，凝結時間調整用のせっこうを加え粉砕してつくられます。

セメントの貯蔵期間
セメントの貯蔵期間が長いと，空気中の水分や二酸化炭素を吸収し，風化による品質劣化を起こしやすくなります。

2 コンクリート

コンクリートとは，骨材（砂や砂利），水，セメントを必要な割合に混ぜて練り合わせ，固体化したものです。**コンクリートの強度発現**はセメントの粉末が微細なほど早くなります。コンクリートが荷重によって破損しない目安（引張強度）は，**圧縮強度の$\frac{1}{10}$程度**です。空気量が1％増加すると，コンクリートの圧縮強度は4～6％低下します。

①骨材

骨材とは，モルタルまたはコンクリートをつくるための砂（**細骨材**）や砂利類（**粗骨材**）の総称です。コンクリートのワーカビリティをよくするため，なるべく丸みをおび，適当な粒度分布となることが望ましいです。偏平で細長いものや，角が尖ったものは，流動性や強度上もよくありません。比重が小さく，吸水率の大きい骨材を使用したコンクリートは，凍結融解作業に対する抵抗性が小さくなり，凍害を受けやすくなります。

コンクリートの特性

アルカリ性と中性化	・コンクリートはアルカリ性のため，コンクリート中の鉄筋が錆びるのを防ぐ ・コンクリートは，大気中の炭酸ガスやその他の酸性物質の浸透によって徐々にアルカリ性が失われ，中性化する
水セメント比	・コンクリートの耐久性は，水セメント比が低くなるほど向上する
乾燥収縮・ひび割れ	・コンクリートの単位水量が多くなると，乾燥収縮が大きくなる。また，コンクリートの自己収縮は，セメントの水和反応により生じる ・コンクリートの乾燥収縮は，ひび割れ発生の主要な原因となり，コンクリートの水分が凍結と融解を繰り返すと，コンクリートにひび割れを生じさせる場合がある
ヤング係数	・コンクリートのヤング係数は，単位容積質量が大きくなるほど，大きくなる

②混和材料

混和材料とは，モルタルやコンクリートの性質を用途に応じて改良するために，練混ぜの際に加えられるセメント・水・骨材以外の材料です。

AE剤は，コンクリート中に気泡を発生させ，ワーカビリティの改善，凍結融解に対する抵抗性を増し，耐久性を向上させることができます。

AE減水剤は，コンクリート中の単位水量を減少させるとともに，気泡を発生させて，ワーカビリティの改善，耐久性，水密性を向上させることができ，標準形，遅延形，促進形の3種類があります。

高性能AE減水剤[※3]は，コンクリートの練混ぜ時に，ほかの材料とともにミキサーに投入して用いる混和材料です。空気連行性を有し，AE減水剤よりも高い減水性能と良好なスランプ保持性能を有します。

コンクリートの長時間の加熱
コンクリートは不燃材料ですが，長時間火熱を受けると変質します。

普通コンクリートの単位容積質量
約2.3 t/m^3です。

線膨張係数
コンクリートと鉄筋の線膨張係数は，ほぼ同じです。

※3
高性能AE減水剤
標準形や遅延形があります。

チャレンジ問題！

問1 難 **中** 易

コンクリートに関する一般的な記述として，最も不適当なものはどれか。

(1) コンクリートの引張強度は，圧縮強度に比べて著しく低い。
(2) 単位水量が多くなると，コンクリートの乾燥収縮が大きくなる。
(3) コンクリートの耐久性は，水セメント比が低くなるほど向上する。
(4) セメントの粉末が微細なほど，コンクリートの強度発現は遅くなる。

解説

セメントの粉末が微細なほど，コンクリートの強度発現は早くなります。

解答（4）

金属材料

1 鋼材

鋼材とは，鉄と炭素，あるいはそのほかの金属との合金である鋼を，圧延（棒状・板状・管状などに引き伸ばすこと）や引抜きを行ってつくった材料のことです。**構造用鋼材**には，主に**軟鋼**が用いられます。

鋼材の種類と性質

記号	名称	特性
SS材	一般構造用圧延鋼材	一般的な鋼材で，添加元素をできるだけ低減した，純鉄に近い鋼。強度を低くすることで弾性限度をこえて破壊されずに引き延ばされる性質（延性）を高めている
SM材	溶接構造用圧延鋼材	溶接に適した鋼材。マンガン，ケイ素などの元素を添加することで溶接性を高めており，SS材に比べて，溶接作業性に優れている
SN材	建築構造用圧延鋼材	比較的新しい鋼材。建造物の耐震補強を目的につくられ，大梁，支柱に用いられる。性能によりA種，B種，C種に分類される
SMA材	耐候性鋼材	銅，クロム，ニッケルなどをSM材に添加し，耐候性[※4]を向上させた鋼材
TMCP材	建築構造用TMCP鋼	熱加工制御により製造された，高じん性で溶接性に優れた鋼材。従来の厚鋼板と比較して，優れた溶接性がある
FR材	建築構造用耐火鋼	耐火性の高い鋼材。耐火被覆を省略できるので，好ましい外観となるが，コストは高くなる

①炭素量と強度

鋼材の炭素量が少ないと，軟質で強度は小さくなりますが，ねばり強さに富み，加工性，溶接性が向上します。鋼材の炭素量が多いと，引張強さと硬さが増しますが，伸び，ねばり強さ，加工性，溶接性は悪くなります。

②応力度とひずみ

部材に力が加わり，その力が増していくと部材が変形します。構造用鋼材の引張応力度と，ひずみ度との関係を下図のグラフに示します。

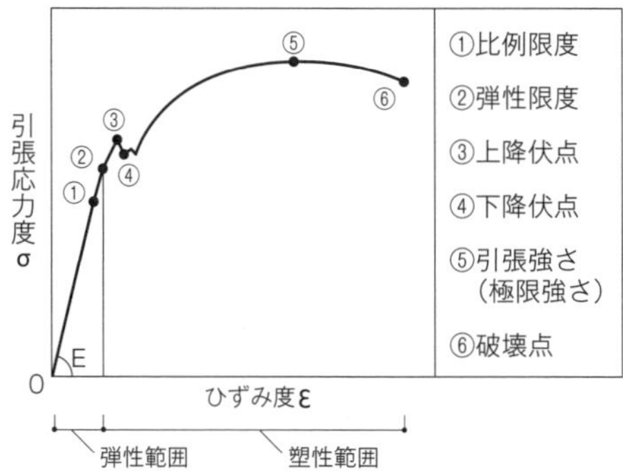

引張応力とひずみは，比例限度までは比例関係です。弾性限度とは，固体に荷重がかかったときに弾性を保つ限界をいいます。例えば鋼は，弾性限度内であれば，引張荷重を取り除くと元の状態に戻ります。一般に高張力鋼になると，引張強さに対する降伏点の割合（降伏比）の値は大きくなります。

引張強さは，鋼材の温度が200～300 ℃で最大となり，それ以上温度が上がると急激に低下します。500 ℃では$\frac{1}{2}$，900 ℃では$\frac{1}{10}$程度になります。鋼は熱処理によって，強度などの機械的性質を変化させることができます。

鋼材は，強度にかかわらず，ヤング係数（約2.05×

建築構造用炭素鋼鋼管
STKN材と呼ばれ，材質をSN材と同等とした円形鋼管です。

一般構造用軽量形鋼
SSC材と呼ばれ，冷間成形された軽量形鋼です。

一般構造用炭素鋼鋼管
STK材と呼ばれ，建築物に使用される炭素鋼管です。

一般構造用角形鋼管
STKR材と呼ばれ，土木・建築などの構造物に使用される鋼管です。

※4
耐候性
屋外での変形，変色，劣化に耐える性質のこと。

引張強さの下限値
建築構造用圧延鋼材SN400 Aの数値400は，引張強さの下限値（N/mm^2）を示します。

鋼材の密度
約7,850 kg/m^3です。

105 N/mm²）が一定なので，強度の大きい鋼材でも，変形に対しては有利になりません。ヤング係数は，コンクリートの約10倍です。また，線膨張係数は，約1.2×10^{-5}（1/℃）です。

③ステンレス鋼[※5]

ステンレス鋼とは，クロム，ニッケルを含み，炭素量が少ないものほど軟質で，耐食性に優れている材料です。よく使用される建築材料としては，SUS304やSUS430などの種類があります。

SUS304は，磁性はありませんが，耐食性，耐熱性に優れ，加工性，溶接性ともに良好です。SUS430は，磁性があり，磁石に付く性質があります。

④銅鋼

銅鋼とは，銅を添加して耐候性を高めた鋼です。

2 非鉄金属

鉄以外の金属を非鉄金属といい，それぞれ鉄にはない特性があります。

①アルミニウム

アルミニウムは，軽量で加工性のよい軽金属材料です。純度の高いものは空気中で表面に酸化皮膜を生じ，耐食性が増します。耐候性は銅や鋼より優れています。押出加工により複雑な断面形状が容易に得られ，サッシなどに用いられます。清水には侵されませんが，海水，酸，アルカリに弱く，コンクリートに直接接しないほうがよいです。マグネシウムやケイ素を添加すると，耐食性と強度が増します。アルミニウムの密度およびヤング係数は，それぞれ鋼の約$\frac{1}{3}$です。

②銅

銅は，熱や電気の伝導率が大きく，湿気中では表面に酸化による緑青が生じますが，内部への侵食は少なく，屋根葺き材などに用いられます。耐食性に優れています。

③鉛

鉛は，酸その他の薬液に対する抵抗性やX線遮断効果が大きいですが，アルカリ性に弱いです。

④亜鉛めっき

亜鉛めっきとは，腐食防止のために，鋼材の表面に亜鉛の皮膜をつくることをいいます。

海岸や工業地帯のような過酷な腐食環境下では溶融亜鉛めっきが用いられます。

⑤黄銅

黄銅は真鍮（しんちゅう）ともいい，銅と亜鉛の合金で，加工がしやすく，耐食性や耐候性は大きいです。しかし，酸やアルカリには弱いです。

⑥青銅

青銅は，ブロンズともいいます。銅とすず[※6]の合金で，黄銅よりも耐食性が大きいです。

※5
ステンレス鋼の材料記号
ステンレス鋼材を「SUS」と表現しますが，これは，「Steel Use Stainless」の略称です。

※6
すず（錫）
すずは，銀白色で光沢を有し，延性や展性に富み，耐食性があります。鋼板の表面にメッキしてブリキ板となります。

チャレンジ問題！

問1　難　中　易

JIS（日本工業規格／現日本産業規格）に規定する構造用鋼材に関する記述として，最も不適当なものはどれか。

(1) 建築構造用圧延鋼材は，SN材と呼ばれ，性能によりA種，B種，C種に分類される。
(2) 溶接構造用圧延鋼材は，SM材と呼ばれ，溶接性に優れた鋼材である。
(3) 建築構造用炭素鋼鋼管は，STKN材と呼ばれ，材質をSN材と同等とした円形鋼管である。
(4) 一般構造用圧延鋼材は，SSC材と呼ばれ，一般的に使用される鋼材である。

解説

一般構造用圧延鋼材は，SS材と呼ばれます。

解答（4）

木質材料

1 木材の特徴

木材とは，樹皮や木部，樹心などで構成された樹木を総称したものです。針葉樹（杉，松など）と広葉樹（桜，欅(けやき)など）に大別され，針葉樹材は主に構造用，広葉樹材は主に各種仕上げ用，造作用として使われます。木材の曲がり，ねじれおよび反りは，一般に広葉樹の方が針葉樹に比べ大きいです。

①心材と辺材

材木には樹心に近い心材と，樹皮に近い辺材があります。

心材（赤身）は，赤みをおびており，乾燥に伴う曲がりや反りが少なく，硬質で腐りにくいです。辺材（白太）は，淡く白い部分で，一般に含水率が高く，組織は粗く，軟質で腐りやすいです。辺材は，心材と比較して耐朽性に劣り，虫害を受けやすいです。

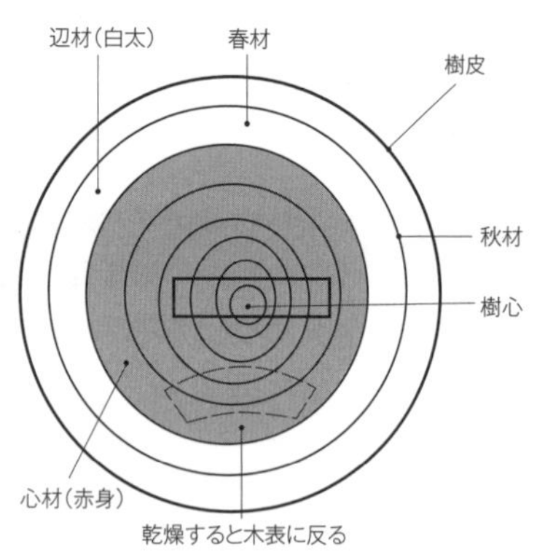

②含水率と強度

含水率は，木材中にどの程度の水分が含まれているかを表します。

含水率０％ （絶乾状態）	木材中の水分がすべて蒸発した状態
含水率約15％ （気乾状態）	空気中での乾燥で，湿気と平衡状態になるまで乾燥させた状態
含水率約30％ （繊維飽和点）	木材中の細胞膜の自由水がすべて蒸発した後に，結合水で満たされた状態

現場搬入時の木材の含水率は，高周波水分計を用いて，造作材，下地材で15％以下，構造材で20％以下であることを確認します。

●強度

含水率が繊維飽和点以上では，強度に変化はありませんが，含水率が繊維飽和点以下では，含水率が減少するに従って強度が大きくなり，絶乾状態で最大値を示します。節のある木材は，節のないものより強度が小さいです。

同じ含水率の場合，密度が大きいほど強度が大きくなります。木材の熱伝導率は，密度の小さいものほど，また含水率が低いほど小さくなります。

繊維方向の強さは，「曲げ＞圧縮＞引張り＞せん断」となります。

③膨張と収縮

木材の膨張，収縮は，含水率が繊維飽和点（約30％）以上の範囲ではほとんど変わりませんが，それ以下になるとほぼ直線的に0に向かって縮みます。また，密度の大きい木材ほど，含水率の変化による膨張や収縮が大きいです。

膨張収縮率[※7]は繊維に直角な板目方向で約5～10％，柾目方向で約2～5％，繊維方向で約0.1～0.3％です。

木材の乾燥収縮の割合は，接線（板目）方向＞半径（柾目）方向＞幹軸（繊維）方向です。

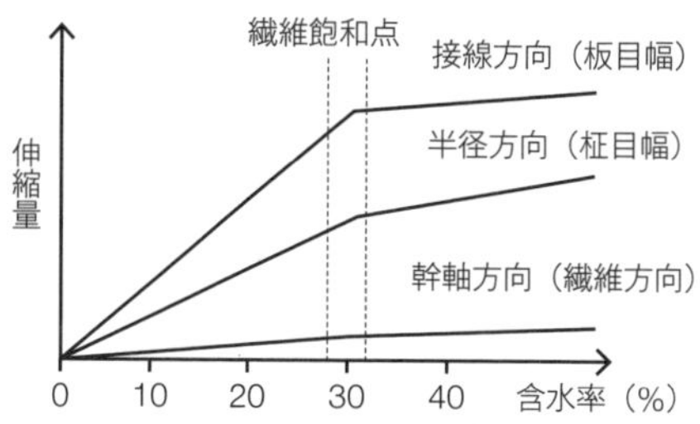

2 木材の加工品

一定の大きさで加工した木材を，接着剤で貼り合わ

木材の引張強さ
繊維に直交する方向の引張強さは，繊維方向の引張強さより小さいです。

節による強度の影響
節とは樹幹における枝の付け根，もしくは枝の抜け跡をいいます。断面の減少や応力集中をもたらし，強度を低下させます。

※7
木材の膨張収縮率

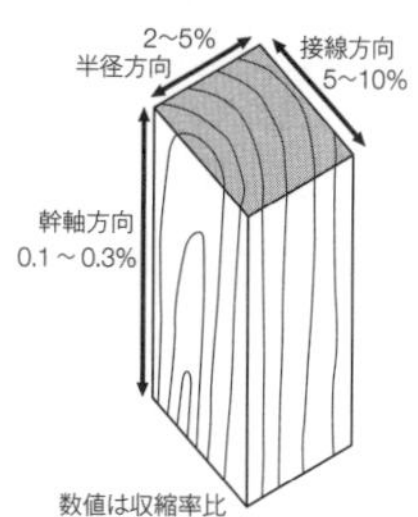

柾目・板目
年輪があるため，縦断面の位置によって柾目面と板目面の木目が生じます。

せたり，圧縮形成した材料で，次のような種類があります。

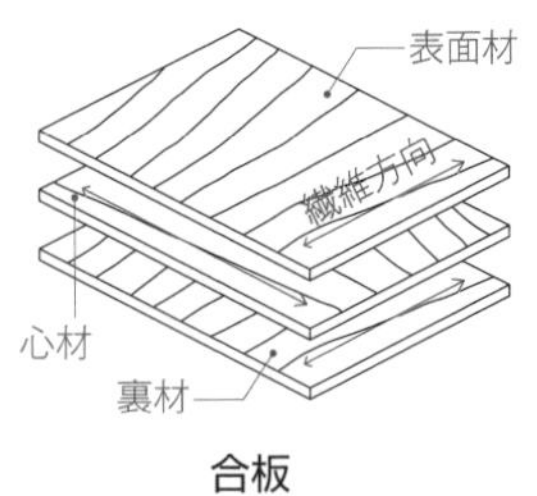

合板

①合板

合板とは，切削した単板3枚以上を主としてその繊維方向を互いにほぼ直角にして接着したものです。

②単板積層材（LVL）

単板積層材はLVLともいい，単板を繊維方向が平行となるように積層接着したものです。

③木質系セメント板

木質系セメント板は，主原料として木毛・木片などの木質原料およびセメントを用いて圧縮成形して製造した板です。

④OSBボード

OSBボードとは，木材の小片を接着し板状に成形した一般材に，切削した単板を積層接着したものです。

⑤パーティクルボード

パーティクルボードは，木材などの小片を接着剤を用いて熱圧成形したものです。

⑥繊維板

繊維板は，木材その他の植物繊維を主原料とし，これらを繊維化してから成形した板状材料です。

⑦フローリングボード

フローリングボードは，1枚のひき板[※8]を基材とした単層フローリングです。

⑧フローリングブロック

フローリングブロックは，ひき板を2枚以上並べて接合したものを基材とした単層フローリングです。

⑨集成材

集成材[※9]とは，ひき板（ラミナ），小角材などをその繊維方向を互いにほぼ平行にして，厚さ，幅および長さの方向に集成接着[※10]したものです。

⑩直交集成板（CLT）

直交集成板はCLTともいいます。ひき板か小角材を，その繊維方向を互いにほぼ平行にして幅方向に並べるか接着したものを，主としてその繊維方向を互いにほぼ直角にして積層接着し，3層以上の構造をもたせます。

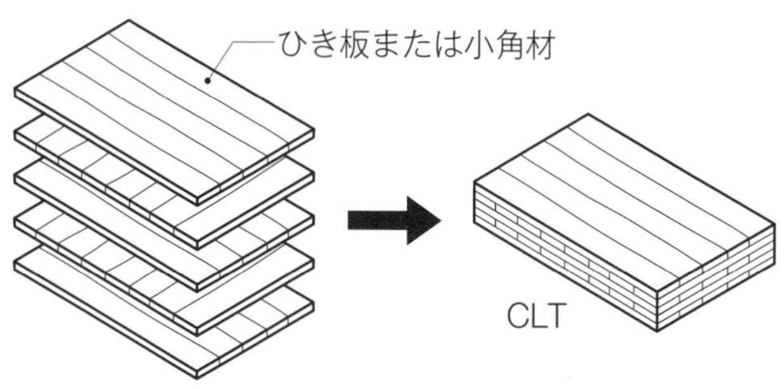

※8
ひき板
のこぎりで製造された板材のこと。

※9
集成材

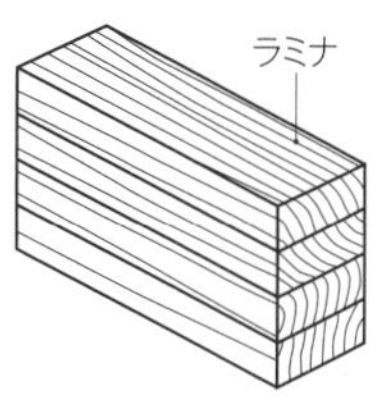

※10
集成接着
上の絵のように，同じ繊維方向の部材を重ねて接着すること。

チャレンジ問題！

問1　難　中　易

木材に関する一般的な記述として，最も不適当なものはどれか。

(1) 繊維に直交する方向の引張強さは，繊維方向の引張強さより小さい。
(2) 心材は，辺材に比べて腐朽菌や虫害に対して抵抗が低い。
(3) 節は，断面の減少や応力集中をもたらし，強度を低下させる。
(4) 木材の乾燥収縮の割合は，年輪の接線方向が最も大きく，繊維方向が最も小さい。

解説

心材は，辺材に比べて腐朽菌や虫害に対して抵抗が高いです。

解答（2）

防水材料

1 アスファルト防水の関連材料

アスファルト防水とは，アスファルト，アスファルトフェルト，アスファルトルーフィングなどを重ねて防水層を構成するものです。アスファルト防水に使用される材料は次の通りです。

①アスファルトプライマー

アスファルトプライマーは，下地と防水層の接着性を向上させるために塗られる溶剤をいいます。

②アスファルトフェルト

アスファルトフェルトは，有機天然繊維を主原料とした原紙にアスファルトを浸透させたものです。

③アスファルトルーフィング類

アスファルト防水材の主原料の1つで，次のようなものがあります。

●アスファルトルーフィング

有機天然繊維を原料とした原紙に，アスファルトを浸透させ，裏表面に鉱物質粉末を付着させたものです。

アスファルトルーフィング敷き込みの様子

●砂付穴あきアスファルトルーフィング

防水工事に用いられる材料で，下地と防水層を絶縁する際に使用します。

●網状アスファルトルーフィング

天然または有機合成繊維でつくられた粗布にアスファルトを浸透，付着させたもので，立上がり防水層の張りじまいなどに用います。

●砂付ストレッチルーフィング

原反(げんたん)にアスファルトを浸透，被覆し，片面に鉱物質粒子（砂）を付着させたものです。

2 その他の防水材料

①塗膜防水

塗膜防水は，合成高分子系の液状材料を塗り重ね，防水処理を施すことをいいます。硬化して被膜を形成し，防水層となります。

②合成高分子系ルーフィングシート

合成高分子系ルーフィングシートは，下地に張り付けてシート防水層を形成するために用いられます。

③ステンレスシート防水

ステンレスシート防水は，ステンレスシートまたはチタンシートを用い，防水層を形成するものです。

絶縁用テープ
ALC下地などの目地部分に使用するテープで，下地と防水層の間に設けます。

防水剤を混入したモルタル
鉱物質微粉末や有機質エマルションなどの防水剤を混入したモルタルで，防水性能を持っています。防水モルタルともいいます。

チャレンジ問題！

問1　難　**中**　易

防水材料に関する記述として，最も不適当なものはどれか。

(1) アスファルトプライマーは，下地と防水層の接着性を向上させるために用いられる。
(2) 砂付穴あきアスファルトルーフィングは，下地と防水層を絶縁するために用いられる。
(3) 防水剤を混入したモルタルは，下地に塗布して塗膜防水層を形成するために用いられる。
(4) 合成高分子系ルーフィングシートは，下地に張り付けてシート防水層を形成するために用いられる。

解説

塗膜防水層は，防水剤を混入したモルタルではなく合成高分子系の液状材料を塗り重ねます。

解答（3）

シーリング材

1 シーリング材

シーリング材とは，建築材料などのすき間をシールするために用いられる合成樹脂などの材料の総称で，気密性や防水性を高めます。シーリング材には多くの種類があり，各成分系統によって用途が変わります。

①1成分形シーリング材

1成分形シーリング材とは，あらかじめ施工に供する状態に調製されているシーリング材です。水分の蒸発乾燥によって硬化するエマルションタイプと，溶剤の揮発によって硬化する溶剤タイプの2種類があります。

②2成分形シーリング材

施工直前に基剤と硬化剤の2成分を着色剤などと練り混ぜて使用します。

③定形シーリング材

定形シーリング材とは，形状があらかじめ定まっているもので，ガスケットともいいます。

④不定形シーリング材

施工時に粘着性のあるペースト状のシーリング材のことをいいます。

シーリング材の充填の様子

2 シーリング材の特徴と用語

①シリコーン系シーリング材

紫外線などの耐候性，耐熱性，耐久性に優れていますが，施工後の表面に塗料が付着しにくいです。ガラスまわり目地の施工に適しています。

②変成シリコーン系シーリング材

変成シリコーン系シーリング材は，耐候性や耐久性が良好です。ガラス越しの耐光接着性は適しません。

③ポリサルファイド系シーリング材

ポリサルファイド系シーリング材は，表面の仕上塗材や塗料を変色，軟化させることがあります。

④アクリルウレタン系シーリング材

表面にタックが残ることがあります。

⑤ポリウレタン系シーリング材

塗装などの仕上げ下地などに適しています。耐熱性や耐候性に劣り，金属パネルや金属笠木などの目地には適しません。施工時の気温や湿度が高いと発泡のおそれがあります。

⑥プライマー

被着面とシーリング材との接着性をよくするために，あらかじめ被着面に塗布する材料をいいます。

モジュラス
シーリング材などゴムの弾性体に一定のひずみを与えたときの応力をいいます。

クレージング
クレージングとは，ウェザリングなどによって生じたシーリング材表面の細かい亀甲状のひび割れをいいます。

エマルションタイプアクリル系シーリング材
0℃以下での施工は避けます。

チャレンジ問題！

問1　難　中　易

シーリング材の特徴に関する記述として，最も不適当なものはどれか。

(1) ポリサルファイド系シーリング材は，表面の仕上塗材や塗料を変色，軟化させることがある。
(2) ポリウレタン系シーリング材は，ガラスまわり目地に適している。
(3) シリコーン系シーリング材は，紫外線による変色が少ない。
(4) アクリルウレタン系シーリング材は，表面にタックが残ることがある。

解 説

ガラスまわり目地に適しているのは，シリコーン系シーリング材です。

解答 (2)

タイル・石材

1 タイルの特性と性質

床や壁面などに用いられる薄板状の材料をタイルといいます。

分類	きじの質	吸水率	特徴	用途
Ⅰ類	磁器質 (旧区分表記)	3.0％ 以下	吸水性はほとんどなく，耐摩耗性に優れている	外装，内装，床
Ⅱ類	せっ器質 (旧区分表記)	10.0％ 以下	吸水性が小さく，堅硬である	外装，内装，床
Ⅲ類	陶器質 (旧区分表記)	50.0％ 以下	吸水性が高く，屋外使用に適さない	内装

①セラミックタイルの特徴

セラミックタイルは，磁器質，せっ器質，陶器質タイルの総称で，粘土またはその他の無機質材料を成形し，高温で焼成した，厚さ40 mm未満の板状の不燃材料をいいます。セラミックタイルの成形方法による種類には，押出成形とプレス成形があります。また，タイルには平物と役物があり，それぞれ形状は定形タイルと不定形タイルに区分されます。

②素地とうわぐすり

素地はタイルの主体をなす部分をいい，施ゆう[※11]タイルの場合，表面に施したうわぐすりを除いた部分をいいます。

③表張りユニットタイルと裏連結ユニットタイル

表張りユニットタイルは，多数個並べたタイルの表面に表張り紙を張り付けて連結したものです。裏連結ユニットタイルは，多数個並べたタイルの裏面や側面を，ネットや台紙などの裏連結材で連結したものをいいます。

④裏あし

セメントモルタルなどとの接着をよくするため，タイルの裏面に付けたリブまたは凹凸をいいます。

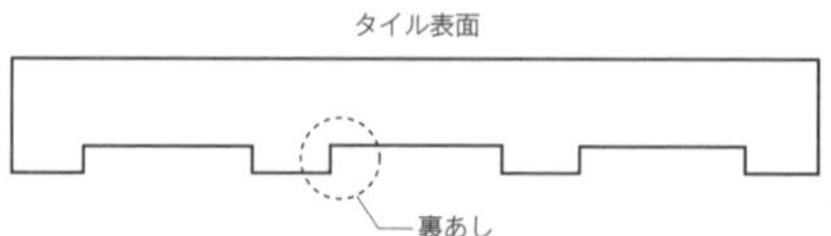

2 石材の特性と性質

石材は，岩石や鉱石などを指し，鉱物質の塊です。石材の種類により耐久性や耐火性などが変わります。

石材と岩石の組合せ	石材の性質
ビアンコカラーラ：大理石	大理石：耐酸性（×）
鉄平石：安山岩	安山岩：耐火性（○）
稲田石：花こう岩	花こう岩：耐火性（×）
大谷石：凝灰岩	凝灰岩：耐久性（×）

※11

施ゆう
うわぐすりの有無による種類で，施ゆうと無ゆうがあります。

セメントモルタルによる外壁タイル後張り工法
施工するタイルの裏あしの形状は，あり状とします。

チャレンジ問題！

問1 難 **中** 易

日本工業規格（JIS）に規定するセラミックタイルに関する記述として，最も不適当なものはどれか。

(1) 素地は，タイルの主体をなす部分をいい，施ゆうタイルの場合，表面に施したうわぐすりも含まれる。
(2) 表張りユニットタイルとは，多数個並べたタイルの表面に，表張り紙を張り付けて連結したものをいう。
(3) 裏連結ユニットタイルとは，多数個並べたタイルの裏面や側面を，ネットや台紙などの裏連結材で連結したものをいう。
(4) タイルには平物と役物があり，それぞれ形状は定形タイルと不定形タイルに区分される。

解 説

素地はタイルの主体をなす部分をいい，施ゆうタイルの場合，表面に施したうわぐすりを除いた部分をいいます。

解答（1）

塗装

1 塗装の種類と特徴

塗装とは，材木や金属などの物体に塗料[※12]を塗って仕上げることです。

①合成樹脂エマルションペイント（EP）

合成樹脂エマルションペイントは，水が蒸発し，樹脂粒子が接近融合して塗膜を形成します。使用用途は，木部，コンクリート面，モルタル面，せっこうボード面などに適しています。

塗料は，水で希釈でき，取扱いが容易で，有機溶剤は用いません。一度硬化乾燥すると，表面光沢が少なく，耐水性を示す塗膜となります。

②つや有り合成樹脂エマルションペイント（EP-G）

つや有り合成樹脂エマルションペイントの塗膜硬化機構は，合成樹脂エマルションペイントと同じで，水で希釈できます。使用用途は，木部，コンクリート面，モルタル面，せっこうボード面，屋内の木部，鉄鋼面，および亜鉛めっき鋼面に適しています。

③合成樹脂調合ペイント（SOP）

合成樹脂調合ペイントは，溶剤の蒸発とともに油分の酸化重合が進み，乾燥硬化して塗膜を形成します。使用用途は，木部，鉄鋼面および亜鉛めっき鋼面に適しています。塗膜の耐アルカリ性が劣るため，コンクリート，モルタル，ボード類の素地には適しません。

④フタル酸樹脂エナメル（FE）

フタル酸樹脂エナメルとは，フタル酸樹脂を用いたワニスに，顔料などを加えてつくられた顔料で，耐候性に優れ，平滑で仕上がりの良い塗膜面を形成します。使用用途は，木部や鉄部の高級仕上げに適しています。プラスターやモルタル面には適しません。

⑤アクリル樹脂エナメル（AE）

アクリル樹脂エナメルは，熱可塑性アクリル樹脂に顔料を配合した，自然乾燥形の揮発乾燥性塗料です。使用用途は，コンクリート，モルタル面など，内外部の美装を目的とした壁面に適しています。速乾性があり，比較的耐水性，耐アルカリ性，耐候性，美装性がよいです。耐薬品性では，塩化ビニル樹脂エナメルの方が優れています。

⑥クリアラッカー（CL）

クリアラッカーは，ニトロセルロースとアルキド樹脂を主要な成分とする，顔料を混入しない無色透明の速乾性塗料で，木目を生かして美しいツヤに仕上げます。使用用途は，**木工家具や木部の塗装**に適しており，金属の仕上げにも用いられます。

⑦オイルステイン塗り

オイルステイン塗りは，屋内の木部面に適した塗料で，木目を生かした塗装ができますが，定期的なメンテナンスが必要で，耐候性が低いです。

※12

塗料
木材やコンクリート・金属などの，表面の美化や保護などのために塗布され，乾燥後連続した薄い被膜を形成する仕上げ材料です。

2液形ポリウレタンワニス塗り
木部面に適したクリアな塗料で，耐候性が高いです。

チャレンジ問題！

問1　難｜**中**｜易

塗装の種類と素地の組合せとして，最も不適当なものはどれか。

(1) 2液形ポリウレタンワニス塗り …… 木部面
(2) オイルステイン塗り …… 木部面
(3) 合成樹脂調合ペイント塗り …… 鉄鋼面
(4) 合成樹脂エマルションペイント塗り …… 鉄鋼面

解説

合成樹脂エマルションペイント塗りは，木部，コンクリート面，モルタル面，せっこうボード面などに適しています。

解答（4）

ガラス

1 ガラスの種類

ガラスは，珪酸塩を主成分として得られる硬くてもろい透明体です。フロート板ガラスや型板ガラスなど，さまざまな種類があります。

種類	特徴
フロート板ガラス	表面が平滑な一般的な透明ガラス。割れた場合は大小さまざまな破片が飛び散る
型板ガラス	ロールアウト方式により，ロールに彫刻された型模様を片方のガラス面に熱間転写して製造された板ガラス。光を拡散させながら視線を遮る
網(線)入りガラス	板ガラスの中に金網または線を封入したガラスで，割れた時の飛散を防止する。網入りガラスでは，主に防火ガラスとして使用されている
倍強化ガラス	板ガラスを熱処理してガラス表面に適切な大きさの圧縮応力層をつくり，破壊強度を増大させる。割れた場合，フロート板ガラスのような割れ方になる
強化ガラス	板ガラスを熱処理してガラス表面に強い圧縮応力層を形成したガラスで，衝撃強度が高い。割れた場合，破片は粒状となるため，安全性が高い（※飛散防止効果はない）
複層ガラス[※13]	2枚の板ガラスの間に乾燥空気を設けて密封したもので，結露防止に効果がある。断熱性や遮音性に優れている
熱線反射ガラス	日射熱の遮へいを主目的とし，ガラスの片側の表面に熱線反射性の薄膜を形成したガラスで，太陽光輻射熱を反射する。冷房負荷軽減に優れ，ハーフミラー効果により，プライバシーも確保できる

熱線吸収板ガラス	鉄やニッケル，コバルトなどを微量添加した，冷房負荷の軽減に効果のあるガラス。可視光線や太陽輻射熱を吸収し，遮熱効果がある
合わせガラス[※14]	2枚以上の板ガラスに中間膜を挟み全面接着したガラスで，防犯に効果がある。外力の作用によって破損しても，破片の大部分が飛び散らず，安全性が高い
Low-E（低放射率）複層ガラス	遠赤外線の放射率が低く，反射率が高い特殊金属膜をガラス表面にコーティングしたガラス。日射遮へい性と断熱性が向上されている

※13

複層ガラス

※14

合わせガラス

チャレンジ問題！

問1　難　中　易

ガラスに関する記述として，最も不適当なものはどれか。

(1) 熱線吸収板ガラスは，冷房負荷を軽減させる効果がある。

(2) 型板ガラスは，光を拡散し，視線を遮る効果がある。

(3) 複層ガラスは，結露防止に効果がある。

(4) 強化ガラスは，破損時の飛散防止効果がある。

解説

強化ガラスは，板ガラスを軟化温度近くまで加熱し，常温の空気を均一に吹き付けて急冷し，表面に圧縮応力層を形成したもので，耐衝撃度・耐風圧度などに優れています。また，飛散防止効果はありません。

解答（4）

第1章  建築学等

CASE 5 建築設備

まとめ & 丸暗記　この節の学習内容とまとめ

- □ 水道直結直圧方式：水道本管から分岐した水道引込み管から，配水管の水圧によって直接各所に給水する方式。一般に3階建てまで採用可能
- □ 雑排水：洗面器，流し，浴槽などからの排水をいい，便器からの排せつ物は含まない
- □ 排水ます：地中埋設排水経路にますを設ける場合，雨水ますには泥だめを，汚水ますにはインバートを設ける
- □ 遠心力鉄筋コンクリート管：
  管きょに用いる場合は，一般に外圧管を使用する。また，ソケット管の受口は上流に向けて敷設する
- □ ファンコイルユニット方式：
  冷温水コイル，送風機，フィルターなどを内蔵したファンコイルユニットを各室に設け，主機械室の熱源機器でつくられた温水と冷水を送って送風する方式で，各ユニットの温度調節が可能
- □ 電圧区分：7,000 Vを超えるものを特別高圧という
- □ ハロゲン電球：高輝度で，店舗のスポットライトなどで使用
- □ ドレンチャー設備：外部からの延焼を防止するために，圧力水を送水して散水ノズルより放水し水幕を張る消火設備。建物の外部に設置する
- □ 非常警報設備の非常ベル：
  火災発生を知らせるための音響装置。非常ベル自体に煙や熱を感知する機能はない

給排水設備

1 給水設備

建築物に飲用水など生活に必要な設備を供給するための設備をいい，大きく2つの給水方式があります。

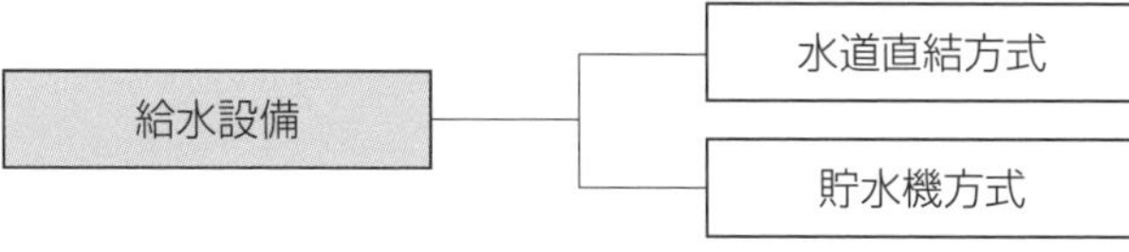

①水道直結方式

●水道直結直圧方式[※1]

水道直結直圧方式とは，水道本管から分岐した水道引込み管から，配水管の水圧によって直接各所に給水する方式です。一般に3階建てまで採用可能です。

●水道直結増圧方式[※2]

水道本管から分岐した水道引込み管に増圧給水装置を直結し，各所に給水する方式をいいます。

②貯水機方式

●高置タンク方式[※3]

一度受水槽に貯留した水を，ポンプで建物高所の高置水槽に揚水し水槽から重力により各所に給水します。

●圧力タンク方式[※4]

圧力タンク方式とは，一度受水槽に貯留した水を，ポンプで圧力タンクに送り，圧力タンク内の空気の圧縮・加圧を利用して，建物内部の必要な箇所に給水する方式です。停電時には給水できません。

●ポンプ直送方式[※5]

ポンプ直送方式とは，タンクなしブースタ方式とも呼ばれ，受水槽の水を給水ポンプで直接加圧して，建

※1

水道直結直圧方式

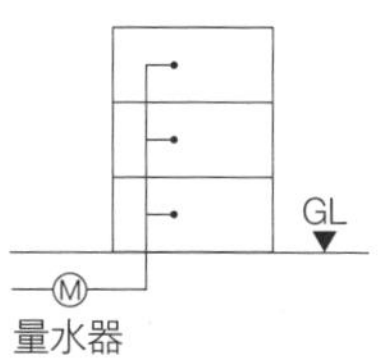

※2

水道直結増圧方式

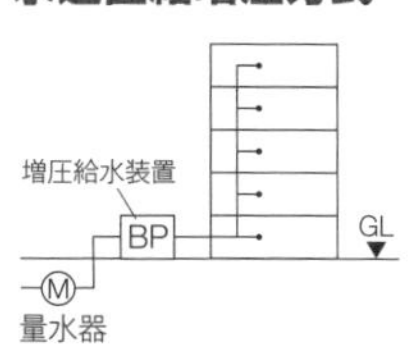

※3

高置タンク方式

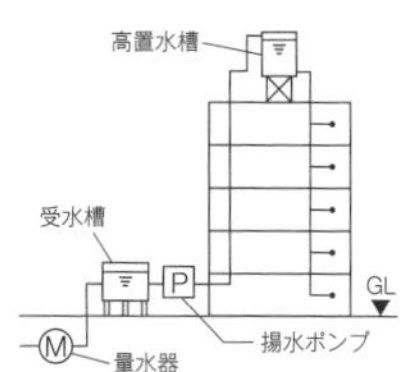

※4

圧力タンク方式

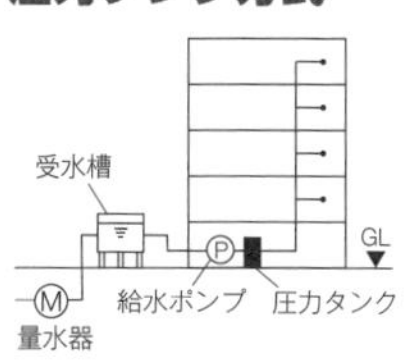

※5

ポンプ直送方式

物内部の必要な箇所へ直送する方式です。

2 給水設備の留意点

①受水槽，高架タンク（給水タンク[※6]）

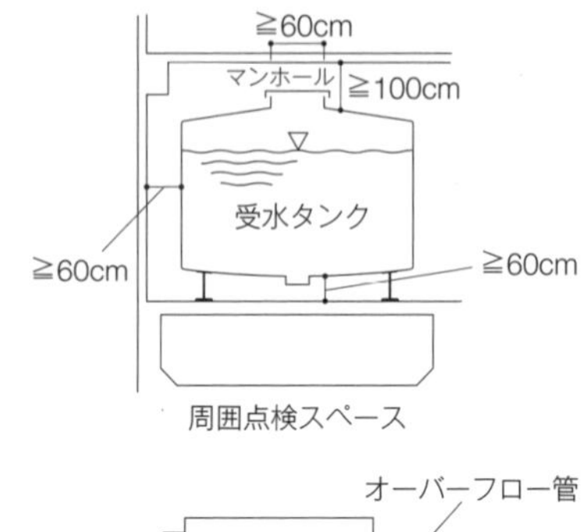

受水槽や高架タンクは，一時的に水を溜める給水設備の1つです。建築物の構造体と兼用はできません。外部からタンクの天井，底および周壁の保守点検を行うためのスペースを設けます。

②オーバーフロー管

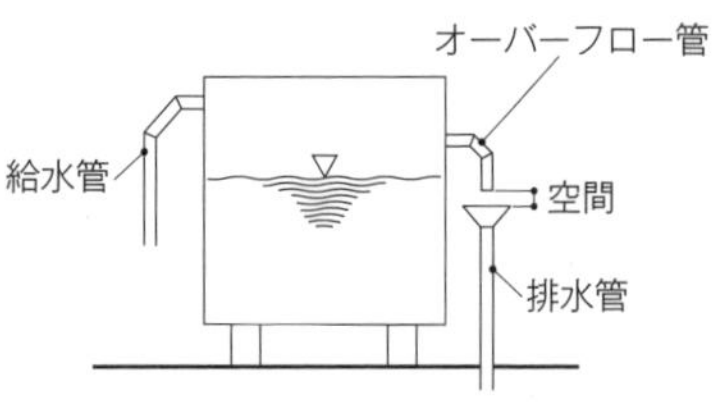

オーバーフロー管とは，余分な水を排水する管をいいます。排水の逆流による汚染の防止や臭気・虫などのタンクへの侵入防止のため，排水管と直結せず間接排水とします。

③ウォーターハンマー（水撃）

ウォーターハンマーは，水栓を急に閉めるなど，給水管内の水の流れを急閉したときに，急な圧力変動で振動や衝撃音が発生する現象のことです。エアチャンバー[※7]により，ウォーターハンマーの水撃圧を吸収します。

④クロスコネクション

クロスコネクションとは，上水道配管に上水以外（井戸水や中水など）の水が混入し，飲料水が汚染される現象をいいます。逆流による給水系統の汚染もクロスコネクションの1つです。

⑤排水再利用水（中水）

排水再利用水とは，一般に建物内で発生する一般排水を浄化処理して，再利用する水のことです。中水道とは，水の有効利用を図るため，排水を回収して処理再生し，雑用水などに再利用する水道をいいます。排水再利用配管設備は，水栓に排水再利用水である旨の表示が必要です。また，塩素消毒その他これに類する措置を講ずる必要があります。

3 排水設備

排水は，汚水[※8]，雑排水[※9]，雨水に分類され，それらの排水を処理するための設備の総称を排水設備といいます。排水設備には次のようなものがあります。

①排水トラップ

排水トラップは，排水管を通して下水道などからの悪臭や害虫などが室内へ流入するのを封水によって防止する器具のことです。

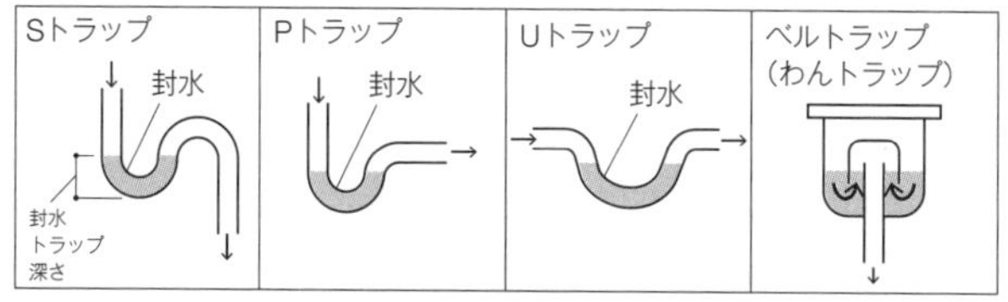

●留意点

・排水トラップの封水深は，阻集器を兼ねるものを除き，5～10 cmとする

・**二重トラップは通気の阻害や排水不良を引き起こすため禁止**

②通気管

外気と連結させて取り付ける管のことで，配管内の空気の流れを円滑にし，**排水トラップの封水がサイホン作用による封水切れを起こすのを防ぎます。**

●留意点

・通気管の横走り管の勾配は，$\frac{1}{200}$先上がり程度が望ましい

・雨水排水立て管は，汚水排水管もしくは通気管と兼用したり，これらの管に連結することはできない

③排水ます

排水ますとは，**配管の掃除，点検，排水方向の変更を容易にするために設けられるますのことです。**合流

※6
給水タンク容量
給水タンクの容量は，1日の予想給水量をもとに，給水能力や使用時間などを考慮して決めます。

※7
エアチャンバー
配管の脈動を抑えて安定した液体の流れをつくる機器のこと。

※8
汚水
大・小便器や汚物流しなどからの排せつ物を含む排水をいいます。

※9
雑排水
汚水以外の洗面器，流し，浴槽などからの排水をいいます。

硬質ポリ塩化ビニル管
硬質ポリ塩化ビニル管をコンクリートますに接合する部分には，砂付きのます取付け短管を用います。

ます・マンホールの設置
管きょの流路の方向が変化する箇所や地中埋設排水経路が合流する箇所には，ますまたはマンホールを設けます。

点などに設けることで，水あか，泥などが詰まるのを防止します。

雨水用排水ますおよびマンホールの底部には，排水管などに泥が詰まらないよう，深さ150 mm以上の泥だめを設けます。地中埋設排水経路にますを設ける場合，**雨水ますには泥だめを，汚水ますにはインバート**（底部下面が半円形状）を設けます。

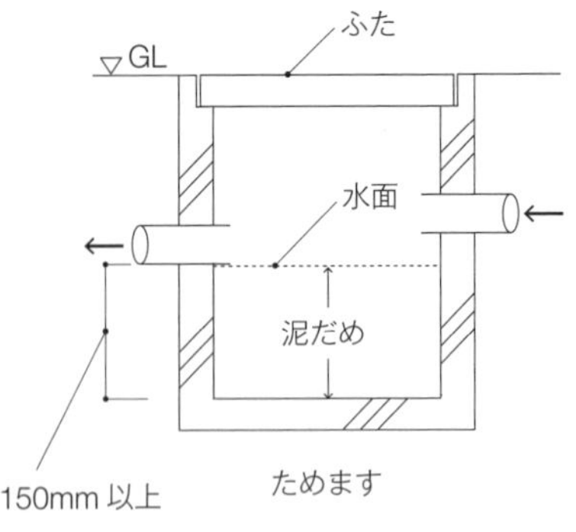

地中埋設排水管の長さが，その**内径または内法幅の120倍**を超えない範囲内で，ますまたはマンホールを設けます。

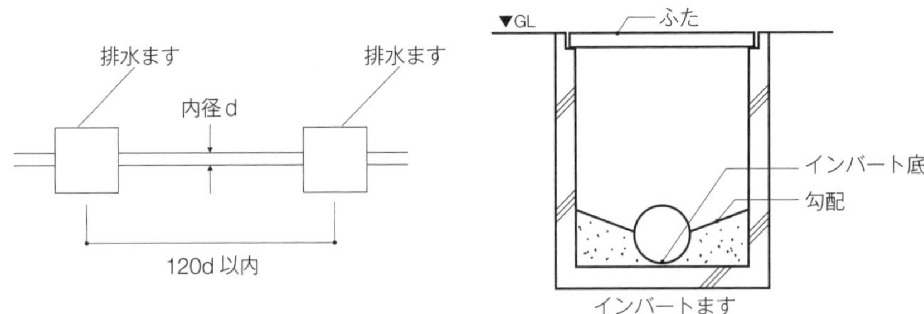

④横走り排水管の管径と勾配

管径(mm)	65以下	75・100	125	150
勾配	1／50	1／100	1／150	1／200

上表のように，横走り排水管の管径と勾配は，管径が**太い**ものほど**勾配を緩く**し，管径が**細い**ものほど，**急勾配**とします。屋内の自然流下式横走り排水管の最小勾配は，管径が100 mmの場合，$\frac{1}{100}$とします。

管きょに用いる遠心力鉄筋コンクリート管は，一般に**外圧管**を使用します。また，遠心力鉄筋コンクリート管の排水管の埋設は，**下流部**より始め，順次**上流部**に向けて行い，ソケット管の**受口を上流に向けて**敷設します。遠心力鉄筋コンクリート管の継手は，**ソケット継手**として，止水にはゴム輪を用います。

排水管を給水管と平行にして埋設する場合は，原則として**両配管の間隔を500 mm以上**とし，排水管は給水管の下方に埋設します。

浸透トレンチ[※10]の施工において，掘削後は浸透面を締め固めず，砕石などの充填材を投入します。

⑤公共下水道における排水方式の区分

公共下水道には**合流式と分流式**があります。**合流式**は「汚水＋雑排水」と「雨水」を合流させる方式で，**分流式**は「汚水＋雑排水」と「雨水」を別系統とする方式です。建物の敷地内では，合流式，分流式のどちらの方式でも**雨水は別系統**としなければいけません。

※10
浸透トレンチ

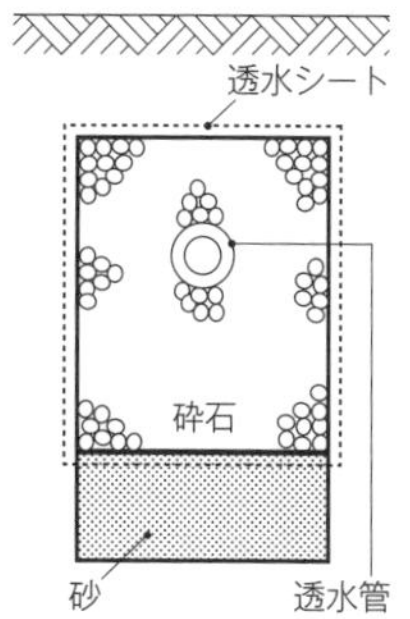

チャレンジ問題！

問1　難　中　易

屋外排水設備に関する記述として，最も不適当なものはどれか。

(1) 地中埋設排水管の長さが，その内径または内法幅の120倍を超えない範囲内で，ますまたはマンホールを設ける。

(2) 地中埋設排水経路にますを設ける場合，雨水ますにはインバートを，汚水ますには泥だめを設ける。

(3) 排水管を給水管に平行して埋設する場合，原則として，両配管は500 mm以上のあきを設ける。

(4) 地中埋設排水経路が合流する箇所には，ますまたはマンホールを設ける。

解説

地中埋設排水経路にますを設ける場合，雨水ますには泥だめを，汚水ますにはインバートを設けます。

解答（2）

空気調和設備

1 空気調和設備方式の種類と特徴

空気調和機は，一般にエアフィルタ，空気冷却器，空気加熱器，加湿器および送風機で構成されます。

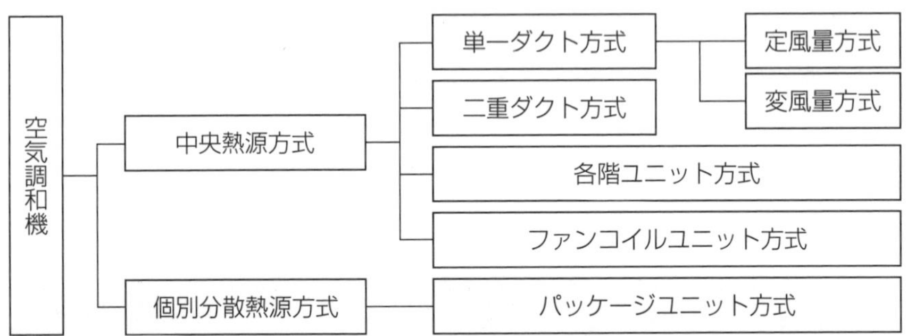

①中央熱源方式

●単一ダクト方式

主機械室の空気調和機1台でゾーン全体に調整された空気を，1本の主ダクトで供給します。温度調整した一定風量を各室に送る**定風量方式**（CAV方式）と，供給風量が制御される**変風量方式**（VAV方式）があります。

●二重ダクト方式

主機械室の空気調和機でつくられた温風と冷風を2系統のダクトで供給し，混合ユニットにより熱負荷に応じて混合量を調整して吹き出す方式をいいます。別々の部屋で同時に冷房と暖房を行うことができます。

●各階ユニット方式

各階に空調機を分散設置して空調を行う方式で，各階の負荷変動に対応できます。

●ファンコイルユニット方式

冷温水コイル，送風機（ファン），フィルターなどを内蔵したファンコイルユニットを各室に設け，主機械室の熱源機器でつくられた温水と冷水を送って送風する方式で，各ユニットの温度調節が可能です。

②個別分散熱源方式

●パッケージユニット方式[※11]

空調機内に冷凍機，ファン，冷却・加熱コイルなどを内蔵した一体型の空調機を使用する空調方式です。

全熱交換器
全熱交換器は，排気（室内空気）と給気（外気）の熱を連続的に交換する装置です。

※11
パッケージユニット方式
個別制御が可能です。

2 熱源機器

①圧縮式冷凍機と吸収式冷凍機

圧縮式冷凍機は，冷媒を圧縮することによって冷凍を行い，吸収式冷凍機は，熱によって冷媒を吸収分離する吸収液の性質を利用して冷凍します。

チャレンジ問題！

問1　　難　**中**　易

空気調和設備に関する記述として，最も不適当なものはどれか。

(1) 単一ダクト方式におけるCAV方式は，室内に吹き出す風量が一定であり，室内環境を一定に保つことができる。

(2) 二重ダクト方式は，別々の部屋で同時に冷房と暖房を行うことができる。

(3) パッケージユニット方式は，熱源機器でつくられた冷水や温水を各室のパッケージユニットに供給し，冷風や温風が吹き出るようにしたものである。

(4) 各階ユニット方式は，各階に空調機を分散設置して空調を行う方式で，各階の負荷変動に対応できる

解説

パッケージユニット方式は，機内に冷凍機，ファン，冷却・加熱コイルなどを内蔵した一体型の空調機を使用する空調方式です。

解答（3）

電気・照明設備

1 電圧の種別・電気方式と電圧

電圧[※12]の種別，電気方式は，次の通りです。

①電圧の種別

	直流	交流
低圧	750 V以下	600 V以下
高圧	750Vを超え7,000V以下	600Vを超え7,000V以下
特別高圧	7,000Vを超えるもの	

※大規模な建築物の電力供給は，一般に高圧または特別高圧を用いる。

②電気方式と電圧

電気方式	定格電圧(V)	主な用途・特徴
単相2線式	100	一般住宅などの電灯，コンセントに使用
	200	蛍光灯，大型電熱器，電動機に使用
単相3線式	100／200	100 Vは電灯・コンセントの幹線，200 Vは40 W以上の蛍光灯などに使用
三相3線式	200	動力用および中規模以上の建物の40 W以上の蛍光灯など，主に一般低圧電動機の幹線と分岐回路，単相200 V分岐回路などに使用
三相4線式	240／415	40 W以上の蛍光灯に200 V級，動力用に400 V級など大規模な建物で負荷が大きい時に使用

2 受変電設備・分電盤など

集合住宅などの中規模以上の建物では，電気を高圧で引き込んだ後に，受変電設備（キュービクル）で低圧に下げた後，分電盤に送ります。

①受変電設備（キュービクル）

キュービクルは，金属製の箱に変圧器や遮断器などを収めたもので，配電盤の1つです。

②分電盤

分電盤は，配電盤より配線された幹線をさらに分岐配線するために設けられた装置で，電流制限器，漏電遮断器（漏電時に自動的に電気が遮断される安全装置），配線用遮断器（過負荷防止）などの機器が収められています。取付け位置は，負荷の中心に近く，保守および点検の容易な位置に設けます。

③幹線

幹線とは，受電設備などの配電盤から分電盤や制御盤までの配線をいいます。

3 配線工事

配線工事には，金属管やバスダクト[※13]など，用途に応じて様々な配線管と方式があります。

配線材料である電線は，許容電流，電圧降下，機械的強さを考慮して太さを決めます。電流が大きくなると，電線は太いものを使用しなければいけません。また，同一電力[※14]を供給する場合は，電圧を高くすると，電流が小さくなり，電線を細くできます。

①配線管

●金属管

金属管とは，金属製の管のことで，外圧による損傷や火災のおそれから電線を保護します。

●合成樹脂管

合成樹脂管には，硬質塩化ビニル電線管（VE管），合成樹脂製可とう電線管[※15]（PF管とCD管）の3種類が

※12

電圧（V）
2点間の電位差，または零電圧とある点の電位差をいいます。

電流（A）
電荷の流れです。正電荷の動く向きを正とし，大きさは単位時間に通過する電気量で表します。

※13

バスダクト
大きな電流が流れる幹線の配線に用いられる金属製のダクトのこと。

※14

電力（W）
電流による単位時間当たりの仕事で，電流と電圧の積で表されます。

※15

合成樹脂製可とう電線管（PF管）
電気の伝送に用いられる電線を収納・保護し，建物内の電気配線に使用される電線管の1つで，PF管は自己消火性があり，埋込みや隠ぺい，露出配管に使用可能です。

予備電源（停電時）
自家発電設備や蓄電池設備が用いられます。

あります。軽量で扱いやすい上，腐食しにくく，絶縁性に優れています。可とう電線管は，配線工事において，屈曲部などに用いられます。

②配線方式

●金属ダクト方式

金属ダクトとは，幅5 cm以上，厚さ1.2 mm以上の鋼板でできた金属ダクトを配線に用いる方式です。

●バスダクト配線方式

金属製のダクト中に絶縁物で支持した電流容量の大きい幹線を設置します。

●フロアダクト配線方式

フロアダクト配線方式とは，オフィス内の床内に厚さ2 mm以上の鋼板でつくられたダクトを格子状に埋設する配線方式です。使用電力が300 V以下で，屋内の乾燥した場所の床埋込み配線に用いられています。

4 接地工事（アース工事）

接地工事は，漏電による感電事故や火災を防止するため，電流を大地に逃がすための工事のことです。電路に施設する機械器具には，高圧順にA種，B種，C種，D種の区分に応じて各接地工事を施すこととされています。ケーブルラックの金属製部分には，接地工事を施すことができます。

5 通信設備・照明設備

①通信設備

同軸ケーブルは，CATVの配信などの情報通信に用いられます。IP-PBXは，施設内のLANを利用して内線電話網を構築できる交換機です。

情報用アウトレット(LANケーブル端子)の記号

②照明の種類

調光装置は白熱灯や蛍光灯の照度調節に使用します。照明の効率は間接照明より直接照明のほうがよくなります。

照明の種類	主な用途・特徴
LED	高効率で他の照明器具に比べ寿命が長く，省エネ対策として広く用いられる
白熱電球	蛍光ランプに比べて，ランプ効率が低い
Hf蛍光ランプ	高効率，長寿命でちらつきが少なく，事務所などの照明に用いられる
ハロゲン電球	高輝度で，店舗のスポットライトなどで用いられる
メタルハライドランプ	演色性がよく，主にスポーツ施設などの照明に用いられる
水銀ランプ	主に高天井の室内・屋外照明に用いられる

屋内配線の図示記号

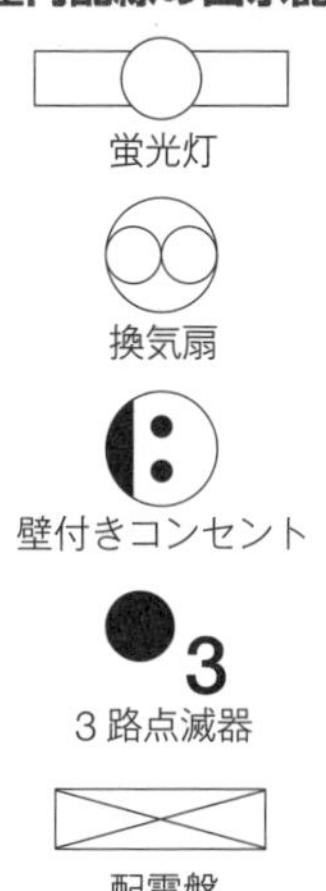

分電盤

チャレンジ問題！

問1 難 **中** 易

建築物の電気設備および電気通信設備に関する用語の説明として，最も不適当なものはどれか。

(1) キュービクルは，金属製の箱に変圧器や遮断器などを収めたものである。
(2) IP-PBXは，施設内のLANを利用して内線電話網を構築できる交換機である。
(3) 漏電遮断器は，屋内配線の短絡や過負荷などの際に，回路を遮断するための装置である。
(4) 同軸ケーブルは，CATVの配信などの情報通信に用いられる。

解説

漏電遮断器は，漏電時に自動的に電気が遮断される安全装置です。

解答（3）

消火・防災・避雷設備

1 消火設備の種類と特徴

①消火栓設備

消火栓設備は屋内消火栓と屋外消火栓に大別されます。

●屋内消火栓

建物内に設けられる私設の消火栓で，主に在住者や施設の利用者などによる初期消火として，消防隊が火災現場に到着するまでに利用されます。鋼板製格納箱内にホース，ノズル，消火栓弁が収められています。

●屋外消火栓

大規模建築物や広大な敷地の屋外に設けられた公設または私設の消火栓で，地上式と地下式があります。

②スプリンクラー設備

スプリンクラー設備とは，スプリンクラーヘッドの吐水口が熱を感知して自動的に開き，散水して消火する設備です。閉鎖型ヘッドのスプリンクラー消火設備は，スプリンクラーヘッドの放水口が火災時の熱の感知により開放され，流水検知装置が作動し，放水して消火します。主に百貨店の売場などに設置されます。

③泡消火設備

天井に設置した泡ヘッドから，主として水を含んだ泡を放射し冷却効果や窒息効果により消火する設備です。特に引火点の低い油類による火災の消火に適し，電気室などには適しません。屋内駐車場などに設置されます。

④不活性ガス消火設備

不活性ガス消火設備とは，二酸化炭素などの消火剤を放出することで，酸素濃度の希釈作用や気化するときの熱吸収による冷却作用により消火する設備です。主に通信機器室などに設置されます。

⑤粉末消火設備

粉末消火設備とは，消火粉末を放射することにより消火する設備です。

燃焼の抑制効果に加え，窒息効果による消炎作用が大きく，油などの表面火災に適しています。また，電気設備，繊維工業関係の火災，寒冷地での使用にも適します。

⑥ドレンチャー設備

外部からの延焼を防止するために，圧力水を送水して散水ノズルより放水し水幕を張る消火設備です。建物の屋根，外壁，軒先，窓上などに散水ノズルを配置し，配管によって水源に連結します。国宝や重要文化財などの建築物の外部に設置されます。

2 防災設備の種類と特徴

①自動火災報知設備

自動火災報知設備とは，火災時に発生する煙や熱に対して，感知器が自動的に感知し，受信機や音響設備により建物の中にいる人たちに知らせる設備です。安全な避難と初期消火活動のための重要な設備です。

●差動式分布型熱感知器

差動式分布型熱感知器は火災による急激な温度上昇を感知すると，空気管内の空気が膨張して受信機に火災信号を送るので，湯沸室や厨房などの温度変化が激しい場所には適していません。

●定温式スポット型熱感知器

定温式スポット型熱感知器は，火災時の熱により一局所が一定温度に達することにより作動します。

●光電式スポット型煙感知器

光電式スポット型煙感知器は，火災時の一局所の煙により光電素子の受光量が変化することにより作動します。

水噴霧消火設備
天井に設置した水噴霧ヘッドから，霧状の微細な水が噴霧され，冷却効果や窒息効果により消火する設備です。電気火災や自動車駐車場などの火災に適しています。

連結送水設備
高層階の火災の際にポンプ車から送水口を通じて送水し，消防隊が放水口にホースを接続して消火活動を行うための設備です。

連結散水設備
ポンプ車から，地階の散水ヘッドに送水して消火する設備です。地下街など，火災が発生すると煙が充満して消火活動が困難な場所に設置されます。

ハロゲン化物消火設備
ハロゲン化物の消火剤を放射し，空気中の酸素濃度を低下させる窒息作用と，ハロゲン化物が燃焼の際に周囲から蒸発熱を吸収することによる冷却作用および燃焼の抑制作用を利用して消火する設備です。

●光電式分離型煙感知器

光電式分離型煙感知器は，送光部と受光部が分離しており，その間に放射している光ビームが煙によりさえぎられると作動します。天井が高い場合や吹抜けモール部分などの場所に適しています。

②誘導灯

誘導灯とは，避難口の位置や避難の方向を明示するものです。

●非常用の照明装置

非常用の照明装置は，火災時などに停電した場合に自動的に点灯し，避難上必要な床面照度の確保を目的とする照明設備です。

避難口誘導灯

●避難口誘導灯

避難口誘導灯は，避難口の上部などに設け，避難口の位置の明示を主な目的とする避難設備です。

通路誘導灯

●通路誘導灯

通路誘導灯は，避難経路に設け，避難の方向の明示を主な目的とする避難設備です。また，階段または傾斜路に設ける通路誘導灯は，避難上必要な床面照度の確保と避難の方向の確認を主な目的とします。

●客席誘導灯

客席誘導灯は，劇場の客席部分に設ける避難上必要な床面照度の確保を主な目的とする避難設備です。

③非常警報装置

●非常ベル

非常ベルは非常警報設備で，火災発生を知らせるための音響装置です。非常ベル自体に煙や熱を感知する機能はありません。

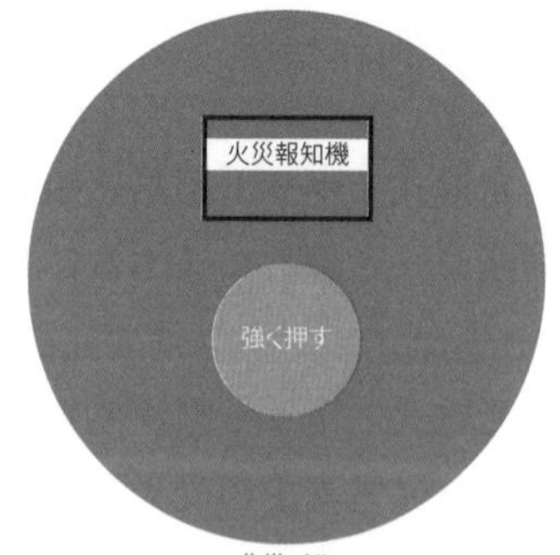

非常ベル

3 避雷設備工事

避雷設備とは，雷災からの被害を防止する設備のことです。高さが20 mを超える建築物には，原則として避雷設備を設けます。以下，避雷設備の特徴や注意点です。

①引下げ導線

鉄筋コンクリート造の鉄筋や鉄骨造の鉄骨は，構造体利用の引下げ導線の構成部材として利用ができます。

②危険物を貯蔵する倉庫

指定数量の10倍以上の危険物を貯蔵する倉庫には，高さにかかわらず，原則として避雷設備を設けます。

避雷設備の受雷部
受雷部は，保護しようとする建築物などの種類，重要度などに対応した4段階の保護レベルに応じて配置します。

チャレンジ問題！

問1 難 **中** 易

防災設備に関する記述として，最も不適当なものはどれか。

(1) 避難経路に設ける通路誘導灯は，避難の方向の明示を主な目的とする避難設備である。
(2) 劇場の客席に設ける客席誘導灯は，避難上必要な床面照度の確保を主な目的とする避難設備である。
(3) 非常警報設備の非常ベルは，火災発生時に煙または熱を感知し，自動的にベルが鳴る警報設備である。
(4) 非常用の照明装置は，火災時などに停電した場合に自動的に点灯し，避難上必要な床面照度を確保する照明設備である。

解説

非常ベル自体に煙や熱を感知する機能はありません。

解答（3）

第1章  建築学等

CASE 6 測量・舗装

まとめ & 丸暗記　この節の学習内容とまとめ

■ 測量

□ 水準測量：レベルと標尺（箱尺）によって高低を測定する方法

□ 平板測量：アリダードと巻尺で測量した結果を，平板上で直接作図していく方法

□ プラニメーター：図面上で面積を測る器具

■ 舗装

□ 路床：路床は，地盤が軟弱な場合を除いて，現地盤の土をそのまま十分に締め固める

□ 設計CBR：アスファルト舗装の表層から路盤までの厚さは，路床土の設計CBRの値が高いほど薄くできる

□ クラッシャラン：岩石を割り砕いたままで，ふるい分けをしていない砕石のことで，路盤の材料として使用される

□ プライムコート：路盤の仕上がり面を保護し，その上のアスファルト混合物層との接着性を向上させる

□ 表層：表層は，交通荷重による摩耗とせん断力に抵抗し，平坦ですべりにくい走行性を確保する役割を持っている

□ スランプ値：コンクリート舗装に用いるコンクリートのスランプ値は，一般の建築物に用いるものより小さくする

□ 目地：コンクリート舗装には，コンクリートの伸縮，ひび割れを考慮し，一般に目地を設ける

測量

1 測量の種類と特徴

測量[※1]は，目的によってさまざまな方法があります。

レベルと標尺（箱尺）によって高低を測定する方法を水準測量といいます。

平板測量は，アリダードと巻尺で測量した結果を，平板上で直接作図していく方法で，箱尺は使いません。

角測量は，水平角と鉛直角を測定する機器であるトランシット（セオドライト）を使って，基準からの角度を測定します。

スタジア測量は，トランシットと標尺を利用し，間接的に水平距離と高低差を同時に求める方法で，高い精度は望めません。

※1

測量
測量器具を用いて，敷地の形状，広さ，方位，高低などを測定すること。

距離測量
巻尺，光波測距儀，GPS受信機などを用いて行います。

公共測量
公共測量における水準点は，東京湾の平均海面を基準としています。

プラニメーター
図面上で面積を測る器具です。

チャレンジ問題！

問1　難　中　易

測量の種類とそれに用いる機器の組合せとして，最も不適当なものはどれか。

(1) 距離測量 …… 鋼巻尺
(2) 角測量　 …… セオドライト
(3) 平板測量 …… レベル
(4) 水準測量 …… 箱尺

解説

レベルは水準測量で使用する機器です。

解答（3）

舗装

1 舗装の構造

舗装[※2]の種類には，大別するとアスファルト舗装とコンクリート舗装があり，アスファルト舗装は，一般に路床の上に路盤・表層または路盤・基層・表層[※3]の順で構成されます。また，コンクリート舗装は，路床の上に路盤・コンクリート板の順で構成されます。

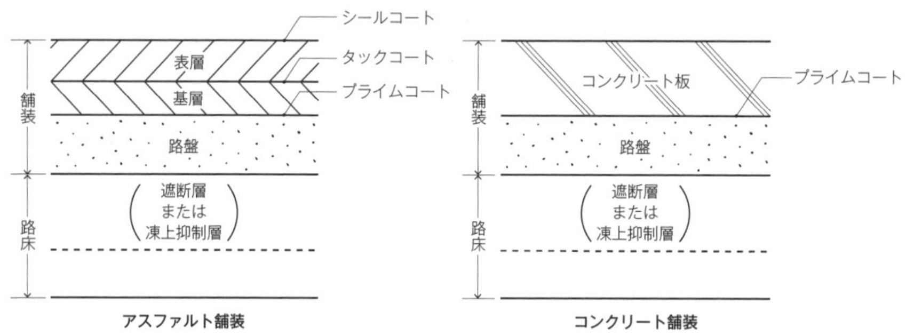

①路床

表層や路盤の下で荷重を安全に支持する役目をする部分を路床といい，**路床の強さを判定する指標を路床土支持力比**（CBR）といいます。通常，路盤の下面より約1mの深さまで路床と考えます。

路床は，地盤が軟弱な場合を除いて，**現地盤の土**をそのまま十分に締め固めます。路床が軟弱な場合，路床土が路盤用材料と混ざることを防止するために路盤の下に設ける砂の層を遮断層といいます。路床土の安定処理に用いられる安定材は，一般に**砂質土にはセメント，シルト質土および粘性土には石灰**を用います。

②路盤

道路の路体構造のうち，表層または基層と路床との間に設けられている部分を**路盤**といい，舗装路面に作用する荷重を分散させて路床に伝える役割を持っています。**路盤の強さを判定する指標を修正**CBRといいます。通常，路盤は下層路盤と上層路盤とに分けられます。

粒度調整砕石は，所要の粒度範囲に入るように調整された砕石のことで，路盤の支持力を向上させます。

クラッシャランは，岩石を割り砕いたままで，ふるい分けをしていない砕石のことで，路盤の材料として使用されます。

③アスファルトの舗装の基層・表層

アスファルトを用いて道路を舗装し，路盤が仕上がった後は，路盤工，プライムコート，基層，タックコート，表層の順に施工を行います。

プライムコートは，路盤の仕上がり面を保護し，その上のアスファルト混合物層との接着性を向上させます。

タックコートは，アスファルト混合物からなり，基層と表層の接着をよくするために施します。

シールコートは，アスファルト表層に散布し，薄い被膜を形成して水密性を高め，腐食や酸化を防ぎます。

2 アスファルト舗装施工の注意点

フィラーは，石灰岩などを粉砕した砕石のことで，アスファルトと一体となり骨材の間隙を充填します。

舗装用のストレートアスファルトは，一般地域では主として針入度60～80の範囲のものが使用されます。

アスファルト混合物の敷均しにはフィニッシャーを用い，温度は110 ℃を下限値とします。

アスファルト混合物の締固め作業は，一般に継目転圧，初転圧，2次転圧，仕上げ転圧の順に行います。

アスファルト舗装は，交通荷重および温度変化に対してたわみ変形します。

※2

舗装

道路面の耐久力を増すため，れんが，木塊，土石，コンクリート，アスファルトなどで路面を構築すること。

設計CBR

アスファルト舗装の表層から路盤までの厚さは，路床土の設計CBRの値が高いほど薄くできます。

※3

表層

表層は，交通荷重による摩耗とせん断力に抵抗し，平坦ですべりにくい走行性を確保する役割をもっています。

排水性アスファルト舗装

透水性のある表層の下に不透水層を設けて，雨水が不透水層上を流下して速やかに排水され，路盤以下に浸透させない構造としたものです。

交通開放

舗装終了後の交通開放は，舗装表面の温度が50 ℃以下になってから行います。

3 コンクリート舗装施工の注意点

コンクリート舗装に用いるコンクリートのスランプ値は，一般の建築物に用いるものより小さくします。

コンクリート舗装には，コンクリートの伸縮，ひび割れを考慮し，一般に目地を設けます。

チャレンジ問題！

問1 難 中 **易**

構内舗装工事に関する記述として，最も不適当なものはどれか。

(1) アスファルト舗装の表層から路盤までの厚さは，路床土の設計CBRの値が大きいほど薄くできる。

(2) クラッシャランとは，岩石を割り砕いたままで，ふるい分けをしていない砕石のことである。

(3) コンクリート舗装に用いるコンクリートのスランプの値は，一般の建築物に用いるものより大きい。

(4) 路床は，地盤が軟弱な場合を除いて，現地盤の土をそのまま十分に締め固める。

解説

コンクリート舗装に用いるコンクリートのスランプの値は，一般の建築物に用いるものよりも小さくします。

解答（3）

第一次検定

第2章

建築施工

第2章

建築施工

CASE 1

躯体工事

まとめ & 丸暗記　この節の学習内容とまとめ

- □ 標準貫入試験：地盤の硬軟，相対密度など，土の動的貫入抵抗を求めるために行う試験。サンプラーを30cm打ち込むのに要する打撃回数（N値）を測定する
- □ ベンチマーク：建物の位置と高さの基準となるもので，原則として，2か所以上設置する
- □ 埋戻しの土：埋戻す土は，砂質土と粘性土を交互に組み合わせて使用してはならない
- □ 土間コンクリート下の防湿層：
  土間コンクリートに設ける防湿層（ポリエチレンフィルム）は，砂利地業の上に敷き込む
- □ 鉄筋の折曲げ：冷間（常温）加工とし，曲げ加工機（バーベンダー）を用いる。
- □ 柱型枠の建入れ調整：
  柱型枠取付けの垂直度の調整のことで，梁，壁，床の型枠を組み立てる前に行う
- □ 養生温度：コンクリート打込み後の養生温度が高いほど，長期材齢における強度増進が小さくなる
- □ 高力ボルトの締付け：
  1次締めおよび本締めは，ボルト1群ごとに継手の中央部より周辺部に向かって締め付ける
- □ 胴差しの継手：せいが異なる胴差しの継手は，受材心より150 mm程度持ち出し，腰掛けかま継ぎとし，ひら金物両面当て釘打ちとする

地盤調査

1 地盤調査とは

地盤調査では，建物を建てるにあたり，建築予定地の地層，土質，地下水の状況や地耐力などの，建物を支える強さを調べます。

①標準貫入試験

標準貫入試験とは，地盤の硬さや，相対密度など，土の動的貫入抵抗を求めるために行う試験で，比較的規模の大きい建築物の場合に採用されます。

試験では，ロッドの先にサンプラーを取り付けてボーリング孔の中に入れ，ハンマーを自由落下させ，サンプラーを30 cm打ち込むのに要する打撃回数（N値）を測定します。本打ちの打撃回数は50回を限度とし，貫入量が30 cmに達しない場合，打撃回数に対する貫入量を記録します。N値やボーリングで採取した試料の観察記録は，一般に，[※1]土質柱状図としてまとめます。試料の採取が可能です。

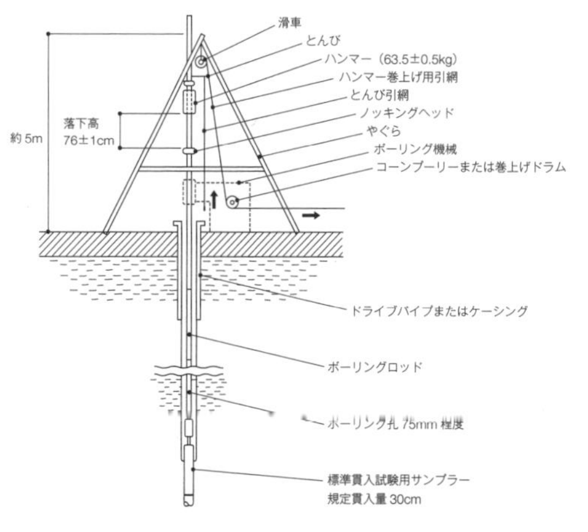

ハンドオーガーボーリング
小規模な建築物の地盤調査に使用され，人力でオーガーを回転圧入させ試料を採取する方法です。

オーガーボーリング
ロッド先端のオーガーを回転させて地中に押し込み，試料を採取する手法です。

※1
土質柱状図
土層の厚さや土の種類などを柱状の断面図にして表したもので，土層の概要を示すために用いられます。

サンプリング
地盤の土質試料を採取することをいいます。

シンウォールサンプラー
軟弱な粘性土の土質サンプリングに用います。

標準貫入試験のN値から推定できるもの
粘性土：一軸圧縮強さ
砂質土：相対密度，液状化強度，内部摩擦角
※粘性土におけるせん断抵抗角（内部摩擦角）は，推定できません。

②ボーリング調査

掘削用機械によって地中に穴をあけ，地層各深さの土を採取して，地層の構成を調査する方法です。建物下の地盤状況を調べる場合や，杭を打つ場合にどれくらいの深度まで根入れが必要なのかを調べます。

●ロータリー式コアボーリング

ボーリング調査の中でよく使われる手法で，軟らかい地層から硬い岩盤までの地盤構成を調べることができます。ボーリングロッドの先端にコアチューブ，ビットを取り付けて，高速回転させて掘り進めます。

③平板載荷試験[※2]

平板載荷試験とは，基礎を設置する深さまで地盤をならした後に，直径30 cm，厚さ25 mmの載荷板を設置し，ジャッキで直接荷重を加えて沈下量を測定することで，地盤の変形，支持力を調べます。載荷板直径の1.5～2.0倍の深さまで支持力を計測することができます。試験位置は，地盤の支持力特性を代表しうるような場所で行い，試験地盤面は，載荷板の中心から1 m以上の範囲を水平に整地します。試験地盤に載荷板の直径の$\frac{1}{5}$を超える礫が混入する場合は，より大型の載荷板に変更します。

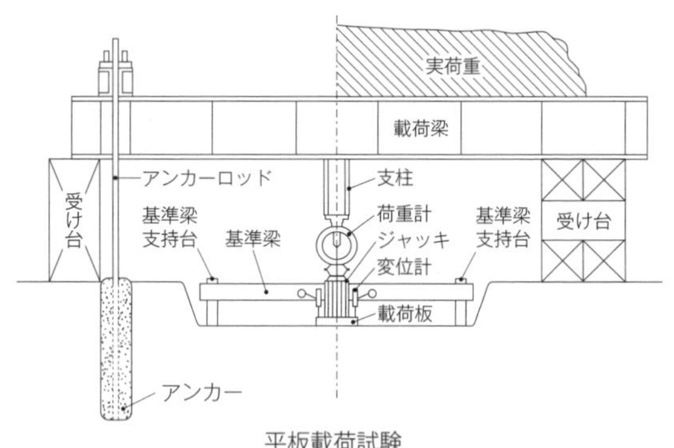

平板載荷試験

※ 公益社団法人　地盤工学会　「地盤工学・実務シリーズ30」P36. 土の締固めより作成

実荷重受け台は，載荷板の中心から1.5 m以上離して配置します。また，実荷重による反力装置の能力は，計画最大荷重の1.2倍以上とします。載荷板の沈下量を測定するための変位計は，4か所以上設置します。

試験結果にもとづき，時間－載荷圧力曲線，時間－沈下量曲線などを図化し，整理します。

④スウェーデン式サウンディング試験[※3]

戸建住宅向けの地盤調査で，土地の硬軟，土層構成などを調べます。深さ10 m程度の軟弱層の試験には向きますが，密な砂層，礫層には向きません。

2 土の分類

地盤調査で調べる土には種類があり，土を構成している土粒子の粒径によって性質が変わります。土の粒度区分は，礫＞砂＞シルト＞粘土です。

●粒度試験

粒度試験とは，土を構成する土粒子の粒径の分布を求める試験です。粒度試験により土の粒度組成を数量化し，砂質土と粘性土に分類することができます。土の粒度は，ふるい分析や沈降分析によって求めます。

①一軸圧縮試験[※4]

円柱状の供試体に側圧を受けない状態で最大圧縮応力を求める試験です。粘性土のせん断強度と剛性を求めることができます。

※2
平板載荷試験の載荷パターン
段階式載荷と段階式繰返し載荷があります。

※3
サウンディング
試験器を地中に直接，またはボーリング孔を利用して貫入させ，貫入抵抗の程度から地質を推定する方法です。

※4
一軸圧縮試験
非排水せん断強さを推定できます。試験は粘性土に適し，砂質土は不適です。

チャレンジ問題！

問1　難　**中**　易

平板載荷試験に関する記述として，最も不適当なものはどれか。

(1) 試験で求められる支持力特性は，載荷板直径の5倍程度の深さの地盤が対象となる。
(2) 載荷板の沈下量を測定するための変位計は，4か所以上設置する。
(3) 試験地盤面は，載荷板の中心から1 m以上の範囲を水平に整地する。
(4) 試験地盤に載荷板の直径の$\frac{1}{5}$を超える礫が混入する場合，より大型の載荷板に変更する。

解説

平板載荷試験で対象とする地盤の深さは，載荷面より載荷板直径の1.5～2.0倍程度です。

解答（1）

仮設工事

1 共通仮設工事

共通仮設工事とは，仮囲い，現場事務所，詰所，資材置き場[※5]など，着工前に設置され，工事終了後には撤去される仮設物の工事のことです。

①仮囲い

仮囲いには，関係者以外の立入りを防ぐほか，工事の騒音を抑えたりする目的があります。工事期間に見合った耐力を有し，強風を受けても倒れない構造とします。

仮囲いの高さは，工事現場の周囲に，地盤面から**1.8 m以上**とします。木造の建築物で高さが**13 m**もしくは軒の高さが**9 m**を超えるものや，木造以外の2階建て以上の場合に設置されます。ただし，工事現場の周辺や工事の状況により危害防止上支障がない場合は設けなくてもよく，所定の高さがあり，かつ，危害を十分防止できる**既存の塀**を，仮囲いとして使用することができます。

仮囲いに設ける通用口の扉は，歩道の通行人の安全を確保するため，施錠できる**引き戸**，または**内開き**とし，工事に必要がない限り閉鎖します。

工事用の出入口の幅は，**前面道路の幅員**や，**場内動線**（工事関係の人や物の動き）などとの関連を考慮して決定します。また，工事用ゲートにおいて，歩行者が多い場合，車両の入退場を知らせるブザーおよび標示灯を設置します。

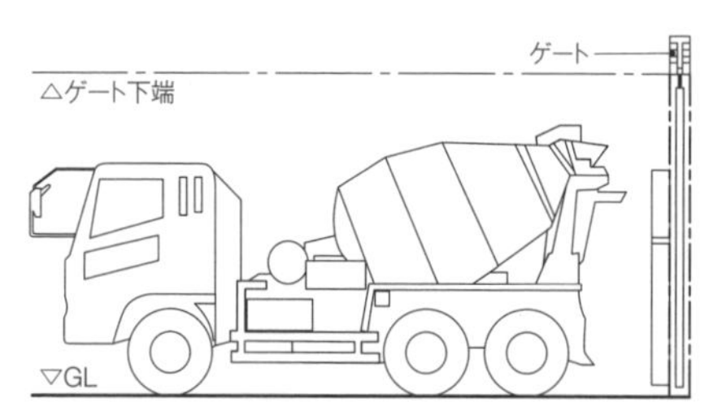

鉄筋コンクリート造の工事の場合，ゲートの有効高さは，**空荷時の生コン車**が通過できる高さとします。

②仮設事務所・作業員詰所・出先連絡所など

●仮設事務所

現場に設ける工事用の仮設事務所は，強度や防火性能を満足した上で，コストや転用性も重視します。事務所内の施工者用事務室と監理者用事務室は，両事務所の職員同士の打合せや，相互が行き来しやすい配置とします。同一建物内でそれぞれ独立して，設けるとよいです。

●作業員詰所

作業員詰所は，できるだけ工事用の事務所の近くで，連絡や管理がしやすい位置に設けます。職種数や作業員の増減に対応するため，大部屋方式が適しています。休憩所内は，受動喫煙を防止するため喫煙場所を区画し，そこに換気設備と消火器を設けます。

●出先連絡所

敷地に余裕がなく工事用の事務所を工事現場から離して設置する場合，工事現場内に出先連絡所を設け，すぐ連絡が取れるようにします。

●下小屋

作業員の加工・休憩所である下小屋は，材料置場の近くに設置し，電力および水道などの設備を設けます。

2 直接仮設工事

直接仮設工事とは，縄張り，遣方[※6]，墨出し，乗入れ構台，足場など，工事に直接的に関係する仮設工事をいいます。

①ベンチマークと縄張り

ベンチマークとは，建物の位置と高さの基準となるもので，原則として2か所以上設置します。また，設置

守衛所
工事用ゲートを複数設置する場合，守衛所をメインのゲート脇に設置し，その他は警備員だけを配置します。

ハンガー式門扉
ゲートに設置するハンガー式門扉は，重量と風圧を軽減するため，上部に網を張ります。

作業場内の通路
屋内に設ける作業場内の通路は，通路面からの高さ1.8 m以内に障害物がないようにします。

仮囲いのすき間
鋼板製仮囲いの下端に生じたすき間は，木製の幅木や，コンクリートなどで塞ぎ，すき間のない構造とします。

※5
資材置き場
塗料や溶剤などの保管場所は，施錠や換気が必要です。溶接に使用するガスボンベ類の貯蔵小屋の壁は1面を開口とし，他の3面は上部に開口部を設けます。

※6
遣方
建築物の位置や柱心，壁心などを示すための仮設物をいいます。

は正確に行い，移動しないようにその周囲を囲います。**縄張り**とは，敷地に**建物の位置**を定めるため，配置図に従って縄（ロープ）を張ったり，石灰で線を引くことです。

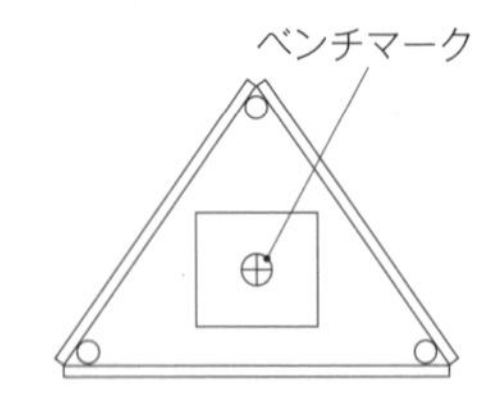

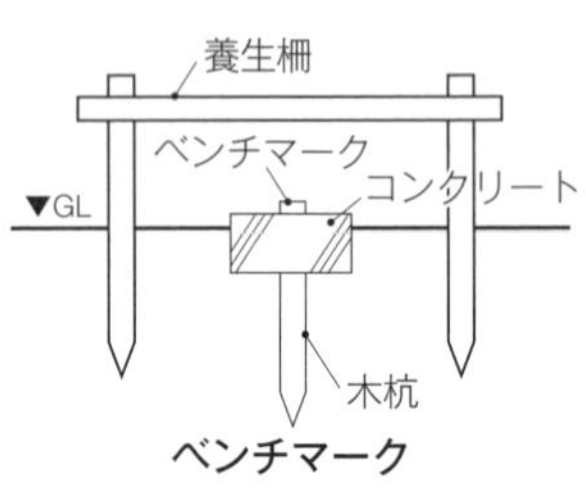

ベンチマーク

②遣方

遣方は，建物の高低，位置，方向，心の基準を明確にするために設けます。通り心，高低のベンチマークなどの基準墨については，図面化し，墨出し基準図を作成します。

水杭は，根切りや基礎工事に支障がない位置に打ち込み，水杭の頭部は，物が接触した場合などに，その変状で移動をすぐに発見できるように**いすか切り**とします。また，かんな掛けした**水貫**を，水杭に示した一定の高さに上端を合わせて，水杭に水平に取り付けます。

建物隅部の遣方を**隅遣方**といい，建物の**中間部**に設ける遣方を**平遣方**といいます。遣方の水杭や水貫は動かないように**筋かい**で**固定**します。

規模の大きな建築物は，遣方をつくらず，その都度基準点から測量機器で基準墨を出すこともあります。

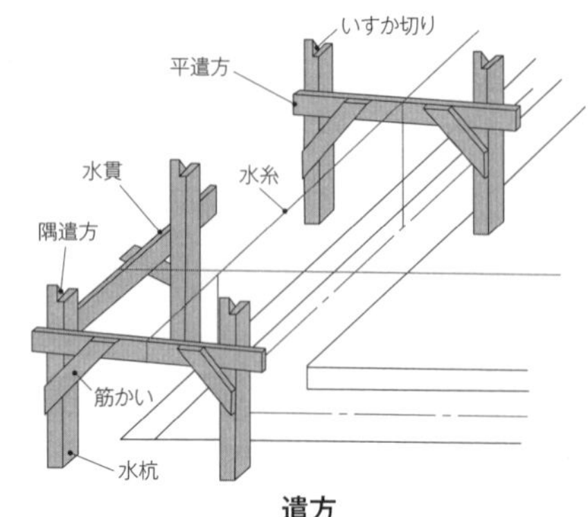

遣方

③墨出し

墨出しとは，コンクリート面に柱心，壁心，仕上げ面の位置などを表示することをいい，墨出しした建物軸線の基準を**基準墨**といいます。墨の呼び名は複数あり，**地墨**は，**平面の位置**を示すために**床面**に付ける墨，**陸墨**は，**水平**を示すために**壁面**に付ける墨，**親墨**は，**基準**となる墨です。

墨出し位置の基準点は，建築物の縦，横2方向の通り心を延長し，工事の影響を受けない位置に設けます。

実際の施工では，壁や柱の中心が基準の場合が多く，墨出しが困難な場合が多いので，床面の通り心などの基準墨は，一般に1m平行に離れた位置に返り墨（逃げ墨）を設けます。

④墨出しにおける高さの基準点

墨出しにおける高さの基準点は，複数あるベンチマークを基準とします。鉄筋コンクリート造などで，2階より上階における高さの基準墨は，墨の引通しにより，**1階の基準高さから墨を上げます**。

建物四隅の基準墨の交点を上階に移す際は，**4点を**下げ振りで移し，セオドライト（トランシット）で結び，床面に基準墨を移します。

高さの基準墨を柱主筋に移す場合は，台直しなどを終え，柱主筋が安定した後に行います。

床スラブコンクリート打設時のコンクリート上端のレベルチェックは，レーザーレベルとばか棒を用います。

⑤鋼製巻尺

鋼製巻尺は，同じ精度を有する巻尺を**2本以上**用意して，1本は基準巻尺として保管し，その工事現場専用とします。

鋼製巻尺は温度により伸縮するので，測定時の気温に合わせて**温度補正**を行います。

⑥単管足場

単管足場とは，鋼管を緊結金具や継手金具により組み立てた足場をいいます。

建地の間隔は，けた行方向を**1.85 m以下**，梁間方向を**1.5 m以下**とします。また，壁つなぎの間隔は，垂直方向**5 m以下**，水平方向**5.5 m以下**とします。地上第一の布の高さは，**2 m以下**とします。高さ2 m以上の単管足場の作業床[※7]の**手すり高さは85 cm**とします。

単管足場の脚部は，ベース金物の上に単管パイプを載せ，根がらみを設けます。また，単管足場の建地の継手は，千鳥[※8]となるように配置します。

心出し
各部位の中心線を出して心墨を表示する作業です。

乗入れ構台
作業構台の1つで，掘削機械，残土搬出用トラックおよびコンクリート工事用の生コン車などを導入するための仮設台です。

※7
足場の作業床
高さ2 m以上の作業場所には，原則として作業床を設ける必要があります。その作業床の端に手すりおよび中さんを設けます。床材と建地とのすき間を12 cm未満とし，作業床は，幅を40 cm以上，床材間のすき間を3 cm以下とします。

折りたたみ式の脚立
脚と水平面との角度を75度以下とし，開き止めの金具で止めます。

防護棚（朝顔）
落下物を防止するために，足場の途中に設けられる棚のことです。

※8
千鳥
ジグザグした形状のことをいい，施工の際は互い違いに行います。

単管と単管の交点の緊結金具は，直交型クランプまたは自在型クランプを使用します。

⑦枠組足場

枠組足場とは，工場生産の鳥居形建枠と布枠を主体として，筋かいで固めて組み立てられた足場をいいます。

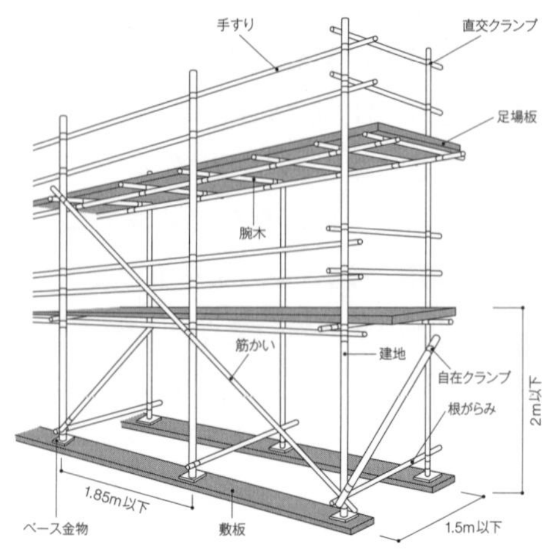

単管足場

高さが20 mを超える枠組足場の主枠は，高さ2 m以下，かつ主枠間の間隔は，1.85 m以下とします。壁つなぎ，または控えの間隔は，垂直方向9 m以下，水平方向8 m以下とします。

最上層および5層以内ごとに水平材を設け，使用高さは，通常使用の場合45 m以下とします。

枠組足場に使用する作業床の幅は40 cm以上とします。

枠組足場の墜落防止設備として，交さ筋かいおよび高さ15 cm以上の幅木を設置します。

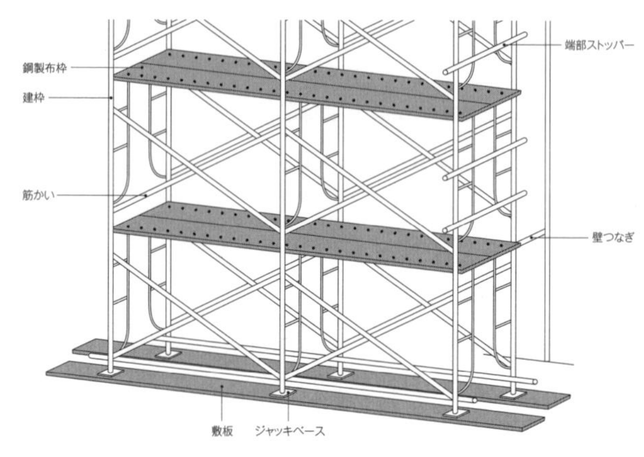

枠組足場

⑧ダストシュート

ダストシュートとは，高い位置からごみを投下する際に飛散を防止するために設置するもので，敷地境界線からの水平距離が5 m以内で，地盤面からの高さが3 m以上の場合に設けます。

⑨工事用シート・防音シート

敷地境界線からの水平距離が5 m以内で，地盤面からの高さが7 m以上のところで工事する場合，工事現場の周囲をシートで覆います。また，外壁のはつり工事をする場合，工事現場の周囲を防音シートで覆います。

⑩架設通路（登り桟橋）

架設通路とは，工事現場において作業場と作業場を架け渡す通路のことです。架設通路の勾配は30度以内とし，踏桟（滑り止め）を設けます。高さ8 m以上の階段には，7 m以内ごとに踊場を設けます。

⑪通路

屋内に設ける作業場内の通路は，通路面からの高さ1.8 m以内に障害物がないようにします。

つり足場
作業床が上部からつり下げられた足場のことで，つり足場の上で，さらに脚立やはしごなどを用いての作業はできません（二重足場の禁止）。

チャレンジ問題！

問1　難 **中** 易

建築工事の足場に関する記述として，最も不適当なものはどれか。

(1) 単管足場の脚部は，敷角の上に単管パイプを直接乗せて，根がらみを設けた。
(2) 単管足場の建地の間隔は，けた行方向1.8 m以下，梁間方向1.5 m以下とした。
(3) 単管足場の建地の継手は，千鳥となるように配置した。
(4) 単管足場の地上第一の布は，高さを1.85 mとした。

解説

単管足場の脚部は，ベース金物の上に単管パイプを載せて，根がらみを設けます。

解答（1）

土工事・山留め工事

1 土工事

土工事とは，敷地造成，基礎，地下構造体の構築のために地盤を掘削し，構築後に再び周辺部を所定の地盤高さに埋め戻すことです。根切り，床付け，埋戻し，盛土，排水，山留め，残土処分などが含まれます。

①根切り

根切りとは，建築物の基礎や地下構造物をつくるために，地盤を30 cm以上掘削することをいい，総掘り[※9]，つぼ掘り[※10]，布掘り[※11]などがあります。

砂からなる地山を手掘りとする場合は，法面の勾配は35度以下，5 m未満にする必要があります。

②床付け

地盤の掘削が所定の深さまで達することをいいます。機械式掘削では，床付け面に達する手前でショベルの刃を平状のものに替えて，床付け面までの掘削を行います。また，床付け面付近の掘削は，地盤を乱さないよう機械を後退させながら施工します。礫や砂質土において，床付け面を乱した場合，ローラーなどによる転圧や締固めを行い，シルトや粘性土においては，礫や砂質土に置換したり，セメント，石灰などによる改良が必要です。床付け地盤が凍結した場合は，凍結した部分を良質土と置換する必要があります。

③埋戻し・盛土

埋戻し土は，水締めなど締固めが行いやすい砂質土で，砂に適度の礫やシルトが混入された均等係数[※12]が大きいもの（粒子の径がバラバラ），最適含水比に近い状態のものが適しています。埋戻し土は，必要に応じて粒度試験などを実施します。

透水性のよい山砂を用いた埋戻しは，各層30 cmずつ水締めで締め固めます。また，透水性の悪い山砂を用いる場合は，厚さ30 cm程度ごとにローラー，ランマーなどで締め固めます。

埋戻しでは，土質に応じた沈みしろを見込んで余盛りを行い，粘性土は砂質土の場合より大きくします。砂質土と粘性土を交互に組み合わせて締め固めてはいけません。

地下躯体コンクリート工事の場合，**強度発現状況**を考慮して埋戻しを行います。また，土間スラブ下の埋戻しは，基礎梁や柱などの周囲や隅角部は，タンパーなどの**小型機械**を用いて十分締固めを行います。

静的な締固めを行う場合，重量のあるロードローラーを使用します。

埋戻しの材料に**建設発生土**を用いる場合は，良質土とし，転圧，突固めなどを行います。また，**流動化処理土**は，建設発生土に水を加えて泥状化したものに固化材を加えて混練したもので，埋戻しに使用できます。

④排水の方法

工事で発生する地下水，雨水溜まり水，外部からの流入水を，排水・止水することを目的とした工法には次のようなものがあります。

●釜場工法

根切り部に入ってきた水を，根切り底面より低い集水場所から**ポンプ**で**排水**する重力排水工法の1つです。

●ウェルポイント工法

ろ過網を持ったパイプを地中に打ち込んで地下水を強制的に吸い上げる工法です。

●ディープウェル工法（深井戸工法）

深井戸を設置し，地下水を水中ポンプで強制排水する工法です。

●リチャージ工法

土工事で**地下水を汲み上げて**工事を行い，その水を**再び地中に戻す**工法です。排水に伴う周辺の井戸枯れや地盤沈下などの防止に有効ですが，水質が問題になることがあります。

設計図書の確認
掘削終了後，床付け地盤が設計図書に示してある地層，地盤と一致していることの確認を行います。

※9
総掘り
べた基礎や地下構造物をつくるために，建築物の底面全体を根切りすることを総掘り（べた掘り）といいます。

※10
つぼ掘り
独立基礎などをつくるために，基礎の形状に合わせて穴状や角形に根切りすることです。

※11
布掘り
布基礎のような連続した基礎をつくるために，基礎の位置に沿って連続的に根切りすることです。法尻と基礎との間隔は300～600 mm程度を見込みます。

※12
均等係数
土の粒度分布状態を表すものであり，埋戻し土は均等係数が大きいものを選びます。

●暗渠(あんきょ)排水工法

地中に砂利を充填した排水路を設けることにより，地下水を集めて排水する工法です。例えば，暗渠排水工法による基礎スラブ下の床付け地盤は，地下水で乱されません。

⑤山留め工事

山留めとは，根切りによる周囲の地盤の崩壊を防ぐことで，次のような工法があります。

●親杭横矢板工法

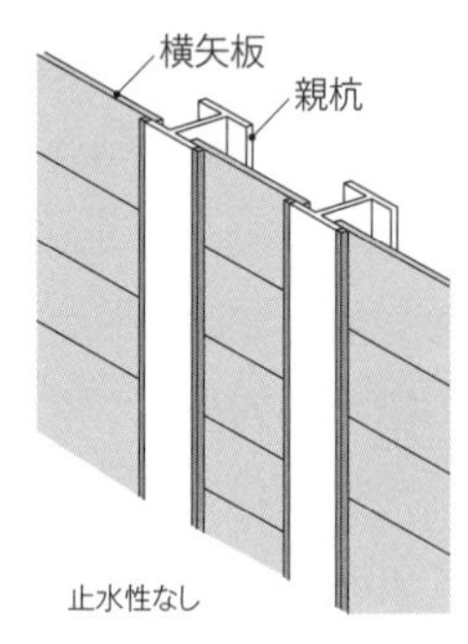

親杭横矢板工法

親杭横矢板工法は，一定の間隔で親杭を地面に鉛直に打ち込み，横矢板を親杭の中に横に差し込んで，山留め壁とする工法です。比較的硬い地盤に対して，**工費が安い**ためによく用いられますが，木製の板を使うため，**止水性はありません**。水圧も受けず，支保工に有利ですが，**地下水位が高く**，**透水性の高い地盤**，**軟弱地盤**，**ヒービング**[※13]を起こす地盤には適しません。また，親杭横矢板工法は，法付け[※14]オープンカット工法に比べ，**掘削土量や埋戻し土量が少ない**です。

プレボーリングで親杭を設置する場合，杭の根入れ部分は，**打込みや圧入**により設置するかあるいは**根固め液**の注入などを行います。親杭を床付け面より下の地盤に打設することにより，根入れ部分の**連続性**がなく，**受働抵抗面積が小さい**です。

横矢板背面の地山を削り取る深さは，横矢板の厚みに埋戻しができる余掘り厚を加えた程度までとし，横矢板の設置は**掘削が完了した箇所から速やか**に行います。

矢板材は，設置後に板がはずれないよう，親杭に横矢板の両端が十分（50 mm程度）にかかるように設置します。また，横矢板のはずれ防止として，桟木を横矢板両側に**釘止め**します。

横矢板挿入時の**裏込め材の充填不良**により，地盤の沈下や山留め壁の変形が起こりやすいので注意が必要です。横矢板の裏側に裏込め材を十分充填した後，親杭と矢板材との間にくさびを打ち込んで，裏込め材を締付け安定を図ります。

解体時，親杭を撤去する場合は，撤去後の空洞部には砂などを充填します。

●ソイルセメント柱列山留め壁工法

鋼矢板工法[※15]に比べ，壁の剛性を高くできる工法です。

現場の土と適量のセメントとを必要な水で混合し，柱列状の山留め壁に造成した後，シートパイルやH形鋼，I形鋼を挿入する工法で，地下水位が高い地盤や軟弱な地盤に適した工法です。泥水処理は不要です。

排出泥土は，場所打ち鉄筋コンクリート地中壁に比べて少ないです。

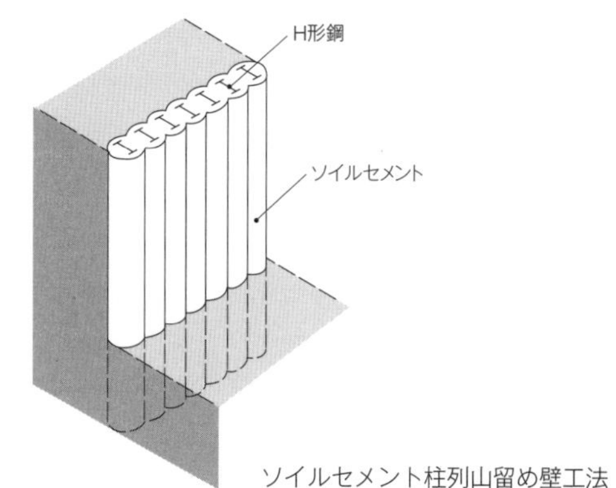

ソイルセメント柱列山留め壁工法

⑥山留め支保工

山留め支保工とは，山留め壁の崩壊を防止するための，腹起しや切梁などの総称をいい，様々な工法があります。

●水平切梁工法

根切りを行う部分の周囲に矢板を打ち込み，総掘りを行いながら腹起しを当て，切梁を水平面に格子状に組み，山留めを行う工法です。掘削平面が整形な場合に適し，敷地に大きな高低差がある場合には適しません。また，腹起し材にH形鋼を用いる場合は，フランジ面を

※13

ヒービング
軟弱な粘土質地盤を掘削する場合に，根切り底面付近の地盤が山留壁の背面からまわり込むような状態で膨れ上がる現象をいいます。

※14

法付けオープンカット工法
敷地に余裕があり，安全な勾配で法面を形成し，山留め支保工が不要な工法です。地下躯体の施工性がよいです。

※15

鋼矢板工法
鋼製で，特殊な断面形状の矢板を，連続して鉛直に打ち込み，山留め壁とする工法です。水密的で強度も大きく，打込みが容易です。透水性の大きい砂質地盤に適しています。

自立山留め工法
山留め壁の根入れ長さを十分に取る必要があります。

場所打ち鉄筋コンクリート山留め壁工法
軟弱地盤や深い掘削に適しています。

山留め壁面に向けて設置します。水平切梁工法における腹起しの継手位置は，切梁と火打梁との間または切梁に近い位置に割り付けます。

切梁の継手は，できる限り切梁の交差部近くに設けます。

●逆打ち工法

逆打ち工法とは，地階のある建築物などで上層部から下層部へと段階的に掘削し，コンクリートを打ち下げていく工法です。不整形な平面形状などにも適用でき，地下の構造体を山留め支保工として利用します。

●地盤アンカー工法（アースアンカー工法）

壁の背面の地山にアンカーを設け，アンカーに腹起しを緊結して山留め壁を受ける方法です。根切り内の空間が開放され，施工の利点が大きいです。敷地の高低差が大きく，山留めにかかる側圧が偏土圧となる場合の処理に適しています。この工法は，定着層が軟弱な地盤には適していません。

●アイランド工法

地下工事において，根切りを行う部分の周囲に矢板を打ち込み，中央部に向かって勾配を付けて地盤の掘削を行い，中央部の根切り完了後に中央部の基礎・地下構造物を構築するとともに，矢板の間に切梁を設けて周囲を掘削し，基礎・地下構造物を周囲に延ばしていく工法です。根切りする部分が広く浅い場合に適しており，水平切梁工法に比べ，切梁の長さを短くできます。

●トレンチカット工法

建築物の外周部分の地下構造体を先に構築し，これを山留め壁として地盤を掘削する工法で，根切り部分が広い場合に有効です。

●山留め支保工の取付け

各工法で行われる山留め支保工の取付けは，プレロード工法などで行います。

プレロード工法は，掘削の初期段階から順次切梁に油圧ジャッキで圧力をかけ山留め壁を外側へ押さえつけ，周囲の地盤沈下を防止する工法です。油圧ジャッキの加圧力は，設計切梁軸力の50～80％程度で，切梁交差部の締付けボルトを緩めた状態で行います。

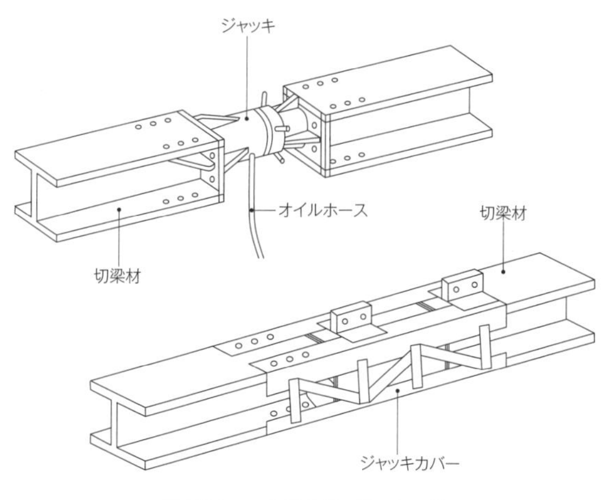

油圧ジャッキによるプレロード

タイロッドアンカー工法
山留め壁頭部の変形を抑制したい場合に有効です。

チャレンジ問題！

問1　難　中　易

山留め工事に関する記述として，最も不適当なものはどれか。

(1) 法付けオープンカット工法は，周辺に安全な勾配の法面を形成しながら根切りする方法である。
(2) アイランド工法は，水平切梁工法に比べ，切梁の長さが長くなる。
(3) タイロッドアンカー工法は，山留め壁頭部の変形を抑制したい場合に有効である。
(4) 地盤アンカー工法は，偏土圧となる傾斜地の山留め工事に有効である。

解説

アイランド工法は，水平切梁工法に比べ，切梁の長さが短くなります。

解答 (2)

基礎・地業工事

1 基礎・地業

建築物の基礎とは，上部構造からの荷重を地盤に伝える下部構造の総称です。地業は，構造物の基礎構造のうち，もとの地盤に対して基礎工事を行った部分です。地業には砂利地業などがあります。

①砂利地業

砂利地業とは，根切り底に砂利を10～15 cmの厚さに敷き詰め，ランマー（締固め用機械）などで突き固めた地業です。

使用する砂利は，粒径のそろった砂利よりも砂が混じった切込砂利などを用います。切込砕石を使用する場合は，砕砂と砕石の混合とします。また，切込砕石は，岩石を破砕したもので品質にばらつきがあります。

砂利地業に用いる再生クラッシャランは，コンクリート塊を破砕したものであり，品質にばらつきがあります。

層厚が厚い場合の締固めは，2層以上に分けて行います。また，締固めは，床付け地盤を破壊したり（乱したり），さらに深い地盤を乱さないよう，注意して行います。

砂利地業では，締固め後の地業の表面が所定の高さになるよう，あらかじめ沈下量を見込んでおきます。作業中，締固めによるくぼみが生じた場合は，砂または砂利を補充して再度転圧します。

②砂地業

砂地業は，軟弱な地盤を取り除き，砂を30 cm程度入れるごとに水を注いで締め固め，これを繰り返して150 cm程度の密実な砂層をつくる地業です。砂地業に用いる砂は，締固めが困難にならないようにシルトなどの泥分が多量に混入したものやごみを避け，粒度分布のよい砂を使用します。

③捨てコンクリート地業

捨てコンクリート地業は，基礎の底面を平坦にするとともに，基礎の位置などの墨出しを行うために，割ぐり石などの上に打つ，厚さ5 cm程度の均しコンクリートを打つ地業です。

この地業は，掘削底面の安定化や基礎スラブおよび基礎梁のコンクリートの流出あるいは脱水を防ぐために粗雑にならないように施工する必要があります。

捨てコンクリートの水分が著しく脱水するおそれがある場合は，ビニールシートなどを敷いてコンクリートを打ち込みます。

2 既製杭の打込み工法[※16]

①打撃（直打ち）工法

打撃工法は，杭の頭部に荷重を落下させて杭を打ち込む工法で，騒音や振動が大きくなります。

②プレボーリング併用打撃工法

スクリューオーガーを回転させながら地中に穴を掘るアースオーガーで一定深度まで掘削した後，杭を建て込んで打撃により支持層に打ち込む工法です。

3 既製杭の埋込み工法

①セメントミルク[※17]（プレボーリング）工法

セメントミルク工法は，アースオーガーによりあらかじめ杭孔を掘削し，その後，既製杭を建て込む工法です。

セメントミルク工法における杭の設置は，根固め液（セメントミルク）注入の後に，圧入または軽打によって杭を根固め液中に貫入させます。

掘削中の孔壁の崩壊を防ぐための安定液として，一般的にベントナイト泥水が用いられます。

床付け地盤が堅固で良質な場合
地盤上に捨てコンクリートを直接打設することができます。

土間コンクリート下の防湿層
土間コンクリートに設ける防湿層（ポリエチレンフィルム）は，砂利地業の上に敷き込み，断熱材がある場合は断熱材の直下に設けます。

※16
既製杭
大きく分けて，既製コンクリート杭と鋼杭があります。

※17
セメントミルク
セメントと水を練り混ぜてできたミルク状のものです。

杭の中空部処理
基礎コンクリートを打設するときは，コンクリートが杭の中空部に落下しないように杭頭を塞いでおきます。

杭の継手の方法
溶接継手のほか，接続金具による無溶接継手工法があります。

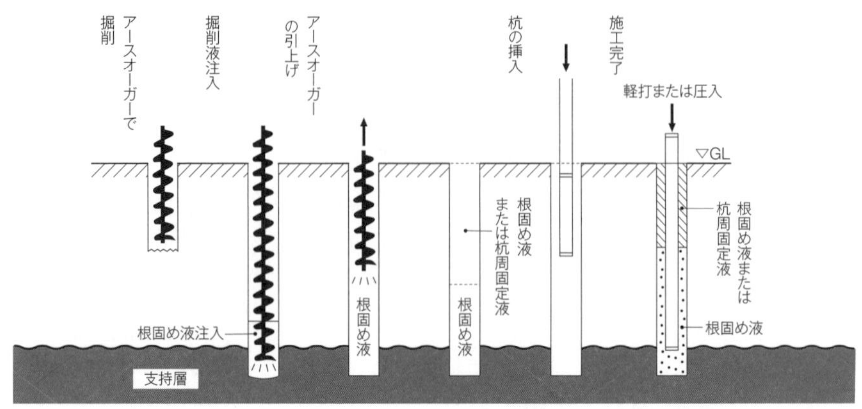

セメントミルク（プレボーリング）工法

②中掘り根固め工法

中掘り根固め工法は，杭の中空部に挿入したアースオーガーで掘削しながら杭を設置した後，根固め液を注入する工法です。掘削しながら，杭の中空部から排土します。また，支持地盤を緩めないために，根固め液注入後のオーガーの引き上げはできるだけゆっくり行います。

③回転根固め工法

回転根固め工法は，杭の先端に特殊金物を付けて，これを回転させて杭を圧入した後，根固め液を注入する工法です。

4 場所打ちコンクリート杭

場所打ちコンクリート杭とは，地盤をあらかじめ掘削した後，鉄筋かごを入れて，コンクリートを打設してつくる杭のことです。

①オールケーシング工法

まず，[※18]ケーシングチューブを揺動，圧入作業を行いながら，ハンマーグラブバケットをケーシング内に入れて，内部の土砂を掘削，排出した後，ケーシング内に鉄筋かごを挿入し，コンクリートを打設しながらケーシングを引き抜いて杭をつくる工法です。砂質地盤の場合は，[※19]ボイリングが発生しやすいため，孔内水位を地下水位より高く保って掘削することがあります。また，軟弱粘性土地盤ではヒービング防止のため，ケーシングチューブの先行量を多くします。

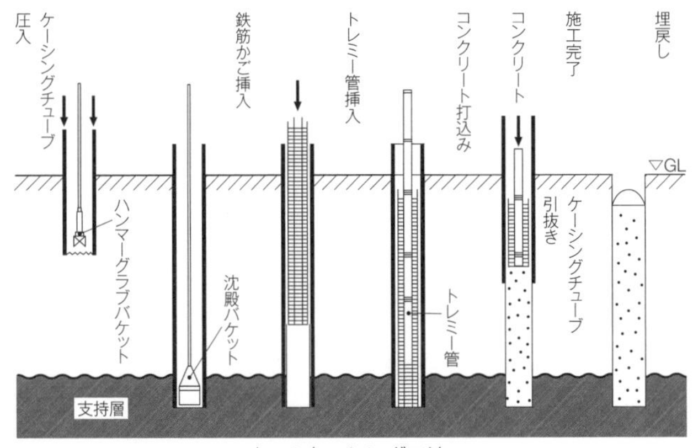

オールケーシング工法

②アースドリル工法[※20]

アースドリル工法とは，杭を構築する工法の1つで，地表面の破壊防止のために用いられる中空の鋼管（表層ケーシング）を地盤に圧入します。そして，ベントナイト液[※21]などの安定液で孔壁の破壊を防止しながら，回転バケットで必要な深さまで地盤を掘削した後，鉄筋かごを建て込み，コンクリートを打設して杭を構築します。掘削深さの確認は，検測器具を用いて孔底の2か所以上で検測します。地下水がなく孔壁が自立する地盤では，安定液は必要ありません。

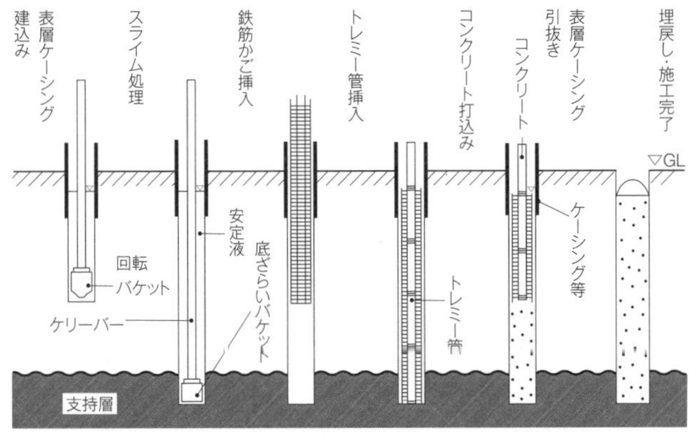

アースドリル工法

※18
ケーシングチューブ
ボーリングや場所打ちコンクリート杭などの孔壁の崩壊を防ぐために挿入される補強用の鋼製のチューブです。

※19
ボイリング
砂質地盤を掘削する場合に，根切り底面付近の砂質地盤に上向きの浸透流が生じ，この水流によって砂が沸騰したような状態で根切り底を破壊する現象をいいます。

※20
アースドリル工法の記録
記録すべき事項として，全数で深さおよび支持地盤を確認し，その内容を報告書に記載します。

※21
ベントナイト液（安定液）
スメクタイトと呼ばれる鉱物の中で，モンモリロナイトを主成分とする膨張・可塑・粘性が高い微細粘土に水を混合させたもので，アースドリルなどによる掘削などを行うときに，孔壁の崩壊を防止するために用いられ，安定液ともいいます。

③リバースサーキュレーションドリル工法（リバース工法）

この方法は，まず掘削面の安定のために用いられる泥水を，掘削した土砂とともにドリル先端から吸い上げて，地上で土砂を取り除きます。そして，泥水だけを再利用しながら掘削孔に環流させて支持層まで掘削し，底ざらえ後に鉄筋かごを挿入し，トレミー管を建て込んだ後，コンクリートを打ち込んで杭をつくります。掘削時は，孔内水位を地下水位より2m以上高く保つよう注意が必要です。

トレミー管とは，直径15～30cm程度のコンクリート輸送管で，管の先端をコンクリートの中に入れたまま管を引き上げることにより，コンクリートを連続的に打設することができます。

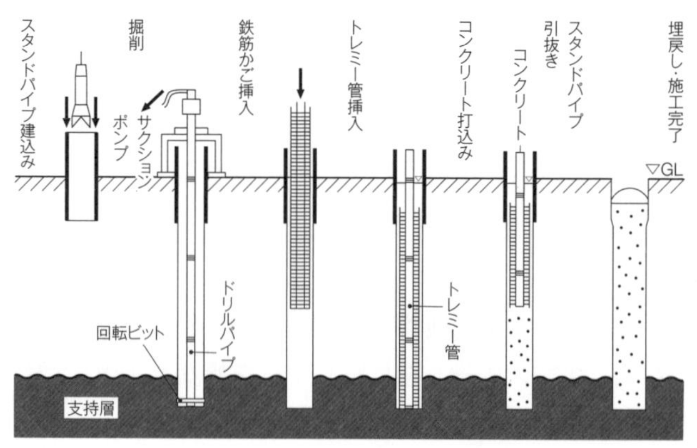

リバースサーキュレーションドリル工法

④施工上の注意点

オールケーシング工法における1次スライム処理は，孔内水がない場合やわずかな場合にはハンマーグラブにより掘りくずを除去します。スライム量が多い場合の2次スライム処理は，エアリフトや水中ポンプによる方法で行います。また，コンクリート打設中にケーシングチューブの先端が，常に2m以上コンクリート中に入っているように保持します。

アースドリル工法におけるスライム処理は，掘削終了後，鉄筋かごを建て込む前に，底ざらいバケットで1次スライム処理を行い，有害なスライムが残留している場合には，コンクリートの打込み直前に2次スライム処理を行います。

鉄筋かごへのスペーサーの取付けは，深さ3～5m間隔で取り付けます。

孔中に水がある場合のコンクリートの余盛りは，水がない場合に比べて大きくします。また，コンクリート打設後，杭孔の上部に空掘り部分が残る場合は，良質土で埋戻しを行います。

コンクリート打設を終了した杭に近接する杭の掘削は，打設直後を避けて施工します。

リバース工法の1次スライム処理は，孔内泥水の循環により掘りくずを除去し，孔底部付近の孔内泥水を排除します。2次スライム処理は一般にトレミー管とサクションポンプを連結し，スライムを排出します。

トレミー管の先端
アースドリル工法におけるトレミー管の先端は，打込み中のコンクリートに常に2m以上入っているように保持します。

チャレンジ問題！

問1 難 中 易

地業工事に関する記述として，最も不適当なものはどれか。

(1) 床付け地盤が堅固で良質な場合には，地盤上に捨てコンクリートを直接打設することができる。
(2) 砂利地業では，締固め後の地業の表面が所定の高さになるよう，あらかじめ沈下量を見込んでおく。
(3) 土間コンクリートに設ける防湿層のポリエチレンフィルムは，砂利地業の直下に敷き込む。
(4) 砂利地業に使用する砂利は，粒径のそろった砂利よりも砂が混じった切込砂利などを用いる。

解説

防湿層のポリエチレンフィルムは，砂利地業の上に敷き込みます。

解答（3）

鉄筋工事

1 鉄筋の加工・組立て

鉄筋の加工や組立ては，設計図書や構造設計図を基に鉄筋の施工図を作成し承認を受けた内容で行います。品質確認のために，現場に搬入・加工された異形鉄筋が，所定の規格の異形鉄筋であることを証明するため，ミルシートと荷札の照合と，圧延マークを確認し，写真で記録します。鉄筋の折曲げは，**冷間（常温）加工**とし，曲げ加工機（バーベンダー）を用います。また，鉄筋の切断は，シャーカッターや，電動カッターで行います。

①鉄筋末端部のフック

丸鋼の末端部には，すべてフックが必要ですが，異形鉄筋では，**柱・梁の出隅**，**あばら筋・帯筋**，煙突の鉄筋，片持ち梁・片持ちスラブの先端の上端筋にはフックを設け，それ以外は一般に（壁の開口部補強筋の末端部など）フックを必要としません。例えば，下表のように，鉄筋の**種類**と鉄筋径が同じである帯筋とあばら筋は，折曲げ内法直径の**最小値**は同じです。

鉄筋の折曲げ形状と寸法

折り曲げ角度	鉄筋の種類	鉄筋径による区分	鉄筋の折り曲げ内法直径(D)
180° 135° 90°	SD295 A　SD295 B SD345	D16以下	3d以上
		D19～41	4d以上
	SD390	D41以下	5d以上
90°	SD490	D25以下	5d以上
		D29～41	6d以上

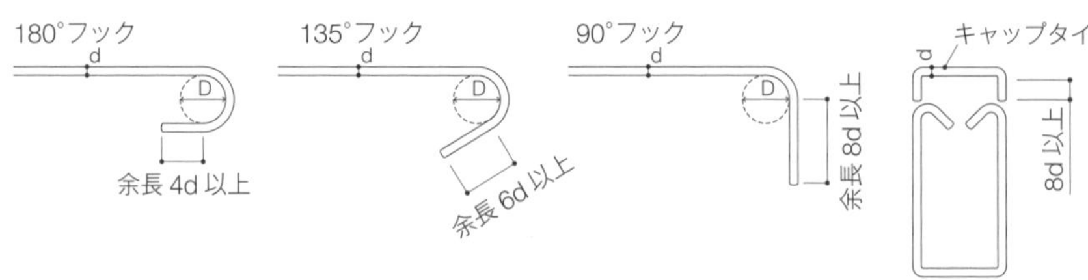

鉄筋の加工は，ゆがみや位置ずれなどの誤差をなくすことが難しいので，曲げ加工などで加工寸法の許容差を使用部位ごとに設定しています。

鉄筋の加工寸法の許容差

項目			符号	許容差(mm)
各加工寸法	主筋	D25以下	a,b	±15
		D29～D41	a,b	±20
	あばら筋・帯筋・スパイラル筋		a,b	±5
加工後の全長			ℓ	±20

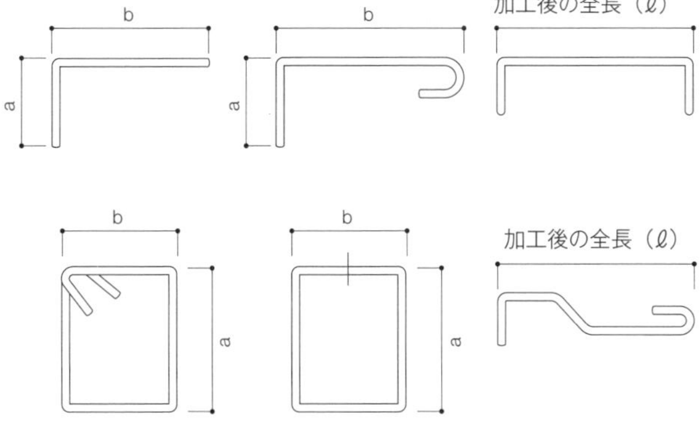

あばら筋・帯筋
スパイラル筋

溶接閉鎖形筋

②鉄筋の組立て

鉄筋は鉄線結束などを使い，互いに堅固に緊結します。

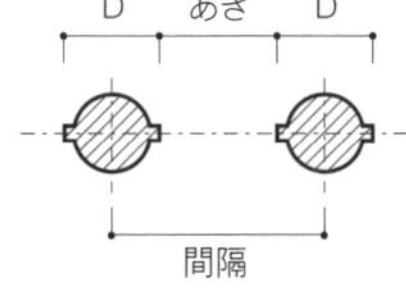

※ D は鉄筋の最大外径

異形鉄筋のあき

	あき	間隔
異形鉄筋	・呼び名の数値の1.5倍 ・粗骨材最大寸法の1.25倍 ・25 mm	あき寸法 ＋ 最外径

鉄筋加工図
鉄筋の加工は，鉄筋加工図に示される外側寸法に従って加工します。

鉄筋の加工寸法の表示および計測
突当て長さ（外側寸法）を用いて行います。

浮き錆
組立てに先立ち，鉄筋表面に生じた浮き錆は除去します。

鉄筋間隔
隣り合う鉄筋の中心間距離をいいます。

鉄筋相互のあきの最小寸法
鉄筋相互のあきの最小寸法は，鉄筋の径と粗骨材の大きさで決まり，鉄筋の強度は関係ありません。

柱・梁の鉄筋の組立て
点付け溶接禁止です。

鉄筋の結束
結束線の端部は，コンクリート表面に突出しないように折り曲げます。壁筋は，鉄筋相互の交点の半数以上を結束し，スラブ筋は，鉄筋相互の交点の半数以上を結束し，太径鉄筋の結束には，結束線を2本束ねて用います。

③かぶり厚さ[※22]

最小かぶり厚さ

<table>
<tr><th colspan="4">構造部分の種類</th><th>最小かぶり厚さ(mm)</th></tr>
<tr><td rowspan="7">土に接しない部分</td><td rowspan="2">スラブ，耐力壁以外の壁</td><td colspan="2">仕上げあり</td><td>20</td></tr>
<tr><td colspan="2">仕上げなし</td><td>30</td></tr>
<tr><td rowspan="4">柱，梁，耐力壁</td><td rowspan="2">屋内</td><td>仕上げあり</td><td>30</td></tr>
<tr><td>仕上げなし</td><td>30</td></tr>
<tr><td rowspan="2">屋外</td><td>仕上げあり</td><td>30</td></tr>
<tr><td>仕上げなし</td><td>40</td></tr>
<tr><td colspan="3">擁壁，耐圧スラブ</td><td>40</td></tr>
<tr><td rowspan="2">土に接する部分</td><td colspan="3">柱，梁，スラブ，壁，布基礎の立上り</td><td>40</td></tr>
<tr><td colspan="3">基礎，擁壁，耐圧スラブ</td><td>60</td></tr>
<tr><td colspan="4">煙突等高熱を受ける部分</td><td>60</td></tr>
</table>

※杭基礎の基礎筋(ベース筋)の最小かぶり厚さは，杭頭から確保

2 鉄筋の定着・継手

①鉄筋の定着

定着とは，鉄筋をコンクリートの中に埋め込み，引き抜けないようにすることで，その必要な長さを定着長さといいます。

小梁，スラブの下端筋以外の定着長さ　※（　）内はフック付きの場合

コンクリートの設計基準強度(N/mm^2)	L_1(L_1h)			
	SD295A SD295B	SD345	SD390	SD490
18	40d (30d)	40d (30d)	—	—
21	35d (25d)	35d (25d)	40d (30d)	—
24～27	30d (20d)	35d (25d)	40d (30d)	45d (35d)
30～36	30d (20d)	30d (20d)	35d (25d)	40d (30d)
39～45	25d (15d)	30d (20d)	35d (25d)	40d (30d)
48～60	25d (15d)	25d (15d)	30d (20d)	35d (25d)

※異形鉄筋の定着長さ(L_2，L_2h)。表中のdは異形鉄筋の呼び名

小梁，スラブの下端筋の定着長さ

コンクリートの設計基準強度	鉄筋の種類	フックなし		フックあり	
		小梁	スラブ	小梁	スラブ
18 ～ 60 (N/mm^2)	SD295A SD295B SD345 SD390	20d	10d かつ 150 mm 以上	10d	—

※異形鉄筋の定着長さ(L_3, L_3h)。投影定着長さ(La)。表中のdは異形鉄筋の呼び名

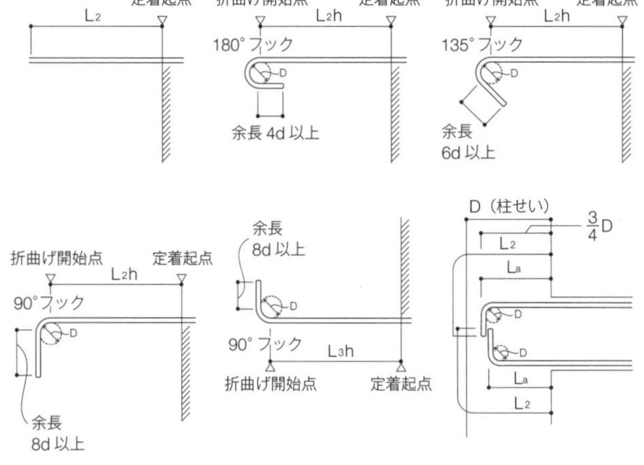

②配筋に関する留意点

大梁主筋を柱内へ90度折曲げ定着する場合の柱への投影定着長さは，柱せいの$\frac{3}{4}$倍以上です。また，梁の下端筋は原則曲上げます。柱頭および柱脚のスパイラル筋末端の定着は，1.5巻以上の添巻きとし，末端部にはフックを設けます。

床や壁の開口部，貫通孔などは，開口部の周囲に斜め補強筋で補強します。梁端の上端筋をカットオフする場合には，梁の端部から当該梁の内法長さの$\frac{1}{4}$となる点を起点とし，15 d以上の余長を確保します。

※22

かぶり厚さ
鉄筋の表面から，これを覆うコンクリート表面までの最短寸法で，かぶり厚さの確保には，火災時に鉄筋の強度低下を防止するなどの目的があります。

設計かぶり厚さ
最小かぶり厚さに施工誤差などを見込んで割増しをしたもので，最小かぶり厚さ+10 mmです。

かぶり厚さのポイント
柱は帯筋（フープ）の外側から，梁はあばら筋（スターラップ）の外側からそれぞれコンクリートの表面までの最短距離です。ひび割れ補強筋も，かぶり厚さを確保します。外壁の目地部分のかぶり厚さは，目地底から確保します。また，捨コンクリートの厚さはかぶり厚さに含めません。
D29以上の梁主筋のかぶり厚さは，主筋の呼び名に用いた数値の1.5倍以上とします。

柱打継ぎ部の主筋の位置を修正
設計者と打ち合わせて，根元のコンクリートをはつり，鉄筋をゆるやかに曲げて修正します。

③鉄筋の継手

鉄筋の継手とは，鉄筋と鉄筋を同一方向に接合する方法で，重ね継手，ガス圧接継手，機械式継手，溶接継手があります。

異形鉄筋の重ね継手の長さ

コンクリートの設計基準強度 (N/mm^2)	$L_1(L_{1h})$			
	SD295A SD295B	SD345	SD390	SD490
18	45d(35d)	50d(35d)	—	—
21	40d(30d)	45d(30d)	50d(35d)	—
24～27	35d(25d)	40d(30d)	45d(35d)	55d(40d)
30～36	35d(25d)	35d(25d)	40d(30d)	50d(35d)
39～45	30d(20d)	35d(25d)	40d(30d)	45d(35d)
48～60	30d(20d)	30d(20d)	35d(25d)	40d(30d)

※表中の鉄筋径は，呼び名の数値とします。

重ね継手の長さは，フックの折曲げ開始点間の距離とし，末端のフックは含みません。D35以上の鉄筋には重ね継手を設けず，梁の主筋の重ね継手は，水平重ねや上下重ねとし，壁の配筋間隔が異なる場合は，**あき重ね継手**とすることができます。

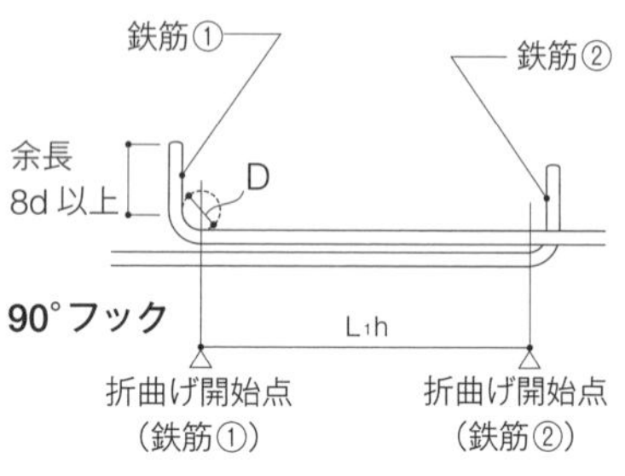

大梁端部の下端筋の重ね継手中心位置は，梁端から梁せい分の長さの範囲内には設けません。梁の主筋を重ね継手とする場合，隣り合う鉄筋の継

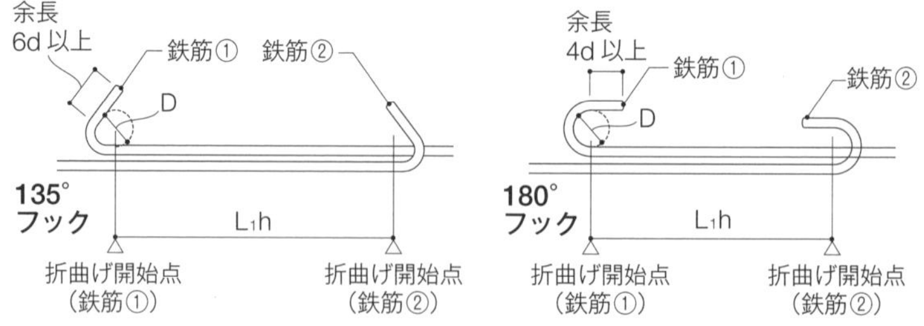

手中心位置は，重ね継手長さの約0.5倍か1.5倍以上ずらす必要があります。隣り合う鉄筋のガス圧接継手の位置は，400 mm以上ずらし，柱に用いるスパイラル筋の重ね継手の長さは，50 d以上，かつ300 mm以上とします。

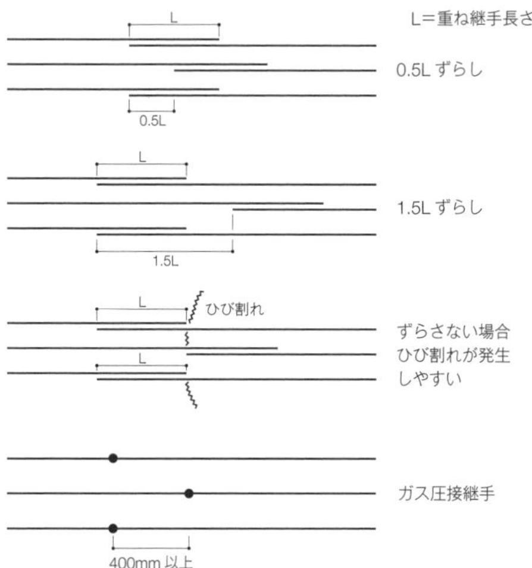

3 鉄筋のガス圧接

ガス圧接（ガス鉄筋圧接法）は，鉄筋の接続方法の1つで，2本の鉄筋を特殊な圧接器で軸方向にそろえて加え，特殊なガスバーナーで同時に2本の鉄筋を平均に加熱しながら，約3 kgf/cm^{2}の圧力で徐々に加圧し接着させます。鉄筋の圧接部は，圧接端面が密着するまでは**還元炎**で行った後，**中性炎**で加熱します。

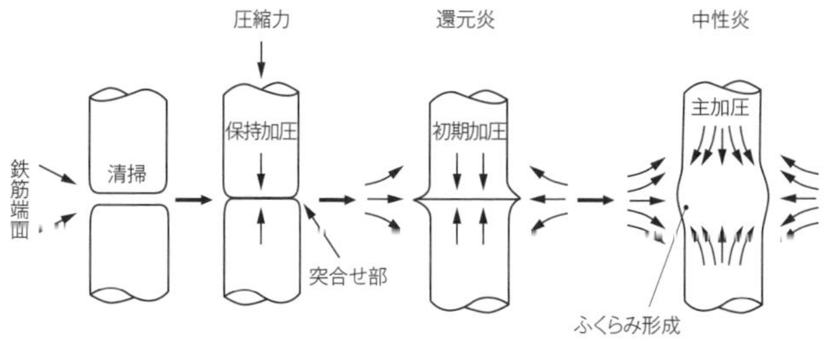

梁筋の定着長さ
柱の打増し（ふかし）を行う場合は打増し部分を除いて算定します。

小梁の主筋の定着長さ
上端筋の方を下端筋より長くします。

重ね継手の注意点
直線重ね継手の長さは，同じ径であっても，鉄筋の種類によって異なる場合があります。フック付き重ね継手の長さは，鉄筋径によって異なります。

径の異なる鉄筋の重ね継手の長さ
細い方の鉄筋の径によって算出します。

耐圧スラブ付きの基礎梁下端筋，大梁の上端筋の継手位置
スパンの中央部とします。

①圧接技量資格者の圧接作業可能範囲

鉄筋のガス圧接には技量資格が設けられており，資格に応じて1種から4種までの作業範囲が定められています。

圧接技量資格者の圧接作業可能範囲

技量資格種別	作業可能範囲	
	鉄筋の材質	鉄筋径
1種	SR235，SR295，SD295A，SD295B，SD345，SD390	径25 mm以下，呼び名D25以下
2種		径32 mm以下，呼び名D32以下
3種	SD490（3・4種のみ）	径38 mm以下，呼び名D38以下
4種		径50 mm以下，呼び名D51以下

※SD490の鉄筋を圧接する場合，施工前試験を行います。

②圧接位置

圧縮継手は，その径または呼び名の差が7 mmを超える場合には，原則として圧縮継手を設けてはいけませんが，**種類が異なる鉄筋相互は可能です。**

③圧接部の形状

径の異なる鉄筋のガス圧接部のふくらみの直径は，細い方の径の**1.4倍以上**とします。同一径の鉄筋の圧接部のふくらみの長さは，鉄筋径の**1.1倍以上**とし，鉄筋中心軸の偏心量は，鉄筋径の$\frac{1}{5}$**以下**とします。

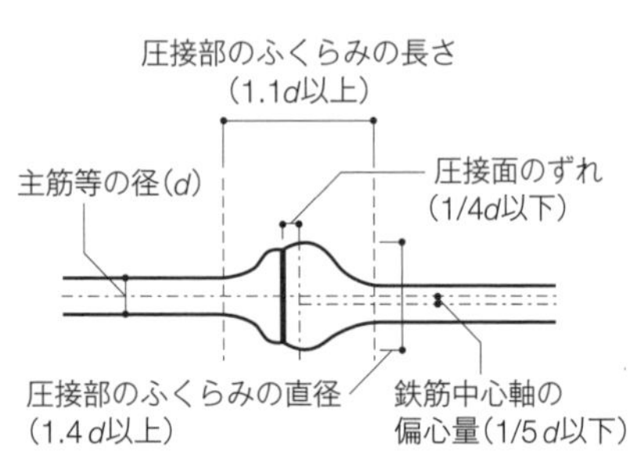

④圧接部の処理

圧接端面のグラインダー掛けは，原則として，圧接作業の当日に行いますが，圧接当日に鉄筋冷間直角切断機を用いて切断した鉄筋の圧接端面は，グラインダー掛けを行いません。また，圧接継手において鉄筋の長さ方向の縮み量は，**鉄筋径の1～1.5倍考慮**し，鉄筋に圧接器を取り付けて突き合せたときの圧接端面間のすき間は，**2 mm以下**とします。

圧接端面は，軸線にできるだけ直角，かつ，平滑になるように切断・加工します。また，圧接端面の加工を圧接作業の当日より前に行う場合には，端面保護剤を使用します。

⑤圧接継手の補正

圧接部における相互の鉄筋の偏心量が規定値を超えた場合は，圧接部を切り取って再圧接します。

圧接部のふくらみの直径が規定値に満たない場合は，再加熱し圧力を加えて所定のふくらみに修正します。

圧接部に明らかな折曲がりが生じた場合は，再加熱して修正します。

圧接部のふくらみが著しいつば形の場合や，圧接面のずれが規定値を超えた場合圧接部を切り取って再圧接します。

現場での溶接継手
帯筋に用いるD13の鉄筋を現場で溶接継手とする場合は，フレア溶接とします。

圧接終了後の圧接器の取外し
鉄筋加熱部分の火色消失後に行います。

チャレンジ問題！

問1

難	中	易

異形鉄筋の加工に関する記述として，最も不適当なものはどれか。

(1) 鉄筋の加工寸法の表示および計測は，突当て長さ（外側寸法）を用いて行う。

(2) 鉄筋の種類と径が同じ帯筋とあばら筋は，折曲げ内法直径の最小値は同じである。

(3) 壁の開口部補強筋の末端部には，フックを付けなければならない。

(4) 鉄筋の折曲げ加工は，常温で行う。

解説

壁の開口部補強筋の末端部には，異形鉄筋の場合，フックを付けなくてもかまいません。

解答（3）

型枠工事

1 型枠工事とその材料

①型枠

型枠とは，鉄筋コンクリートの打込みにあたって鋳型となるもので，せき板と支保工で構成され，仮枠ともいいます。型枠工事は，計画，設計，加工，組立て，除去などに関する工事の総称をいいます。

②型枠材料

型枠材料は，コンクリート型枠用合板，木製型枠，透水型枠，打込み型枠，システム型枠，メタルフォームなどがあります。透水型枠は，コンクリート表層部を緻密にするため，余剰水の排水ができます。

打放し仕上げに用いる合板せき板は，合板の日本農林規格のコンクリート型枠用合板の表面加工品を用います。

2 型枠の加工・組立て

型枠の加工や組立ては，コンクリート躯体図に基づく**型枠加工図を作成して行います。**

●支保工の組立て・型枠工事の留意事項

上下階の支柱をできるだけ**平面上の同一位置になるように設置します。**また，地盤上に直接支柱を立てる場合には，支柱の下に**剛性のある敷板を敷いて沈下を防ぎます。**支柱にパイプサポートを使用する場合，パイプサポートを**3つ以上継いで用いてはいけません。**また，**支柱の継手は，突合せ継手または差込み継手とし，重ね継手は禁止されています。高さが3.5 m を超える支柱に設ける水平つなぎはクランプなどで固定し，高さ2 m以内ごとに2方向に設けます。**

パイプサポートの頭部や脚部は，大引や敷板に**釘で固定します。階高が高い場合，支保工は枠組足場によって構台を組み，その上にパイプサポートを設置します。

柱，壁および梁側型枠のせき板を保持する場合，支保工は一般に内端太および外端太により構成します。

①柱の組立て

柱型枠の足元は，型枠の垂直精度の保持などのため，桟木で根巻きします。内柱の型枠の加工長さは，階高からスラブ厚さとスラブ用合板せき板の厚さを減らした寸法より，調整として20～30 mm程度短くします。

柱型枠は，梁型枠や壁型枠を取り付ける前にチェーンなどで控えを取り，変形しないようにします。

柱型枠の建入れ調整とは，柱型枠取付けの垂直度の調整のことで梁，壁および床の型枠を組み立てる前に行います。

柱型枠には，清掃ができるように掃除口を設けます。

②梁・壁の組立て

壁付き隅柱の出隅部は，角締めパイプを立て，チェーンとターンバックルを用いて締め付けます。

梁の側型枠の寸法はスラブ下の梁せいよりも長く加工し，梁の側型枠を先に外せるようにします。

外周梁の側型枠の上部は，コンクリートの側圧による変形防止のため，スラブ引き金物を用いて固定します。また，壁の窓開口部下部の型枠に，コンクリート打設時の点検用の開口を設けます。

塗り仕上げとなる壁コンクリートの型枠に使用するフォームタイ※23と座金は，くさび式を用います。

外壁の型枠は，外部足場などの仮設物と連結させてはいけません。

③床の組立て

床型枠は，支柱（サポート），大引および根太を配置した後にスラブ用合板せき板を敷き込みます。

軽量型支保梁
軽量型支保梁を受ける梁型枠の支柱にパイプサポートを使用する場合，パイプサポートは2列に設けます。独立柱の型枠の組立てにはセパレータやフォームタイが不要なコラムクランプを用います。

コラムクランプ
柱型枠を四方から水平に締め付けるための支保工をコラムクランプといいます。

材料の再利用
合板せき板は，支障がなかった場合，再使用してもかまいません。

合板せき板のたわみ量
両端固定梁として算定します。

※23
フォームタイ
セパレータを締め付けるための型枠締付け用ボルトのことです。相対するせき板間の距離を保持するために用いられます。

階段の斜めスラブ部分の支柱
脚部にキャンバーを用い，斜めスラブに対して直角に建て込みます。

④セパレータ[※24]，設備類など

セパレータや設備類を取り付ける際には次のような留意点があります。

・コンクリート面に直接塗装仕上げを行ったり，コンクリート打放し仕上げとなる型枠に使用する場合は，コーン付きセパレータを使用すること。

・型枠脱型後にコンクリート表面に残るセパレータのねじ部分は，ハンマーでたたいて折り取ること。

・塔屋の外壁に設ける屋上防水用のあご部分は，外壁と同時打ちのできる型枠とすること。

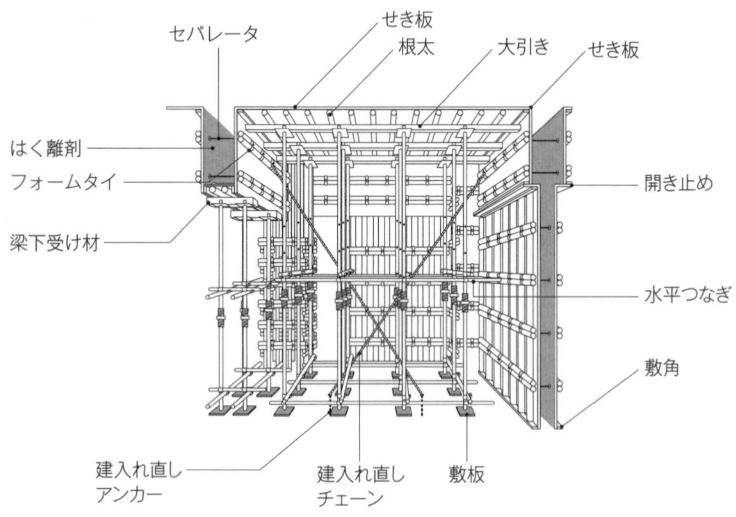

3 型枠の存置期間

①せき板の存置期間

コンクリートの圧縮強度による場合の，基礎，梁側，柱，壁のせき板の最小存置期間は，短期および標準の場合は圧縮強度が5 N/mm^2に達するまでとし，長期および超長期の場合は10 N/mm^2に達するまでとします。また，せき板を取り外すことができるコンクリートの圧縮強度は，梁下よりも梁側の方が早く取り外すことができます。

コンクリートの材齢によるせき板の最小存置期間は，存置期間中の平均気温が高い方が短く，高炉セメントB種は，普通ポルトランドセメントより

も存置期間が長くなります。また，梁下の支柱の最小存置期間は，コンクリートの材齢により定める場合，28日です。床スラブ下，梁下のせき板の取外しは，原則，支保工を取り外した後に行います。また，開口部がない壁が梁の幅方向の中央に付いている場合，梁の支柱をせき板と同時に取り外すことができます。

②支保工の存置期間

スラブ型枠の支柱は，コンクリートの圧縮強度が12 N/mm^2以上，かつ，施工中の荷重および外力について安全であることを確認して取り外し，転用します。

片持ち梁や庇は，設計基準強度の100 %以上の圧縮強度が得られたことが確認されるまで存置します。

※24

セパレータ

型枠工事における締付け金具の1つです。フォームタイの一部を構成し，せき板間の距離を保持するために用いられます。また，配置はせき板に対して垂直となるようにします。

型枠上部が急勾配の場合

独立基礎などのフーチング上端の勾配が急な場合，上端にせき板を設けます。

チャレンジ問題！

問1 難 中 易

型枠の締付け金物などに関する記述として，最も不適当なものはどれか。

(1) 独立柱の型枠の組立てには，セパレータやフォームタイが不要なコラムクランプを用いた。

(2) 打放し仕上げとなる外壁コンクリートの型枠に使用するセパレータは，コーンを取り付けないものを用いた。

(3) 外周梁の側型枠の上部は，コンクリートの側圧による変形防止のため，スラブ引き金物を用いて固定した。

(4) 型枠脱型後にコンクリート表面に残るセパレータのねじ部分は，ハンマーでたたいて折り取った。

解説

コンクリート打放し仕上げとなる型枠に使用する場合は，コーン付きセパレータを使用します。

解答（2）

コンクリート工事

1 コンクリートの調合

コンクリートの調合とは，セメント，水，細骨材，粗骨材，空気を適切な割合で練り混ぜ，求められる強度，耐久性，ワーカビリティ（施工軟度）などが得られるよう定めることです。

①調合管理強度

コンクリートの調合管理強度は，品質基準強度に構造体強度補正値を加えた値です。構造体強度補正値は，セメントの種類およびコンクリートの打込みから材齢28日までの期間の予想平均気温の範囲に応じて定めます。

②水セメント比

水セメント比とは，コンクリートにおける水とセメントの質量比で，強度，水密性，耐久性に大きく影響します。水セメント比が小さいほど，コンクリート強度は大きくなります。

$$水セメント比(X) = \frac{単位水量(W)}{単位セメント量(C)} \times 100(\%)$$

普通ポルトランドセメントの水セメント比の最大値は，計画供用期間の級が標準供用級において65 %以下で，高炉セメントB種は60 %以下です。

③単位水量（W）

骨材中の水量以外のフレッシュコンクリート1 m^3中に含まれる水量を単位水量といい，最大値は185 kg/m^3以下とします。コンクリートの品質が得られる範囲内や，所要のワーカビリティが得られる範囲内で，できるだけ小さくします。

単位水量の大きいコンクリートは，耐久性上好ましくありません。

④単位セメント量（C）

単位セメント量とは，フレッシュコンクリート1 m^3中に含まれるセメント重量をいい，最小値は270 kg/m^3です。単位セメント量は，水和熱および乾燥収縮によるひび割れを防止する観点からは，できるだけ少なくします。

単位セメント量が過小の場合はコンクリートのワーカビリティが悪くなります。細骨材率を小さくすると，所要のスランプを得るのに必要な**単位セメント量**および**単位水量**を減らすことができます。単位セメント量の最小値は，コンクリートの種類によって異なります。

⑤スランプ

スランプとは鉄製のスランプコーンに，練ったばかりのコンクリートをほぼ等しく3層に分けて詰め，スランプコーンを真上に抜き取った後，コンクリートの下がりを［cm］で表した値で，ワーカビリティを数値的に表す指標の1つです。スランプの最大値は，調合管理強度が33 N/mm^{2}以上の場合は**21 cm以下**，33 N/mm^{2}未満の場合，**18 cm以下**とします。

スランプは，**荷卸し地点**における値を指定します。

⑥空気量

コンクリート中に含まれる空気の量で，空気量の標準値は普通コンクリートで**4.5 %**，軽量コンクリートは**5.0 %**です。また，荷卸し時の空気量の許容差は，指定した空気量に対して**±1.5 %**です。

空気量が多くなると，圧縮強度の低下や乾燥収縮率の増加をもたらします。また，コンクリート中の連行空気は，凍結融解作用に対する抵抗性を向上させます。

⑦細骨材率

細骨材率は，次の式で求めることができます。

$$細骨材率＝\frac{細骨材(砂)の絶対容積}{骨材(砂と砂利)の絶対容積}\times 100(\%)$$

高性能AE 減水剤
高強度コンクリートには，高性能AE減水剤を使用するのが有効です。

AE剤
AE剤を使うと，ワーカビリティが改善されます。

流動化剤の添加および撹拌
流動化コンクリートの流動化剤の添加および撹拌は，工事現場にて行います。

軽量コンクリート
人工軽量骨材を使い，普通コンクリートより単位容積質量や密度の小さいコンクリートのこと。

材齢が28日の構造体コンクリート強度推定試験
現場水中養生による供試体を用います。

川砂利と砕石の混合
川砂利と砕石は，それぞれが所定の品質を満足していれば，混合して使用してもかまいません。

細骨材率が小さすぎる場合は単位セメント量および単位水量を減らします。細骨材率が大きすぎると，所定のスランプを得るのに必要な単位セメント量および単位水量は多くなり，流動性の悪いコンクリートとなります。また，スランプの大きいコンクリートでは，細骨材率が小さすぎると分離しやすくなります。乾燥収縮によるひび割れを少なくするためには，細骨材率を小さくし，単位水量と単位セメント量を減らします。

細骨材の粗粒率が大きい場合には，細骨材率を大きくします。

2 運搬・打込み・養生

①輸送・運搬

コンクリートの現場までの輸送は，トラックアジテータを使用します。コンクリートの打設を行うときの，練混ぜから打込み終了までの時間の限度は，外気温が25 ℃未満は120分以内，25 ℃以上は90分以内です。

②コンクリートポンプ工法

コンクリートポンプ工法とは，ピストンの往復運動などによってモルタルやコンクリートを水平および垂直に圧送するポンプの方式です。

例えば，スランプ18 cmのコンクリートをポンプ工法で打ち込む場合，打込み速度は20～30 m^3/h程度です。輸送管の大きさは，粗骨材の最大寸法を考慮して決めます。コンクリートの圧送に先立って用いる先送りモルタルは，富調合のものとします。

③打込み

コンクリートの打込みとは，コンクリート（生コン）を型枠内などに流し込む作業をいいます。コンクリートは，打込み位置の近くに落とし込み，横流しをしないようにします。また，コンクリートの自由落下高さは，コンクリートが分離しない範囲とします。

1回で打ち込むように計画された区画内では，連続して打ち込みます。

コンクリートの打込み速度は，十分な締固め作業ができる範囲で設定します。柱，梁，壁の打込みは，梁下で一度止めて，コンクリートが沈降してから打ち込みます。柱へのコンクリートの打込みは，縦形シュートを挿入して行います。また，柱への打込みは，一度スラブ型枠または梁型枠で受けて打ち込みます。

壁への打込みは，打込み位置を移動しながら，打込み高さが均等になるように打ち込みます。

スラブの付いたせいの高い梁への打込みは，スラブ下で一度打ち止め，コンクリートの沈降を見計らってから，残りの部分をスラブと同時に打ち込みます。

④打継ぎ

コンクリートの接続部分を打継ぎ部といい，同一区画のコンクリート打込み時における打重ね時間は，先に打ち込まれたコンクリートの再振動可能時間以内とします。打継ぎ部には鉛直打継ぎ部や水平打継ぎ部などの種類があり，梁，床スラブ，屋根スラブの鉛直打継ぎ部分は，スパンの中央または端から$\frac{1}{4}$付近に設けます。水平打継ぎ部分は，十分に散水して湿潤状態とし，残っている水は取り除きます。

コンクリートの打継ぎ面は，レイタンス[※25]や，ぜい弱なコンクリートを取り除き，健全なコンクリートを露出させます。

片持ち床スラブは，打継ぎを設けずに，取付く構造体と一緒に打ち込みます。

⑤締固め

締固めとは，コンクリートの打設時に棒形振動機（以下，振動機）やタンパーを用いてコンクリート型枠内部あるいは鉄筋，埋設物の周囲にコンクリートを密実に打ち込むことです。

振動機の先端は，先に打ち込んだコンクリートの層に届くように挿入し，打込み層ごとに用い，挿入間隔を60 cm以下とします。

振動機による締固めは，加振時間を1か所当たり15

レディーミクストコンクリート

あらかじめ工場で練り混ぜ，固まらない状態のまま工事現場へ輸送するコンクリートのことで，生コンともいいます。

日本産業規格（JIS）のレディーミクストコンクリート用骨材は，砕石，再生骨材H，高炉スラグ骨材，人工軽量骨材が規定され，溶融スラグ骨材は規定されていません。

以下に，レディーミクストコンクリートの呼び名を示します。

① ② ③ ④ ⑤
普通 21-18-20-N

①：コンクリートの種類（「普通」は普通コンクリート）

②：呼び強度（21N/mm^2）

③：スランプ（18 cm）

④：粗骨材の最大寸法（20 mm）

⑤：セメントの種類による記号（Nは普通ポルトランドセメント）

※25

レイタンス

コンクリート打込み後に，表面に浮き上がるセメントと骨材中の微粒子とからなる薄膜のこと。

秒程度とし，コンクリート上面にペーストが浮くまでとします。

振動機の先端が，鉄筋や型枠などに**接触しない**ようにコンクリートの締固めを行います。振動機の引抜きは，コンクリートに穴を残さないようにゆっくり行います。スラブのコンクリートの沈みひび割れ防止のため，**タンパー**を用いてコンクリートの表面をたたき締めます。床スラブに打ち込んだコンクリートは，凝結前に**タンピング**を行います。

⑥養生

養生とは，コンクリートやモルタルを**十分に硬化**させ，良好な性質を発揮させるために**適正な温度や水分を保持**することです。湿潤養生の方法には，低透水性のせき板による，被覆，養生マットや，水密シートによる被覆，散水，噴霧，膜養生剤の塗布などがあります。また，直射日光などによる乾燥を防ぐための養生も行います。

コンクリート打込み後の養生温度が**高いほど**，長期材齢における強度増進は**小さく**なります。また，コンクリートの養生期間中の温度が**低い**と，強度の発現が**遅延**するため，寒中コンクリートの圧縮強度が一定値に達するまで湿潤養生を行います。なお，打込み後のコンクリートが**透水性の小さいせき板**で保護されている場合は，**湿潤養生**と考えます。しかし，せき板が存置されていてもコンクリートは湿潤状態に保たれているとは限りません。

フライアッシュセメントB種を用いる場合，湿潤養生を十分に行い，早期における乾燥を防ぐようにします。マスコンクリートのような**大断面の部材**では，内部の温度が最高温度に達した後，**内外の温度差**が急激に発生しないようにします。コンクリートの硬化初期には，強い風などの気象作用からコンクリートの**露出面を保護**しなければいけません。コンクリートの打込み後，少なくとも**1日間**はその上で**歩行**または**作業**をしないようにします。コンクリートの硬化初期に**振動**が加わると，**強度の発現が損なわれる**ことがあります。

初期の湿潤養生の期間が短いほど，コンクリートの**中性化**[※26]が早く進行します。

早強，普通，中庸熱ポルトランドセメントを用いた厚さ18 cm以上のコンクリート部材では，計画供用期間の級が**短期**および**標準**の場合，コンクリートの圧縮強度が10 N/mm²以上，長期および超長期の場合は15 N/mm²以上に達したことを確認すれば，以降の湿潤養生を打ち切ることができます。

湿潤養生の期間

セメントの種類	短期および標準	長期および超長期
早強ポルトランドセメント	3日以上	5日以上
普通ポルトランドセメント	5日以上	7日以上
高炉セメントB種などその他のセメント	7日以上	10日以上

※温度は2℃を下らないような養生が必要

ブリーディング
コンクリートを型枠に打設した後，材料が分離して練混ぜ水の一部がコンクリート上面に上昇する現象です。

※26
中性化
中性化とは，モルタルやコンクリートのアルカリ性が，失われていくことをいい，鉄筋の防錆効果が失われます。

チャレンジ問題！

問1　難　中　**易**

コンクリートの養生に関する記述として，最も不適当なものはどれか。

(1) 湿潤養生期間の終了前であっても，コンクリートの圧縮強度が所定の値を満足すれば，せき板を取り外すことができる。
(2) 打込み後のコンクリートが透水性の小さいせき板で保護されている場合は，湿潤養生と考えてよい。
(3) 早強ポルトランドセメントを用いたコンクリートの材齢による湿潤養生期間は，普通ポルトランドセメントより短くできる。
(4) 寒中コンクリート工事における加熱養生中は，コンクリートの湿潤養生を行わない。

解説

寒中コンクリートの圧縮強度が一定値に達するまで湿潤養生を行います。

解答（4）

鉄骨工事

1 工場作業

鉄骨工事とは，鋼鉄製の材料を使用して建物の骨組みである柱や梁などをつくることです。工場作業では，現場作業で組立てるための部品を製作します。そのため，製作する部品の大きさは運べる程度の大きさとします。

①材料確認

鋼材の品質の確認は，事故を防ぐために重要です。確認方法には，鋼材の材種，数量，寸法などが記されたミルシートを活用するほかに，ミルマーク，ステンシル，ラベルなどを用いることができます。

②テープ合わせ

材料の確認後，鉄骨製作工場で現寸作業用に使用する鋼製巻尺と，工事現場で墨出しなどに用いる鋼製巻尺を照合して，温度，張力，たるみなどの誤差を確認します。鉄骨製作工場と工事現場で別々に用いる**基準巻尺**は，**製作開始前に照合**を行います。

③けがき

けがきとは，鋼材の表面に，孔あけや切断位置などを，罫書き針などを用いて書き印すことです。けがき寸法は，製作中に生じる**収縮**，**変形**および**仕上げしろを考慮**した値とします。

ポンチ，たがねによるけがきは，**曲げ加工**される部分の**外面**に**行わない**ようにします。また，**高張力鋼**にけがきをする場合，表面にポンチや，たがねなどの打こんを残さないようにします。

④切断

鋼材の切断は，機械切断法，ガス切断法，プラズマ切断法，レーザー切断法[※27]などがあります。鋼板のガス切断は，原則，自動ガス切断機を用います。また，**レーザー切断法**は板厚**25 mm**程度までの鋼板の切断が可能です。**せん断切断**の場合は，鋼材の板厚は原則**13 mm以下**とします。鋼材切断面の凹凸やノッチ等の不良箇所は，グラインダーにより修正します。

⑤孔あけ

高力ボルト用の孔あけ加工は，ドリルあけ[※28]とします。

ボルト，アンカーボルト，鉄筋貫通孔の孔あけは，板厚が13 mm以下の場合，せん断孔あけ[※29]とすることができます。

公称軸径に対する孔径（mm）

種類	孔径D	公称軸径d
高力ボルト	d+2.0 d+3.0	d<27 27≦d
ボルト	d+0.5	—
アンカーボルト	d+5.0	—

溶融亜鉛めっき高力ボルトは，高力ボルトの孔径と同じです。高力ボルト，ボルト，リベットの摩擦接合におけるボルト相互間の中心距離は，公称軸径の2.5倍以上とします。

⑥曲げ加工

曲げ加工は，常温加工または加熱加工とします。曲げ加工を加熱加工とする場合は，青熱ぜい性域（200～400 ℃）では行わず，赤熱状態（850～900 ℃）になってから行います。

⑦ひずみの矯正

鋼材の溶接時に，熱によるひずみが発生することがあります。ひずみの矯正を常温加圧で行う場合は，プレスあるいはローラー，ベンダーなどを使用します。

400 N/mm^{2}級鋼材のひずみの矯正をする場合は，850～900 ℃に局部加熱してひずみの矯正を行った後に空冷し，溶融亜鉛めっきにより生じたひずみは，常温で機械的に矯正します。

工作図・現寸
施工者は，設計図書に基づいて工作図を作成しますが，床書き現寸は，一般に工作図をもってその一部または全部を省略することができます。

※27
レーザー切断法
レーザー光を集光し，鋼板に照射して溶融・切断する方法です。

※28
ドリルあけ

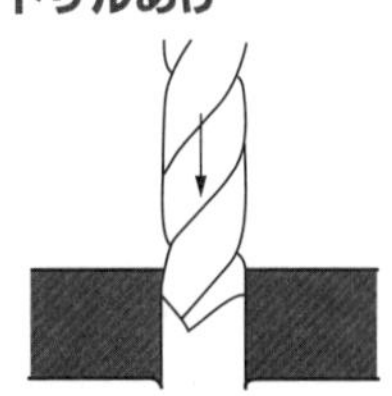

※29
せん断孔あけ

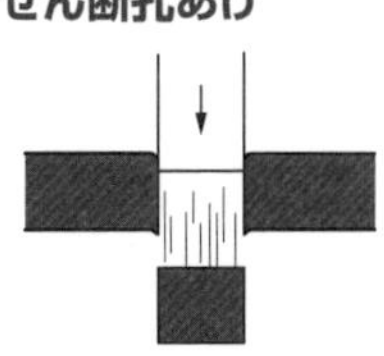

貫通孔
柱の十字形鉄骨に設ける梁主筋の貫通孔は，耐力低下の大きいフランジを避けて，ウェブに設けます。

⑧溶接姿勢

部材を加工・組立てする際に，固定や拘束をしたりするためのジグが用いられます。また，溶接はなるべく下向きの姿勢で行います。

⑨組立て溶接[※30]

組立て溶接のビード長さ（手溶接・半自動溶接）

板厚	最小ビード長さ
t≦6 mm	30 mm以上
t＞6 mm	40 mm以上

2 溶接

溶接とは，金属の接合法の一種で，金属自身を溶融または半溶融状態にして接合する方法です。溶接前には，まず開先に問題が無いかを確認します。溶接の始端や終端の欠陥を防ぐため，原則，適切な形状のエンドタブを取り付け，溶接終了後の切断は行いません。裏当て金を用いる柱梁接合部のエンドタブの取付けは，母材に直接溶接せず，裏当て金に取り付けます。溶接線が交差する場合，扇形の切り欠き（スカラップ）を設けます。

溶接の主な種類

完全溶込み溶接（突合せ溶接）	応力の大きい箇所に用いられる，突き合わせる部材の全断面を完全に溶接する工法。完全溶込み溶接の突合せ継手における余盛りの高さは，許容値3 mm以下の場合，グラインダー仕上げを行わなくてもよい
隅肉溶接	直角あるいは角度をもつ母材相互の隅の部分に行う溶接で，T継手，角継手，重ね継手などの場合に用いられる。隅肉溶接の有効長さは，隅肉サイズの10倍以上で，かつ，40 mm以上。隅肉溶接のサイズの測定は溶接用ゲージを用いる
スタッド溶接[※31]	鋼棒や黄銅棒などをボルトの代わりに母材に植え付けるアーク溶接の一方法。施工後のスタッド溶接部は，15度打撃曲げ検査を行う

スタッド溶接後の仕上がり高さと傾きの許容差

図	管理許容差	限界許容差
θ L+ΔL	$-1.5\ \mathrm{mm} \leqq \Delta L \leqq +1.5\ \mathrm{mm}$	$-2\ \mathrm{mm} \leqq \Delta L \leqq +2\ \mathrm{mm}$
	$\theta \leqq 3°$	$\theta \leqq 5°$

①溶接する際の作業環境

溶接する際は作業環境に注意が必要です。気温が－5℃を下回った場合，溶接作業を行うことはできず，－5℃以上～5℃のときは，溶接部より100 mmの範囲の母材を適切に加熱して溶接することができます。また，ガスシールドアーク溶接[※32]では風速が2 m/s以上の場合，防風処置が必要です。

②溶接欠陥

溶接部分に生じる主な欠陥は次の通りです。

●アンダーカット

溶接電流や溶接棒の操作の不適から生じるもので，止端に沿って母材が掘られ，溶着金属が溶け込まずに溝状になっている部分です。

●ピット

溶接などの際に表面に生じる小さな孔です。

●ブローホール

溶着金属の内部に発生した空洞で，外観からは確認できません。

●クラック（割れ）

割れの範囲を確認した上で，その両端から50 mm以上溶接部をはつり取り，補修溶接します。

③内部欠陥の検出方法

●超音波探傷試験

超音波探傷試験は，探触子から発信する超音波の反

※30
組立て溶接
本溶接の前に部材，仕口などを定められた形状に保持するために行う溶接です。

※31
スタッド溶接
大電流の溶接法で，十分な溶接品質を確保するために専用電源を用います。短時間の電力については，ゼネレーター（発電機）の供給対応でもよいです。

※32
ガスシールドアーク溶接
母材と電極または2つの電極の間に発生するアークの熱を利用して溶接する方法です。ワイヤー（電極）とシールドガスが自動的に供給されます。

焼抜き栓溶接
デッキプレートと鉄骨梁の接合は，焼抜き栓溶接などを用います。

磁粉探傷試験
磁場を与えて磁粉を散布し，表面あるいは表面に近い部分の欠陥を検出する方法です。

浸透探傷試験
表面割れの疑いのある溶接部で行います。

射波を利用して，溶接の内部欠陥を検出する方法です。

検査ロットは，300か所以下の溶接で構成し，検査ロットごとに30個のサンプリングを行います。完全溶込み溶接の検査には適していますが，隅肉溶接や部分溶込み溶接の検査には，適していません。

●放射線透過試験（RT）

放射線透過試験は，放射線が物質内部を透過していく性質を利用し，内部欠陥を検出する方法です。

3 現場作業

工場などで製作した鉄骨部材を現場で組み立てるために，アンカーボルトの設置，建方，鉄骨部材を接続する作業をいいます。

①アンカーボルトの設置

アンカーボルトは，構造用アンカーボルトと建方用アンカーボルトがあります。構造用アンカーボルトは，構造耐力を負担するもので，台直しによる修正はできません。

②仮ボルトの締付け

仮ボルトの本数は，強風や地震などの想定される外力に対し，接合部の安全性を検討し決定します。

仮ボルトは中ボルトなどを用い，ボルト1群に対して，高力ボルト継手では$\frac{1}{3}$程度かつ2本以上をウェブとフランジにバランス良く配置します。

混用接合および併用継手の仮ボルトの場合，ボルト1群に対して$\frac{1}{2}$程度かつ2本以上をバランス良く配置し，締め付けます。

柱の溶接継手のエレクションピースに使用する仮ボルトは，高力ボルトを使用して全数締め付けます。

建方時に用いた仮ボルトを，本締めに用いるボルトとして兼用してはいけません。油が付着している仮ボルトは，油を除去して使用します。

接合部のボルト孔が合わない場合，ドリフトピンなどを用いてボルト孔を一致させます。

③建入れ直し

柱などの垂直度の調整を建入れ直しといい，架構の倒壊防止用に使用するワイヤロープを，そのまま建入れ直し用に兼用することができます。しかし，ターンバックル付き筋かいでの建入れ直しはできません。

建入れ直しに用いたワイヤロープは，各節や各ブロックの現場接合が終わるまで緊張させたままにしておきます。複数の節や多スパンからなる鉄骨の建入れ直しは，建方が途中でも，小ブロックごとに建入れ直しを行う計画が望ましいです。

柱現場溶接接合部に建入れおよび食違い調整機能の付いた治具を使用する場合，ワイヤロープを用いず，建入れ直しを行ってもかまいません。

建入れ直し用のワイヤロープを取り付けるプレートは，工場製作段階で溶接しておきます。

柱と梁の接合では，梁を柱間につり下ろすとき，上側スプライスプレート[※33]をあらかじめはね出しておくと，建方が容易になります。

寸法の長い梁の揚重の際には，かいしゃくロープ[※34]を補助として用います。

建入れ直しを行ったものは，高力ボルト接合の場合，速やかに本締めを行います。

下げ振りによる建入れの測量は，水糸を防風パイプで養生し，おもりは油にひたして行います。

鉄骨建方が長期間にわたる場合，気候が変わるため，建入れ直しに用いる測定器の温度補正を行います。

建方精度の測定は，温度の影響をできるだけ避けるため，早朝の一定時間に実施します。

注意点として，ワイヤロープなどでキンク（損傷）したものは，使用できません。

ベースプレートの支持工法
ベースプレートの支持工法は，建入れの調整がしやすい後詰め中心塗り工法とします。モルタルは鉄骨建方までに3日以上の養生期間を設ける必要があります。

アンカーボルトのナットの締付け
ボルト頭部の出の高さは，ねじが二重ナット締めを行っても，外に3山以上出ることを標準とします。
ナットは，手動レンチを用いてナット回転法により，アンカーボルトの張力が均等になるように締め付けます。

※33
スプライスプレート
継手の補強のために，母材に添え付けた板のこと。

※34
かいしゃくロープ
荷物を引き寄せるためのロープのこと。

建方機械の選定
建方機械の選定にあたっては，最大荷重，作業半径，作業能率などを考慮します。

④本締め

仮締めボルトを締め固めることを本締めといいます。

ウェブを高力ボルト工事現場接合とし，フランジを工事現場溶接接合とする混用接合は，原則，高力ボルトを先に締め付け，その後溶接を行います。スパン間の計測寸法が正規より小さい場合は，ワイヤによる建入れ直しの前に，梁の接合部のクリアランスへのくさびの打込みなどにより押し広げてスパンを調整します。建方精度の測定にあたっては，日照による温度の影響を考慮します。

⑤現場作業の注意点

外周に養生シートを張った鉄骨骨組の倒壊防止の検討に用いる風荷重は，風上と風下の2面分の風力係数の値を算定します。

4 高力ボルト接合

①高力ボルトの種類

高力ボルトは，高張力鋼を用いてつくられた引張耐力の大きいボルトで，ハイテンションボルトともいいます。JIS形高力ボルトや[※35]トルシア形高力ボルトが使われ，それぞれ工法が異なります。締付けにはトルクレンチ，インパクトレンチ，電動式レンチなどが用いられます。

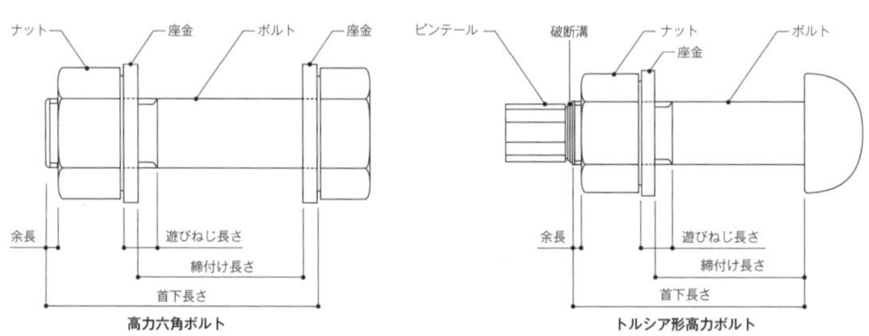

高力六角ボルト　　トルシア形高力ボルト

高力ボルトは，ボルト，ナット，座金の3つが1セットです。高力ボルトの長さは首下長さとし，締付け長さに規定の値を加えた長さとします。ナット側の座金は，座金の内側面取り部がナットに接する側に取り付けます。

②高力ボルトの取扱い

高力ボルトの工事現場への搬入は，包装の完全な箱を未開封状態のまま積み上げ，箱の積上げ高さは3～5段以下とします。

③摩擦面の処理

高力ボルトとの摩擦接合面は，グラインダー処理後，自然発生した赤錆状態とブラスト処理があります。ブラスト処理の場合は，ショットブラストまたはグリットブラストにて処理し，赤錆は発生させなくてもよいです。高力ボルト接合における摩擦面には，ディスクグラインダー掛けによるへこみなどがないようにします。ミルスケール（黒皮）の除去は，スプライスプレート全面の範囲とします。

④接合部の組立て

高力ボルトの接合部で肌すき（すき間）が1 mm以下は処理不要ですが，1 mmを超えた場合，フィラープレートを入れます。

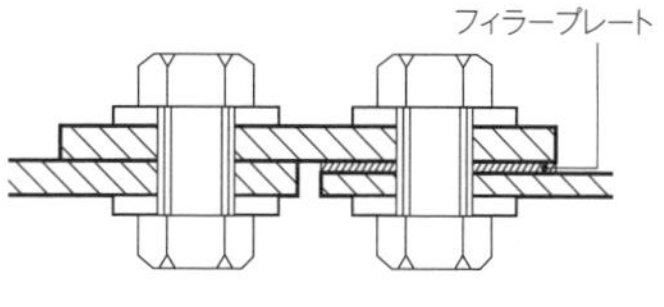

溶接欠陥や母材の悪影響を考慮し，フィラープレートは溶接してはいけません。フィラープレートの材質は，母材の材質にかかわらず，400 N/mm^{2}級鋼材とします。また，フィラープレートは，両面とも摩擦面処理を行います。

接合部組立て時に積層した板間に生じた2 mm以下のボルト孔の食違いは，リーマー掛け[※36]で修正します。

⑤高力ボルトの締付け

締付け作業は，1次締め（予備締め[※37]），マーキング[※38]および本締め[※39]の3段階で行います。

1次締付け後，すべてのボルト・ナット・座金・接合部材にマーキングを行います。

トルクコントロール法による本締めは，標準ボルト張力を調整した締付け機器を用いて行います。ナット回転

※35

トルシア形高力ボルト

トルシア形高力ボルトは，締付けを完了したすべてのボルトについて，ピンテールが破断されていることを確認するとともに，共回り，軸回りの有無，ナット回転量，ナットから突出た余長の過不足を目視検査します。トルシア形高力ボルトの1セットには，1枚の座金を用います。

※36

リーマー掛け

錐を用いて孔の修正を行うこと。

※37

予備締め

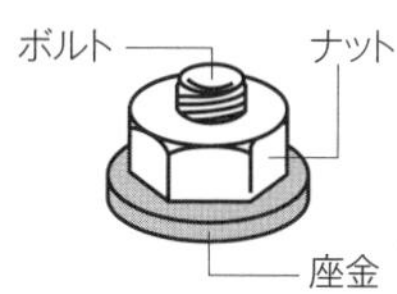

※38

マーキング

※39

本締め

法による本締めは，ナットを120度（M12は60度）回転させて行います。

トルシア形高力ボルトは，締付け位置によって専用締付け機が使用できない場合には，JIS形の高力ボルトと交換し，トルクレンチなどを用いて締め付けます。1次締めおよび本締めは，ボルト1群ごとに継手の中央部より周辺部に向かって締め付けます。

ナット回転法による本締めにおいて，ナットの回転量が不足しているボルトは，所定の回転量まで追締めします。ナットとボルトが共回りを生じた場合は，新しいボルトセットに取り替えます。

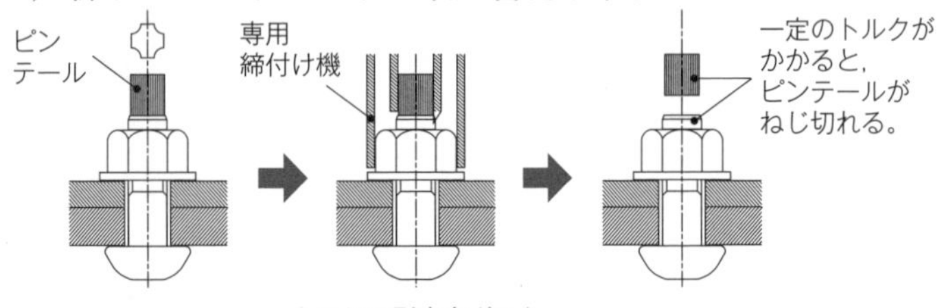

トルシア形高力ボルト

⑥締付け後の検査

ナット回転法による締付け完了後の検査は，1次締付け後の本締めによるナット回転量が120度±30度（M12は60度，－0度～＋30度）の範囲にあるものを合格とします。

高力ボルトの締付け後の余長の検査においては，ナット面から突き出たねじ山が，1～6山の範囲にあるものを合格とします。

5 錆止め塗装

錆止め塗装は，素地調整を行った鉄面が，活性となり，錆びやすいため行う塗装のことです。素地調整を行う際は，鋼材表面に粗さを与え，塗膜の付着性を向上させるようにし，素地調整を行った鉄鋼面は，直ちに錆止め塗装を行う必要があります。塗装作業を中止する条件は，塗装場所の気温が5℃以下または相対湿度が85％以上の時，塗膜の乾燥前に降雪雨，強風，結露などによって水滴やじんあいなどが塗膜に付着しやすい時です。

●錆止め塗装の注意点

ブラスト法による錆落としを行った場合には，ショッププライマー（一時的な防錆塗料）などを塗装しなければいけません。

鋳止め塗装を行った翌日に塗り残し部分を見つけた場合，その部分は再度素地調整を行い塗装する必要があります。

塗膜にふくれや割れが生じた場合は，その部分の塗膜をはがしてから再塗装します。

コンクリートに埋め込まれる鉄骨梁に溶接された鋼製の貫通スリーブの内面は，錆止め塗装が必要です。

＜塗装できない部分＞

・高力ボルト摩擦接合部の摩擦面
・角形鋼管柱などの密閉される閉鎖形断面の内面
・組立てによって肌合せとなる部分
・ピン，ローラー支承の回転面で削り仕上げした部分
・コンクリートに接する部分および埋め込まれる部分

チャレンジ問題！

問1　難｜中｜易

鉄骨の加工に関する記述として，最も不適当なものはどれか。

(1) けがき寸法は，製作中に生じる収縮，変形および仕上げしろを考慮した値とした。
(2) 板厚20 mmの鋼板の切断を，レーザー切断法で行った。
(3) 400 N/mm^{2}級鋼材のひずみの矯正は，850 ～900 ℃に局部加熱して行った後に空冷した。
(4) 鋼材の加熱曲げ加工は，200～400 ℃に加熱して行った。

解説

鋼材の加熱曲げ加工は，赤熱状態（850 ～900 ℃）で行います。

解答（4）

木工事など

1 木工事

木工事とは，木材を主な材料として加工・組立て・取付けを行うことです。工事は，在来軸組工法と木造枠組工法の2種類に大別されます。ここでは，在来軸組工法を解説します。

①在来軸組工法

柱と梁（胴差し，桁）をつないで軸組を構成する構造を在来軸組工法といいます。各部材や，接続方法について次に示します。

●継手

2つ以上の部材をつなぎ合わせるものを継手といい，土台や大引など，箇所によって工法が変わります。**土台の継手は，腰掛けかま継ぎとし，上木となる方をアンカーボルトで締め付けます。大引の継手は，床束心から150 mm程度持ち出し，腰掛けあり継ぎとし，釘打ちとします。根太の継手は，大引の心で突付け継ぎ，釘打ちとし，隣り合う根太は継手位置をずらして割り付けます。軒桁の継手は，柱心から持ち出して，追掛け大栓継**

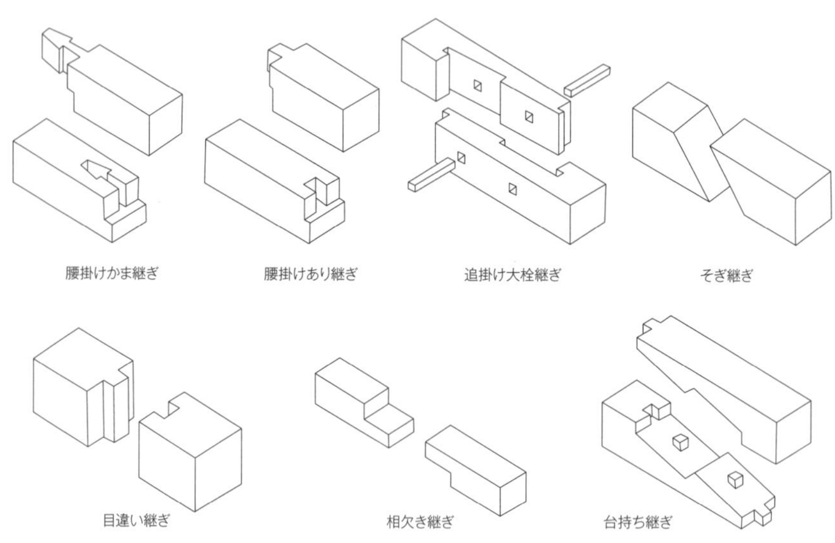

ぎとします。垂木の継手は，母屋の上でそぎ継ぎとし，釘打ちとします。

●土台

土台の据付けは，遣方の心墨や逃げ墨を基準とします。土台を固定するアンカーボルトは，土台の両端部や継手の位置，耐力壁の両端の柱に近接した位置に設置します。また，筋かいにより引張力が生じる柱の脚部近くの土台には，柱心より150 mmの位置にアンカーボルトを設置します。

●仕口と柱

和小屋組の棟木や母屋には，垂木を取り付けるため，垂木当たり欠きを行います。隅通し柱の土台への仕口は，土台へ扇ほぞ差しとし，ホールダウン金物当てボルト締めとします。柱に使用する心持ち材には，干割れ防止のため見え隠れ部分に背割りを入れます。化粧材となる柱は，紙張りや板あてなどで養生します。

●胴差し

せいが異なる胴差しの継手は，受材心より150 mm程度持ち出し，腰掛けかま継ぎとし，ひら金物両面当て釘打ちとします。

●筋かい

建入れ直し完了後，接合金物を締め付けるとともに，本筋かい，火打材を固定します。筋かいと間柱が交差する部分では間柱側を欠き取ります。

●火打梁

梁と梁との水平構面の隅角部に斜めに入れます。

●洋式小屋組

洋式小屋組における真束と棟木の取合いは，棟木が真束より小さかった場合，短ほぞ差しやわなぎほぞ差しとし，釘打ちとします。

防腐・防虫措置
木材の腐れや白蟻の被害を防ぐ措置のこと。構造耐力上主要な部分である柱，筋かいおよび土台のうち，地面から1 m以内の部分には，有効な防腐措置を行うとともに，必要に応じて防虫措置を行います。

木工事の内装下地や造作部材の取付け
屋根葺き工事が終わってから行います。

2 ALC パネル工事

①ALCパネルとは

ALCとは，軽量気泡コンクリートの一種です。断熱性や耐火性に優れたもので，一般に鉄骨造や鉄筋コンクリート造の壁，床，屋根材，間仕切りとして用いられています。

②パネルの加工

外壁パネルの孔あけ加工は，主筋の位置を避け，1枚当たり1か所とし，パネル短辺幅の$\frac{1}{6}$以下の大きさとします。

③床・屋根パネルの施工

屋根および床パネルは，表裏を正しく置き，有効なかかりしろを確保します。長辺は突き合わせ，短辺小口相互の接合部に20 mm程度の目地を設け，敷き並べます。

④外壁パネル・間仕切りパネルの施工

外壁パネルの表裏は，パネル短辺小口の表示により確認します。縦壁ロッキング構法は，パネル重量をパネル下部の**中央**に位置する**自重受け金物**により支持する構法です。また，パネルとコンクリートスラブとの取合い部のすき間は，**伸縮目地**とします。外壁パネルの屋外に面する部分は，**防水効果**のある仕上げを施します。縦壁スライド構法では，パネル上部は目地鉄筋を※40スライドハタプレートなどの金物を介して取り付けます。

間仕切りパネルと外壁パネルとの取合い部は，パネル同士に幅**10～20** mmの**伸縮目地**を設けます。縦壁フットプレート構法での，パネル上部の取り付けは，**面内方向に可動**となるようにし，間仕切チャンネルへのかかりしろを**20** mm確保して取り付けます。また，出入口などの開口部回りには，パネルを支持するための**開口補強鋼材**などを取り付けます。

⑤施工における留意点

横壁アンカー構法において，パネル積上げ段数**5段以下**ごとに受け金物を設けます。床パネルで集中荷重が作用する部分は，その直下に荷重受け梁を設け，**パネルを梁上で分割**します。また，床パネルの強度低下のため溝掘りは行いません。パネルの加工などで露出した鉄筋や，取付け金物は，モルタルで保護する場合を除き防錆処理を行います。

※40
スライドハタプレート
スライド構法で用いられる面内方向に可動する接合金物のこと。

3 補強コンクリートブロック工事

骨組みが空洞コンクリートブロックでつくられた形式の構造で，空洞部に適当な間隔で縦横に鉄筋を配し，モルタルやコンクリートを充填し補強して耐力壁を造るために用いられます。

施工における留意点としては，1日の積上げ高さは1.6 m（8段）以下とし，充填コンクリートは，ブロック2段以下ごとに充填し，突き棒で突き固めます。水道管やガス管などの配管設備は，構造躯体であるブロック壁内に埋め込んではいけません。

補強コンクリートブロック工事の配筋
耐力壁の縦筋は，コンクリートブロックの空洞部の中心にくるようにし，かぶり厚さを確保します。また，臥梁の下には，横筋用ブロックを用います。

チャレンジ問題！

問1　難 **中** 易

在来軸組構法の木工事に関する記述として，最も不適当なものはどれか。

(1) 建入れ直し完了後，接合金物を締め付けるとともに，本筋かい，火打材を固定した。
(2) 内装下地や造作部材の取付けは，屋根葺き工事が終わってから行った。
(3) 土台の据付けは，遣方の心墨や逃げ墨を基準とした。
(4) 火打梁は，柱と梁との鉛直構面の隅角部に斜めに入れた。

解説

火打梁は，梁と梁との水平構面の隅角部に斜めに入れます。

解答（4）

建設機械

1 掘削機械

土砂などを掘削するために用いられる機械です。ショベル系の掘削機械のほかに，アースオーガー[※41]，アースドリルなどがあります。

①ショベル（パワーショベル）

機械の位置より高い場所の掘削に適しています。ショベル系掘削機では，一般にクローラー式の方がホイール式よりも登坂能力が高いです。

②バックホウ

機械の位置より低い場所の掘削に適し，山の切取りなどに用います。最大掘削深さは，バケットが一番下まで下がった位置を示します。

③ドラグライン

ブームの先端につり下げたスクレーパーバケットを前方に投下し，手前に引き寄せることによって掘削する建設機械で，機械の設置面より低い所の掘削，および広い範囲の浅い掘削に適しています。

④アースドリル掘削機・リバース掘削機

アースドリル掘削機は約50 m，リバース掘削機は約70 m程度の掘削が可能です。

⑤クラムシェル

機体より下方の比較的深い位置の掘削

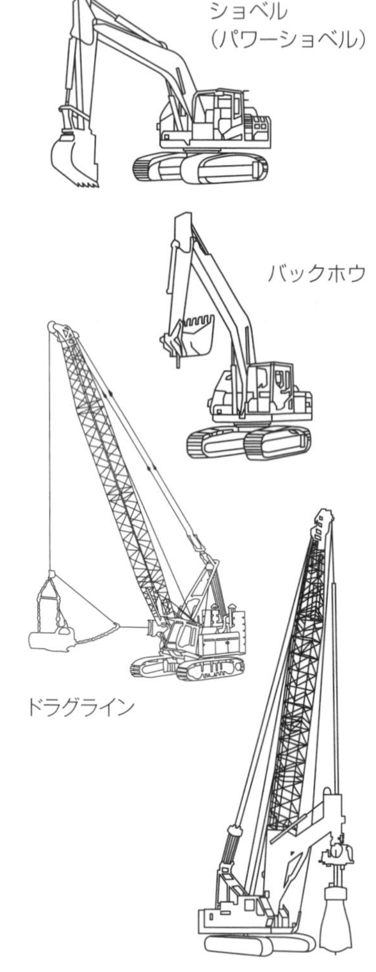

に用いられます。垂直掘削深さが40 m程度までの深い基礎の掘削に用いられ，正確な掘削をする場合に適し，軟弱地盤でも使用できます。

2 揚重運搬機械

荷揚げに用いられる機械の総称です。揚重機ともいい，移動式と固定式に大別されます。

①トラッククレーン

トラックにクレーンを設置した建設機械です。本体の安定を保つためにアウトリガーを備え，長大ブームの取付けも可能です。つり上げ性能は，アウトリガーを最大限に張り出し，ジブ長さを最短にし，ジブの傾斜角を最大にしたときにつり上げることができる最大の荷重で示します。

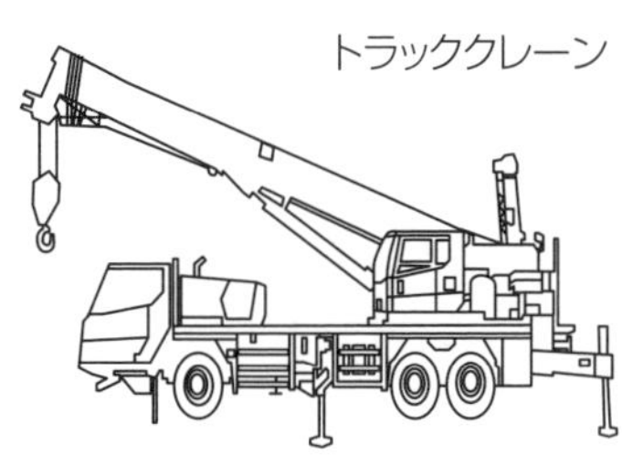
トラッククレーン

②クライミング式タワークレーン

高層建築物の鉄骨建方などに用いられます。

タワークレーン

※41

アースオーガー
既製コンクリート杭地業などの掘削に用います。

ハンマーグラブ
オールケーシング工法における掘削に用います。

バイブロハンマー
鋼矢板の打込みや引抜きに用います。

ランマー
比較的狭い場所での土などの締固めに用います。

バーベンダー
鉄筋の曲げ加工をするための加工機のこと。

振動ローラー
振動数などを変えることにより，材料の性状に応じた締固めができます。

③クローラークレーン

キャタピラで走行する移動式クレーンで，軟弱地盤でのつり上げ作業に適しています。狭い場所での車体の方向転換が容易です。

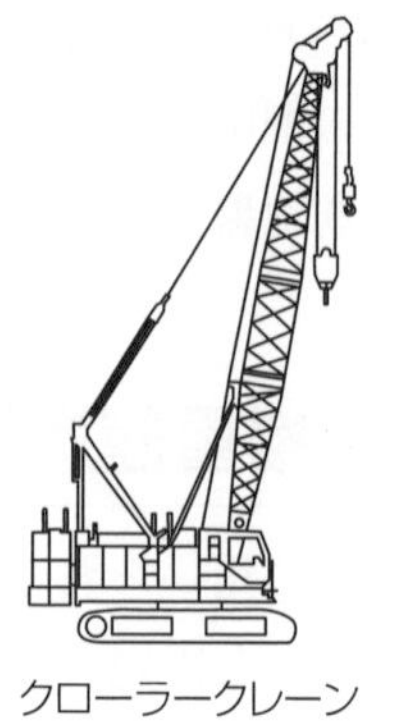

クローラークレーン

④ホイールクレーン

ホイールクレーン（ラフテレーンクレーン）は，同じ運転室内でクレーンと走行の操作ができ，機動性に優れています。

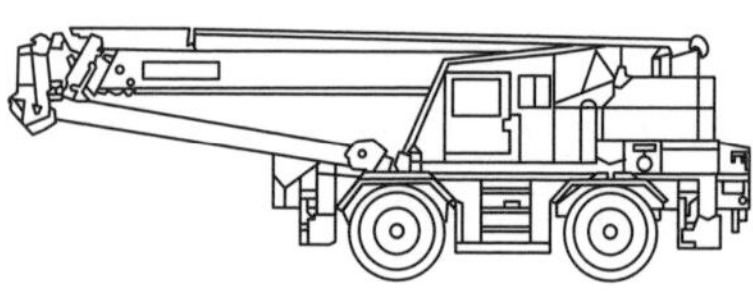

ホイールクレーン

⑤トラックアジテータ（トラックミキサー）

レディーミクストコンクリートを運搬するトラックです。

トラックアジテータ

⑥ラックピニオン式の建設用リフト

資材のためのエレベーターで，労働者を乗せてはいけません。停止階には，荷の積卸口に遮断設備を設けます。建設用リフトの運転者を，搬器を上げたままで運転位置から離れさせてはいけません。

建設用リフトの定格速度は，搬器に積載荷重に相当する荷重の荷を載せて上昇させる場合の最高の速度をいいます。

⑦ロングスパン工事用エレベーター

工事用エレベーターの1つで，人荷供用で荷台長さ3 m以上，昇降速度毎分10 m以下の昇降設備です。長尺物の揚重に適しています。

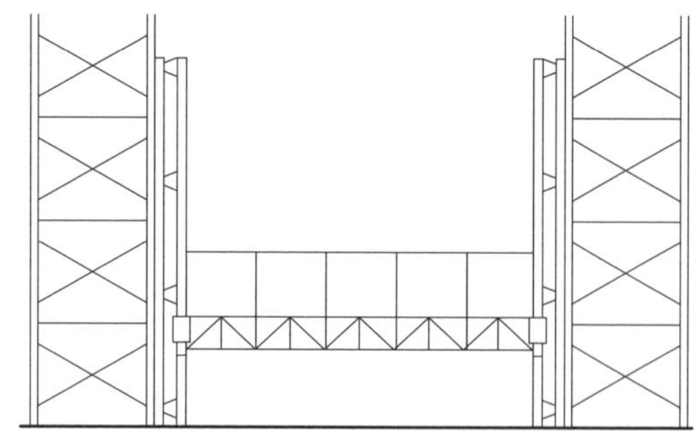

ロングスパン工事用エレベーター

3 その他の建設機械

①ブルドーザー

すき取り，盛土，土砂の運搬などに用いられます。湿地ブルドーザーの平均接地圧は，全装備質量が同程度の場合，普通のブルドーザーの半分程度です。

②タイヤローラー

ローラーを用いて地盤を締め固める建設機械で，タイヤローラーは，砂質土の締固めに適しています。しかし，含水比の高い粘性土の締固めには不向きです。

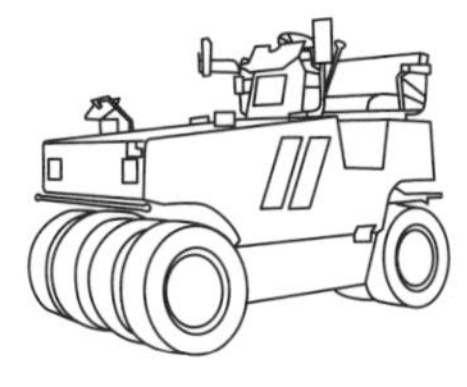

タイヤローラー

フォークリフト
重量物の積卸しおよび運搬に用いられます。

トラクターショベル
土砂の積込みを行います。

チャレンジ問題！

問1　　難　中　**易**

建設機械と作業の組合せとして，最も不適当なものはどれか。

(1) クラムシェル　………… 機体より下方の比較的深い位置の掘削
(2) フォークリフト　……… 重量物の積卸しおよび運搬
(3) トラックアジテータ　… レディーミクストコンクリートの運搬
(4) タイヤローラー　……… 含水比の高い粘性土の締固め

解説

砂質土の締固めに適しており，含水比の高い粘性土には不向きです。

解答（4）

第2章  建築施工

CASE 2 仕上げ工事

まとめ & 丸暗記　この節の学習内容とまとめ

□ アスファルトルーフィング類の張付け方法：
張付けは流張りを原則とし，ルーフィングの両端から溶融アスファルトがあふれ出るように押し付ける

□ 折板の固定：折板は，平板を折り曲げた屋根材のことで，山ごとにタイトフレーム上の固定ボルトに固定する

□ 吸水調整材：セメントモルタル塗りなどの下地調整で使用するものでコンクリート下地に厚膜とならないよう塗布する

□ クリアラッカー塗り：木目を生かした透明仕上げの塗料で，木部の下塗りに，ウッドシーラーを用いる

□ 鉄筋コンクリート造の外壁乾式工法による張り石工事：
取付け金物（ファスナー）とだぼを用いて石を躯体と連結し，石と躯体の間に裏込めモルタルを充填せずに行う工法

□ セッティングブロック：ガラスの自重を支えるもので，ガラスの両端部より$\frac{1}{4}$の位置に設置する

□ 軽量鉄骨天井下地の野縁：
天井面材を取り付けるための部材で，ボード類２枚（下地）張りの場合の野縁の間隔は360 mm程度，仕上げ材料の直張り，壁紙，塗装下地なら300 mm程度

□ せっこうボードの直張り工法（GL工法）：
張付け用接着材の塗付け間隔は，ボードの中央部より周辺部を小さくする

防水工事

1 アスファルト防水工事

建築での防水工事では，アスファルトの層とアスファルトルーフィング類を重ねて防水層を構成します。ルーフィング類の張付けでは，密着工法[※1]と絶縁工法[※2]があります。

①防水施工前の下地の状態

コンクリート下地は高周波水分計を用いて，十分に乾燥しているかを確認し，平場の下地は金ごて仕上げ，立上がり部の下地は打放し仕上げとします。下地の乾燥と清掃後，アスファルトプライマーを塗布します。

②アスファルトの溶融

アスファルトプライマーの乾燥後，ルーフィング類の張り付けのために，アスファルトの溶融を溶融がまで行います。使用するアスファルトは，常温時では固定物ですが，溶融し，ルーフィング類を張り付けた後，すぐに硬化し，防水層として機能します。溶融温度には，上・下限値があり，アスファルトの溶融温度の上限を，アスファルト製造所の指定する温度とします。

③アスファルトルーフィング類の張付け

ルーフィングの張付けは，原則，アスファルトをひしゃくで流しながら行う流張りとします。

注意点として，平場部のルーフィング類の重ね幅は，縦横とも100 mm以上とします。流張りの際は，ルーフィングの両端から溶融アスファルトがあふれ出るように押し付け，重ね部からあふれ出たアスファルトは，はけを用いて塗り均しします。また，水下側の

※1

密着工法
防水層と下地の間の接着工法で，下地に対して全面に接着する工法です。太陽光の直射などにより下地コンクリートが温められ，中の水分が水蒸気化したときに防水層が膨れるという欠点があります。

※2

絶縁工法
防水層と下地の間の接着工法で，下地に対して部分的に接着する工法です。押え層を設けない露出防水では膨れの防止，押え層のある場合には防水下地または押えの動きによる防水層の破断防止を目的として使われます。

砂付穴あきルーフィングの張付け
絶縁工法の砂付穴あきルーフィングの張付けにおいて，継目を突付け張りとします。
降雨により作業を中断する場合，施工途中の砂付穴あきルーフィングの張りじまいを袋張りして，端部からの雨水の侵入を防ぎます。

ルーフィングが下になるように張り付け，上下層の重ね部が同一箇所にならないようにします。平場部のルーフィングと立上がりのルーフィングとの重ね幅は，150 mmとします。

④防水層の納まり上の注意点

防水面が露出して見える露出防水において，立上がり部入隅部には，モルタルやコンクリートの面取りに代えて成形キャント材（角度45度，見付幅70 mm程度）を用いることができます。

下地の出・入隅などの形状

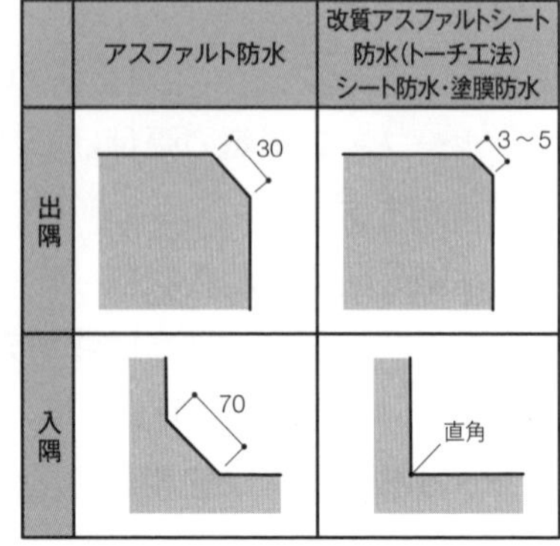

防水面の凸凹である出隅や入隅は，平場部のルーフィングの張付けに先立ち，幅300 mm程度のストレッチルーフィングを増し張りします。露出防水絶縁工法における防水層のふくれを低減するため，25～100 m^2につき1個程度脱気装置を設けます。

2 合成高分子系シート防水

合成高分子系シート防水は，一般にシート防水と呼ばれ，下地の動きに対する追従性がよく，ベランダなどの下地に張り付けられます。防水層は，合成ゴム（加硫ゴム系）や合成樹脂（塩化ビニル樹脂系シート系，エチレン酢酸ビニル樹脂系）のルーフィングシートを下地にプライマー施工後，接着剤で張り付けてつくられます。シート防水のプライマーは，ローラーばけを用いて規定量をむらなく塗布し，その日に張り付けるルーフィングの範囲に浸透させます。

ALC屋根パネル面に塩化ビニル樹脂系ルーフィングシートを接着工法で施工する場合，ALCパネル面にプライマーを塗布します。

●加硫ゴム系シート防水の施工

加硫ゴム系シート防水は，硫黄を混合してつくったゴムを原料としたシートを接着剤で下地に張り付けます。施工の際，防水層下地のコンクリート面は金ごて仕上げとし，下地への接着剤の塗布は，プライマーの乾燥後に行います。

下地がALCパネルの場合，パネルの短辺接合部の目地部には絶縁用テープを張り付けます。下地の出隅角の処理は，シートの張付け前に非加硫ゴム系シートで増張りします。下地とシートの接着には，クロロプレンゴム系や，ブチルゴム系を用い，塗布後はオープンタイムを置いて張り付けます。ルーフドレンや配管とスラブの取合い部は，一般部のルーフィングの張付けに先立ち増張りを行います。また，ルーフドレンと取り合う部分のシートに切込みを入れる場合は，補強のため増張りをします。

一般部のルーフィングシートは，引張りを与えないよう，また，シワが生じないように張り付けます。平場のシート相互の接合幅は幅方向，長手方向とも100 mm以上とし，原則として水上側のシートが水下側のシートの上になるように張り重ねます。また，シート相互の接合部は，接着剤とテープ状シール材を併用して接合します。

防水層立上がり端部の処理は，テープ状シール材を張り付けた後シートを張付け，末端部は押さえ金物で固定し，不定形シール材を充填します。また，美観や保護のため，防水層表面に塗装仕上げを行います。また，軽歩行用仕上材としては，シート防水層の上にケイ砂を混入した厚塗り塗料を塗布します。

3 塗膜防水工事

塗膜防水工事とは，防水の目的で用いられる合成高分子系の液状材料を塗り重ね，硬化して被膜を形成し

塩化ビニル樹脂系ルーフィングシートの施工

ルーフィングシートの張付けは，エポキシ樹脂系接着剤を用い，下地面のみに塗布します。

また，ルーフィングシート相互の接合部は，重ね面を溶剤溶着とし，端部は液状シール材を用いて処理します。

防水層の立上がり末端部は，押さえ金物で固定し，不定形シール材を用いて処理します。

防水層の保護コンクリート

保護コンクリートに設ける伸縮調整目地は，中間部の縦横間隔を3 m程度とし，目地深さは，保護コンクリートの厚さとし，目地で完全に縁を切ります。

溶接金網は，保護コンクリートの厚さの中間部に設置します。

保護コンクリート仕上げの場合に用いる絶縁用シートは，伸縮目地材を設置する前に立上がり面に30 mm程度張り上げるようにして，平場のアスファルト防水層の全面に敷き込みます。また，絶縁用シートの重ね幅は，100 mmとします。

防水層をつくることをいいます。

①塗膜防水工事の施工

防水層の施工の順番は，立上がり部，平場部の順に行います。プライマーは，はけ，ゴムべら，吹付け器具などを用いて均一に塗布します。仕上塗料は，はけ，ローラーばけまたは吹付け器具を用いてむらなく塗布します。ウレタンゴム系防水材の塗継ぎの重ね幅は100 mm以上，補強布の重ね幅が50 mm以上です。低温時で防水材の粘度が高く施工が困難な場合，防水材製造業者の指定する範囲で希釈剤[※4]で希釈して使用することができます。

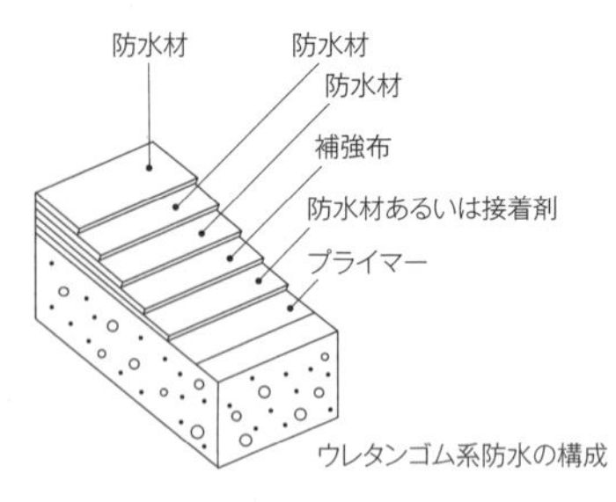

ウレタンゴム系防水の構成

②通気緩衝工法

通気緩衝工法は，下地がコンクリートの場合に使用する工法です。通気緩衝シートには接着剤を塗布し，シート相互を突付け張りとします。また，防水層の下地からの水蒸気を排出するために脱気装置を，50～100 m^2に1か所の割合で設置します。穴あきタイプの通気緩衝シートは，下地に通気緩衝シートを張り付けた後，ウレタンゴム系防水材でシートの穴を充填します。

立上がり部の補強布は，平場部の通気緩衝シートの上に100 mm張り掛けて防水材を塗布します。平部に張り付ける補強布は，仮敷きをした上で，防水材を塗りながら張り付けます。ルーフドレン，配管などとの取合いは，幅100 mm以上の補強布を用いて補強塗りを行います。

4 シーリング工事

主に雨漏り対策の工事で，建物の外壁とサッシのすき間などにシーリング材を充填します。これにより，水密性，気密性，変形の緩衝効果を得ることができます。充填箇所は，カーテンウォールのパネル相互間，異種材料相互間，躯体あるいは仕上げ材の動きの大きい部分の取合い箇所などです。

①シーリング材の施工手順

シーリング工事の施工方法は，まず施工場所の周囲にマスキングテープを張り付け，シーリング材と被着面の接着性を良好にするためにプライマーを塗布します。目地への打始めは，目地の交差部あるいはコーナー部より開始し，シーリング材の打継ぎ箇所は，目地の交差部および角部を避け，そぎ継ぎとします。シーリング材充填後は，密着を良くし表面を平滑にするため，へら仕上げを行います。マスキングテープは，シーリング材の表面仕上げ直後（硬化前）に除去します。また，シリコーン系シーリング材において，充填箇所以外の部分に付着したシーリング材は，硬化後に取り除く必要があります。シーリング材の硬化状態は指触で確認し，接着状態はへらで押えて確認します。

②シーリング材の特性

シリコーン系シーリング材は，耐候性，耐熱性，耐寒性に優れており，1成分形と2成分形があります。シリコーン系のほうがポリウレタン系より耐候性が優れており，施工時に粘着性のあるペースト状のシーリング材を不定形シーリング材といいます。空気中の水分や酸素と反応して硬化するのは1成分形シーリング材で，2成分形シーリング材は，基剤と硬化剤などを混ぜて反応硬化するもので，練混ぜは原則，機械練りとします。

③シーリング材の種類と使用部位・特徴

種類	使用部位・特徴
シリコーン系・ポリサルファイド系シーリング材２成分形	主にガラスまわりの目地に使用
低モジュラスタイプ(LM)	主にALCパネルに使用
シーリング材のタイプG	グレイジングに使用
シーリング材のタイプF	グレイジング以外に使用

先打ちしたポリサルファイド系シーリング材に，変

※3

合成高分子系の液状材料の施工例

ウレタンゴム系防水材は，屋根，開放廊下，ベランダ，屋内で施工されます。
ゴムアスファルト系防水材は，地下外壁などで施工されます。
アクリルゴム系防水材は，外壁などで施工されます。

※4

希釈剤

塗料や塗りやすくするために用いられる溶剤で，「シンナー」や「薄め液」ともいいます。

ガラスまわりの目地

ガラスまわりの目地に対して，変成シリコーン系シーリング材は適していません。

成シリコーン系シーリング材を打ち継ぐことができます。また，シーリング材の引張応力による区分で，HMは高モジュラスを表し，LMは低モジュラスを表します。

④目地の深さと接着面

目地は，深さや接着面によっては，本来の性能を発揮できないので，目地深さが所定の寸法より深い箇所は，バックアップ材を用いて，所定の目地深さになるように調整します。また，3面接着を回避する目的で目地底にテープ状の材料のボンドブレーカーを貼り付けます。

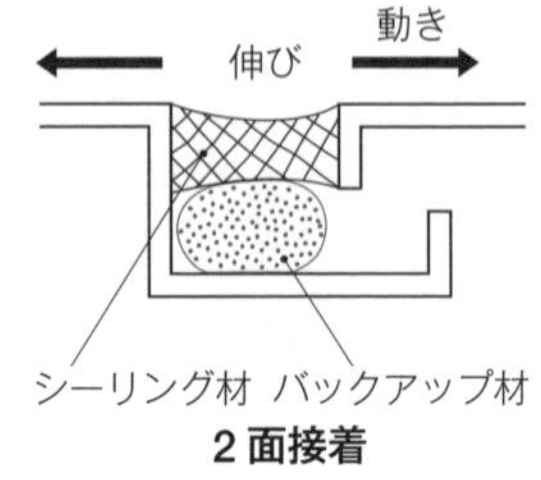

2面接着

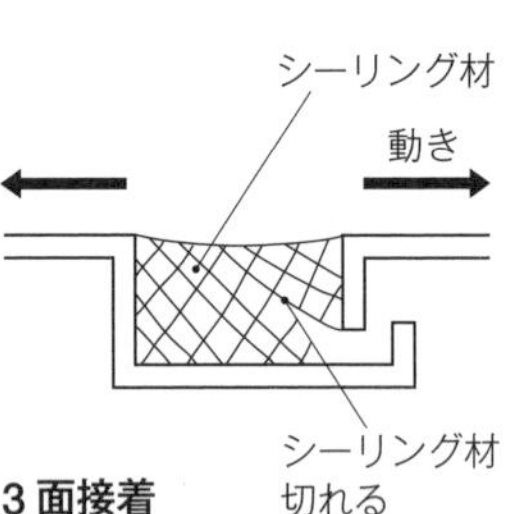

3面接着

材料ごとの特徴としてALCパネルは，大きな層間変位が起こりやすく，シーリングは基本的に2面接着とします。また，コンクリートの水平打継ぎ目地のシーリングは3面接着とし，2成分形変成シリコーン系シーリング材を用います。

⑤バックアップ材による目地幅設定

バックアップ材は，裏面に接着剤が付いている場合，目地幅より1 mm程度小さいものを使用します。裏面に粘着剤が付いていないものを使用する場合，目地幅より2 mm程度大きくします。丸形のバックアップ材は，目地幅より大きめのものを用います。

⑥ワーキングジョイント・ノンワーキングジョイント

ワーキングジョイントでは，目地の動きが大きい箇所で，目地幅が20 mmの場合，目地深さは，10～15 mm程度とします。装填する丸形のバックアップ材は，目地幅より20 %大きい直径のものとします。ノンワーキングジョイントでは，目地の動きが小さい箇所で，3面接着で施工します。コンクリート打継目地のシーリング目地幅は，20 mm程度とします。

⑦シーリング材と使用部位

2変成シリコーン系シーリング材は，耐候性・塗装性に優れており，PCaパネル方式によるカーテンウォールのパネル間目地などに適しています。

ポリウレタン系シーリング材は，塗装性に優れており，ALCパネル表面と同材の仕上げを行うパネル間の目地などに適しています。施工時の気温や湿度が高いと発泡のおそれがあるので注意が必要です。

２成分形変成シリコーン系シーリング材は，耐熱性，耐寒性，耐候性に優れており，乾式工法による外壁石張りの目地などに適しています。

ポリサルファイド系シーリング材は，耐候性，耐油性に優れており，外壁タイル張り面の伸縮調整目地などに適しています。ただし，表面の仕上塗材や塗料を変色させることがあります。

シーリング工事の施工環境

気温15～20℃程度，湿度80％未満で，晴天・無風状態が工事に適した環境です。プライマーの塗布およびシーリング材の充填時は，被着体が5℃以下または50℃以上になるおそれがあるときは，作業を中止します。

チャレンジ問題！

問1　難　中　易

屋上アスファルト防水工事に関する記述として，最も不適当なものはどれか。

(1) 保護コンクリートに設ける伸縮調整目地は，中間部の縦横間隔を3 m程度とした。
(2) ルーフィング類は，継目の位置が上下層で同一箇所にならないようにして，水下側から張り付けた。
(3) 平場のルーフィングと立上がりのルーフィングとの重ね幅は，100 mmとした。
(4) 保護コンクリートに入れる溶接金網は，保護コンクリートの厚さのほぼ中央に設置した。

解説

平場のルーフィングと立上がりのルーフィングとの重ね幅は，150 mmとします。

解答（3）

屋根工事

1 金属板葺き

溶融亜鉛めっき鋼板やアルミニウム合金板などを用いた屋根の葺き方のことで，金属平葺き，心木なし瓦棒葺き，金属製折板葺きなどがあります。

①金属平葺き

金属平葺きのうち，平坦に葺く工法で，銅板平葺き，菱葺き，亀甲葺きなどがあります。銅板平葺き（一文字葺き）では，**葺板のはぜは十分に掛け合わせ，木づちで均一に軽く叩き締めます**。**葺板1枚につき2枚以上の吊子で釘留めします**。また，**銅釘，黄銅釘またはステンレス釘**により吊子を下地板に固定します。

②心木なし瓦棒葺き

心木なし瓦棒葺きとは，心木を用いずに通し吊子などを用いた瓦棒葺きです。水上部分と壁との取合い部に設ける**雨押さえ**は，壁際立上がりを**120 mm**とします。**溝板は，通し吊子を介して垂木に留め付けます**。また，通し吊子の鉄骨母屋への取り付けは，平座金を付けたドリルねじで，下葺き，野地板を貫通させ母屋に固定します。キャップは，溝板と通し吊子になじみよくはめ込み，均一かつ十分にはぜ締めを行います。棟部の納めに**棟包み**を用いる場合，棟包みの継手をできるだけ瓦棒に近い位置とします。溝板の水上端部に**八千代折り**とした水返しを設け，棟包みを取り付けます。けらば納めの端部の長さは，瓦棒の働き幅の$\frac{1}{2}$以下とします。塗装溶融亜鉛めっき鋼板を用いた金属板葺きの留付け用くぎや，ドリルねじなどの留付け用部材には，**亜鉛めっき製品**を使用します。軒先の瓦棒の先端に設ける桟鼻は，キャップと溝板の立上がり部分でつかみ込んで取り付けます。

③金属製折板葺き

タイトフレームを梁などの下地に直接固定し，その上に屋根材である平板を折り曲げた折板をかぶせる工法です。

墨出しは山ピッチを基準に行います。下地への**溶接**は，タイトフレーム板厚と同じとし，タイトフレームの立上がり部分の縁から10 mm残し，底部両側をアーク溶接（隅肉溶接）とします。スラグを除去し，防錆処理を行います。

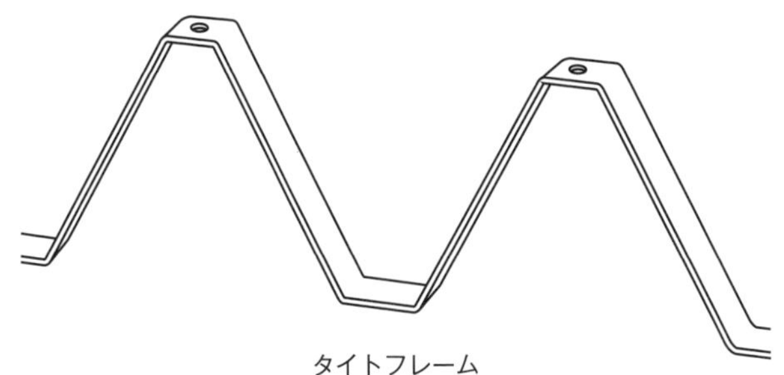
タイトフレーム

折板を，山ごとのタイトフレーム上の固定ボルトに固定するための孔加工は，折板を1枚ずつ，呼び出しポンチで開孔します。また，折板の重ね部に使用する緊結ボルトの流れ方向の間隔は，600 mm程度とします。

折板葺きにおける水上の先端には，雨水を止めるために止水面戸を用います。雨押さえは，壁部との取合い部分の浸水を防ぐために設け，水上部分の壁との取合い部に取り付ける雨押さえの立上げは，150 mm以上必要です。

軒先は，折板の先端部分の下底に尾垂れを付けます。

けらばとは，切妻屋根の妻側の端部のことで，けらば包みの継手位置は，端部用タイトフレームの近くに設けます。

けらば部分の折板の変形を防ぐために変形防止材があり，重ね形折板のけらばの変形防止材は，折板の山間隔の3倍以上の長さのものを用います。また，けらば包みの継手部は，重ね内部にシーリング材を挟み込んで留めます。

④施工上の留意点

金属板葺きの下地に敷くアスファルトルーフィング

繊維強化セメント板（スレート大波板）葺き
スレート大波板の鉄骨母屋への留付けにフックボルトを用います。

粘土瓦葺き
のし瓦や冠瓦の緊結に樹脂被覆された銅線を用います。

引掛け桟瓦葺き工法
軒瓦および袖瓦の緊結補強としてパッキン付きステンレスねじを用います。

住宅屋根用化粧スレート葺き（平形屋根用スレート）
下葺きには，アスファルトルーフィング940に適合するものを使用します。葺き方は，水下の軒先から水上の棟に向かって順に葺きます。また，葺足は働き長さ以下とし，水切り重ね長さを確保します。軒板は，本体の屋根スレート施工前に，専用釘で留め付けます。

類は，シートの上下（流れ方向）100 mm以上，左右（長手方向）200 mm以上重ね合わせ，タッカによるステープル釘での仮止め間隔は300 mm程度で固定します。平葺きの小はぜ掛けにおける上はぜの折返し幅は15 mm，下はぜ18 mm程度とし，基本的に下はぜのほうを長くします。吊子は屋根材を下地に固定するための部材で，平葺きの吊子は，葺板と同種同厚の材とし，幅30 mm，長さ70 mmとします。横葺きの葺板の継手位置は，縦に一直線状とならないよう千鳥に配置します。

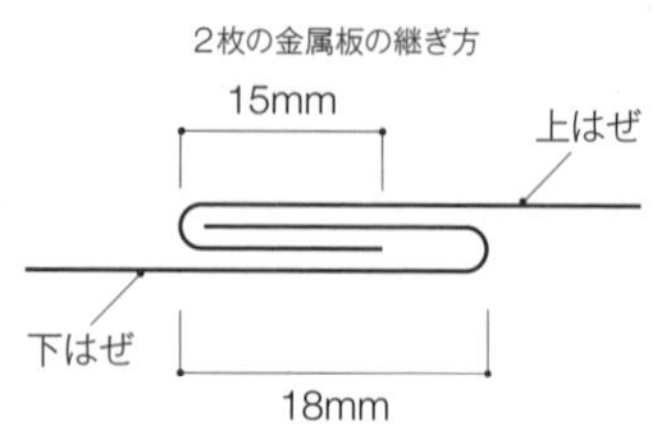

2 とい（硬質塩化ビニル雨どい・鋼板製雨どい）

屋根の雨水を集めて地上に導くための溝，または筒状の装置をいいます。軒に渡すものを「軒どい」，縦に流すものを「たてどい」といいます。

①硬質塩化ビニル雨どい

硬質塩化ビニル雨どいとは，耐水性，耐蝕性に優れた硬質塩化ビニル製の雨どいです。軒どい，たてどいの継手は専用の部品を用い，接着剤を用いて取り付けます。軒どいの受け金物は間隔1000 mm以下，たてどいは間隔1200 mm以下で通りよく取り付けます。

軒どいは，とい受け金物に径1.2 mm程度の金属線で取り付けます。たてどいは，たてどいを継いだ長さが10 mを超える場合，エキスパンション継手を設けます。また，軒どいは，温度変化による伸縮性を考慮し，軒どいの両端を集水器に対し堅固に取り付けず伸縮可能な状態とします。

②鋼板製雨どい

鋼板製雨どいとは，アルミ，銅，ステンレス，ガルバリウム鋼板などの鋼板でつくられた雨どいのことです。

谷どいの継手部は，60 mm重ね合わせてシーリング材を充填し，リベットで2列に千鳥に留め付けます。

丸たてどいの長さ方向の継手は，上のたてどいを下にくるといの中に，

60 mm程度差し込んで継ぎます。

丸軒どいが所定の流れ勾配となるよう，とい受け金物を間隔1000 mm以下で取り付けます。また，丸軒どいの継手部は，重ねしろを40 mmとし，相互のといの耳巻き部分に力心を差し込み，はんだ付けとします。

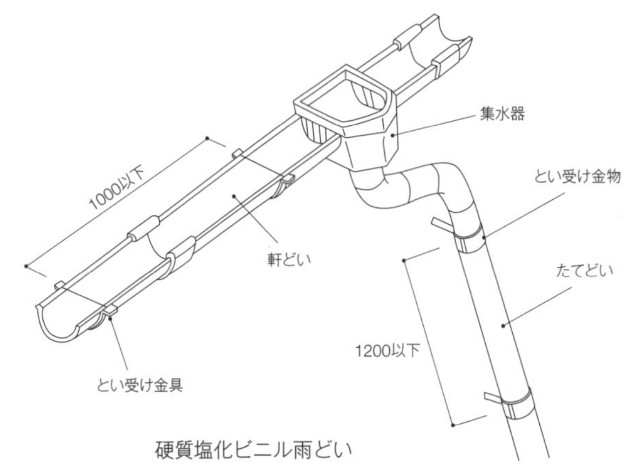

硬質塩化ビニル雨どい

チャレンジ問題！

問1 　難　中　易

金属製折板葺き屋根工事に関する記述として，最も不適当なものはどれか。

(1) けらば包みの継手位置は，端部用タイトフレームの近くに設ける。
(2) 雨押さえは，壁部との取合い部分の浸水を防ぐために設ける。
(3) タイトフレームと下地材との接合は，スポット溶接とする。
(4) 変形防止材は，けらば部分の折板の変形を防ぐために設ける。

解説

タイトフレームと下地材との接合は，アーク溶接（隅肉溶接）とします。

解答（3）

左官工事

1 セメントモルタル塗り

セメントモルタル塗りは，一般的な左官工事の工法の1つで，下地調整，下塗り，むら直し，中塗り，上塗り，養生の工程を経て仕上げます。

①セメントモルタル塗りの工程

●下地調整

コンクリート下地に**厚膜とならない**よう**吸水調整材**を塗布し，**1時間以上**おいた後に，乾燥を確認してから下塗りを行います。しかし，ひび割れや凹凸，じゃんかなど，下地処理や接着性向上が必要な場合は，**ポリマーセメントペースト（セメント混和用ポリマー）塗り**を行い，**乾燥しないうち**に下塗りを行います。下地の不陸[※5]調整が必要な場合，モルタルのつけ送りを行い，1回の塗厚を9 mm以内とします。総塗厚が**35 mm**を超える場合，溶接金網，アンカーピンなどを取り付け，補修塗りを行います。

●下塗り

下塗りの塗り付け後，金[※6]ぐしで全面にわたり，**くし目**を入れます。下塗りの放置期間は14日以上とし，ひび割れを十分発生させます。

●むら直し

塗厚が大きいときや，下塗りのむらが著しいときに，下塗りの後，むら直し（下塗りの上に塗り付ける）を行い，中塗りと上塗りを行います。

●中塗り

中塗りに先立ち，**十分な水湿し**後，隅，角，ちりまわりに定木塗りを施します。

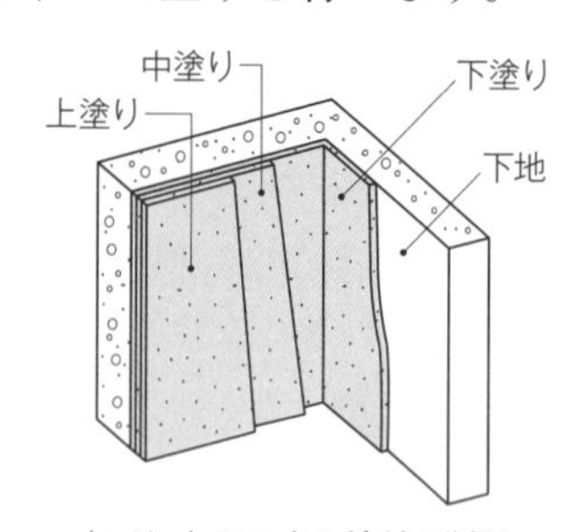

セメントモルタル塗りの断面

●上塗り

中塗りの硬化の程度を見計らって，こてむらなく，平坦に塗り上げます。

●養生

養生とは，モルタルが十分硬化するように保護することで，上塗り完了後，施工箇所を養生シートで覆うなど，直射日光や通風をさけ，早期に乾燥しないようにします。

②セメントモルタルの砂の粒径と調合

セメントモルタルに用いる下塗り用の砂は，ひび割れ防止のため，こて塗り仕上げに支障のない限り粒径の大きなものを用います。

セメントと砂の調合比（容積比）

	下塗り	むら直し・中塗り・上塗り
セメント：砂	1：2.5	1：3

下塗りの調合は，強度が大きい富調合とし，上塗りは，ひび割れなどを小さくするため貧調合とします。塗壁と接する額縁などのちりじゃくりの周囲は乾燥・収縮によるすき間防止のため，こて1枚の厚さだけ透かします。

③塗り床

塗り床とは，床面にモルタル，コンクリートなどを，こてなどで押さえて仕上げることをいいます。

床コンクリートの直均し仕上げでは，床仕上げレベルを確認するため，ガイドレール※7を，床コンクリート打設前に3.5～4 m間隔で設置します。また，コンクリート面を指で押しても少ししか入らない程度になった時に，木ごてで中むら取りを行います。最終仕上げは，機械式ごてを用いた後でも，最後に金ごて押えとします。張物の下地の場合は，最終こて押えの後，12時間程度を経て，3日間散水養生を行います。

④セルフレベリング材塗り

セルフレベリング材塗りとは，自己水平性を持った材料を床に流し込み，水平・平滑な仕上げとするものです。

ひび割れの防止のための混和剤
モルタル塗りの作業性の向上，乾燥収縮によるひび割れの防止のため，メチルセルロースなどの保水剤を混和剤として用います。

※5
不陸調整
面が平らでないところを，平滑にすること。

※6
金ぐし
塗り作業用の金属製のくしのこと。

モルタルの塗厚標準値
モルタルの塗厚標準値は，下塗りから上塗りまでの合計が20 mmとします。1回の塗厚を6 mmを標準，最大9 mmとし，内壁のモルタルの塗厚が20 mmの場合，3回に分けて塗ります。総塗厚が25 mm以上となる部分は，下地にステンレス製アンカーピンを打ち，ステンレス製ラスを張ります。使用は，1回60分以内です。

※7
ガイドレール
床面を高い精度で施工するためのガイドとなる部材です。

セルフレベリング材の塗厚が大きくなりすぎないように，事前にモルタルで下地補修を行います。また下地となるコンクリートの打込み後，1か月以上経過した後に吸水調整材をコンクリート下地にデッキブラシで十分すり込むように塗り付け，乾燥後にセルフレベリング材を流し込みます。

セルフレベリング材の流し込みは，塗厚が10 mmの場合は1回で行い，表面は金ごてなどを使わず，流し込んで硬化させるため平滑に仕上げる必要はありません。また，流込み作業中や作業後はできる限り通風を避けるよう窓や開口部をふさぎます。セルフレベリング材の硬化後，打継ぎ部および気泡跡周辺の凸部はサンダーで削り取ります。

注意点として，せっこう系の材料を使う場合，施工に先立ち鉄部の防錆処理を行います。また，せっこう系の材料は耐水性がないため，屋外や浴室などには使用しないようにします。

2 プラスター塗り

プラスターとは，鉱物質の粉末に水を加えて練り混ぜたもので，せっこうプラスター塗りやドロマイトプラスター塗りなどがあります。

①せっこうプラスター塗り

せっこうプラスター塗りとは，せっこうを主成分としたプラスターを使用し，壁や天井などの塗り仕上げをいいます。

せっこうプラスターは，適正な凝結時間と正常な硬化を得るため，製造後3か月以内のものを使用します。収縮によるひび割れ防止のためにすさ[※8]を混入します。調合で砂を多く入れると，貧調合になり強度が落ちます。

また，せっこうプラスターにセメントを混入させてはいけません。

下地がせっこうボードの場合，下塗りは下塗り用の既調合プラスターを使用し，塗厚を6～8 mm程度とします。

下塗りは，下地モルタルが十分乾燥した後に施工します。下塗り・中塗りのせっこうプラスターは，加水後2時間以内に使用します。上塗りは，中塗りが半乾燥のうちに施工します。塗り面の凝結が十分進行した後，適度の通風を与えます。浴室や厨房など，常時水や蒸気に触れるおそれのある場所への適用を避けます。

②ドロマイトプラスター塗り※9

ドロマイトプラスター塗りとは，白雲石（ドロマイト）を高温焼成・水和熟成させたものを使用し，壁や天井などの塗り仕上げをいいます。

③既調合せっこうプラスター塗りの特徴

既調合せっこうプラスター塗りの場合，既調合材に水のみを加えて練り，塗り付けます。一度硬化したものは，練り返して使用できません。

せっこうラスボード下地に，アルカリ性の既調合プラスターを直接塗り付けると，ボードの表て紙がはく離しやすいので使用しません。

※8
すさ
塗り壁の補強や亀裂防止のために混合される，わらすさ・麻すさ・紙すさなどの繊維質材料の総称です。

※9
ドロマイトプラスター塗りの施工
施工の際，乾燥に伴うひび割れ防止ため，すさを混入し，塗り作業中はできるだけ通風をなくします。

チャレンジ問題！

問1　難　中　易

コンクリート壁下地のセメントモルタル塗りに関する記述として，最も不適当なものはどれか。

(1) モルタル塗りの作業性の向上，乾燥収縮によるひび割れの防止のため，メチルセルロースなどの保水剤を混和剤として用いた。
(2) 下塗りは，14日以上放置し，十分にひび割れを発生させてから次の塗付けにかかった。
(3) 吸水調整材は，下地とモルタルの接着力を増強するため，厚膜となるように十分塗布した。
(4) 下塗り面には，金ぐしを用いて，くし目を全面に付けた。

解説

吸水調整材が，厚膜になると，モルタルの付着力が低下しやすくなります。

解答（3）

塗装工事・吹付け工事

1 塗装工事

塗装工事とは，材木や金属などに塗料を塗って仕上げる工事のことをいいます。仕上げの工法には，吹付け，ローラー塗り，こて塗りがあります。塗装作業の際は，塗装場所の気温が 5 ℃以下の場合や，湿度が 85 %以上のときは，乾燥しにくいため作業を中止します。作業環境，下地処理，複数の工法など，塗装の欠陥が発生しないよう考慮する必要があります。仕上塗材を施工する場合の所要量は，被仕上塗材仕上面の単位面積に対する希釈前の仕上塗材の使用質量とします。見本塗板は，所要量または塗厚が工程ごとに確認できるように作成します。

①素地調整

素地調整とは，これから塗ろうとする素材の面に対して塗り工程の準備のために行う作業のすべてをいい，木部や鉄鋼面などについて次に示します。

透明塗料塗りの木部面に付着したアスファルトや油類は，皮すきで取り除き，溶剤で拭いて乾燥させます。透明塗料塗りをする木部面に，著しい色むらがあった場合は着色剤を用いて色むら直しを行います。

杉や松などの赤みのうち，やにが出ると思われる部分には，セラックニスを塗布し，気温が 20 ℃の場合，工程間隔時間を 2 時間とします。

不透明塗料塗りの木部面は，節止めの後に穴埋め・パテかい[※10]を行います。また，（木部の）素地の割れ目や打ちきずなどは，ポリエステル樹脂パテで埋めて平らにします。透明塗料塗りの木部面で，仕上げに支障のおそれがある変色は，漂白剤を用いて修正します。

鉄鋼面に付着した機械油の除去は，石油系溶剤を用いて行い，その後に錆および黒皮を，サンドブラスト[※11]などで除去します。

セメントモルタル塗り面の素地ごしらえは，セメントモルタル塗り施工後 2 ～ 3 週間経過した後に行います。モルタル面の吸込止め[※12]は，シーラーを全面に塗り付けた後にパテかいを行います。ALC パネル面の吸込止め処理は，下地調整前に全面に塗布し，一般に**合成樹脂エマルションシーラー**を用います。せっこうボード面のパテかいは，**合成樹脂エマルションパテ**を用いて行います。けい酸カルシウム板面の**吸込み止め**は，穴埋めやパテかいの前に塗布します。また，けい酸カルシウム板面のパテかいは，**反応形合成樹脂ワニス**などを塗り付けてから行います。

②各種塗装

●合成樹脂エマルションペイント塗り

セメント系や木部面，せっこうボード面の塗装に適しています。**水が蒸発する際に**，エマルション粒子が**凝集，融着**して塗膜を形成し，乾燥が早い特徴があります。**天井面などの見上げ部分では研磨紙ずりを省略**できます。

●クリアラッカー塗り

クリアラッカー塗りとは，主に木部の透明仕上げに用いられ，木部の**下塗りに**，ウッドシーラー（木部用下塗り材）を用います。また，**中塗り材はサンジングシーラー**を使用します。

●オイルステイン塗り

耐候性が劣るため，建築物の屋外には使用できません。また，オイルステイン塗りの**色濃度の調整**は，シンナーによって行います。

●合成樹脂調合ペイント

鉄，亜鉛めっき，**木部面**の塗装に適しており，溶剤の蒸発とともに油分の酸化重合が進み，硬化乾燥して塗膜を形成します。合成樹脂調合ペイントの**上塗り**は，**はけ塗り**とし，材料を希釈せずに使用します。鉄鋼面の合成樹脂調合ペイントの**上塗りの塗付け量**は，$0.08\,\mathrm{kg/m^2}$ とします。

木材保護塗料塗り
塗料は希釈せず原液で使用します。

※10
パテかい
へらまたはこてを用いて，下地面のくぼみ，すき間，目違いなどの部分にパテを塗り，平滑にする作業です。

※11
サンドブラスト
砂をノズルから圧縮空気と共に高速で吹き付けること。

※12
吸込止め
色むらを防止するために行います。

スプレーガン
スプレーガンは，ノズルを下地面に対してやや上向きに，一定距離を保ちつつ縦横2方向に吹き付けます。塗面に平行に運行し，1行ごとに吹付け幅が1/3程度重なるようにし，塗膜が均一になるよう吹き付けます。吹付け距離が遠いと塗り面がざらつき，塗料が飛散してロスが多くなります。エアスプレーのガンの空気圧が低すぎると噴霧が粗く，塗り面がゆず肌状になります。

2 吹付け工事

吹付け工事とは，仕上げ塗材，塗料などを吹き付け機を用いて施工したり，ローラー塗り，こて塗りをする工事をいいます。

仕上塗材仕上げには，複数の種類があり，下地との適合性を確認する必要があります。内装仕上げに用いる塗材は，ホルムアルデヒド放散量の区分がエフ・フォースター（F☆☆☆☆）とされているものを使用します。工程ごとに用いる下塗材，主材，上塗材は，同一製造所のものとします。

仕上塗材の種類と適用可能な下地の種類

種類	通称名	コンクリート	セメントモルタル	ALCパネル	せっこうボード	けい酸カルシウム板	押出成形セメント板
外装合成樹脂エマルション系薄付け仕上塗材（外装薄塗材E）	アクリルリシン	○	○	○	△	△	○
内装合成樹脂エマルション系薄付け仕上塗材（内装薄塗材E）	じゅらく	△	△	△	△	△	△
内装水溶性樹脂系薄付け仕上塗材（内装薄塗材W）	繊維壁・京壁・じゅらく	△	△	△	△	△	△
合成樹脂エマルション系複層仕上塗材（複層塗材E）	アクリルタイル	○	○	○	△	×	○
反応硬化形合成樹脂エマルション系複層仕上塗材（複層塗材RE）	水性エポキシタイル	○	○	×	×	×	○
外装セメント系厚付け仕上塗材（外装厚塗材C）	セメントスタッコ	○	○	×	×	×	×

○：適用可能な下地，△：内装のみ適用可能な下地，×適用不可の下地

上記の下地以外で，シーリング面への仕上塗材仕上げは，塗重ね適合性を確認し，シーリング材の硬化後に行います。隅角部での吹き継ぎは禁止です。

●下地調整，薄付け仕上塗材仕上げ

仕上塗材の付着性の確保や目違いの調整のため，下地コンクリート面にセメント系下地調整塗材を使用します。合成樹脂エマルション系複層仕上塗材[※13]（複層塗材E）仕上げの場合，合成樹脂エマルション系下地調整塗材を使用します。

薄付け仕上塗材仕上げとは，一般にリシン，じゅらくと呼ばれる仕上げで，仕上塗材は，現場で顔料および添加剤を加えて色つやを調整してはいけません。下地のコンクリートの不陸が3 mmを超える場合，セメント系下地調整厚塗材を使用します。合成樹脂エマルションパテは，水がかり部を除く箇所の下地調整に用います。

※13

複層仕上塗材仕上げ
仕上げ形状を凹凸状とする場合，主材基層，主材模様および上塗りを吹付け工法とします。また，上塗りは均一に2回塗りとします。

厚付け仕上塗材仕上げ
コンクリート下地面の下地調整は，目違いをサンダー掛けで取り除いた場合，下地調整塗材塗りを省けます。

チャレンジ問題！

問1　難　中　**易**

仕上塗材仕上げに関する記述として，最も不適当なものはどれか。

(1) 工程ごとに用いる下塗材，主材および上塗材は，同一製造所のものとした。
(2) 仕上塗材の付着性の確保や目違いの調整のため，下地コンクリート面にセメント系下地調整塗材を使用した。
(3) シーリング面への仕上塗材仕上げは，塗重ね適合性を確認し，シーリング材の硬化後に行った。
(4) 複層仕上塗材の仕上げ形状を凹凸状とするため，主材基層，主材模様および上塗りをローラー塗り工法とした。

解説

複層仕上塗材の仕上げ形状を凹凸状とする場合，主材基層，主材模様および上塗りは吹付け工法とします。

解答（4）

張り石工事・タイル工事

1 石張り工事

石張り工事とは，花崗岩や大理石などの石材を，壁や床の仕上げ材として張る工事をいい，外壁乾式工法と外壁湿式工法とに大別されます。

①外壁乾式工法

外壁乾式工法とは，取付け金物と（ファスナー）だぼを用いて石を躯体と連結し，石と躯体の間に**裏込めモルタルを充填しない**工法をいいます。

石張り工事に先立ち，躯体コンクリートの**打継ぎ部**などの防水上の弱点部を**防水処理**します。だぼの取付け穴は，工場で加工し，石の上下の小口にそれぞれ2か所設けます。一般部の石材は，**横目地あいば**にだぼおよび引き金物を用いて据え付けます。引き金物と下地の緊結部分は，取付け用モルタルを充填し被覆します。引き金物用の道切りは，工事現場で加工します。

乾式工法に用いるファスナーは，ステンレス鋼材のSUS304を使用し，地震時の層間変位を吸収できるよう，**ダブルファスナー形式**とします。1次ファスナーと2次ファスナーをつなぐボルト穴は，**ルーズホール**とします。石材裏面と下地コンクリート面の間隔は**70 mm**を標準とします。

石材間の**一般目地**は，**目地幅を10 mm**としてシーリング材を充填します。**幅木**は，衝撃対策のため，張り石と躯体のすき間に**裏込めモルタルを充填**し，**入隅**で石材がのみ込みとなる部分は，目地位置より**20 mm**を表面仕上げと同様に仕上げます。

湿式工法と比較した乾式工法のメリットは，**白華現象**，**凍結による被害**を受けにくく，**地震時の躯体の挙動に追従しやすい**ことや，石材の**熱変形**による影響を受けにくいなどがあります。デメリットとしては，石裏と躯体とのあき寸法が大きく，台車などの衝突で**張り石が破損しやすい**ことです。

②外壁湿式工法

外壁湿式工法とは，取付け用引き金物で石材を固定し，石材と躯体の間に**裏込めモルタルを充填する**工法をいいます。

2 タイル工事

タイルをモルタルやセメントペースト，接着剤などを用いて，下地の上に張り付ける工事をいい，いくつかの工法があります。

①タイル後張り工法

●改良圧着張り工法

平坦なモルタル下地面に張付けモルタルを塗り付け，タイル裏面全面にも張付けモルタルを塗り，木づちなどでたたき押えながら張る方法です。下地面に対する張付けモルタルの1回の塗付け面積は，2 m^2以内とし，混練りから施工完了まで60分以内で使用し，塗厚は4～6 mmを標準とします。タイル裏面には，1～3 mm程度の厚さで塗り，たたき押えを行い，張り付けます。

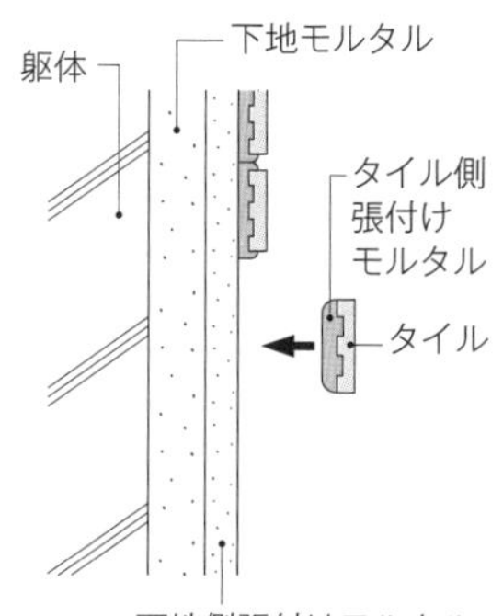

改良圧着張り工法

●密着張り工法（ヴィブラート工法）

平坦なモルタル下地面に張付けモルタルを塗り付け，その上にタイルを1枚ずつ専用の振動工具（ヴィブラート工具）を用いてモルタル中に埋め込むようにして張り，タイル周辺にはみ出したモルタルを目地こてで押えて目地も同時に仕上げる工法です。

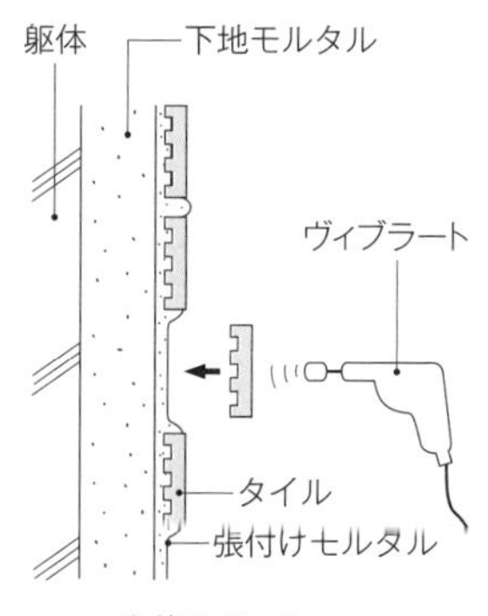

密着張り工法

下地面への張付けモルタ

施工時の環境
気温が3 ℃以下になる場合，タイル張り施工を中止します。

伸縮調整目地
目地位置は，下地コンクリートのひび割れ誘発目地，打継ぎ目地，構造スリットと一致させ，縦目地を3 m内外，横目地を4 m内外ごとに設けます。

タイル張りに用いる現場調合モルタル
セメントと細骨材の容積比で調合します。

まぐさ部分に小口タイルの役物を使う場合
なましステンレス銅線の引き金物を使います。

有機系接着剤による壁タイル後張り工法
外壁の施工に使用する接着剤は，練混ぜ不要の一液反応硬化形のものを使用します。張付け用接着剤は，くし目立てに先立ち，こて圧をかけて平坦に下地に塗り付けます。くし目立ては，くし目ごての角度を壁面に対し約60度の角度で，くし目を立てます。内壁で使う裏足のないタイルは，有機質接着剤を用いて張り付けます。

ルの塗付けは，2度塗りを行い，その合計の塗厚は5～8 mmとし，その塗り付け面積は2 m^2以内，または20分以内にタイルを張り終える面積とします。張付けは，目地割に基づき水糸を引き通し，上部から下部へ一段置きに順次連続して張り付けます。振動工具による加振は，張付けモルタルがタイルの周囲から目地部分にタイル厚さの$\frac{1}{2}$以下の目地深さとなるまで行います。

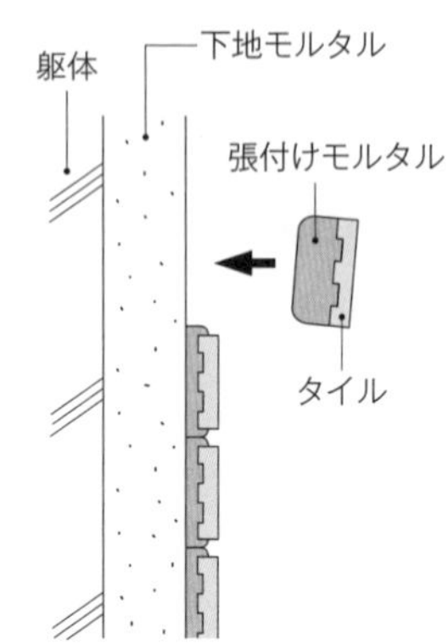

改良積上げ張り工法

●改良積上げ張り工法

タイル裏面全面に張付けモルタルを塗厚7～10 mm程度塗り付け，硬化した下地モルタル面に下部から上部へ張り上げる工法です。

●モザイクタイル張り工法

平坦なモルタル下地面に張付けモルタル，または張付けセメントペーストを塗り，その上に表紙張りしたモザイクユニットタイルを張る工法です。張付けモルタルは，2度塗りとし，1度目は薄く下地面にこすりつけるように塗り，次いで張付けモルタルを塗り重ね，総塗厚を3～5 mm程度とします。また，1回の塗付け面積は，3 m^2以内，または30分以内に張り終える面積とします。モザイクタイル張りのたたき押えは，タイル目地に盛り上がった張付けモルタルの水分で目地部の紙が湿るまで十分に行います。

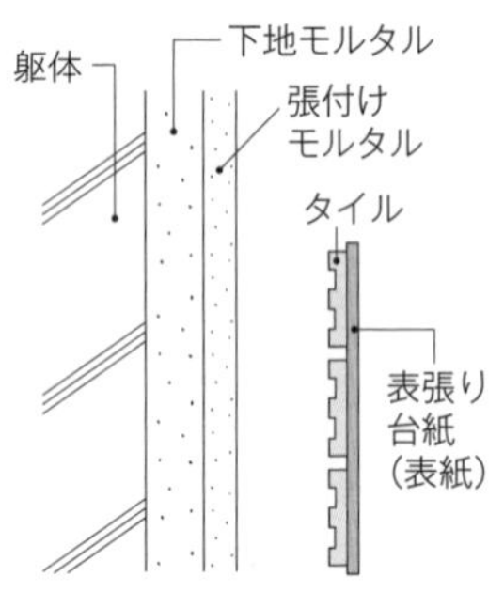

モザイクタイル張り工法

●マスク張り工法

モザイクタイルや内装タイルのユニット裏面にタイルに合わせた穴のあいた厚さ4 mm程度のマスク板を当て，タイル裏面に張付けモルタルを4 mm程度均一に金ごてなどで塗り付けた後，板を外して精度良く仕上がった面にユニットタイルを張付ける工法です。張付けモルタル

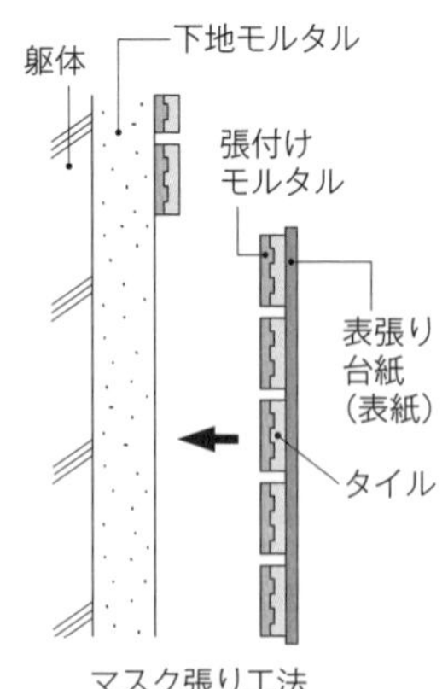

マスク張り工法

を塗り付けたタイルは，塗り付けてから5分以内に張り付けます。

②床タイル工事

床タイル工事とは，コンクリート下地にモルタルを塗り，床用のタイルを張る工事です。

床タイル張りに使用する敷きモルタルは，貧調合とします。床タイル張りの張付けモルタルは5～7 mmの塗付厚さとし，2層に分けて塗るものとし，1回の塗付け面積はタイル工1人当たり2 m²以下とします。

目地詰め
目地詰めは，タイル張付け後24時間以上経過した後に行い，目地の深さは，タイル厚の1/2以下とします。

床の化粧目地詰め
タイル上が歩行可能な時点で行います。

大面積の床タイル張り
目地割りに応じて基準タイル張りを行い，これを定規として張り付けます。

チャレンジ問題！

問1　難　**中**　易

セメントモルタルによるタイル後張り工法に関する記述として，最も不適当なものはどれか。

(1) 改良積上げ張りは，張付けモルタルを塗り付けたタイルを，下部から上部に張り上げる工法である。
(2) 密着張りは，下地面に張付けモルタルを塗り付け，振動機を用いてタイルを張り付ける工法である。
(3) マスク張りは，下地面に張付けモルタルを塗り付け，表張りユニットをたたき込んで張り付ける工法である。
(4) 改良圧着張りは，下地面とタイル裏面とに張付けモルタルを塗り付け，タイルを張り付ける工法である。

解説

マスク張りは，タイル裏面に張付けモルタルを塗り付けます。

解答（3）

ガラス工事・建具工事

1 ガラス工事

ガラス製品を扱う工事で，※14ガラススクリーンや窓ガラスの取付けなどの工事をいいます。シーリング材構法や，グレイジングガスケット構法などがあります。

①ガラス工事の工法

●不定形シーリング材構法

金属などの溝にガラスをはめ込む場合に，弾性シーリング材を用いる構法です。※15セッティングブロックは，ガラスの自重を支えるもので，ガラスの両端部より$\frac{1}{4}$の位置に設置します。

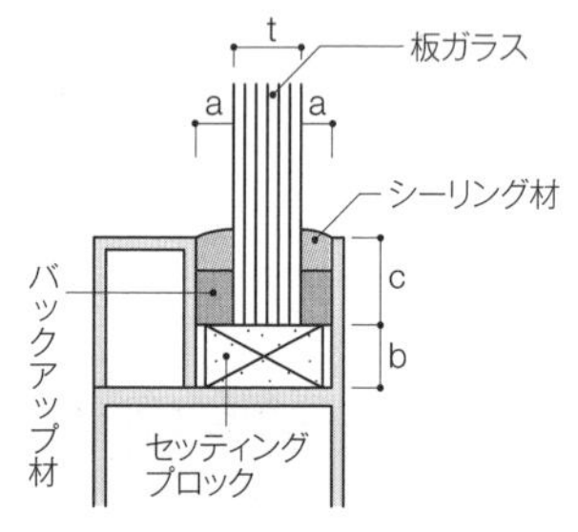

a：面クリアランス
b：エッジクリアランス
c：かかりしろ
t：板厚

●グレイジングガスケット構法

塩化ビニルなどのひも上の部材をガラスの周囲に巻き付けた後，サッシ枠にはめ込む工法です。※16グレイジングチャンネルの継目の位置は，ガラスの**上辺中央部**とします。

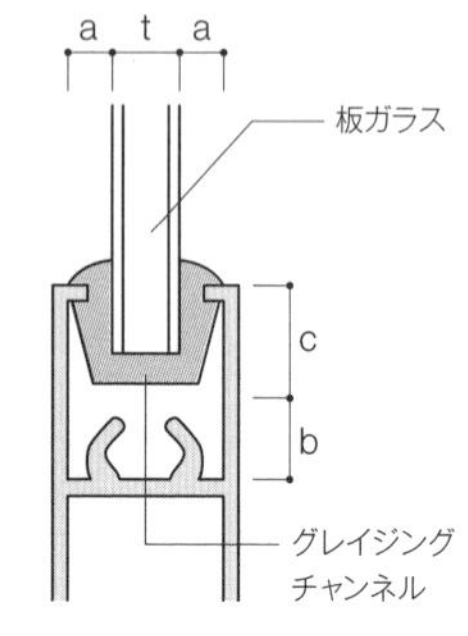

②複層ガラス

2枚の板ガラスの間に乾燥空気層を設けて密封したもので，**結露防止**に効果のあるガラスです。建具の下枠に**水抜き孔**を設けます。

③網入りガラス

厚板ガラスの中に，亀甲・格子などの形に編んだ金網を挟み込んだ板ガラスで，線材が水分の影響により発錆するおそれがあるため，建具の下枠に**水抜き孔**を設けます。また，ガラスの下辺小口および縦小口の下端より$\frac{1}{4}$の高さまで**防錆処置**をします。

2 建具工事

建具とは，開閉可能な戸，窓，障子などをいい，アルミニウム製や鋼製などがあります。建築物の外部と内部や，室と室などを仕切るために，開口部に枠と一体的に取り付けます。

①アルミニウム製建具

アルミニウム製建具は，木製や鋼製の建具と比較すると軽量で狂いが少ないですが，結露しやすく耐火性に劣ります。

RC造に取り付く建具は，木製くさびなどを用いて仮止めし，建具枠のアンカーを躯体付けアンカーに溶接します。建具取付用のアンカーは，枠の隅より150 mm内外を端とし，中間は500 mm内外の間隔とします。

建具枠に用いる補強材には，亜鉛めっき処理した鋼材を使用します。また，建具枠周囲の充填に容積比でセメント1：砂3の調合モルタルを用います。海砂を使う場合は，砂の除塩が必要です。

建具枠とモルタルが接する箇所は，耐アルカリ性の塗料を塗布します。モルタルが建具枠などの表面に付着した場合，直ちにやわらかい布と清水で除去します。

建具の組立ては，隅部の突付け部にシート状の止水材を使用します。また，隅部の突付け小ねじ締め部分にはシーリング材を充填し，小ねじ留めの位置は水が溜まりやすい部分を避けます。亜鉛めっき処理した小ねじは腐食が進むのでステンレス製とします。

抱き納まりとするアルミニウム製サッシは，下枠と躯体とのすき間を75 mmとし，水切り板とサッシ下枠部を2度に分けてモルタルを充填します。

水切り，ぜん板はアルミニウム板を折曲げ加工する

合わせガラス
2枚以上の板ガラスに中間膜を挟み全面接着したもので，破損しても，飛び散らないようにしたガラスです。

クリーンカット
エッジ強度の低下を防ぐため，ガラスの切口は，クリーンカットとします。

ガラスブロック積み工法
水抜きプレートは，合成樹脂製とします。

※14
ガラススクリーン
ガラスで空間を仕切ることで，方立ガラスの小口は，磨き仕上げとします。

※15
セッティングブロック
サッシの溝底と板ガラスの間に入れる緩衝材のこと。

※16
グレイジングチャンネル
ガラスの周囲に巻き付けるゴム状のガスケットのこと。

ため，厚さを1.5 mmとします。取付けの際，建具の養生材は除去を最小限にとどめ，取付けが終わった後に復旧します。

②鋼製建具

鋼製建具とは，鋼材で製作された建具で，防火性にも優れているため防火戸として用いられることも多いです。

鋼製建具は，枠と建具の取付けがあります。枠の取付けにおいては，倒れの取付け精度を面外，面内とも±2 mmとし，対角寸法差は，3 mm以内とします。4方枠の気密材は，建具の気密性を確保するため，クロロプレンゴム製とします。枠のつなぎ補強板は，両端から逃げた位置から間隔600 mmに取り付けます。

外部のくつずりの材料は，厚さ1.5 mmのステンレス鋼板とし，裏面にあらかじめ鉄線を付けておき，モルタル詰めを行った後，取り付けます。

建具のフラッシュ戸の表面板と中骨の固定は，構造用接合テープを用いて接合します。また，フラッシュ戸の組立てにおいて，中骨は鋼板厚さ1.6 mmとし，300 mm間隔で設けます。また，丁番やドアクローザーなどが取り付く枠および戸の裏面には，補強板を取り付けます。

特定防火設備の片面フラッシュの防火戸は，厚さ1.5 mmの鋼板張りとし，防火戸に設けるがらりは，防火ダンパー付きのものとします。

錆止め塗装を2回塗りとする場合，1回目を工場で行い，2回目を工事現場で行います。鋼製両面フラッシュ戸の表面板裏側の見え隠れ部分は，防錆塗装は行わなくてもかまいません。溶融亜鉛めっき鋼板の溶接痕や傷は，表面を平滑に研磨し亜鉛・クロムフリー錆止めペイント（鉛酸カルシウムさび止めペイント）で補修します。

③木製建具

主に木材によって構成されている建具をいい，空間を仕切るための部材です。

また，木製建具にはフラッシュ戸，かまち戸[※17]，障子などがあります。

フラッシュ戸は，かまちの上に戸の全面にわたって化粧板などの平らな板を両面とも張り付けた戸で，内部の中骨[※18]は，杉の無垢材などを使用し，間隔は300 mm以下とします。また，フラッシュ戸の表面と周囲をふすまと同様に仕上げたものを，戸ぶすまといいます。

ふすまは，骨組の両面にふすま紙を張り，4周に縁をはめ込んだものです。

障子は，周囲にかまちを回し，縦横に細かい組子を設け，これに障子紙を張ったものです。

ルーバー窓は，日除けと通風を目的として，縦がまちの間に羽板を取り付けたものです。

④重量シャッター

重量シャッターは，火災時の延焼を防ぐ部材です。シャッターのスラットの形式は，防火シャッターではインターロッキング形とし，防炎シャッターではオーバーラッピング形とします。特定防火設備の防火シャッターのスラット，ケースの鋼板の厚さは，実厚で1.5 mm以上必要です。

シャッター取付け手順は，巻取りシャフト，スラットの吊込み，ガイドレール，ケースの順番となります。シャッターのスラット相互のずれ止めは，スラットの端部を折り曲げ加工するか，または端金物を付けます。

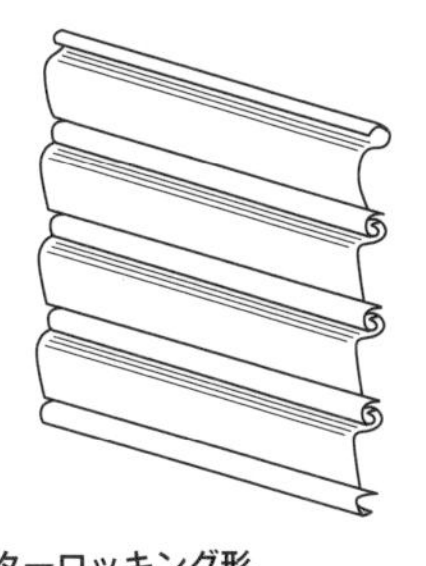
インターロッキング形

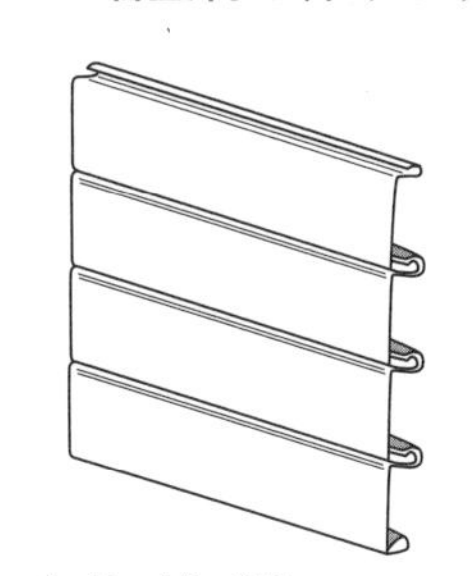
オーバーラッピング形

アルミニウム製建具の酸化被膜
規定以上に厚くしても，耐食性は向上しません。

樹脂製建具
建具の加工，組立て，ガラスの組込みまでを建具製作所で行います。

合成樹脂製の防虫網
網目は16～18メッシュのものとします。

引違い建具のすれ合う部分，振止め，戸当り
ポリアミド製とします。

※17

かまち戸
4辺をかまちで組み，鏡板をはめ込んだものです。

※18

中骨
フラッシュ戸の内部の骨組み・芯材のこと。

額縁
窓や出入口の枠と壁の境目を隠すために取り付ける部材です。

⑤建具金物

建物金物とは，建築の際に使用される金物類のことです。

金物	説明
丁番	開き戸を支持し，その開閉動作を円滑にする機能を持つ金物
フロアヒンジ	床に埋め込まれる扉の自閉金物で，自閉速度を調整できる
ピボットヒンジ	上下軸で開閉する金物で，扉の上端と下端に取り付ける。枠取付け形は，防水層と取り合う建具枠に適している
グラビティヒンジ	トイレブースの扉などに使用され，扉側と枠側のヒンジ部の勾配を利用し，常時開または常時閉鎖の設定ができる
ドアクローザ	開き戸の自閉機能と閉鎖速度制御機能があり，防火戸の場合は，自閉式とする
モノロック	内外の握り玉の同一線上で施解錠ができる錠で，押しボタンやシリンダーが設けられている
空錠	鍵を用いず，ハンドルでラッチボルトを操作する
シリンダー箱錠	ラッチボルトとデッドボルトを有しており，外部に面する出入口の扉に適している
本締り錠	鍵またはサムターンでデッドボルトを操作する
サムターン	鍵の代わりに手動でつまみを回し，施解錠を行う部品
バックセット	戸先から鍵の中心線までの距離
戸当り	戸が直接壁または建具枠に当たり，それらを傷つけることを防止するための衝撃緩衝金物
コンストラクションキー	施工後にシリンダーを変更することなく工事中に使用した鍵では，施解錠ができないようにする
同一キー	１本の鍵で複数の施解錠ができる
マスターキー	複数個の異なった錠のいずれの錠でも，特定の鍵で施解錠できる
逆マスターキー	複数個の異なった鍵のいずれの鍵でも，特定の錠だけを施解錠できる

⑥建具の性能試験における性能項目

性能項目	説明
耐風圧性	圧力差による変形に耐える程度
水密性	圧力差によって生じる建具室内側への雨水などの侵入を防ぐ程度
気密性	圧力差によって生じる空気の漏れを防ぐ程度
断熱性	熱の移動を抑える程度
耐候性	構造，強度，表面状態などがある期間にわたり使用に耐え得る品質を保持している程度
形状安定性	環境の変化に対して形状寸法が変化しない程度
耐衝撃性	衝撃力に耐える程度
耐震性	地震および震動によって生じる面内変形に追随し得る程度

チャレンジ問題！

問1　　難　中　易

建具工事に関する記述として，最も不適当なものはどれか。

(1) 鋼製両面フラッシュ戸の表面板裏側の見え隠れ部分は，防錆塗装を行わなかった。
(2) 木製フラッシュ戸の中骨は，杉の無垢材を使用した。
(3) アルミニウム製建具のアルミニウムに接する小ねじは，亜鉛めっき処理したものを使用した。
(4) 樹脂製建具は，建具の加工および組立てからガラスの組込みまでを建具製作所で行った。

解説

アルミニウムに接する小ねじは，ステンレス製とします。

解答（3）

金属工事

1 金属の特性

金属にはアルミニウムやステンレスなどがあり，それらの性質を生かした部材や仕上げがあります。たとえば，**銅合金**の表面に硫黄を含む薬品を用いてかっ色に着色したものを**硫化いぶし仕上げ**といい，アルミニウム合金を硫酸その他の電解液中で電気分解して表面に生成させた皮膜を**陽極酸化皮膜**といいます。また，鋼材などを電解液中で通電して表面に皮膜金属を生成させることを**電気めっき**といい，鋼材を溶融した亜鉛の中に浸せきして亜鉛めっき皮膜を生成させたものを**溶融亜鉛めっき**といいます。

ステンレスの表面仕上げ

名称	表面仕上げの状態
ヘアライン	連続した磨き目がつくように研磨した仕上げ
鏡面	バフ仕上げで研磨線を消した最も反射率の高い仕上げ
エンボス	ステンレスの表面に機械的に凹凸の浮出し模様を付けたもの
エッチング	化学処理により研磨板に図柄や模様を施した仕上げ
BA	鏡面に近い光沢をもった仕上げ
No.2B	冷間圧延して熱処理，酸洗した後，適度な光沢を与えるために軽い冷間圧延をした仕上げ

①アルミニウム製手すり・笠木

アルミニウムは鋼に比べ，**膨張係数が大きい**ので，手すりの**伸縮継手位置の割付け間隔**は，鋼製手すりの場合より**長く**します。また，手すり笠木と外壁の取合いは，直接コンクリートに埋め込まないように固定し，壁付けカバーを取り付けます。笠木の天端の**水勾配**は，**内側を低く**します。

笠木は，**コーナー部材**を直線部材より**先に**取り付けます。笠木をはめ込むための固定金具は，パラペットに**あと施工アンカー**[※19]で固定し，はめあい方式の笠木のジョイント部は，排水機構の溝形断面形状をもつ金具を用い，オープンジョイント[※20]とします。

②天井アルミモールディング

モールディングとは，部材の接合部を装飾して隠すことをいいます。

アルミモールディングを施す際は，留付けを目立たせないよう目地底にステンレス製の小ねじ留めとすることや，アルミモールディングの割付けを半端な材料が入らないよう，基準墨をもとに墨出しをした上で行います。また，長尺のアルミモールディングには，温度変化に対する伸縮調整継手を設けます。

2 軽量鉄骨壁下地

軽量鉄骨下地は，鉄骨造などの建築物において，壁や天井の下地材として用いられます。壁下地では，ランナー，スペーサー，スタッドなどを用います。

①ランナー

ランナーは，床とスラブ下に取り付ける溝形の鋼材で，両端部を押さえ，900 mm程度間隔で打込みピンで固定します。ランナーを固定する打込みピンは，コンクリート打設後10日以上経過していることを確認して打ち込みます。曲面の壁に使用するランナーは，あらかじめ工場でアール加工されたものを使用します。

②スペーサー

スペーサーは，スタッドの剛性確保，ねじれ防止の役割があり，スタッド建込み前に取り付けます。

スペーサーを取り付ける際は，スタッドの端部を押さえ，間隔600 mm程度とします。

③スタッド

スタッドとは間柱のことで，ボード2枚張りの間隔は

同一壁面でスタッド高さに高低差がある場合
高いほうのスタッドに適用される部材を使用します。

※19
あと施工アンカー
既存のコンクリートに穴をあけて，接着剤や金属を挿入し，鉄筋やボルトなどを接続させる方法をいいます。

※20
オープンジョイント
笠木などの継ぎ手部分を固定せず，伸縮性を持たせた納まりをいいます。

シングル野縁

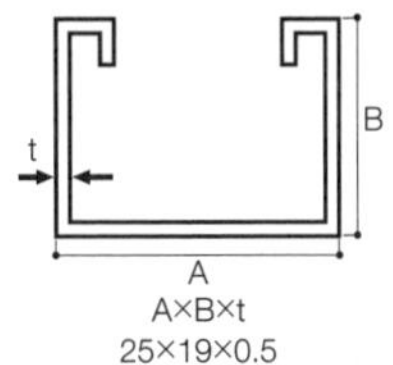

ダブル野縁

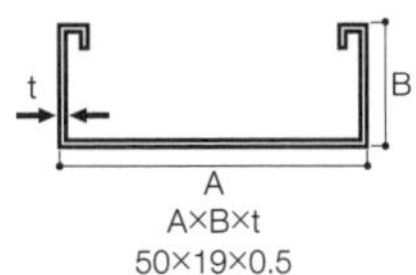

高速カッターによる下地材の切断面
錆止め塗装不要です。

450 mm，ボード1枚張りの場合は300 mmとします。

スタッドの切断は，上部ランナーの上端とスタッド天端のすき間が10 mm以下とします。また，建込み間隔の精度は，±5 mm以下とします。

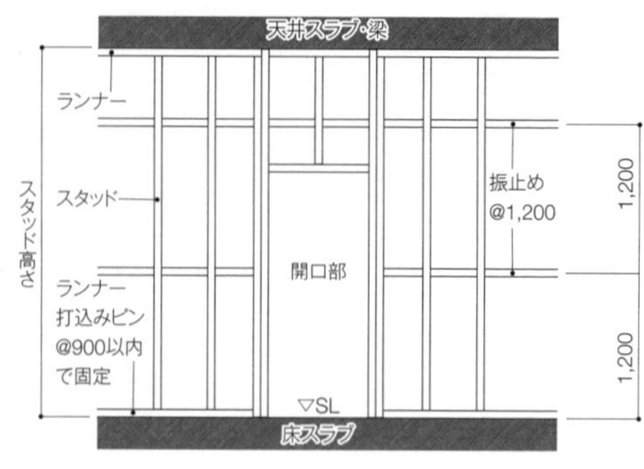

スタッドの高さが2.7 mを超え4.0 m以下の場合，区分記号65形以上のスタッドを用います。

コンクリート壁に添え付くスタッドは，打込みピンでコンクリート壁に固定します。そで壁端部は，開口部の垂直方向の補強材と同じ材料をスタッドに添えて補強します。出入口開口部の垂直方向の補強材の上部は，梁下，床スラブ下に固定します。

3 軽量鉄骨天井下地

天井下地は，せっこうボードなどを張るために，野縁や吊りボルト，振[※21]止めなどの部材で構成されています。

①吊りボルト

吊りボルトは，上階床や梁などから吊り，間隔は900 mm程度，周辺部では端から150 mm以内に配置します。

②振止め

屋内の天井のふところが屋内1,500 mm以上の場合は，吊ボルトの振止め補強を行います。下がり壁による天井の段違い部分は，2,700 mm程度の間隔で斜め補強を行います。

③野縁

野縁は，天井面材を取り付けるための部材で，ボード類2枚（下地）張りの場合の野縁の間隔は360 mm程度，仕上げ材料の直張り，壁紙，塗装下地なら300 mm程度です。

天井下地は，部屋の中央部が高くなるよう，むくりをつけて組み立てます。

野縁を野縁受けに取り付けるクリップのつめの向きは，野縁受けに対し交互に向きを変えて留め付けます。

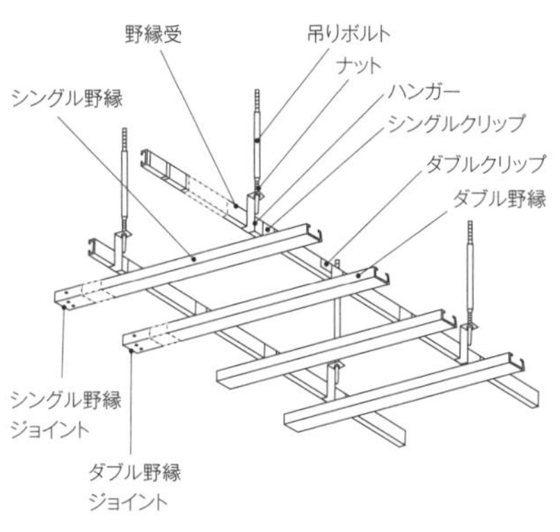

野縁の継手位置は，吊りボルトの近くに設け，隣り合うジョイント位置は，1 mずらし，千鳥状に配置します。野縁は野縁受から150 mm以上はね出してはいけません。下地張りがなく野縁が壁に平行な場合，壁ぎわの野縁はダブル野縁とします。

※21
振止め
振止めは，床ランナーの下端から約1,200 mmごとの間隔で取り付けるスタッドの間隔での振れを防止する横架材です。上部ランナーの上端から400 mm以内に位置するものは取付けを省略できます。振止めは，フランジ側を上向きにしてスタッドに引き通し，振止めに浮きが生じないようスペーサーで固定します。

チャレンジ問題！

問1　難　**中**　易

軽量鉄骨壁下地に関する記述として，最も不適当なものはどれか。

(1) 床ランナーは，端部を押さえ，900 mm間隔に打込みピンでコンクリート床に固定した。
(2) スタッドは，上部ランナーの上端とスタッド天端のすき間が10 mm以下となるように取り付けた。
(3) ボード1枚張りであったので，スタッドの間隔を450 mmとした。
(4) 出入口開口部の垂直方向の補強材の上部は，梁下，床スラブ下に固定した。

解説

ボード1枚張りの場合は，スタッドの間隔を300 mmとします。

解答 (3)

内装工事

1 木工事（造作工事）

木工事とは造作工事ともいい，造作とは，建築物の仕上げや納まりのため，あるいは装飾的に取り付けられる仕上げ材・取り付け物の総称です。敷居・かもい・なげし・天井・床板・床・戸棚・階段などがあります。

化粧面となる造作材への釘打ちは，隠し釘打ち[※22]とします。また，特殊加工化粧合板を接着張りする際の仮留めに用いるとんぼ釘[※23]の間隔は，目地当たりに300 mm程度とします。

湿気のおそれのある場所への木れんがの取付けは，酢酸ビニル樹脂系溶剤形の木れんが用接着剤は適さないため，エポキシ樹脂系による接着剤を使用します。

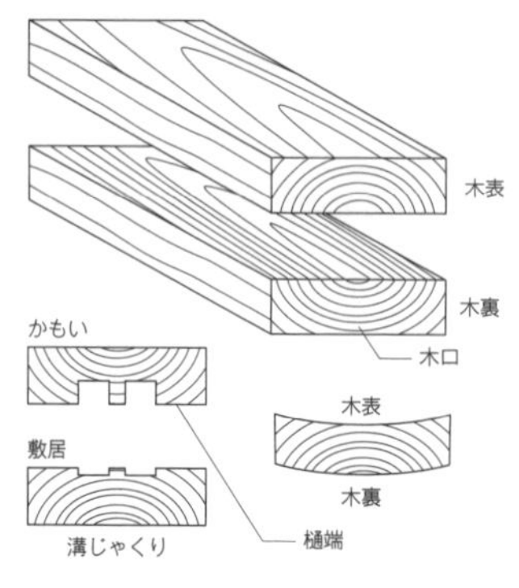

敷居，かもいの溝じゃくりは，**木表側**に行い，かもいの溝じゃくりの溝幅は21 mm，深さを15 mmとします。

和室のかもいと吊束の接合は，かもいが下がらないように，釘打ちではなく，目かすがいや，かもい上げ金具などを使います。

畳付きの敷居のせい（高さ・厚み）は畳の厚さと同寸とし，幅は柱幅として柱面に収まるようにします。

木製三方枠の戸当りは，付樋端[※24]とし，幅木の出隅部分の取合いは，見付け留めとします。さお縁天井の天井板は，継手位置を乱とし，さお縁心で突付け継ぎとします。

押入のぞうきんずりは，柱間に切り込み，内壁に添え付け，受材当たりに釘打ちとします。

床脇の違い棚の筆返しは，上段棚板に隠しあり差しとし，接着剤で取り付けます。

サッシの額縁には，ボードを差し込むための壁じゃくりを付けます。

コンクリート床に取り付ける転ばし大引のアンカーボルトは，あと施工アンカーとします。

2 断熱工事

断熱工事とは，断熱材などを用いて，外部の影響が室内の温熱環境に影響しにくくなる工事です。

①打込み工法（押出法ポリスチレンフォームなど）

押出法ポリスチレンフォームのように，耐水性や耐湿性があり，建築物の外側や，コンクリートなどへの張り付けに適したボード状の断熱材を用います。

打込み工法では，断熱材と躯体が密着するため，内部結露が生じにくいです。また，コンクリートの漏れを防ぐため，断熱材の継目にテープ張りを行います。

断熱材の継目は，型枠の継目を避けて割り付けます。

窓枠回りの防水剤入りモルタル詰めを行った部分には，現場発泡の硬質ウレタンフォームの充填などを行います。セパレータなどが断熱材を貫通する部分は，断熱材の補修を行う必要があります。

②吹付け工法（硬質ウレタンフォーム[※25]吹付け工法など）

硬質ウレタンフォーム吹付け工法とは，施工現場で断熱材を直接吹き付けて継目の無い断熱層を形成します。

吹付け工法において，下地コンクリート面の温度と乾燥度は，発泡倍率や接着性に影響を与えるため，下地は十分に乾燥させます。

吹付け面に付着している油脂分は，はく離の原因になるので，吹付け前に清掃しておきます。

吹付け工法は，吹き付けた材料が発泡するため，平

※22
隠し釘打ち
縁甲板などを張る場合に，釘が外部から見えないように打つ方法のこと。

※23
とんぼ釘
スペーサーが釘の頭に設置され，釘を打ち込んだ後に，頭のスペーサーを除去し，釘の頭を見せない釘です。

※24
付樋端
かもいや敷居に別材を打ち付けて樋端としたものです。

釘の長さ
造作材の釘打ちに用いる釘の長さは，打ち付ける板材の厚さの2.5倍以上とします。

角材の両面仕上げの削り代
5 mm程度とします。

※25
硬質ウレタンフォーム
微細な独立気泡で形成された断熱材で，熱伝導率が極めて小さいガスが含まれています。

滑な表面になりにくく，施工者の技能による影響が大きいです。

ウレタンフォームが所定の厚さに達していない箇所は，補修吹きを行います。

ウレタンフォームが厚く付き過ぎて支障となるところは，カッターナイフなどで表層を除去します。

3 床工事

床工事とは，建築物の床をつくる作業の総称をいいます。床材は，長尺のシート類やビニル床タイル，樹脂系の塗床，フローリングなどがあります。

①ビニル床タイル・ビニル床シート張り（合成高分子系張床）

ビニル床タイル・ビニル床シートとは，合成高分子系の床材です。ビニル床タイルは1枚が300 mm角や450 mm角などで，ビニル床シートは幅1,800 mm程度の長尺の形状です。

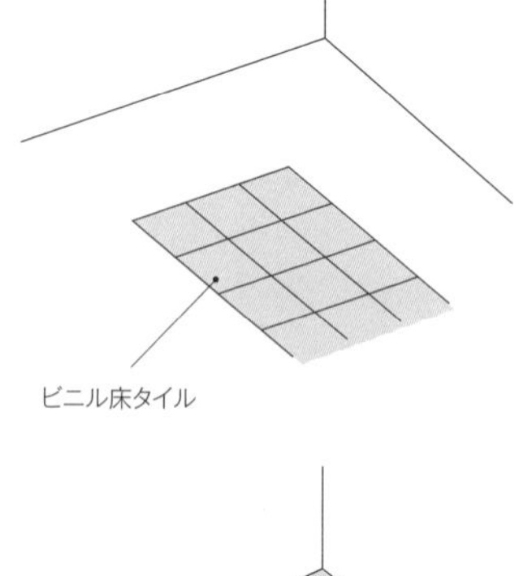

施工時の室温が5 ℃以下になる場合は，採暖の上，床タイル・シートを張り付けます。

●張付け工法

張付けに先立ち床シートは，長めに切断して仮敷きを行い，巻きぐせを取り，24時間以上放置してから張り付けます。

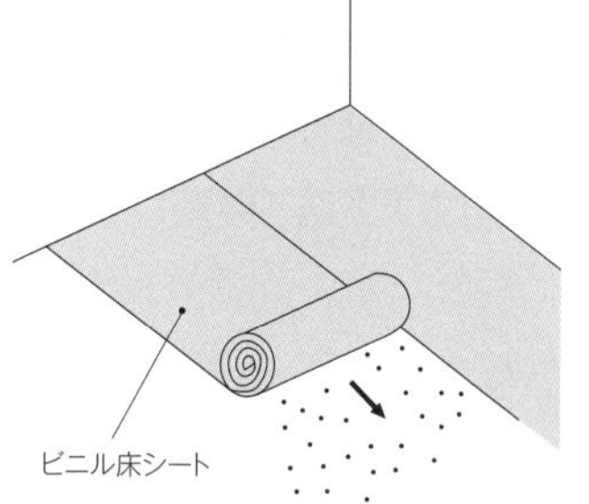

湿気のおそれのある下地への張付けには，ウレタン樹脂系接着剤を使用し，湿気の影響を受けない箇所では，酢酸ビニル樹脂系溶剤形の接着剤を用います。

張付け用の接着剤は，所定のくし目ごてを用いて均一に塗布します。

ビニル幅木の張付けは，出隅部を先に張ります。床シートの幅木部への巻上げは，シートをニトリルゴム系接着剤により張り付けます。

厚物のシートを壁面に張り上げる場合，床と壁が取り合う入隅部に面木を取り付けます。

シートの張付け，ビニル床タイルの張付けでは，ローラーで接着面に気泡が残らないように圧着します。

●床シートの接合

柄模様のシートは，接合部の柄合せを行い，重ね切りします。シート張付け後12時間以上放置した後，溶接作業を行います。

継目の溝はV字形とし，シート厚の$\frac{1}{2}$～$\frac{2}{3}$程度まで溝切りします。溶接部のシートの溝部分と溶接棒は，180～200℃の熱風で加熱溶融します。

熱溶接工法では，ビニル床シートを張り付け，接着剤が硬化した後，溶接を行います。溶接棒は，床シートと同じ材質のものを用います。

熱溶接機を用いて，シートと溶接棒を同時に溶融し，余盛ができる程度に加圧しながら溶接します。余盛は，溶接部が完全に冷却した後に削り取ります。

②合成樹脂塗床

合成樹脂塗床は，エポキシ樹脂塗床材および弾性ウレタン塗床材などを用いた床仕上げをいいます。

●合成樹脂塗床における施工の共通事項

施工法には，流しのべ工法[※26]，樹脂モルタル工法，コーティング工法およびライニング工法があります。

コンクリートの表層のぜい弱な部分は，あらかじめ研磨機などで除去します。

施工に先立ち，作業場所と下地コンクリート表面の温度を測定します。流しのべ工法における下地コンクリートは金ごて仕上げとします。

コンクリート下地に油分などが付着した場合，脱脂処理を行います。プライマーおよび塗床材は，施工可能な温度領域があるため，使用条件を確認します。

ロックウール吹付け工法
吸音・断熱などを目的として，天井や壁に吹き付ける工法です。
配合に用いるセメントは，ポルトランドセメント，高炉セメント，白色セメントです。
はく離剤を用いた型枠で成型されたプレキャストコンクリート面は，合成樹脂エマルションシーラーで下地調整を行います。
現場配合の場合，現場でセメントをスラリー化させ，ノズル先端でロックウールとセメントスラリーを吐出させながら吹き付けます。
こて押え終了後，吹付け材表面を硬化させる場合，セメントスラリーを吹き付けます。

スラリー
粘土と石灰石の粉末を水で一様に練り混ぜた泥状液をいいます。

帯電防止性
ビニル床シートには，帯電防止性を有するものがあります。

※26
流しのべ工法
骨材を混合したペースト状の樹脂を厚く流し，こてで平滑にする工法です。

樹脂モルタルのベースコートの練混ぜでは，主剤と硬化剤を十分に攪拌した後，骨材を最後に加えます。

塗継ぎ箇所には養生用テープで見切り線を付け，所定の時間内に塗り継ぎます。塗床材の2層目の塗重ねは，先に塗った層を塗料に定められた一定時間以上の放置をせず，完全に硬化しないように注意します。

塗布した塗床材の表面に白化，つやむらなどが生じるのを防ぐため，硬化するまでの間に結露が生じないようにします。

●弾性ウレタン塗り床

弾性ウレタン塗り床とは，耐摩耗性に優れた塗り床材です。

合成樹脂を配合したパテ材や樹脂モルタルでの下地調整は，プライマーを塗布した後に行います。

ウレタン樹脂系塗床材の塗布量が2.0 kg/m^{2}を超える場合は，2回塗りとします。

ウレタン樹脂系の塗床材は，塗床材の混合時に巻き込んだ気泡や反応時に発生したガスで表面にピンホールができやすいので，厚塗りを避けます。また，硬化中の塗り床が直射日光を受けるとピンホールが生じやすいので，日除けを設けます。

立上がり部は，だれが生じないように粘度を調節したペーストを用います。

弾性ウレタン塗り床では，耐候性を確保するため，トップコートを塗布します。

●エポキシ樹脂系塗り床

エポキシ樹脂系塗り床材は，耐薬品性に優れた塗り床材です。

施工の際は，施工場所の気温が5℃以下となる場合，施工を中止します。下地との密着性をよくするために[※27]タックコートを塗布します。

[※28]防滑のための骨材の散布は，前工程の塗膜の硬化前に，むらのないように均一に散布します。

主剤と硬化剤の1回の練混ぜ量は，30分以内で使い切れる量とします。

③フローリング

フローリングとは，木製床仕上げ材の総称で，フローリングボードなどがあります。

根太張り工法におけるフローリングボードは，厚さが15 mmの単層フローリングボードを用います。

フローリングボードの下に張る下張り用合板は，長手方向が根太と直交するように割り付けます。また，下張り合板の釘打ち間隔は，継手部は150 mm，中間部は200 mmとします。

根太張り用のフローリングボードは，根太上に接着剤を塗布し，雄ざねの付け根から隠し釘留めとします。また，フローリングボードと壁，他の床材との取合いは，伸縮を考慮し，適当な空隙を設けてエキスパンションジョイントとします。隣接するボードの継手位置は揃えずに，150 mm離して割り付けます。

接着剤と釘打留めを併用する場合の下地板で，パーティクルボード[※29]を使用する場合は，13 Mタイプ（曲げ強さ・耐水性能）を使用します。

直張り工法における下張り用床板は，厚さ12 mmの構造用合板を使用し，受材心で突付け継ぎとします。また，接着剤は，下張り用床板に300 mm程度の間隔でビート状に塗り付けます。

モルタル下地への直張りボードの接着剤張り工法や，根太張り工法で釘打ちと併用する接着剤は，エポキシ樹脂系接着剤とします。

④フリーアクセスフロア

大量の配線，配管を行うために床を二重にし，その空間に配線を行う方式です。

工事では，下地となるコンクリートスラブ面には防塵塗装を行います。また，パネル支持脚は，電気亜鉛めっきの防錆処理を行った鋼材を使用します。凹凸の多い下地の場合は高さ調整ができない置敷き方式は適していないため，高さ調整可能な独立支柱タイプのも

※27
タックコート
付着性を向上させるための材料です。

※28
防滑
歩行の際に滑らないよう未然に防ぐこと。

※29
パーティクルボード
木材の小片を接着材で加熱圧縮した板のこと。

フローリングの接着工法
接着剤は，くしべらで均一に下地面に塗り付けます。

体育館の特殊張り
下張りの上に接着剤でボードを接着し，隠し釘打ちと木栓穴に脳天釘打ちして張り付けます。体育館の壁とフローリングボードの取合いは，20～30 mm程度のすき間を設けて，エキスパンションゴムなどを設けます。

目違い
フローリングボードに生じた目違いは，養生期間を経過した後，サンディングして削り取ります。

のを使用します。

事務室などでは1枚のパネルの四隅や中間に高さ調整のできる支持脚が付く，**脚付きパネル方式**が適しています。

クリーンルームでは，床下に作業者が入れるように根太や大引などの下地を設けてパネルを支持する**根太方式**とします。

電算機室では，パネルの四隅の交点に高さを調整できる共通の支持脚を設けてパネルを支持する**共通独立脚方式**とし，方づえを設けて耐震性を高めます。

タイルカーペットと床パネルの目地は，**同一位置とならない**ようにします。また，寸法精度は床パネルの各辺の長さが500 mmの場合，幅および長さの±0.5 mm以内とします。パネル取付け後の水平精度は，**隣接するパネルどうしの高さの差を1 mm以下**とします。

⑤カーペット

カーペットとは，羊毛，木綿，黄麻糸などで織られた厚手で大型の床仕上げ材料で，吸音性，防音効果に優れています。

●各種工法

グリッパー工法とは，カーペットの敷き方の1つで，施工範囲の壁際にグリッパーと呼ぶカーペット取付け具を固定し，ニーキッカーで引き伸ばしたカーペットをこれに引っ掛ける工法です。グリッパーは，**壁際からのすき間を均等にとって**打ち付け，**下敷き用フェルト**は，**突き付けて**すき間なく敷き込み，要所を接着剤で固定します。

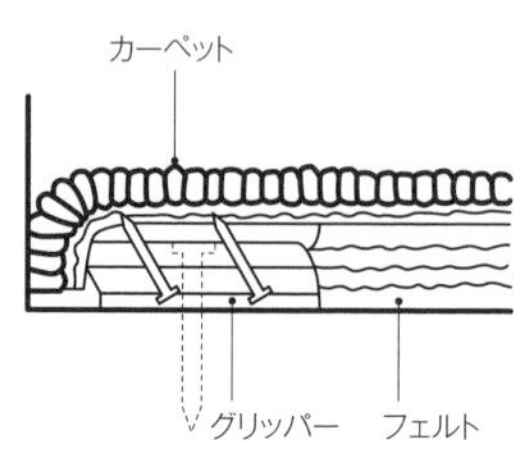

グリッパー工法として，ウィルトンカーペット，タフテッドカーペットがあります。

ウィルトンカーペットは，**基布とパイル糸を同時に織り込んだ**，**機械織り**の敷物で，**継目部の接合**に，ヒートボンド工法が用いられます。また，裁断は，**はさみを用いて**織目に沿って切りそろえ，はぎ合わせは手縫いで**つづり縫い**とします。

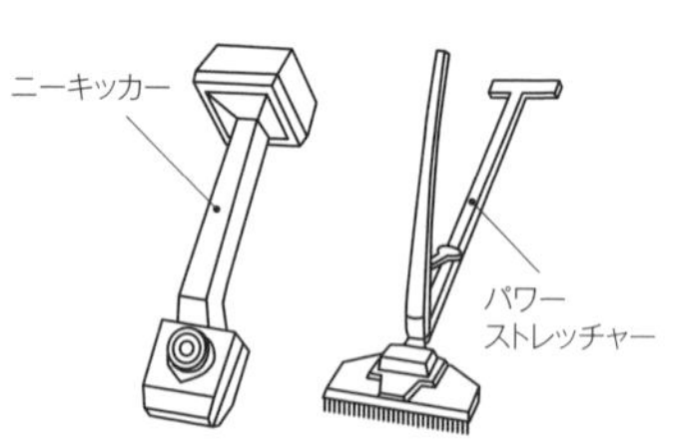

タフテッドカーペットは，機械刺しゅう敷物で基布にパイル糸を刺し込み，パイルの変形や抜けを防ぐため，裏面に接着剤で固定したもので，敷込みは全面接着工法とします。

両面テープで固定するものとして，ニードルパンチカーペットがあり，シート状の繊維で基布を挟み，針で刺して上下の繊維を絡ませた敷物です。

接着剤で固定するものとして，タイルカーペットがあり，カーペットを正方形に裁断加工し，バッキング材で裏打ちしたタイル状敷物で，張付けは市松張りとします。また，施工は粘着はく離形の接着剤を下地に均一に塗布し，オープンタイムを確保した後，張り付けます。タイルカーペットの目地は，フリーアクセスフロアの床パネルの目地とずらして割り付けます。タイルカーペット下にフラットケーブルを配線する場合は，カーペットの張付けを先に行います。

その他のカーペットとして，だんつうは敷物用織物の1つで，厚手の手織りカーペットの最高級品です。

置敷き工法は，床仕上げをした部屋にカーペットを敷く工法です。

4 壁・天井工事

①せっこうボード張り[※30]

●せっこうボードの取付け

せっこうボードは，防火性に優れます。また，芯材部分に無機繊維材料を混入し，防火性能を向上させたものを強化せっこうボードといいます。

せっこうボードを鋼製下地に張り付ける場合のドリリングタッピンねじの留付け間隔は，中間部は300 mm程

養生
フローリングボード張込み後，床塗装仕上げを行うまで，ポリエチレンシートを用いて養生をします。

床パネルに方位のマーキング
フリーアクセスフロアの床パネル取付け完了後に，取り外して再度取り付ける時の作業を容易にするため，床パネルには方位のマーキングを行います。

ヒートボンド工法
カーペットの接合は，接着テープを用いてアイロンで加熱しながら圧着します。

防炎ラベル
カーペットの防炎ラベルは，室ごとに張り付けます。

※30
せっこうボード
せっこうを焼成，半水せっこうとし，これに加水しスラリー状とし，ボード用原紙間に流して成形した板をいいます。安価で需要が多いです。

壁の二重張り
上張りのボードは接着剤とステープルを併用して張り付けます。

度，周辺部は200 mm程度とします。また，ねじの頭は仕上げ面の精度確保のため，ボード面より少し沈むように締め込み，鋼製下地の裏面に10 mm以上の余長が得られる長さのねじを用います。

天井の仕上張りは，中央部より張り始め周囲に向かって張り進めます。

木製下地にせっこうボードを直接張り付ける場合は，ボード厚さの3倍程度の長さのボード用釘を用います。

●直張り工法（GL工法）

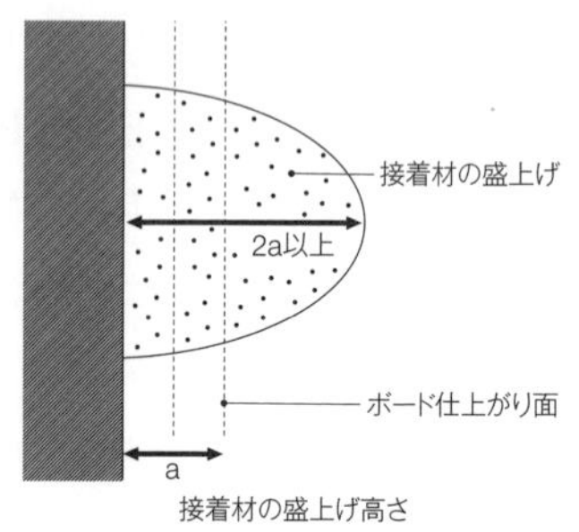

接着材の盛上げ高さ

コンクリート下地への直張り工法では，コンクリート下地面に専用のプライマーを塗布した後，乾燥させ，直張り用接着材を塗り付けます。張付け用接着材の1回の練混ぜ量は，1時間で使い切る量とします。

接着材の盛上げ高さは，下地からボードの仕上がり面までの2倍以上の高さとします。また，接着材は塗り付けたときに垂れない程度の硬さとします。

張付け用接着材の塗付け間隔は，ボードの中央部より周辺部を小さくします。

ボードの張付け時の不陸調整は，定規でボードの表面をたたきながら行います。

水分の吸上げ防止

床面からの水分の吸い上げを防ぐため，くさびを打ってボードを床面から10mm程度浮かします。

●せっこうボードの継目処理

せっこうボードの継目処理では，目地のない平滑な下地面とする場合，テーパーエッジのせっこうボードを用いて継目処理を行います。

テーパーボードの継目処理で，グラスメッシュのジョイントテープを用いる場合，ジョイントテープを張る前のジョイントコンパウンドの下塗りを省略できます。

せっこうボード切断部の目地処理は，ボード用原紙表面の面取りを行い，ベベルエッジの目地処理に準じて行います。また，ボードを突付けとせず，すき間を空けて底目地を取る目透し工法で仕上げる壁は，スクエアエッジのボードを使用します。

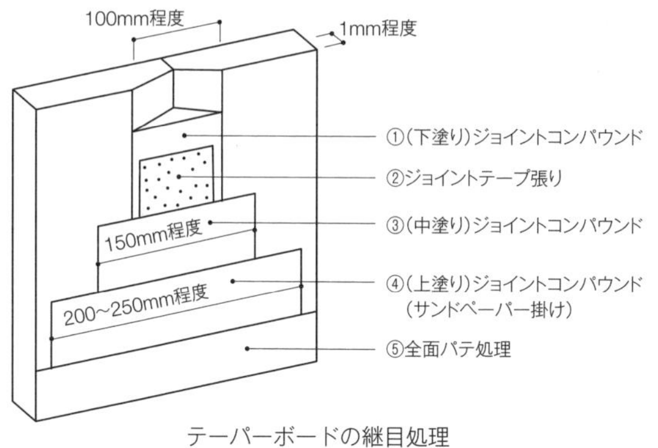

テーパーボードの継目処理

②壁紙張り

壁紙とは壁に張り付けて用いる装飾用の紙で，各種織物などの繊維品やプラスチック製品など複数の種類があります。

●下地調整・接着剤

壁紙張りの下地処理では，ビス頭の防錆処理を行った後に，下地との接着性を向上させるため下地にシーラーを塗布します。

せっこう系接着材で直張りしたせっこうボード下地は，十分に乾燥させてから壁紙を張り付けます。

接着剤は，でん粉系接着剤と合成樹脂系接着剤を混合したものを用いて，壁紙の裏面にのり付機でむらなく塗布します。

●施工方法

下地のせっこうボードのジョイントと壁紙のジョイントが，重ならないように張り付け，壁紙のジョイントは，下敷きを当てて裁断します。

また，室内に柱が張り出している場合，柱の正面でジョイントせず，ジョイントを柱の両側面にまわすよ

シージングせっこうボード
両面のボード用原紙および芯のせっこうに防水処理を施したもので，普通せっこうボードに比べ吸水時の強度低下，変形が少ないです。

せっこうボードのコーナー保護金物
出隅部には，衝突による損傷防止のため，コーナー保護金物を使用します。

ボード2枚張りの場合
上張りは縦張りとし，上張りと下張りの継目の位置が同じ位置にならないようにします。

ALCパネル面
乾燥しているALCパネル面にせっこうボードをせっこう系接着材で直張りする場合，下地面のプライマー処理を行います。

ポリスチレンフォームなどの断熱材下地面
プライマーを塗布し，乾燥させた後，接着材を塗り付けます。

うに割り付けます。

重張りとする壁紙は，強い光の入る側から張り出します。

素地面が見え透くおそれのある壁紙を張る場合，素地面の色違いを修正するためにシーラーで処理します。

施工中の室内の温度や湿度が高い場合，通風や換気を行います。

●清掃と養生

壁紙の表面に付着した接着剤は，張り終わった箇所ごとに清浄な湿布で直ちに拭き取ります。

施工中，室温が低温になるおそれがある場合は採暖の措置をとり，壁紙の張付けを完了した後の室内は，接着剤の急激な乾燥を避けるため，通風と日射を避けて接着剤を自然乾燥させます。

防火材料に認定された壁紙の防火性能は，下地の防火性能や，施工方法などの条件により異なります。

チャレンジ問題！

問1　難　**中**　易

内装木工事に関する記述として，最も不適当なものはどれか。

(1) 柱などの角材で両面仕上げとする際の削り代は，5 mmとした。
(2) 造作材の釘打ちに用いる釘の長さは，打ち付ける板材の厚さの2.5倍とした。
(3) かもいの溝じゃくりは木裏側に行い，溝幅は21 mm，深さを15 mmとした。
(4) 畳付きの敷居のせいは畳の厚さと同寸とし，幅は柱幅として柱面に収まるようにした。

解説

かもいの溝じゃくりは木表側に行います。

解答（3）

その他の仕上げ工事

1 カーテン工事

カーテンは，室内の開口部や窓を美しく演出する間仕切りとして，防音，吸音，光量調節などの機能があります。

①カーテンの加工

1枚のカーテンに使用するきれ地は，きれ地幅$\frac{1}{2}$を超えるはぎれを使用します。

カーテンの加工として，フランスひだをつくるためには，取付け幅に対して2倍以上のきれ地を使用します。

引分け式遮光用（暗幕用）カーテンは，中央召合せを300 mmとし，カーテンの下端は，窓の下枠より400～500 mm程度長く仕上げます。

ドレープ[※31]や遮光用カーテンの幅継ぎ加工は，袋縫いとし，レースカーテンの上端の縁加工は，カーテン心地を入れて2つ縫いとします。カーテン上端の折返し長さは，使用するフック（ひるかん）の長さにより定めます。また，カーテンの両脇およびすその縁加工は，伏縫いとします。

②カーテンボックス

カーテンレールを隠す目的で，窓の上部や天井面にカーテンボックスを設置します。

レースカーテンのカーテンボックスは，窓幅に対して片側各々100～150 mm長くします。カーテンレールがダブル付けのカーテンボックスの奥行き寸法は，150 mm以上とします。

※31

ドレープカーテン
厚地であり，遮光，遮へい，保温，吸音などの目的で用いられます。

ケースメントカーテン
厚地のドレープカーテンと透視性のあるレースカーテンの中間的な材質のカーテンです。

現場実測
カーテンの取付け幅および高さの製作寸法は，現場実測により定めます。

ランナーの数
カーテンレールに取り付けるランナーの数は，1m当たり8～12個とします。

防炎加工
防炎加工されたカーテンは，洗濯方法と防炎再処理の必要度の違いにより種類分けされています。

ベネシャンブラインド
手動の操作形式は，ギヤ式，コード式，操作棒式に分類されます。

中空に吊り下げるカーテンレールの吊り位置
間隔を1m程度とし，曲がり箇所および継目部分にも設けます。

2 改修工事・解体

耐用年数の経過や，利用用途の変更などにより，既存躯体の改修や，仕上げ材の撤去・改修，建築物の解体などが必要になります。

①モルタル塗り仕上げ外壁・内部仕上げの改修

コンクリート壁下地に塗られたモルタルに一部軽微な浮きが認められた場合などに，**アンカーピンニング部分エポキシ樹脂注入工法**で補修します。

モルタルの浮き部分に使うアンカーピンの本数は，一般部分を**16本/m^2**とします。また，アンカーピン固定用エポキシ樹脂は，手動式注入器を用いて，孔の**最深部側**から徐々に充填します。

外壁タイル張り仕上げの下地モルタルと構造体コンクリートの間の浮き面積が**0.25 m^2**程度の部分は，**アンカーピンニング全面エポキシ樹脂注入工法**で補修します。

②アスファルト防水改修工事

既存のアスファルト防水で保護コンクリートがある場合は，ハンドブレーカーを使用し，取合い部の仕上げ材や躯体に損傷を与えないように撤去します。平場部の既存アスファルト防水層は，**けれん棒**を使用します。その後，**立上り部およびルーフドレンまわりの防水層も撤去し**，新たにアスファルト防水層を施工します。

既存防水層撤去後の下地コンクリート面に軽微なひび割れがあり，新規防水を絶縁工法で行う場合，**シール材**で補修します。

③既存床材の撤去

既存の床材は，材料によって様々な機械を使用し，撤去します。コンクリート下地の**合成樹脂塗床材の除去は，ブラスト機械**によりコンクリート表面を削り取ります。また，モルタル塗り下地の場合，**電動はつり器具**などを用いて**下地モルタルごと全面撤去**します。

ビニル床シート張り床は，ビニル床シートを**カッター**で適切な大きさに切断し，スクレーパーを用いて撤去します。**磁器質床タイルの張替え部は，ダイヤモンドカッター**などで存置部分と縁切りをし，**電動はつり器具**により撤去します。**乾式工法のフローリング張り床材の撤去は**，丸のこで適切な寸法に切断し，けれん棒によりはがし取ります。

④内装改修工事における軽量鉄骨天井下地

軽量鉄骨天井下地は，既存の埋込みインサートの再使用が可能で，吊りボルトの引抜き試験による強度確認を行います。新たに設ける吊りボルト用のアンカーは，あと施工の金属拡張アンカーを用います。亜鉛めっきされた補強材同士の溶接箇所は，錆止め塗装が必要です。

照明器具取付け用の開口部の野縁は，高速カッターで切断しガスによる溶断を行ってはいけません。

⑤解体

●木造建築物の分別解体

木造建築物の解体作業は，建築設備を取り外した後，建具や畳などの取外しを手作業で行います。作業の効率を高めるため，1階部分から撤去します。

蛍光ランプやHIDランプは，水銀が含まれているため，専門の処理業者に委託します。壁や天井のクロスは，せっこうボードを撤去する前にはがします。天井，床，外壁に断熱材として使用されているグラスウールは，可能な限り原形のまま取り外します。屋根葺き材は，内装材を撤去した後，手作業で取り外し，分別が困難なつかみ機による解体は行いません。

●鉄筋コンクリート造建築物の解体[※32]

建築物の躯体を圧砕機などにより解体します。コンクリート片の飛散防止や騒音防止のため，防音パネルを取り付けます。また，解体時の粉じんの飛散防止のため充分な散水をします。作業は，最初に作業開始面の外壁を解体し，オペレーターが建物の各部材に対応できる視界を確保します。各階の解体は内部を先行して解体し，最後に外部を解体します。

その他の改修工事

外装金属カーテンウォールの既存シーリングをすべて除去することが困難な場合，補修シーリング材をかぶせるブリッジ工法で補修します。既存露出アスファルト防水層の上に，アスファルト防水熱工法により改修をする場合，下地調整材としてポリマーセメントモルタルを用いてはいけません。

※32

鉄筋コンクリート造建築物の解体工事

地上作業による解体は，地上から解体重機で行い，上階から下階へ床，梁，壁，柱の順に解体していきます。階上作業による解体は，屋上に揚重した解体重機で最上階から解体し，解体で発生したコンクリート塊を利用してスロープをつくり，解体重機を下階に移動させながら行います。外周部の転倒解体工法では，壁下部の水平方向，壁および梁端部の垂直方向の縁切りを行った後，最後に柱脚部の柱主筋をすべて切断し，転倒させます。

3 押出成形セメント板工事

押出成形セメント板工事とは，セメント，けい酸質原料および繊維質原料を主原料として，中空を有する板状に押出成形した押出成形セメント板（以下，パネル）を，Ｚクリップなどの取付金物を使って取り付ける工法です。外壁パネルは，パネルを縦使いで取り付ける縦張り工法と，横使いで取り付ける横張り工法があります。

●パネルの取付金物（Ｚクリップ）の取付け

下地鋼材に30 mm以上のかかりしろを確保し，取付けボルトが取付金物のルーズホールの中心に位置するように取り付けます。横張り工法のパネル取付金物は，パネルがスライドできるようにし，パネル左右の下地鋼材に堅固に取り付け，縦張り工法のパネルの取付金物は，パネルがロッキングできるように正確かつ堅固に取り付けます。パネルの欠き込み幅は，パネル幅の$\frac{1}{2}$かつ300 mm以下とし，2次的な漏水対策として，室内側にガスケットを，パネル張り最下部に水抜きパイプを設置します。

チャレンジ問題！

問1　難　中　易

木造建築物の分別解体に係る施工方法に関する記述として，最も不適当なものはどれか。

(1) 解体作業は，建築設備を取り外した後，建具と畳を撤去した。
(2) 壁および天井のクロスは，せっこうボードを撤去する前にはがした。
(3) 外壁の断熱材として使用されているグラスウールは，細断しながら取り外した。
(4) 屋根葺き材は，内装材を撤去した後，手作業で取り外した。

解説

グラスウールは，可能な限り原形のまま取り外します。

解答 (3)

第一次検定

第3章

施工管理法

第3章 施工管理法

CASE 1 施工計画

まとめ & 丸暗記　この節の学習内容とまとめ

- □ ベンチマーク：建築工事を行う際に基準高や基準位置を決めるもの。移動のおそれのない箇所に，相互に確認できるよう2か所以上設ける
- □ 排水調査：地質内の排水を行う場合にする調査。排水管の勾配が公設ますまで確保できるかを調べる
- □ 廃棄物の処分場所の調査：
  解体工事で発生する基礎コンクリート塊や木くずを産業廃棄物として廃棄処分する場合に行う調査
- □ 鉄骨建方計画における日影の影響調査：
  日影の検討は，着工前に設計者が影響を検討済みのため，鉄骨建方計画の段階では検討しない
- □ 施工計画書：施工内容を図表にしたもの。施工手順や機器配置などの施工計画を具体的に記述する
- □ 建設用リフト設置届の提出先：
  事業者が労働基準監督署長に提出する
- □ 延べ面積が10 m^2を超える建築物の除却：
  建築物除却届を都道府県知事に提出する
- □ 歩道に工事用仮囲いを設置する場合：
  道路使用許可を警察署長に申請する
- □ 特定建設資材を用いた対象建設工事の届出書の提出先：
  発注者または自主施工者が都道府県知事などに提出する

事前調査

1 施工計画の事前調査

施工計画において，現場の条件，工事の内容，契約条件などは工事ごとに異なるため，最適な工事を目指すために十分な事前調査が必要です。

①敷地などの調査

敷地境界標石[※1]がある場合でも，関係者立会いの上，敷地境界の確認のための測量を行います。また，根切り工事計画で行う「前面道路や周辺地盤の高低の現状調査」や，総合仮設計画で行う「敷地周辺の電柱および架空電線の現状調査」があります。

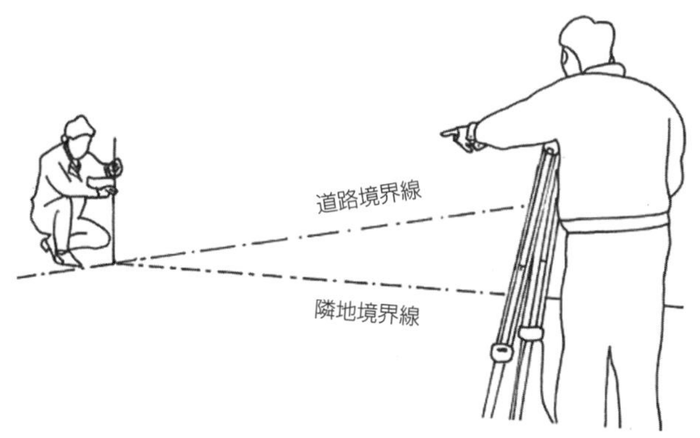

既存の地下埋設物[※2]を記載した図面がある場合，位置や規模の確認のための掘削調査を行います。また，建物設計時の地盤調査で，根切り，山留め工事の計画が不十分だった場合，追加ボーリングを行い，土質性状を確認します。

建築工事を行う際に基準高や基準位置を決めるベンチマークは，移動のおそれのない箇所に，相互に確認

防護棚（朝顔）の設置時の調査
防護棚は落下物を受ける仮設物なので，防護棚を設置する際に，敷地地盤の高低や地中埋設配管の状況を調査する必要はありません。

※1
敷地境界標石
御影石などで出来た杭の頭に刻まれた矢印や十字によって，敷地や道路の境界を示します。

※2
地下埋設物
地上では確認できない，杭，基礎，配管などの埋設物をいいます。

できるよう2か所以上設けます。

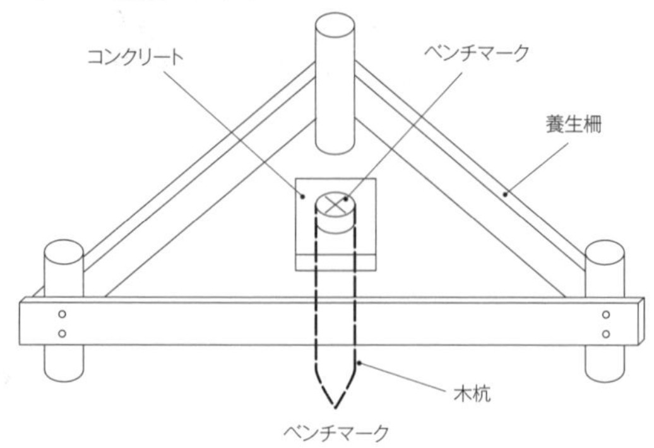

②水質・排水調査

敷地内の排水を行う場合，排水管の勾配が公設ます[※3]まで確保できるか調査します。

また，掘削中に地下水を揚水する場合，周辺の井戸の使用状況の調査を行います。地下水の排水計画では，公設ますの有無と下水道の排水能力の調査を行います。

③搬入経路における調査

資材を搬入するにあたり，あらかじめ工事用大型車両の敷地までの通行経路における道路幅員や架空電線の有無，幼稚園や学校の場所の調査を行い，資材輸送の制限の有無を確認します。

④周辺建築物の影響確認

山留めおよび掘削工事を行う場合，施工前に近接家屋の現状調査を行います。

⑤廃棄物の処分場所の調査

解体工事で発生する木くずや，既存建物の基礎コンクリート塊を産業廃棄物として処分する場合，処分場所の調査を行います。

⑥解体工事計画での調査

解体工事を計画する際には，地業工事で振動が発生するおそれがある場合，近隣の商店や工場の業種の調査を行います。

⑦鉄骨建方計画での調査

鉄骨の建方計画にあたっては，クレーン車の進入経路，材料の搬入経路などを調査します。

鉄骨建方計画の段階での日影による近隣への影響調査は必要ありません。これは，着工前に設計者が影響を検討しているためです。

⑧場所打ちコンクリート杭工事の計画

場所打ちコンクリート杭工事の計画では，敷地内の地中障害物[※4]の有無の調査を行います。また，敷地の形状および工事用水の供給施設の調査も行います。

⑨電波障害の確認

揚重機の設置計画では，電波障害が予測される範囲について敷地周辺の調査を行います。

※3
公設ます
道路境界線から民地敷地内の1m以内に市などが設置・管理する公共の枡をいいます。

※4
地中障害物
工事作業中に，障害となる地中に埋没しているものをいいます。

チャレンジ問題！

問1　難　中　**易**

事前調査と施工計画の組合せとして，最も関係の少ないものはどれか。

(1) 近隣の商店や工場の業種の調査 …………… 解体工事計画
(2) 前面道路や周辺地盤の高低の現状調査 …… 根切り工事計画
(3) 敷地内の地中障害物の有無の調査 ………… 場所打ちコンクリート杭工事計画
(4) 日影による近隣への影響調査 ……………… 鉄骨建方計画

解説

日影による近隣への影響調査は，着工前に設計者が影響を検討済みなので，鉄骨建方計画の段階では検討しません。

解答（4）

施工計画

1 施工計画書

施工計画書とは，施工内容を図表にしたもので，基本工程表，総合施工計画書，工種別施工計画書があります。計画書の作成は，施工者が各部の施工の際，施工手順や機器配置などの施工計画（施工要領）を立案し，その施工計画を具体的に記述します。

①基本工程表

基本工程表は，大枠の基本工程を把握して工事の進捗に合わせて詳細工程表を作成し，決定します。記載内容は，**主要な工事項目の日程**とともに，**検査や承認などの日程**を記入します。

例えば，土工事の根切りなど，職種や特定の部分を取り出し，それに関わる作業，順序関係，日程などを示すのは，詳細な工程表の作成時で，基本工程表では行いません。

②総合施工計画書

総合施工計画書は，全般的な工事の施工方法などを記載するもので，工事の着工前に，施工方針，施工計画，管理計画などを含め作成します。記載項目としては，「現場の構成員と社内支援スタッフとの関わり方」，「主要品質のつくり込み方針」，「主要な工事の流れに関わる制約条件」，「重要施工管理項目」，「工事関係図書の周知徹底の方法」，「工種別の施工計画書および施工図などの作成の有無」があり，**仮設資材**，**工事用機械の配置状況**なども記載します。

③工種別施工計画書

工種別施工計画書は，**品質管理計画**，**施工要領**，安全計画などの要素を記載するもので，総合施工計画書に基づき施工方針に大きく関わる主要な工事について作成します。工事の種類ごとに作成するため，どの工事にも共通で使用できるわけではありません。また，工種別施工計画書に含まれる施工要領書は，専門工事業者が作成することができます。

2 その他各種工事の計画

①総合仮設計画

総合仮設計画とは，運搬・揚重設備，置場，環境整備の各計画をいい，計画をする際に**敷地周辺の電柱および架空電線の現状調査**を行います。

現場に設ける工事用の事務所は，強度や防火性能を備えた上で，経済性や転用性も重視して計画します。また，仮設の危険物貯蔵庫は，作業員休憩所や他の倉庫と離れた場所に設置するよう計画します。

チャレンジ問題！

問1　難　中　易

施工計画書の作成に関する記述として，最も不適当なものはどれか。

(1) 基本工程表には，主要な工事項目の日程とともに，検査や承認等の日程を記入する。
(2) 総合施工計画書には，仮設資材，工事用機械の配置状況なども記載する。
(3) 工種別施工計画書は，どの工事にも使えるように，共通的な工法について作成する。
(4) 工種別施工計画書には，品質管理計画，施工要領なども記載する。

解説

工種別施工計画書は，総合施工計画に基づき工事の種類ごとに作成します。

解答（3）

申請・届出

1 労働安全衛生法関係

労働者の安全と健康を確保することを目的とした法律です。

申請・届出名称	提出時期	提出者	提出先
特定元方事業者の事業開始報告	遅滞なく	事業者	労働基準監督署長
総括安全衛生管理者選任報告	事由発生後 14日以内		
安全管理者選任報告			
衛生管理者選任報告			
型枠支保工設置計画届 ※支柱の高さが3.5 m以上	工事開始日の 30日前		
足場の組立て・解体計画届 ※10 m以上			
事業場設置届			
建築物または工作物の建設，改造， 解体破壊等計画届 ※高さ31 m超(面積規定無し)	工事開始日の 14日前		
A.地山の掘削計画届 ※10 m以上			
A.石綿[※5](アスベスト)等の除去			
クレーン[※6]・人荷用エレベーター[※7]・ 建設用リフト設置届	設置工事 開始日の 30日前		
ボイラー設置届			
ゴンドラ設置届			
建設業に附属する寄宿舎の設置届	工事開始日の 14日前	使用者	

①計画の届出を要しない条件

・建設用リフト：積載荷重0.25 t未満でガイドレールの高さが18 m未満

・架設通路：高さおよび長さがそれぞれ10 m未満

・足場：吊り足場，張出し足場以外の足場で，高さが10 m未満のもの

・組立てから解体までの期間が60日未満のもの（吊り足場，張出し足場，高さが10 m以上の足場，高さおよび長さがそれぞれ10 m以上の架設通路）

②計画の届出の注意点

建設工事の計画届（表中A）は労働基準監督署長または厚生労働大臣に提出します。**耐火建築物や準耐火建築物の石綿などの除去は，届出が必要です。**

2 建築基準法

建築物の用途や高さなどについて定めた具体的な基準を建築基準法といいます。

申請・届出名称	提出者	提出先	提出時期
建築確認申請	建築主	建築主事[※8]	工事着工前
建築工事届 ※延べ面積 10 m^2超	建築主	都道府県知事	工事着工前
建築物除却届 ※延べ面積 10 m^2超	施工者	都道府県知事	工事着工前
中間検査申請書	建築主	建築主事	特定工程の工事終了後4日以内
完了検査申請書	建築主	建築主事	完了後4日以内
安全上の措置などの計画に関する届出	建築主	特定行政庁[※9]	完了前

※5
石綿
アスベストともいいます。地殻裂け目で高圧熱水作用を受けてできた繊維状の結晶で，耐火用の断熱材や補強材に使用されていましたが，人体に有害で現在は使用を禁止されています。

※6
クレーン
表中のクレーンは吊り上げ荷重3 t以上を示します。

※7
人荷用エレベーター
表中の人荷用エレベーターは積載荷重1 t以上を示します。

※8
建築主事
市町村長や，都道府県知事の監督指揮のもとに置かれた，建築確認の事務を行う役職です。

※9
特定行政庁
建築主事を置く市町村の区域については当該市町村の長，その他の市町村の区域については都道府県知事をいいます。

3 施工に関わる手続き

施工の際には，工事内容に合った手続きを行う必要があります。手続きの申請には様々な種類があるため，申請の名称と提出者・提出先・提出時期を整理して理解することが大事です。

申請・届出名称	提出者	提出先	提出時期
道路使用許可申請書	施工者	警察署長	着工前
道路占用許可申請書		道路管理者	
騒音規制法に基づく特定建設作業実施届		市町村長	着工の7日前
振動規制法に基づく特定建設作業実施届			
自家用電気工作物使用開始届出	設置者	経済産業大臣または経済産業局長	遅滞なく
航空障害灯の設置届		国土交通大臣	事前
浄化槽設置届		都道府県知事（保健所を置く市は市長）	着工の21日前
工事監理報告書	建築士	建築主	工事監理終了後直ちに
消防用設備等着工届	消防設備士	消防長または消防署長	着工の10日前
危険物の貯蔵所および取扱所設置許可申請書	設置者	消防署を置く市町村は市町村長，それ以外は都道府県知事	事前

4 建設リサイクル法に関わる手続き

建設リサイクル法に関わる手続きを次に示します。

申請・届出名称	提出者	提出先	提出時期
特定建設資材を用いた対象建設工事の届出書	発注者または自主施工者	都道府県知事（市町村または特別区の長）	作業開始の７日前

歩道における工事用仮囲いの設置の申請
道路使用許可を警察署長に申請します。

チャレンジ問題！

問１　難　中　易

建築工事に係る申請や届出等に関する記述として，最も不適当なものはどれか。

(1) 延べ面積が20 m^2 の建築物を建築するため，建築工事届を知事に届け出た。
(2) 耐火建築物に吹き付けられた石綿等の除去作業を行うため，建設工事計画届を労働基準監督署長に届け出た。
(3) 積載荷重が1 tの仮設の人荷用エレベーターを設置するため，エレベーター設置届を労働基準監督署長に提出した。
(4) 歩道に工事用仮囲いを設置するため，道路占用の許可を警察署長に申請した。

解説

歩道に工事用仮囲いを設置する場合は，道路使用許可を警察署長に申請します。

解答（4）

第3章 施工管理法

CASE 2 工程管理

まとめ & 丸暗記 この節の学習内容とまとめ

- □ 山積工程表：各作業に必要となる，人員や機械などの工事資源の数量の変化を表す工程表
- □ 山崩し：作業員や資機材などの投入量が一定量を超えないように工程を調整すること
- □ バーチャート工程表：
  作業項目や日程を横線で表した工程表で，各作業の順序や関連などは明確ではないため，クリティカルパスが明確になりにくい。また，出来高の累計を重ねて作成した場合は，工事出来高の進捗状況が把握しやすい
- □ バーチャート工程表の作成：
  横座標に工事期間などの時間をとり，縦軸に各専門工事などを列記し，それぞれの要素工事や各専門工事の実施予定期間を，横座標を尺度として線分（バー）で記載する
- □ ネットワーク工程表：
  工程における複雑な作業間の順序関係を視覚的に表し，開始・終了時刻を明確にしたもので，きめ細かな施工計画が立てられ，工程の変化に対応しやすい。作業の経路のうち最も日数を必要とする経路であるクリティカルパスをあらかじめ確認することができる
- □ 最早開始時刻：作業を最も早く開始できる時刻のことで，これを計算することにより所要日数がわかる
- □ 最遅開始時刻：工期に影響を与えない範囲内で，作業を開始することのできる最も遅い時刻のこと

工程管理・工程計画

1 工程管理の手順

工程管理では，計画（P）→実施（D）→検討（C）→処置（A）を1サイクルとして反復進行し，それによって管理をします。

2 工程計画

工程計画を行うときは，施工場所，時期，施工法などを総合的に考慮し，工事が円滑に進行するとともに，工期内に建築物が完成し，かつ所定の品質を確保し，経済的に施工できるよう計画します。各工事の施工速度は，工期，品質，経済性，安全性を考慮して設定する必要があります。

工程計画には大別して積上方式（順行型）[※1]と割付方式（逆行型）[※2]があります。

①工程計画の準備

工程計画を立てる際は，工事条件の確認，工事内容や作業能率の把握などを行います。各作業の所要日数の計算は，工事量を1日の作業量で割って求めます。

②工程計画の作成

工程計画立案は，まず基本工程を最初に立て，それに基づき順次，詳細工程を決定します。

工程計画に先立ち，工事を行う地域の季節，天候，行事・催しの日程，隣接建造物の状況などを考慮し，雨天日や強風日などを推定して作業不能日を設定します。敷地周辺の電柱，架線，信号機，各種表示板など

CPM（クリティカルパスメソッド）
工程管理の用語で，クリティカルパス法ともいいます。ネットワーク工程表からクリティカルパスを見出し，最小の投資額で工期内に工事を完了させる手法です。

※1
積上方式（順行型）
工程の順序関係に基づいて全体工期へと積み上げていく方法で，工事内容が複雑で，過去に施工実績や経験の少ない工種で多用されています。

※2
割付方式（逆行型）
工事を主要な部分に分け，全体工期を達成するために必要な各工程の所要日数を全体工程に割り当てる方式で，工期が指定され，工事内容が比較的容易で，また施工実績や経験が多い工事の場合に採用されます。

の公共設置物の状況，また，使用可能な前面道路の幅員や交通規制などを確認します。また，地域による労務，資材調達状況，使用揚重機の能力と台数，工場製作材料の製作日数などを確認します。

総合工程表の立案と共に，工種別の細かい工程表も作成します。

工程全体を通して，作業量を平準化するための計画，検討が必要です。作業量の平準化には，山積工程表や山崩しがあります。山積工程表は，各作業に必要となる工事資源（人員・機械など）の数量の変化を表す工程表です。山崩しとは，作業員や資機材などの投入量が一定量を超えないように工程を調整することをいいます。

工事の進捗を表す主要な日程上の区切りを示す指標にマイルストーン（管理日）があります。区切りとなる時期には，掘削開始日，掘削床付け完了日，地下躯体完了日，鉄骨建方開始日，最上階躯体コンクリート打設完了日，屋外防水完了日，外部足場の解体日，受電日などがあります。

内装断熱材吹付け工事開始日や軽量鉄骨天井下地取付け開始日については，マイルストーンとしては重要度が低いです。

総合工程表の作成時に，設計図書，地下工事などの主要な計画，使用揚重機の性能と台数などを検討しますが，工種別の施工組織体系，各専門工事の検査項目と重点管理事項，外装タイルの種類と割付けなどについては，工程の検討時には必要性が低いです。

③１日当たりの作業量，作業可能日数

１日当たりの作業量は，作業ごとにそれぞれ均等になるように調整する必要があります。

各作業の所要期間は，作業の施工数量を投入数量と１日当たりの施工能力で割って求めます。

$$\text{作業可能日数} \geqq \text{作業所要日数} = \frac{\text{施工数量}}{\text{稼働１日当たり平均施工量}}$$

3 工事の省力化・工程短縮

工事の省力化や工程短縮については，次の工事や工法などが有効です。

スラブの型枠を，合板型枠工法から断面の一部をプレキャスト化したハーフプレキャストコンクリート板工法に変更します。また，外部階段を，鉄筋コンクリート造から鉄骨造に変更します。

内部下地のモルタル塗りの工程を減らし，せっこうボード直張りに変更します。内部の非耐力壁を現場打ちコンクリートからALCパネルに変更します。

浴室を，モルタル下地のタイル張り仕上げからユニットバスに変更します。

工事の能率
工事の能率は，作業員を集中して投入するほど上がるとは限らず，状況によっては，能率が下がることもあります。

チャレンジ問題！

問1 難 中 **易**

工程計画に関する記述として，最も不適当なものはどれか。

(1) 工程計画の準備として，工事条件の確認，工事内容の把握，作業能率の把握などを行う。

(2) 工程計画の立案の方式には，大別して積上方式（順行型）と割付方式（逆行型）がある。

(3) 総合工程表の立案に当たっては，まず最初に工種別の施工組織体系を考慮する。

(4) 基本工程を最初に立て，それに基づき順次，詳細工程を決定する。

解説

総合工程表の立案に，工種別の施工組織体系はあまり関係がありません。

解答（3）

工程表

1 工程表

工程表は，工程計画を図や表で表したものです。工事期間内の施工計画を各部分工事について，着工から完成に至る作業量と日程の相互関連を一目で明確に判断し得るように表示します。バーチャート，出来高工程表，ネットワーク工程表などの種類があり，進度管理・出来高管理にも用いられます。工程表作成の順序は，初めに基本工程をまとめ，次に細部の工程計画を合わせて研究検討を重ねて信頼性のある工程表が作成されます。

2 バーチャート（横線）工程表

バーチャートは，必要事項が，主に作業項目と日時だけなので，**作成が簡単**で視覚的に理解しやすく，作業の流れ，各作業の開始時期，終了時期および**所要期間**や**施工日程**が把握しやすいです。記載や訂正がしやすいため，現在も用いられています。

作成の際は，横座標に暦[※3]日もしくは，工事期間などの時間をとり，縦軸に当たる部分に要素工事や各専門工事などを列記し，それぞれの要素工事や各専門工事の実施予定期間を，横座標を尺度として線分（バー）で記載します。出来高の累計を重ねて表したものは，工事出来高の進捗状況が把握しやすいです。

主要な工事の節目をマイルストーンとして工程表に付加すると，工程の進捗状況が把握しやすくなります。

デメリットとしては，**各作業の順序や関連などは明確ではないので，クリティカルパスが明確になりにくいです**。また，各作業の全体工期への影響度が把握しにくいです。作業を細分化すると，工程の内容が把握しにくくなります。

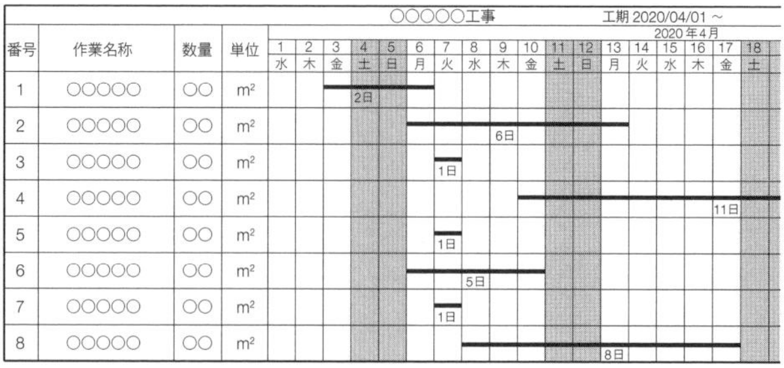

○○○○○工事																工期 2020/04/01 ～					
																		2020年4月			
番号	作業名称	数量	単位	1	2	3	4	5	6	7	8	9	10	11	12	13	14	15	16	17	18
				水	木	金	土	日	月	火	水	木	金	土	日	月	火	水	木	金	土
1	○○○○○	○○	m²				2日														
2	○○○○○	○○	m²									6日									
3	○○○○○	○○	m²							1日											
4	○○○○○	○○	m²																	11日	
5	○○○○○	○○	m²							1日											
6	○○○○○	○○	m²								5日										
7	○○○○○	○○	m²							1日											
8	○○○○○	○○	m²													8日					

バーチャート工程表

3 出来高工程表（Sチャート）

出来高工程表は，工事の進捗に従って発生する**出来高の累積値を縦軸**に取り，**横軸**には**時間軸**を取って，出来高の進捗を数量的にかつ視覚的に示した工程表で，Sチャートともいいます。グラフは一般に**曲線**の形になります。

グラフを作成する際は工程の進捗に関連する指標を決めて，進捗に合わせて累積した値を折れ線グラフ（曲線）として表示します。

実績数量の累積値が計画数量の累積曲線の上側にあれば，工程が計画よりも進んでいることを示し，下側にある場合は遅れていることを示します。また，グラフの曲線の傾きが**水平**になると**工事が進んでいない**ことを示します。

●バナナ曲線

最も早く工事を開始する場合と，最も遅く工事を開始する場合との2種類の許容限界線に囲まれた領域を**バナナ曲線**と呼びます。この領域内であれば，工程は計画通りに進んでいることを示します。

※3

暦日

工事に必要な実働日数に作業休止日を考慮した日数を，暦日といいます。

タクト工程表

タクト工程表は，同種の作業を複数の工区や階で繰り返し実施する場合，作業の所要期間を一定にし，各作業班が工区を順々に移動しながら作業を行う手順を示したものです。

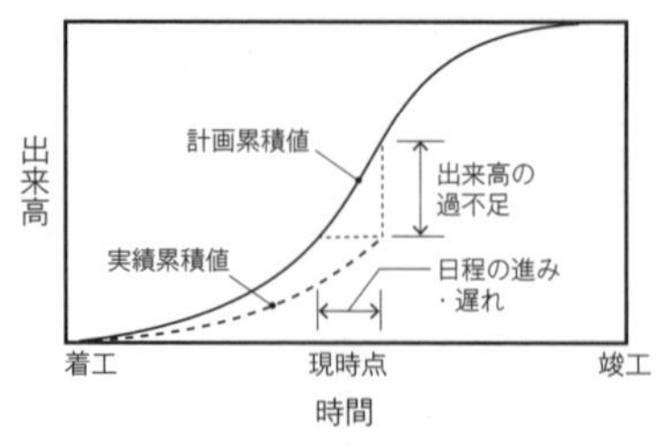

S チャートにおける計画値と実績値の比較

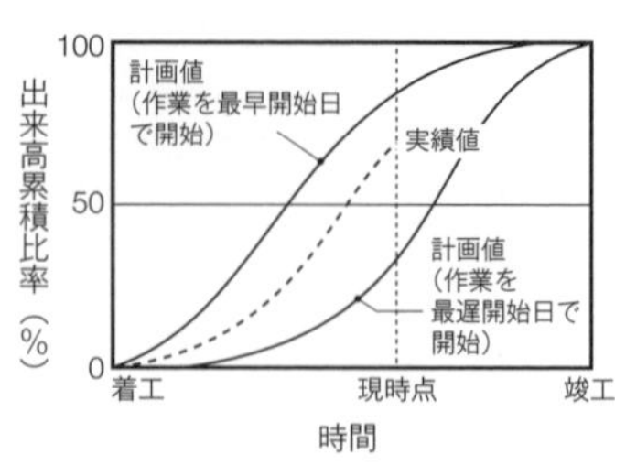

バナナ曲線

4 ネットワーク工程表

ネットワーク工程表は，工程における複雑な作業間の順序関係を視覚的に表し，開始・終了時刻を明確にしたもので，きめ細かな施工計画が立てられ，工程の変化に対応しやすい工程表です。

バーチャート工程表に比べ，各作業の順序や**因果関係**が明確なため，工事手順の検討ができます。数多い作業の経路のうち最も日数を必要とする経路であるクリティカルパスを，あらかじめ確認することができ，重点管理が可能になります。また，各作業の**余裕日数**を把握しやすいです。

①ネットワーク工程表の短所

作成が複雑でより多くの費用，労力，データを必要とするため，単純工事や，短期工事には向きません。全体の**出来高**が一目では分かりにくく，一般的にはバーチャート工程表の方が普及しています。

②表現方法

工程表は，丸（イベント）と矢印（アクティビティ）[※4]の結びつきで表します。丸は，作業の始点，結合点，終点を表し，矢印は，工事名や所要日数を表します。架空作業を示す点線の矢印（ダミー）は，作業の前後関係を表します。

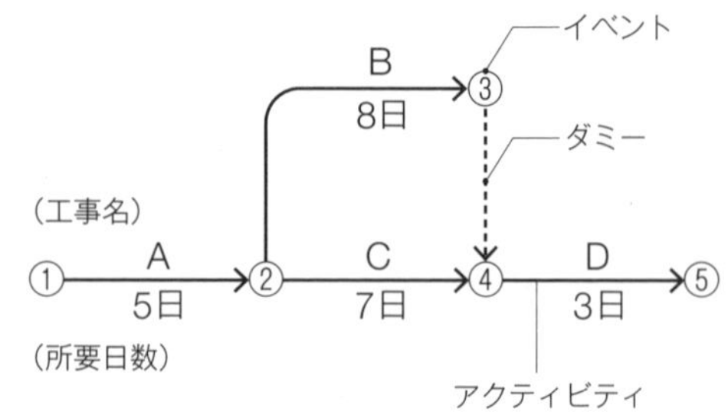

③最早開始時刻（EST）・最早終了時刻（EFT）

最早開始時刻は，作業を最も早く開始できる時刻のことで，これを計算することにより所要日数（工期）がわかります。最早終了時刻は作業を完了できる最も早い時刻のことです。作業の最早終了時刻は，［作業の最早開始時刻＋作業日数］で表します。

●最早開始時刻の求め方

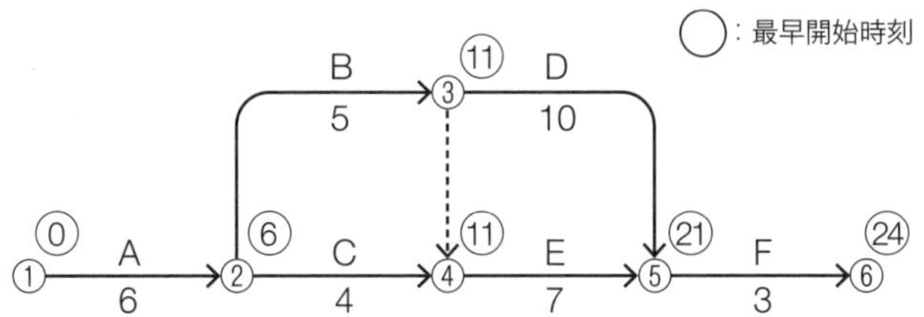

上図において，始点から矢印に従って所要日数を足していきます。

・始点である①の最早開始時刻を0とします。
　結合点②は，0＋6＝6，③は，0＋6＋5＝11が，それぞれ最早開始時刻となります。

・結合点④は，②を起点に②→④と，②→③…►④の2つの矢印が存在します。
　②→④は，6＋4＝10，②→③…►④は，6＋5＋0＝11で，最大値が最早開始時刻となるため，④は11日となります。

・結合点⑤は，③→⑤と，④→⑤の2つの矢印が存在します。
　③→⑤は，11+10=21，④→⑤は，11+7=18で，最大値が最早開始時刻となるため，⑤は21日となります。

・終点⑥は21+3=24となり，24日が所要日数（工期）となります。

※4
アクティビティ
工事の工程を分割してできる工事活動の単位のこと。

イベントノード
イベントノードとは，作業と作業を結合する点および工程の開始点または終了点をいいます。

④最遅終了時刻（LFT）・最遅開始時刻（LST）

最遅終了時刻は，工期に影響を与えない範囲で，作業を完了できる最も遅い時刻のことです。

最遅開始時刻は，工期に影響を与えない範囲で，作業を開始することのできる最も遅い時刻のことです。

ある作業の最遅開始時刻は［その作業の最遅終了時刻－作業日数］で表します。

●最遅終了時刻の求め方

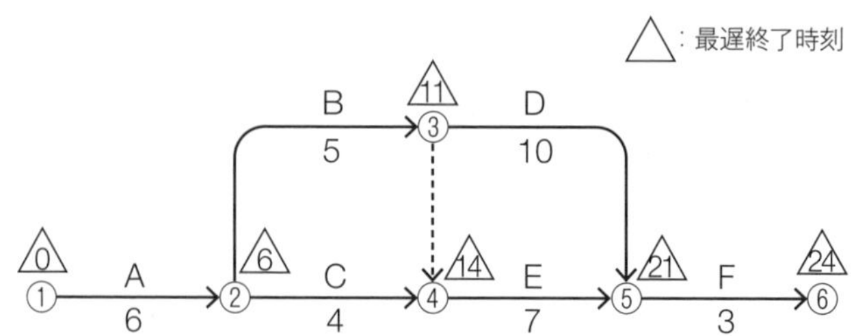

上図において，終点から矢印の逆方向に向かって所要日数を引いていきます。

・結合点である⑥を24とします。

・結合点⑤は，24－3＝21が最遅終了時刻となります。

・結合点④は，21－7＝14が最遅終了時刻となります。

・結合点③は，③←⑤と，③◄…④の2つの←が存在します。
　③←⑤は，21－10＝11，③◄…④は，14－0＝14で，**最小値が最大終了時刻となり**，③は11日となります。

・結合点②は，②←④と，②←③の2つの矢印が存在します。
　②←④は，14－4＝10，②←③は，11－5＝6で，**最小値が最遅終了時刻となり**，②は6日となります。

・結合点①は，6－6＝0となります。

⑤トータルフロート（TF）

最大余裕時間のことで，作業を最早開始時刻で始め，最遅終了時刻で完了する場合に生じる時間です。計算式は，［トータルフロート＝後続作業の最遅終了時刻－（先行作業の最早開始時刻＋当該作業の所要日数）］で求められます。

トータルフロートが0の場合，他のフロートも0となり，作業日数に余裕がないことを示します。

また，トータルフロートが0の作業をつなぐとクリティカルパスとなります。

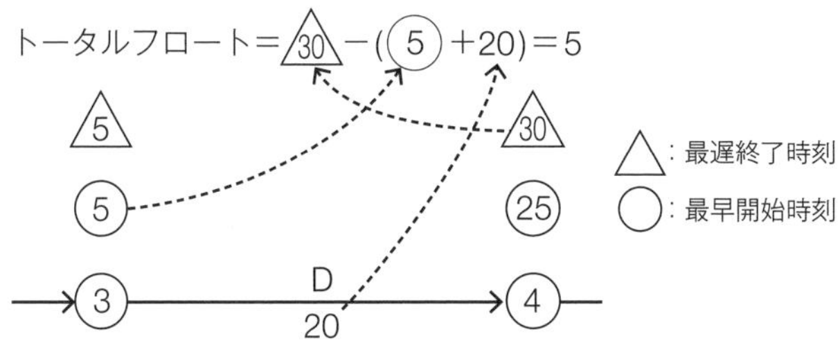

フロート
作業の余裕時間のこと。

⑥フリーフロート（FF）

自由余裕時間のことで，先行する作業を最早開始時刻で始め，後続する作業も最早開始時刻で始めて，なお存在する余裕時間です。その作業の中で使い切っても後続作業のフロートに影響はありません。

フリーフロートの値は，必ずトータルフロートと等しいか，小さくなります。フリーフロートが0ならば，トータルフロートも必ず0になるとは限らず，0を含めた0以上の数値になる可能性があります。

計算は［フリーフロート＝後続作業の最早開始時刻－(先行作業の最早開始時刻＋当該作業の所要日数)］で求められます。

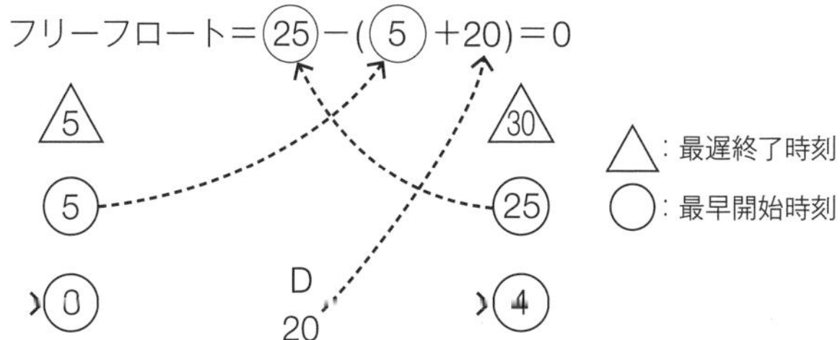

⑦ディペンデントフロート（DF）

独立余裕時間[※5]のことで，後続作業のトータルフロートに影響を及ぼす時間的余裕をいいます。

［ディペンデントフロート＝トータルフロート－フリーフロート］で求められます。

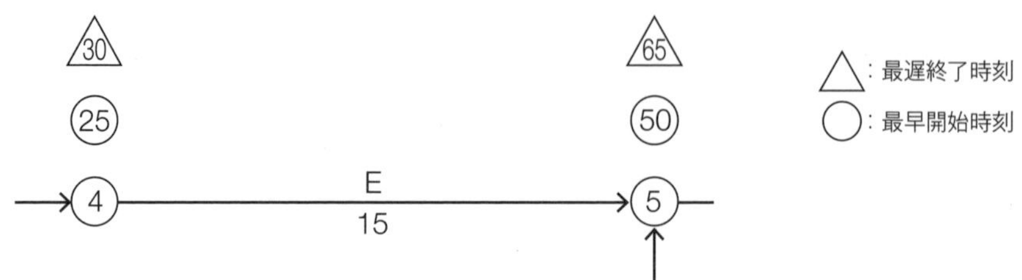

トータルフロート（TF）＝△65－（○25＋15）＝25

フリーフロート（FF）＝○50－（○25＋15）＝10

ディペンデントフロート＝TF－FF＝25－10＝15

⑧クリティカルパス

クリティカルパスとは，始点から終点までの経路で，最も余裕時間がなく，**最も所要日数のかかる作業の経路**をいい，重点管理の対象となります。

トータルフロートが0の作業をつないだものが，クリティカルパスです。

クリティカルパス上でのアクティビティのフロート（トータルフロート，フリーフロート，ディペンデントフロート）は0となります。

クリティカルパスは，**必ずしも1本とは限りません**。クリティカルパス上の作業以外でも，フロートを使い切ってしまうとクリティカルパスになります。

図のネットワーク工程表で，クリティカルパスを導く場合，トータルフロートを計算する方法と，すべての経路について最大の所要日数を探す方法があり

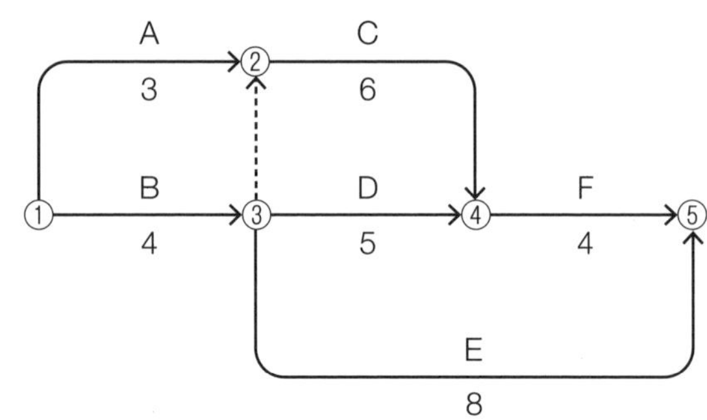

ます。

すべての経路を計算した場合，次の流れとなります。

①→③…►②→④→⑤＝4＋0＋6＋4＝14

①→③→④→⑤＝4＋5＋4＝13

①→③→⑤＝4＋8＝12

最も所要日数の大きい経路14日がクリティカルパスとなります。

※5

独立余裕時間

最大余裕時間から自由余裕時間を引いた余裕時間をいいます。

パス

ネットワーク工程表の中で2つ以上の作業の連なりのこと。

チャレンジ問題！

問1　難　中　易

バーチャート工程表に関する記述として，最も不適当なものはどれか。

(1) 作業進行の度合い，工期に影響する作業やクリティカルパスが把握しやすい。

(2) 作業の流れ，各作業の所要日数や施工日程が把握しやすい。

(3) 手軽に作成することができ，視覚的に工程が把握しやすい。

(4) 出来高の累計を重ねて表現したものは，工事出来高の進捗状況が把握しやすい。

解説

クリティカルパスが把握しやすいのは，ネットワーク工程表です。

解答（1）

第3章

施工管理法

CASE 3

品質管理

まとめ & 丸暗記　この節の学習内容とまとめ

□ 品質管理：QCともいい，設計図書で示された品質を十分満足するような建築物を，問題点や改善方法を見出しながら最も安価に造るために，その工事の全ての段階に統計的手段などを用いて行うこと。品質確保のための作業標準が計画できたら，作業がそのとおり行われているかの管理に重点をおく

□ 管理図：上下に管理限界線が引かれている図で，工程が管理状態にあるかどうかを評価するために用いられる

□ 全数検査：対象となる品物を漏れなくすべて検査すること。不良率が大きく，あらかじめ決めた品質水準に達していない場合や，品物がロットとして処理できない場合に行う

□ 抜取検査：ロットからあらかじめ定められた抜取検査方式に従ってサンプルを抜き取って試験し，その結果をロット判定基準と比較してそのロットの合格，不合格を判定する検査。ある程度の不良品の混入が許せる状況で，破壊検査となる場合や，品物がロットとして処理できる場合に行う

□ ALCパネルの保管：角材を用いてALCパネルを平積みで保管する。積み上げ高さは，1段を1.0 m以下，総高を2.0 m以下とする。

品質管理・品質改善

1 品質管理（QC）

品質管理[※1]とは，建築物が，設計図書で示された品質を十分満足するよう，工事中に問題点や改善方法などを見出しながら，合理的，かつ経済的（安価）に施工を行うことです。品質管理は，工程（プロセス）を重視して目標の品質を確保することです。すべての品質について同じレベルで行うより，重点的な管理を行った方が要求された品質に合致したものをつくることができます。

①目標品質

目標品質を得るためには，管理項目を設定し，次工程に渡してもよい基準としての管理値を明示する必要があります。

②品質計画

品質計画の作成で，目標とする品質，品質管理の実施方法，管理の体制などを具体的に記載します。まず，作業が施工要領書や作業標準どおりに正しく行われているか否か，チェックし評価します。検査で手直しが出た場合，適切な処理を施し，その原因を検討して同じ欠陥が再発しないように対策を施します。

③品質管理の特徴

品質に及ぼす影響は，施工段階よりも計画段階で検討する方がより効果的で，工程の初期に品質特性が判明するものが望ましいです。よって，管理の重点も，後工程よりも前工程に置いたほうが，安価でよい品質が得られる場合が多いです。最小のコストで品質の目標

※1

品質管理
クオリティーコントロール（QC）ともいいます。

QCDS
製品の評価の指標です。品質（Quality），価格（Cost），納期（Delivery），サポート(Service)の頭文字をとっています。

組織的な品質管理
品質管理活動に必要な業務分担，責任および権限を明確にします。

値を確保することが，優れた品質管理といえます。

品質確保のための作業標準を計画し，作業がその通り行われているかどうかの管理に重点を置きます。

④品質管理の手順（PDCAサイクル）

品質管理は，計画（Plan）→実施（Do）→検討（Check）→処置（Act）の4段階の回転を繰り返すことにより，品質の向上が図れます。

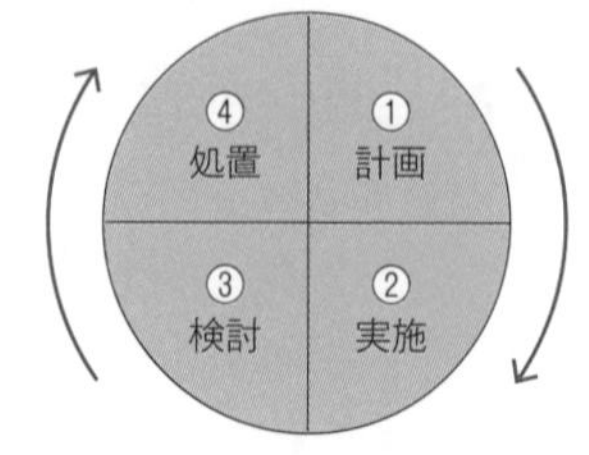

デミングサークル（PDCAサイクル）

また，品質管理の中には，工程（プロセス）管理があります。工程管理とは，工程の出力である製品またはサービスの特性のばらつきを低減し，維持する活動のことです。

品質管理に関わる用語

用語	意味
品質	本来備わっている特性の集まりが，要求事項を満たす程度をいう
品質管理	品質要求事項を満たすことに焦点を合わせた品質マネジメントの一部
品質保証	品質要求事項が満たされるという確信を与えることに焦点を合わせた品質マネジメントの一部。QAともいう
品質特性	品質要求事項に関連する，製品，プロセスまたはシステムに本来備わっている特性
標準	関係する人々の間で利益または利便が公正に得られるように統一および単純化を図る目的で定めた取決めのこと
作業標準	作業条件，作業方法，管理方法，使用材料，使用設備，その他注意事項などに関する基準を規定したもの
ロット	製造の際に同じ条件下で生産されたと思われる品物の集まりのこと

⑤施工品質管理表（QC工程表）

施工品質管理表とは，品質を確認するための一連の流れを表した工程表です。管理項目は工種別または部位別とし，作業の重要度にかかわらず施工工程に沿って並べます。この管理項目には，重点的に実施すべき項目を取り上げます。また，検査の時期，頻度，方法を明確にしておきます。役割分担として，工事監理者，施工管理者および専門工事業者などが何をするのか，あらかじめ決めておきます。

管理値を外れた場合の処置についても，あらかじめ定めておきます。

2 品質改善

品質管理の中で，工程上のどこに問題があるのかを図式化して判別することができます。図式化にはヒストグラム，管理図，チェックシート，特性要因図，パレート図，散布図（相関図），層別などがあります。

①ヒストグラム

ヒストグラムは，計量特性の度数分布のグラフ表示の1つで，分布の形や目標値からのばらつき状態を把握したり，製品の品質の状態が規格値に対して満足のいくものかなどを判断するために用いられます。品質特性値を横軸，各クラスの度数を縦軸にとり，柱状図に表します。

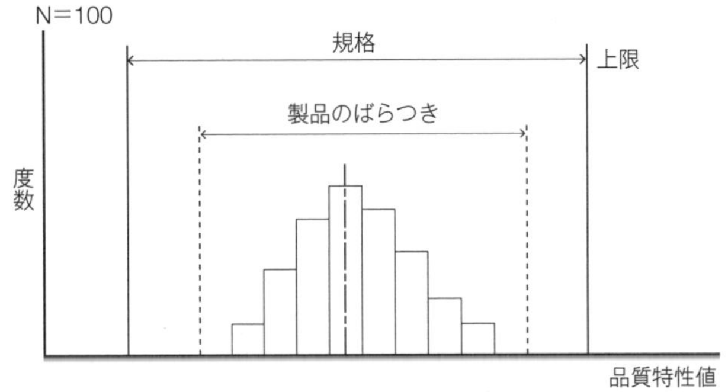

文書化
重点管理項目や管理目標は，現場管理方針として文書化し，現場全体に周知します。

施工現場における作業の標準化の効果
標準化の効果としては，品質の安定や仕損じの防止に有効で，作業能率の向上を図ることができます。また，作業方法の指導および訓練に有効です。しかし，新技術の開発を促進することはできません。

施工の検査に伴う試験
試験によらなければ品質および性能を証明できない場合に行います。

不適合品率
不適合アイテムの数を，検査したアイテムの総数で除したものをいいます。

マトリックス図法
新QC7つ道具の1つで，行と列の表により，問題点を明確にする手法です。

②管理図

管理図は，連続した観測値などの値を時間順またはサンプル番号順にグラフへ打点し，作成した図です。

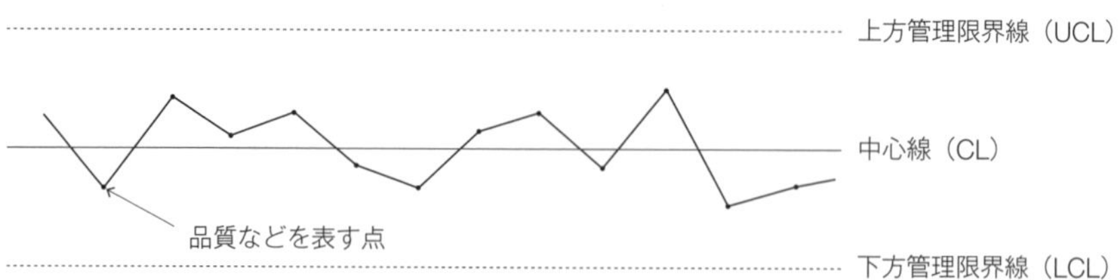

管理図は，上下に管理限界線が引かれており，それぞれ**上方管理限界線**（UCL）および**下方管理限界線**（LCL）と呼ばれ，**工程**が**管理状態**にあるかどうかを評価するために用いられます。品質のばらつきがその**範囲から外に出た場合**は，見逃せない原因があったものと判断し，その原因を追及して**適切**な**処置**を施し，**再発防止**の**措置**をとります。**中心線**（CL）は打点された統計量の平均値などを基に設定します。

管理図に関わる用語

用語	意味
中心線(CL)	管理図において，平均値を示すために引いた直線
許容差・公差	許容限界の上限と下限の差
誤差	サンプルによって求められる値と，真の値との差のうち，測定によって生じる部分
かたより	測定値の母平均から真の値を引いた値。ずれ量を示す
ばらつき	観測値・測定結果の大きさの不揃いの程度

管理図の種類

管理図	管理内容
x	群の平均を個々の測定値 x（計量値）によって管理する
$\overline{x}$	群の平均値を用いて群間の違いを評価するもの
R	群の範囲（ばらつき）を用いて変動を評価するための計量値管理図
$\overline{x}$-R	平均値の管理図と，範囲の管理とを併用した管理図。レディーミクストコンクリートや高力ボルトの品質管理に用いられる
nP	サンプルサイズが一定の場合に，所与の分類項目に該当する単位の数を評価するための計数値管理図
s	群の標準偏差を用いて変動を評価するための計量値管理図

③チェックシート

チェックシートとは，不良数，欠陥数などを分類別に集計，整理し，分布が判断しやすく記入できるようにした記録用紙をいいます。

現場チェックシート	A社	B社	C社
■○○整備			
1.○○○○	○	○	×
2.○○○○	×	○	×
3.○○○○	○	×	×

チェックシート

管理図の見方
管理図からわかることは，工程が安全状態にあるかどうかです。品質特性値のばらつきが異常原因か偶然原因かを判定することで，作業工程における測定値の変動の大きさ，変動の周期性がわかります。作業工程の異常原因は発見されません。

サンプル
母集団の情報を得るために，母集団から取られた1つ以上のサンプリング単位をいいます。

サンプリング
母集団から取り出すことをいいます。

5S
5Sは，職場の管理の前提となる整理，整頓，清掃，清潔，しつけ（躾）について，日本語ローマ字表記で頭文字をとったものです。

見える化
見える化は，問題，課題，対象などを，いろいろな手段を使って明確にし，関係者全員が認識できる状態にすることです。

④特性要因図（フィッシュボーン）

特性要因図は，特定の結果と，それに影響を及ぼしている原因との関係を魚の骨のような図に体系的にまとめたものです。

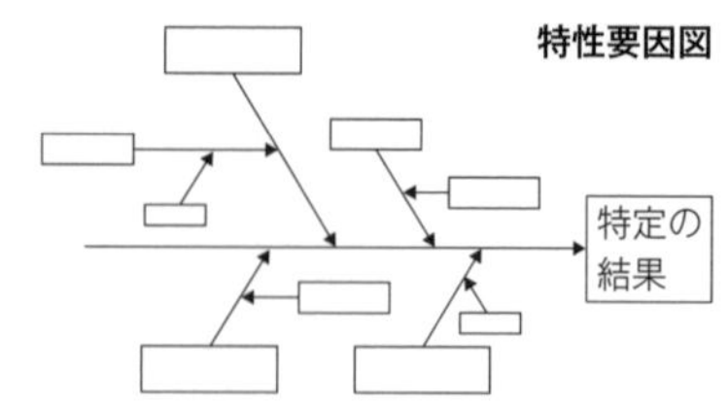

特性要因図

⑤パレート図

パレート図とは，製品の不良品，欠点，故障などの発生個数を現象や原因別に分類し，発生個数の大きい順に並べ，棒グラフにし，さらにこれらの大きさを順次累積した折れ線グラフで表した図をいいます。

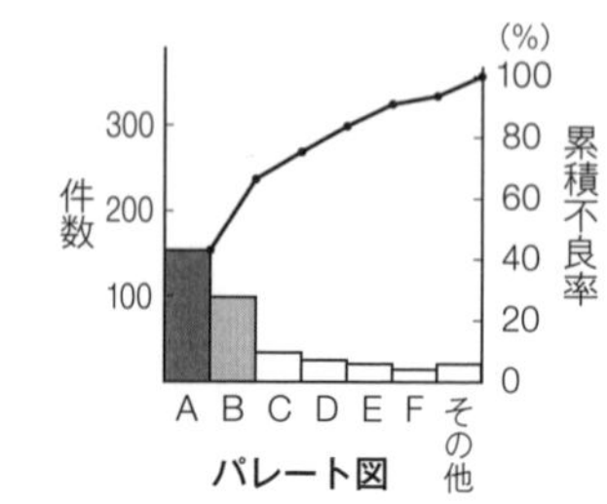

パレート図

⑥散布図

散布図は，対応する2つの特性を横軸と縦軸にとり，観測値を打点してつくるグラフ表示で，主に2つの変数間の相関関係を調べるために用いられます。両者の間に強い相関がある場合は，プロットされた点は直線または曲線に近づきます。

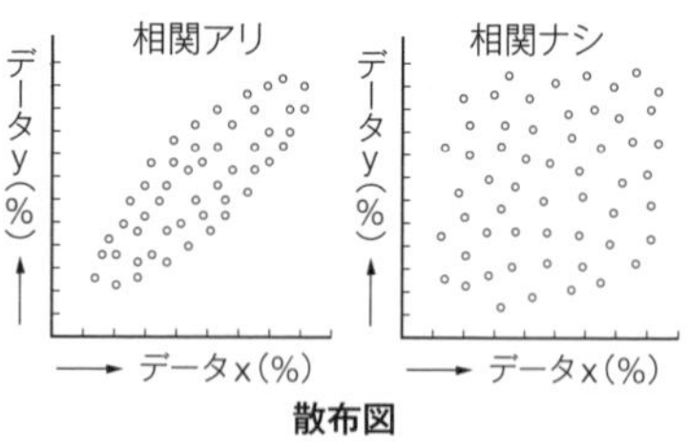

散布図

⑦連関図法

複雑な原因が絡み合う問題について，その因果関係を整理，明確にすることにより主要原因を的確に絞り込むのに有効な手法です。

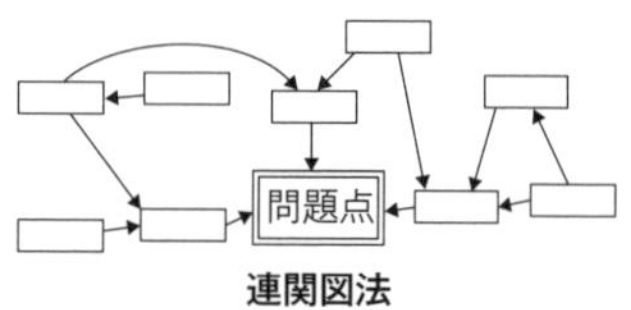

連関図法

⑧親和図法

混沌とした問題について解決すべき問題の構造，所在，形態などを明確にしたり，テーマ別に問題点を浮かび上がらせたりする方法を図に表したものです。

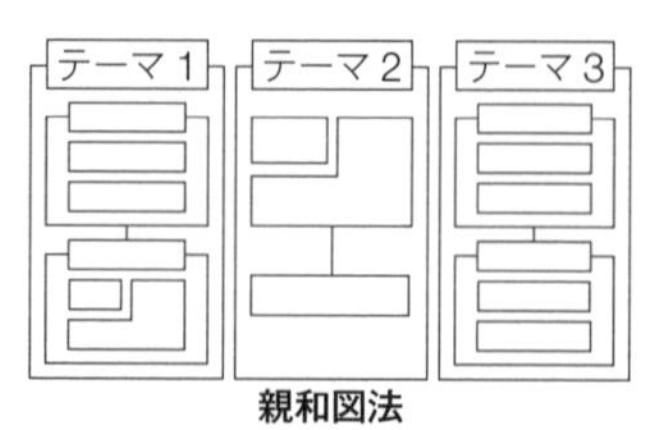

親和図法

⑨層別

1つの集団（グループ）をなんらかの特徴によりいくつかの層に分割することで，データ全体の傾向や管理対象範囲が把握できます。

⑩系統図法

系統図法は，目標を達成するための道順をあらかじめ決める手法です。

⑪アロー・ダイアグラム

ネットワーク工程表のことで，工事の日程計画を行います。

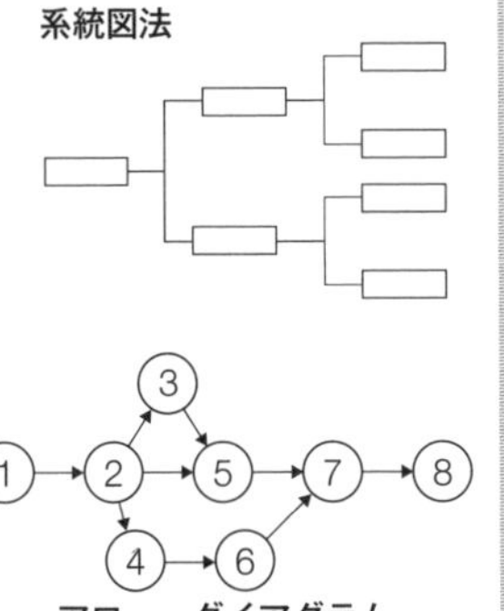

PDPC法
PDPC法は，Process Decision Program Chartの略称で，目的達成のための全てのプロセスを図式化し，最善のプロセスを見つける手法です。

チャレンジ問題！

問1　難　**中**　易

品質管理に関する記述として，最も不適当なものはどれか。

(1) 品質管理とは，工事中に問題点や改善方法などを見出しながら，合理的，かつ，経済的に施工を行うことである。
(2) PDCAサイクルを繰り返すことにより，品質の向上が図れる。
(3) 作業そのものを適切に実施するプロセス管理に重点をおくより，試験や検査に重点をおく方が有効である。
(4) 施工の検査に伴う試験は，試験によらなければ品質および性能を証明できない場合に行う。

解説

品質管理は，試験や検査よりも，プロセス管理を重視します。

解答 (3)

試験・検査

1 品質検査

品質検査とは，品物またはサービスの1つ以上の特性値に対して，測定・試験・検定・ゲージ合わせなどを行い，**規定要求事項**と比較して適合しているかどうかを判定することです。品質検査には，全数検査や抜取検査など複数の検査方法があります。

①全数検査

ロット中のすべての検査単位について行う検査を全数検査といいます。この検査は，不良品によって人命に危険を与える可能性がある場合や，経済的に大きな損失となる場合，後工程に大きな影響を与える場合に行います。また，**不良率が大きく**，あらかじめ決めた**品質水準に達していない場合**や，**品物がロットとして処理できない場合**も**全数検査**とします。注意点は，全数検査は時間や経費がかかる上，非破壊検査項目[※2]のみの実施となることです。

②抜取検査

抜取検査は，ロットから少数の標本を抜き取って，不良品がいくつあるかを調べ，不良品の個数が指定個数以下ならば合格，それ以上なら不合格とする検査方式です。品質判定基準，抜取検査方式が明確に決まっていることが重要です。検査の実施は，ある程度の**不良品の混入が許せる状況**で，**破壊検査**となる場合や，品物が**ロットとして処理できる場合**とします。また，試料がロットの代表として公平なチャンス（機会）で抜き取れることが条件です。

③無試験検査

無試験検査とは，品質情報や技術情報などに基づいて，サンプルの試験を省略する検査をいいます。製造工程が管理状態でそのまま次工程に流れても損失は問題にならないと判断される場合に適用します。

④受入検査

受入検査は，依頼した原材料，部品，製品などを受け入れる段階で行う検査です。生産工程に一定の品質水準のものを流すことを目的に行います。

⑤中間検査

不良なロットが次工程に渡らないよう，事前に取り除くことによって損害を少なくするために行います。

⑥間接検査

間接検査とは，供給側のロットごとの検査成績を確認することにより受入れ側の検査を省略するもので，長期にわたって供給側の検査結果がよく，使用実績も良好な品物を受け入れる場合に適用します。

※2
非破壊検査
非破壊検査とは，非破壊試験の結果から，規格などによる基準に従って合否を判定する方法をいいます。

チャレンジ問題！

問1　難　**中**　易

抜取検査を行う場合の条件として，最も不適当なものはどれか。

(1) 検査対象がロットとして処理できること。
(2) 合格したロットの中に，少しの不良品の混入も許されないこと。
(3) 試料がロットの代表として公平なチャンスで抜き取れること。
(4) 品質判定基準，抜取検査方式が明確に決まっていること。

解説

合格したロットの中に，少しの不良品の混入も許されない場合は，全数検査とします。

解答 (2)

品質管理活動

1 ISO9000（JIS Q 9000）ファミリー

ISO[※3]とは，国際標準化機構（International Organization for Standar-dization）の略称で，スイスに本部を置く非営利法人のことです。また，ISOによって策定された，品質基準に関する国際的な規格をISO規格といい，品質マネジメントシステムの基本の説明や用語を規定しているISO9000，品質マネジメントシステムの要求事項を規定しているISO9001（JIS Q 9001），組織の維持的成功のための運営管理・品質マネジメントアプローチを規定しているISO9004（JIS Q 9004）などがあります。

①ISO9000ファミリーの品質マネジメントシステム

完成した製品の検査・試験の方法のみならず，企業の品質についての方針を定めて規格化を行います。要求事項については，どのような産業または経済分野の組織にも適用することができます。

組織には，品質マニュアルを作成し，維持することが要求されています。また，業務のルールを文書化し，業務を実行し，記録を残すことが基本となっています。

品質管理では，多くの関連用語があるので，その意味をよく理解することが必要です。

②品質管理に関連する用語

用語	意味
品質マニュアル	品質に関して組織を指揮し，管理するためのマネジメントシステムを規定する文書のこと
品質マネジメント	品質に関して組織を指揮し，管理するための，調整された活動

レビュー	設定された目標を達成するための検討対象の適切性，妥当性および有効性を判定するために行われる活動
目標値	仕様書で述べられる，望ましい，または基準となる特性の値のこと
不適合	要求事項を満たしていないこと
欠陥※4	意図された用途または規定された用途に関連する要求事項を満たしていないこと
是正処置	検出された不適合，またはその他の検出された望ましくない状況の原因を除去するための処置
トレーサビリティ	材料などの履歴，適用または所在を追跡できること
母集団の大きさ	母集団に含まれるサンプリング単位の数のこと
マネジメントシステム	方針や目標，並びにその目標を達成するためのプロセスを確立するための，相互に関連・作用する組織の一連の要素のこと
不確かさ	測定結果に付与される，真の値が含まれる範囲の推定値のこと
管理限界	工程が統計的管理状態のとき，管理図上で統計量の値がかなり高い確率で存在する範囲を示す限界をいう
有効性	計画した活動が実行され，計画した結果が達成された程度のこと
手直し	要求事項に適合させるために，不適合製品にとる処置をいう
顧客満足	顧客の要求事項が満たされている程度に関する，顧客の受け止め方をいう

※3

ISOとJIS

日本では，ISOの英文を日本語に翻訳したものをJIS（日本工業規格）として発行しています。
例えば「ISO9000」は「JIS Q 9000」と表記され，内容は同一です。

※4

欠陥

施工に伴い欠陥が生じた場合，その原因を調べ，適切な処置を講じます。

プロセス	インプットをアウトプットに変換する，相互に関連・作用する一連の活動をいう
予防処置	起こり得る不適合，またはその他の起こり得る望ましくない状況の原因を除去するための処置のこと
レンジ	計量的な観測値の最大値と最小値の差
妥当性確認	客観的証拠を提示することによって，特定の意図された用途または適用に関する要求事項が満たされていることを確認すること
力量	知識と技能を適用するための実証された能力
プロジェクト	開始日および終了日を持ち，調整，管理された一連の活動からなり，時間，コストおよび資源の制約を含む特定の要求事項に適合する目的を達成するために実施される特有のプロセスのこと

2 ISO14001（JIS Q 14001）

ISO14001（JIS Q 14001）は，環境マネジメントシステムに関する国際規格で，社会経済的ニーズとバランスをとりつつ，環境を保護し，変化する環境状態に対応するための組織的枠組みを示し，また，環境マネジメントシステムの認証に必要な要求事項を規定しています。

環境マネジメントシステムに関する用語の定義を以下に示します。

①環境側面

環境側面とは，環境と相互に影響する，組織の活動または製品またはサービスの要素のことをいいます。

②環境影響

環境影響とは，有害か有益かを問わず，全体的もしくは部分的に組織の環境側面[※5]から生じる，環境に対するあらゆる変化をいいます。

③環境方針

環境方針とは，組織の経営者層によって正式に表明された，環境パ[※6]

フォーマンスに関する組織の全体的な意図および方向付けをいいます。

④環境目的

環境目的とは，組織が達成を目指して自ら設定する，環境方針と整合する全般的な環境の到達点をいいます。

※5
環境側面
環境と相互に作用する可能性のある組織の活動，または，製品またはサービスの要素です。

※6
環境パフォーマンス
自らが発生させている環境への負荷やそれに係る対策の成果のこと。

チャレンジ問題！

問1　難　**中**　易

JIS Q 9000 ファミリーによる品質マネジメントシステムに関する記述として，最も不適当なものはどれか。

(1) 要求事項は，どのような産業または経済分野の組織にも適用することができる。
(2) 完成した製品の検査・試験の方法に関する規格である。
(3) 組織には，品質マニュアルを作成し，維持することが要求されている。
(4) 業務のルールを文書化し，業務を実行し，記録を残すことが基本となっている。

解説

完成した製品の検査・試験の方法のみならず，企業の品質についての方針を定めて規格化を行います。

解答 (2)

各種材料の保管

1 材料の取扱い・輸送・保管

工事現場では，複数の施工業者の出入りが頻繁にあり，材料の保管について不十分な取扱いや，不注意があれば，材料の損傷や盗難による損害，工期の遅れにつながり，工事全体に大きな影響を与えます。適切な材料の取扱い，輸送，保管を行うことにより，工事中のリスクを最小限にする必要があります。

①既製コンクリート杭

既製コンクリート杭は，仮置きの場合，まくら材（角材）を支持点として**1段に並べ**，やむを得ず**2段以上**に積む場合には，**同径のものを並べ**，まくら材を同一鉛直面上にします。

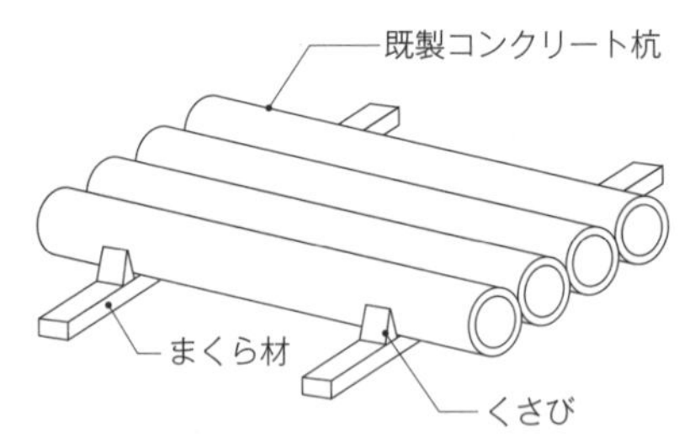

②型枠用合板

直射日光が当たらないよう，**シートを掛けて保管**します。

③高力ボルト

高力ボルトは，錆の影響などを考慮し，完全包装のまま**未開封の状態**で工事現場に搬入します。保管は，箱の**積上げ高さを3～5段程度**にします。また，乾燥した場所にねじの呼び別，長さ別などに**整理して保管**します。

④溶接棒

被覆アーク溶接棒※7の保管は，**湿気を吸収しない**ようにします。吸湿しているおそれがある場合，**乾燥器で乾燥**してから使用します。

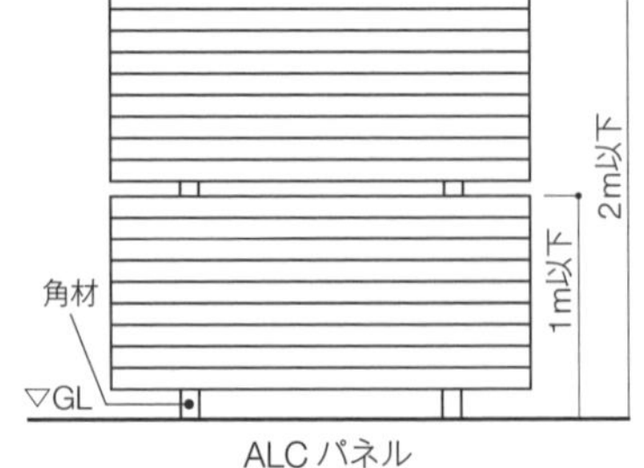

ALC パネル

⑤ALCパネル

ALC パネルの積上げには，所定の位置に正確・水平に角材を用います。**積上げ高さ**は，**1段を1.0 m以下**，**総高**

を2.0 m以下として，平積みで保管します。

⑥プレキャストコンクリートパネル

プレキャストコンクリートの床部材を平置きとする場合，上下の台木が鉛直線上に同位置になるように積み重ねて保管し，積重ね段数は6段以下とします。

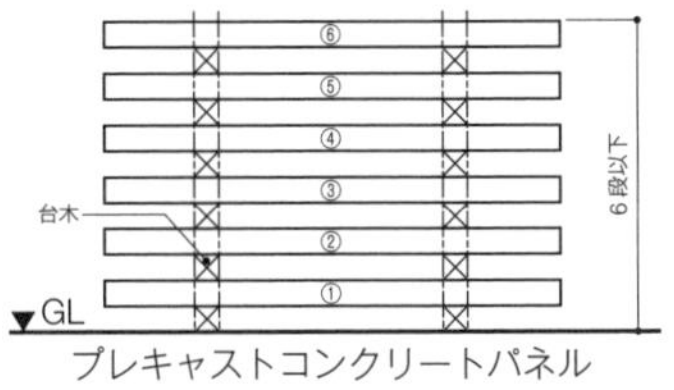

プレキャストコンクリートパネル

⑦コンクリートブロック

建築用コンクリートブロックの保管は，形状や品質を区分し，覆いを掛けて雨掛りを避けるようにし，積上げ高さが1.6 m以下となるように置きます。また，床版上の1か所に集中しないように仮置きします。

⑧砂

周辺地盤より高い場所に置場を設置して保管します。

⑨ガラス

板ガラスは，車輪付き裸台で搬入し，保管はできるだけ乾燥した場所に裸台に載せた状態とします。

輸送荷姿が木箱入りのガラスの保管は，85度程度の角度で縦置きとし，異寸法の木箱が混ざる場合は，大箱を先に置き，小箱を後から直接重ねます。板ガラスが割れることを防ぐため，平置きで保管してはいけません。

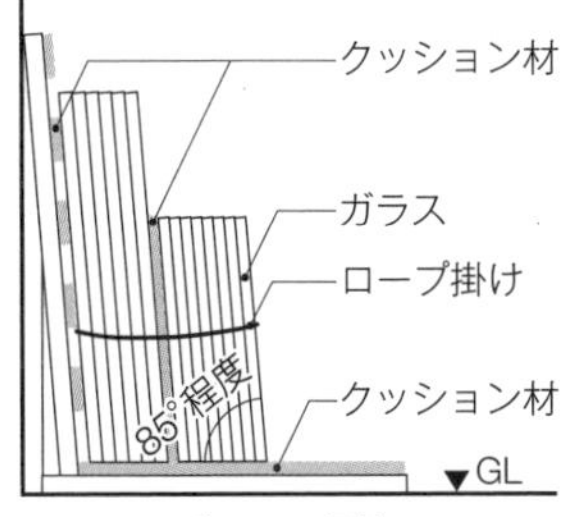

ガラスの保管

日射熱吸収の大きいガラスへの養生材の張付けに当たっては，ガラスが熱割れしないことを確認します。

⑩アスファルトルーフィング

砂付ストレッチルーフィングの保管は，屋内の乾燥

セメントおよび左官材料の保管
セメント，せっこうプラスターなどの保管方法は，床を地表面より30 cm以上高くした倉庫に，湿気を防ぐ状態で保管します。風通しの良い場所での保管は，風化の原因となります。

鉄筋の保管
鉄筋は，直接地面に接しないように角材間に渡し置き，シートを掛けて保管します。

石の運搬
張り石工事に用いる石材の運搬は，仕上げ面，稜角を養生し，取付け順序を考慮して輸送用パレット積みで行います。

シーリング材の保管
シーリング材の保管は，有効期間を確認して，高温多湿や凍結温度以下にならない場所，直射日光や雨露の当たらない場所に密封して保管します。

※7
被覆アーク溶接棒
アーク溶接の電極として用いられる溶接棒で，被覆剤のコーティングを施してあるものです。

した場所に，ラップ部分（張付け時の重ね部分）を上にして縦置きとします。アスファルトルーフィング類は，吸湿すると施工時に泡立ちや耳浮きなどの接着不良になるため，乾燥した場所で保管します。

⑪防水用の袋入りアスファルト

防水用の袋入りアスファルトの積重ねは10袋までとして保管します。

⑫塗料

塗料や溶剤などの保管場所は，独立した平屋建で，屋根は軽量な不燃材料とし，天井は設けず，室内は十分な換気を図ります。

塗料が付着した布片は，自然発火の恐れがあるので，置き場の中に置いてはいけません。

⑬ガスボンベ等

溶接に使用するガスボンベ類の貯蔵小屋の壁は，１面を開口とし，他の３面は上部に開口部を設けます。

⑭ビニル床シート

ビニル床シートは，屋内の乾燥した場所に直射日光を避けて縦置きにして保管します。

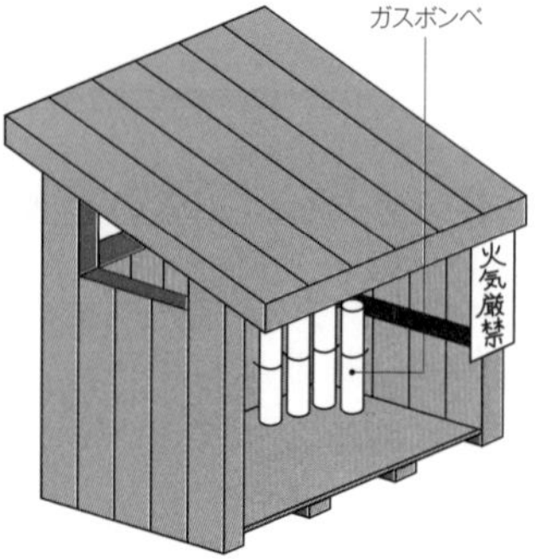

⑮溶剤系のビニル床タイル用接着剤

換気のよい場所に保管します。

⑯カーペット

ロール状に巻いたカーペットは縦置きにせず，屋内の乾燥した平坦な場所に，2段程度の俵積みとします。

⑰せっこうボード

反りやひずみなどが生じないように屋内に平置きで保管します。

⑱木毛セメント板

平滑な床の上に枕木を敷き，平積みで保管します。

⑲紙・布

巻いた紙や布などの材料は，直射日光を避け，湿気の少ない場所に，くせが付かないように縦にして保管します。

⑳断熱材・保温板

断熱材や保温板は，長時間紫外線を受けると表面から劣化するので，日射を避け屋内に保管します。また，ボード状断熱材の保管は，反りぐせを防止するため，平坦な敷台の上に平積みとします。

断熱用の押出法ポリスチレンフォーム保温板は，反りぐせ防止のため，平坦な敷台の上に積み重ねて保管します。

壁紙の保管
ポリエチレンフィルムを掛けて養生し，屋内に立てて保管します。

フローリング類
屋内のコンクリートの上に置く場合，シートを敷き，角材を並べた上に置きます。

アルミニウム合金製建具
平積みを避けて，縦置きとし，木材で荷造りして保護します。

チャレンジ問題！

問1　難　**中**　易

工事現場における材料の保管に関する記述として，最も不適当なものはどれか。

(1) 鉄筋は，直接地面に接しないように角材間に渡し置き，シートを掛けて保管した。
(2) 壁紙は，ポリエチレンフィルムを掛けて養生し，屋内に立てて保管した。
(3) ALCパネルは，台木を水平に置いた上に平積みで保管した。
(4) ガラスは，クッション材を挟み，屋内の乾燥した場所に平積みで保管した。

解説

ガラスの保管は，85度程度の角度で縦置きとします。平積みは，ガラス自体の荷重で，下部のガラスが割れる可能性があります。

解答（4）

CASE 4 安全管理

まとめ & 丸暗記　この節の学習内容とまとめ

- □ 度数率：100万延実労働時間当たりの労働災害による死傷者数のことで，災害発生の頻度を表す
- □ 強度率：1,000延実労働時間当たりの労働損失日数を示し，労働災害の重さの程度を表す
- □ 年千人率：1,000人当たりの1年間に発生した死傷者数で表すもので，災害発生の頻度を示す
- □ 防護棚（朝顔）の設置：
  設置の際は，外部足場の外側から水平距離で2m以上突き出し，水平面となす角度を20度以上とする
- □ 洗車場の設置：工事用車両による道路面の汚れを防ぐために，洗車場を設置する
- □ OJT（オンザジョブトレーニング）：
  日常の業務に就きながら行われる職場内訓練をいう
- □ ZD（ゼロディフェクト）：
  従業員の努力と工夫により，仕事の欠陥をゼロにすることをいう
- □ 足場の組立て等作業主任者の職務：
  材料の欠点の有無を点検し，不良品を取り除くことなどが作業主任者としての職務だが，足場の組立図の作成や，材料の注文を行うことは定められていない
- □ 事業者の講ずべき措置：高所作業車を用いて作業を行う場合の高所作業等作業主任者の選任は，事業者の構ずべき措置ではない

安全管理

1 労働災害

労働災害とは，「労働者[※1]の就業に係る建設物，設備，原材料，ガス，蒸気，粉じんなど，作業行動その他業務に起因して，労働者が負傷，疾病，死亡すること。」をいいます。また，単なる物的災害[※2]は，労働災害に含まれません。労働災害に関わる用語や発生率については，以下の通りです。

①度数率[※3]

度数率とは，100万延実労働時間当たりの労働災害による死傷者数で，災害発生の頻度を表します。

②強度率[※4]

強度率とは，1,000延実労働時間当たりの労働損失日数を示し，労働災害の重さの程度を表します。

③年千人率[※5]

年千人率とは，1,000人当たりの1年間に発生した死傷者数で表すもので，災害発生の頻度を示します。

2 危害・迷惑防止対策

建築工事の施工にあたって，工事関係者以外の第三者に対し，危害，迷惑防止の対策について，次のようなルールがあります。

①山留め壁の設置

掘削による周辺地盤の崩壊を防ぐため，山留め壁を設置します。

※1

労働者
労働災害における労働者とは，所定の事業または事務所に使用される者で，賃金を支払われる者をいいます。

重大災害
一時に3名以上の労働者が死傷または罹病した災害をいいます。

※2

物的災害
労働者が負傷，疾病，死亡することに関わらない機械などの物自体の外的・自然的不安全な状態からの事故・災害をいいます。

※3

度数率
$$度数率＝\frac{死傷者数}{延実労働時間数}\times 1{,}000{,}000$$

※4

強度率
$$強度率＝\frac{延労働損失日数}{延実労働時間数}\times 1{,}000$$

※5

年千人率
$$年千人率＝\frac{年間死傷者数}{年間平均労働者数}\times 1{,}000$$

②工事用シート

敷地境界線からの**水平距離**が5 m以内で，地盤面からの**高さ**が7 m以上のところで工事をする場合，落下物などによる危害を防ぐため，工事現場の周囲をシートで覆うなどの措置を行います。

③防音シート

外壁のはつり工事を行う場合，工事現場の周囲を防音シートで覆うなどの措置を行います。

④メッシュシート

メッシュシートとは，溶接工事の火花防止用に用いる養生シートの1つで，鋼管足場の外側に取り付ける場合，水平支持材を垂直方向5.5 mごとに設けます。

⑤ダストシュート

敷地境界線からの水平距離が5 m以内で，地盤面からの高さが3 m以上の場所からごみを投下する場合，飛散を防止するためダストシュートを設けます。

⑥防護棚（朝顔）の設置

防護棚は，高所作業による工具等の落下を防ぐため，外部足場の外側から水平距離で2.0 m以上突き出し，水平面となす角度を20度以上とします。

⑦水平安全ネット

高所作業による工具などの落下を防ぐために，水平面に水平安全ネットを設置します。

⑧散水設備

解体工事による粉塵の飛散を防ぐために，散水設備を設置します。

⑨洗車場

工事用車両による道路面の汚れを防ぐために，洗車場を設置します。

3 安全衛生活動

労働災害を防止するための取組みで，安全管理に関わる活動意識を労働者全体で共有する必要があります。

①KYT（危険予知訓練）

KYTは，身に近づく危険を事前に予測して対策を立てる訓練をいいます。

②TBM（ツールボックスミーティング）

作業着手前に安全を確認する会議をいいます。

③OJT（オンザジョブトレーニング）

日常の業務に就きながら行われる職場内訓練をいいます。

④ZD（ゼロディフェクト）

従業員の努力と工夫により，仕事の欠陥をゼロにすることをいいます。

チャレンジ問題！

問1　難　中　易

労働災害の強度率に関する次の文章中，［　　］に当てはまる数値として，適当なものはどれか。

「強度率は，［　　］延実労働時間当たりの労働損失日数で，災害の重さの程度を表す。」

(1) 1,000

(2) 10,000

(3) 100,000

(4) 1,000,000

解説

強度率とは，1,000延実労働時間当たりの労働損失日数を示し，労働災害の重さの程度を表します。

解答（1）

作業主任者

1 作業主任者の選任と職務

作業主任者とは，労働安全衛生法などにより定められた労働災害防止のための制度で，技能講習修了者や免許を受けた者（資格取得者）を指し，事業者が選任するものです。同一場所で行う当該作業において，作業主任者を２名以上選任した場合，それぞれの**職務の分担を定める必要**があります。

2 作業主任者を選任すべき作業

下表は作業主任者と選任すべき作業です。ガス溶接作業主任者は**免許**が必要で，それ以外は**技能講習修了**の資格が必要です。

作業主任者	作業内容
ガス溶接作業主任者	アセチレンガスなどを用いて行う溶接などの作業
地山の掘削作業主任者	掘削面の高さが２ｍ以上となる地山の掘削の作業
土止め支保工作業主任者	土止め支保工の切梁，腹起しの取付け，取外しの作業
はい作業主任者	高さ２ｍ以上のはい付け，はいくずしの作業
型枠支保工の組立て等作業主任者	型枠支保工の組立てや解体の作業
足場の組立て等作業主任者	吊り足場，張出し足場または高さが５ｍ以上の構造の足場の組立て，解体または変更の作業
建築物等の鉄骨等の組立て等作業主任者	高さが５ｍ以上である建築物の鉄骨などの骨組の組立て，解体または変更の作業
酸素欠乏危険作業主任者	酸素欠乏危険場所における作業 ※衛生管理者を選任する必要はない

木造建築物の組立て等作業主任者	軒の高さが５ｍ以上の木造建築物の構造部材の組立て，屋根下地，外壁下地の取付け作業 ※解体作業については選任する必要はない
コンクリート造の工作物の解体等作業主任者	高さが５ｍ以上のコンクリート造の工作物の解体，破壊の作業
コンクリート破砕器作業主任者	コンクリート破砕器を用いて行う破砕の作業
有機溶剤作業主任者	有機溶剤の製造または取り扱う業務に関わる作業
石綿作業主任者	石綿および石綿をその重量の0.1％を超えて含有する製剤その他の物の製造，または取り扱う作業

作業主任者の職務や事業者の講ずべき措置については，労働安全衛生法で定められています。

①作業主任者の職務

●足場の組立て等作業主任者

・材料の欠点の有無を点検し，不良品を取り除くこと
・器具，工具，安全帯等および保護帽の機能を点検し，不良品を取り除くこと
・作業の方法および労働者の配置を決定し，作業の進行状況を監視すること
・安全帯等および保護帽の使用状況を監視すること
※足場の組立図の作成や，材料の注文を行うことは定められていません。

②事業者の講ずべき措置

●高さが５ｍ以上の構造の足場の組立て等を行う場合

・足場の組立て等作業主任者を選任する

事業者または特定元方事業者が行うべき安全管理

作業主任者の氏名などを作業場の見やすい箇所に掲示します。また，クレーン等の運転についての合図を統一的に定める必要があります。
労働災害を防止するための協議組織を設置します。
※安全帯等の異常の有無についての点検は作業主任者の職務です。

有機溶剤等の区分の表示

屋内の有機溶剤業務に労働者を従事させる場合，有機溶剤等の区分を，作業中の労働者が見やすい場所に表示します。

搭乗禁止

建設用リフトの搬器には，原則として，労働者を乗せてはいけません。

墜落防止対策

囲い，手すり，覆い等を設けることが著しく困難な作業床の端では，墜落防止のための防網を張り，労働者に安全帯を使用させる等の措置を講じます。

・組立て，解体または変更の作業を行う区域内には，関係労働者以外の労働者の立入りを禁止する
・材料，器具，工具などを上げたり下ろしたりするときは，つり綱，つり袋等を労働者に使用させる
※作業の方法および労働者の配置を決定し，作業の進行状況を監視することは含まれていません。

●高所作業車を用いて作業を行う場合

・高所作業車を用いて作業を行うときは，あらかじめ，作業計画を定め，かつ，作業計画により作業を行わなければならない
・高所作業車は，原則，主たる用途以外の用途に使用してはいけない
・高所作業車の乗車席や作業床以外の箇所に労働者を乗せてはならない
・その日の作業前に，高所作業車の作業開始前点検を行う
※高所作業等作業主任者の選任は，事業者の講ずべき措置ではありません。

チャレンジ問題！

問1　難　中　易

事業者が選任すべき作業主任者として，「労働安全衛生法」上，定められていないものはどれか。

(1) 型枠支保工の組立て等作業主任者
(2) ガス溶接作業主任者
(3) 足場の組立て等作業主任者
(4) ALCパネル等建込み作業主任者

解説

ALCパネル等建込み作業主任者は，資格や免許は必要はありません。

解答（4）

第一次検定

第4章

法規

CASE 1 法規

まとめ & 丸暗記　この節の学習内容とまとめ

□ 完了検査の申請（建築基準法）：
建築主は，確認を受けた建築物について完了検査を受けるときは，工事が完了した日から４日以内に建築主事または指定確認検査機関に検査の申請を行う

□ 地階に設ける居室（建築基準法）：
地階に設ける居室には，必ずしも採光を確保するための窓その他の開口部を設けなくてもよい

□ 一般建設業と特定建設業の許可（建設業法）：
一般建設業の許可を受けた者が，当該許可に係る建設業について，特定建設業の許可を受けたときは，当該建設業に係る一般建設業の許可は無効となる

□ 元請負人に監理技術者が置かれている場合（建設業法）：
元請負人の特定建設業者から請け負った建設工事で，元請負人に監理技術者が置かれている場合でも，施工する建設業の許可を受けた下請負人は主任技術者を置く必要がある

□ 違約金を定める契約（労働基準法）：
使用者は，労働契約の不履行について違約金を定める契約をしてはならない

□ 親権者又は後見人の労働契約（労働基準法）：
親権者または後見人は，未成年者に代わって労働契約を締結することはできない

□ 所轄労働基準監督署長への報告書提出（労働安全衛生法）：
安全衛生推進者の選任は所轄労働基準監督署長への報告不要

建築基準法

1 目的

建築基準法は，公共の福祉の増進に役立つことを目的に定められています。建築物の敷地，構造，設備および用途に関する最低の基準を定め，国民の生命，健康および財産の保護を図ります。

2 建築基準法における用語

①建築物

建築物とは，土地に定着する工作物のうち，屋根，柱，壁を有するものとされ，建築物には門，塀，観覧のための工作物または地下もしくは高架の工作物内に設ける事務所，店舗，興行場，倉庫，建築設備[※1]なども含みます。

建築物としないものは，鉄道・軌道の線路敷地内の運転保安に関する施設や跨線橋，プラットホームの上家，貯蔵槽などの施設です。

屋根と柱があるもの

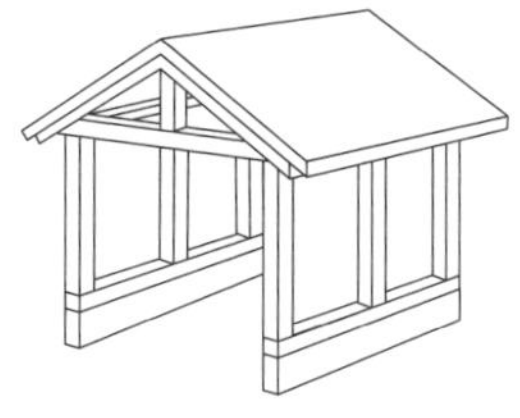

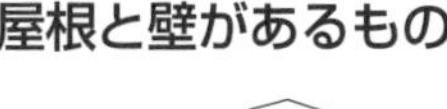

屋根と壁があるもの

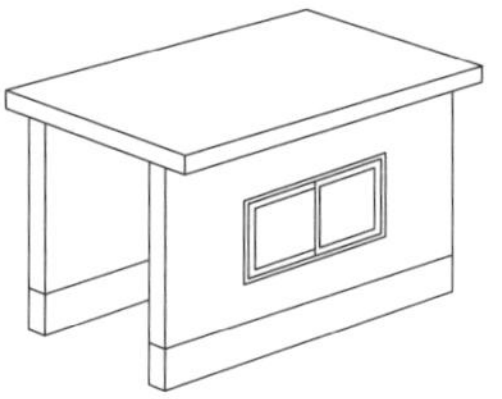

②特殊建築物

特殊建築物とは，不特定多数の人が利用する建築物や，防火・避難上，特に規制すべき建築物などをいい

※1

建築設備
電気，ガス，給排水，換気，冷暖房，消火，排煙，汚物処理の設備，煙突，昇降機，避雷針をいいます。

延焼のおそれのある部分
道路中心線から1階にあっては3m以下，2階以上にあっては5m以下の距離にある建築物の部分をいいます。

不燃材料
建築材料のうち，不燃性能に関して政令で定める技術的基準に適合し，国土交通大臣の認定を受けたものをいいます。ガラスは不燃材料であり，耐水材料でもあります。

建築
建築物を新築，増築，改築，または移転すること。

設計者
設計者とは，その者の責任において，設計図書を作成した者をいいます。

ます。百貨店，共同住宅，工場，倉庫，自動車車庫，学校，体育館，病院，集会場，展示場，遊技場，公衆浴場，旅館，寄宿舎，下宿，危険物の貯蔵場などの建築物があります。コンビニエンスストアも，特殊建築物です。※事務所は特殊建築物ではありません。

③居室

居住，執務，作業，集会，娯楽などのために継続的に使用する室をいいます。※百貨店の売場や事務所の執務室も居室です。住宅の洗面所，浴室は居室ではありません。

④主要構造部

主要構造部とは，主として防火上重要な建築物の部分で，壁，柱，床，梁，屋根，階段の6部材をいいます。構造上重要でない間仕切壁，間柱[※2]，最下階の床，回り舞台の床，小梁，ひさし，局部的な小階段，屋外階段などは除きます。※基礎は，主要構造部ではありません。

また，建築物の主要構造部の一種以上について行う過半の修繕・模様替えを大規模な修繕・模様替えといいます。

⑤設計図書

工事用の図面や仕様書をいい，現寸図などは除きます。建築確認申請が必要な工事の施工者は，設計図書を工事現場に備えおく必要があります。

⑥工事施工者

建築物や工作物に関する工事の請負人または請負契約によらずに自らこれらの工事をする者のことで，一般に建設会社を指します。

⑦敷地

敷地とは，一の建築物または用途上不可分（住宅と付属物置など）の関係にある二以上の建築物のある一団の土地をいいます。

⑧地階

床が地盤面下にある階で，床面から地盤面までの高さがその階の天井の高さの$\frac{1}{3}$以上のものをいいます。

⑨構造耐力上主要な部分

建築物の荷重や外力（台風・地震など）に対抗する部分をいい，基礎，基礎杭，壁，柱，小屋組，土台，斜材（筋かい，方づえ，火打材など），床版，屋根版または横架材（梁，桁など）で，建築物の自重もしくは積載荷重，積雪，風圧，土圧，水圧，地震その他の震動もしくは衝撃を支えるものです。

⑩耐水材料

れんが，石，人造石，コンクリート，アスファルト，陶磁器，ガラスなど耐水性の建築材料をいいます。

3 手続き

①確認申請が必要な建築物

建築物を建築したり，用途の変更，建築設備の設置，工作物をつくる場合は，建築主は工事着工前に建築主事に申請し，確認済証[※3]の交付を受ける必要があります。以下の表は，確認申請を必要とする建築物です。

	適用区域	用途・構造	規模	工事種別
1号	全国 ※都市計画区域外も含む	特殊建築物	その用途の床面積の合計が200 m²を超える	新築 増築 改築 移転 大規模の修繕・模様替え
2号		木造	3階以上，延べ面積が500 m²を超える，高さが13 mを超える，軒高が9 mを超える，のいずれか	
3号		木造以外	2階以上か，延べ面積が200 m²を超えるもの	
4号	都市計画区域 準都市計画区域内 準景観地区 知事の指定区域	すべての建築物	規模に関係なし	新築 増築 改築 移転

耐火建築物
主要構造部が耐火構造であるものまたは耐火性能検証法などにより火災が終了するまで耐えられることが確認されたもので，外壁の開口部で延焼のおそれのある部分に防火戸などの防火設備を有する建築物のことをいいます。

準耐火建築物
耐火建築物以外の建築物で，主要構造部が準耐火構造またはそれと同等の準耐火性能を有するもので，外壁の開口部で延焼のおそれのある部分に防火戸などの防火設備を有する建築物のことをいいます。

※2
間柱
木材の柱と柱の間に設けられた垂直材のこと。

※3
確認済証の交付
建築確認申請が必要な工事は，確認済証の交付を受けた後でなければ，工事をすることができません。

確認申請が必要な建築設備
エレベーター，エスカレーターなどの建築設備を設ける場合，確認申請が必要です。

防火地域および準防火地域以外において建築物を増築，改築，移転する場合，その部分の床面積の合計が10 m^{2}以内のときは，確認申請は不要です。また，工事を施工するために現場に設ける事務所の建築や，災害時の応急仮設建築物も確認申請は不要です。

確認済証の交付を受けた後，建築工事の施工者は，工事現場に建築主，設計者，工事施工者および工事の現場管理者の氏名または名称の表示をすることが必要です。

②完了検査申請

確認申請後に完成した建物は，完了検査を受ける必要があります。建築主が，確認を受けた建築物について完了検査を受けるときは，工事が完了した日から4日以内に建築主事または指定確認検査機関に検査の申請を行います。建築主事が工事の完了検査の申請を受理した場合，その受理した日から7日以内に，建築主事等による検査をしなければいけません。問題なく検査が終わると，後日検査済証が交付されます。

③中間検査申請

中間検査とは，工事の途中で見えなくなる工程を事前に検査することです。鉄筋コンクリート造3階建以上の共同住宅の2階の床およびこれを支持する梁に鉄筋を配置する工事の工程は，中間検査の申請が必要な特定工程で，中間検査合格証の交付を受けた後でなければ，施工できません。

④届出（事前通知）

建築主が建築物を建築しようとする場合は建築工事届を，工事施工者が建築物を除却しようとする場合は建築物除却届を建築主事を経由して都道府県知事に届出ることが必要です。ただし，床面積が10 m^{2}以下の場合は届出不要です。

⑤建築基準法の適用除外の建築物

建築当時は適法だった建築物が，法などの改正によりこれらの規定に適合しなくなった場合，原則として，これらの規定は当該建築物に適用しません。

⑥建築士の業務範囲

建築士でなければ行うことができない業務には，建築物の設計，工事監理があります。次の表に業務範囲を示します。

建築士の設計・工事監理の業務範囲

構造・規模 面積S(m^2)		高さ≦13 m，軒高≦9 m					高さ>13 m，軒高>9 m
		木造			木造以外		
		1階	2階	≧3階	1・2階	≧3階	
≦30		誰でも	誰でも	一級・二級	誰でも	一級・二級	一級建築士
30<S≦100		誰でも	誰でも	一級・二級	一級・二級	一級・二級	一級建築士
100<S≦300		一級・二級・木造	一級・二級・木造	一級・二級	一級・二級	一級・二級	一級建築士
300<S≦500		一級・二級	一級・二級	一級・二級	一級建築士	一級建築士	一級建築士
500<S≦1,000	一般	一級・二級	一級・二級	一級・二級	一級建築士	一級建築士	一級建築士
	特建※	一級建築士	一級建築士	一級建築士	一級建築士	一級建築士	一級建築士
1,000<S	一般	一級・二級	一級建築士	一級建築士	一級建築士	一級建築士	一級建築士
	特建※	一級建築士	一級建築士	一級建築士	一級建築士	一級建築士	一級建築士

※特建：特殊建築物

（淡い網掛け）：一級建築士・二級建築士・木造建築士

（濃い網掛け）：一級建築士・二級建築士

4 一般構造規定

敷地や採光，換気など，生活環境に関わるものに対する規定を一般構造規定といいます。

①敷地

建築物の敷地は，原則として，これに接する道の境より高くします。また，湿潤な土地に建築物を建築する場合は，盛土，地盤の改良などの措置を講じます。

建築物の敷地には，下水管，下水溝またはため枡その他これらに類する施設を設けます。

②居室の採光

居室には，採光に有効な窓などの開口部を設けます。病院の診察室，学校の職員室，事務所の事務室，ホテルの客室，図書館の閲覧室は不要です。

指定確認検査機関
国土交通大臣または都道府県知事から指定された民間の建築確認や検査を行う機関です。指定確認検査機関による確認申請，中間・完了検査などは，建築主事が行うのと同じ効力があります。

確認申請の審査期間
建築主事は，木造以外の2階以上，200 m^2を超える建築物の確認申請書を受理した場合，その受理した日から35日以内に，建築基準関係規定に適合するかどうかを審査します。

居室に対する採光有効面積の割合

建築物の居室	開口部の面積の割合
保育園・幼稚園・小中高校の教室	$\frac{1}{5}$以上
住宅の居室，病院・診療所の病室	$\frac{1}{7}$以上
大学・専修学校などの教室，病院・診療所・児童福祉施設などの居室のうち入院患者・入所者の談話や娯楽などを目的とした室	$\frac{1}{10}$以上 ※住宅の居室は条件により、$\frac{1}{10}$以上まで緩和あり

採光に有効な部分の面積を計算する際，**天窓**は実際の面積の**3倍**の面積を有する開口部として扱います。

地階に設ける居室には，必ずしも採光を確保するための窓その他の開口部を設けなくてもよいです。

③居室の換気

居室には，原則として，その居室の1室の床面積の$\frac{1}{20}$以上の換気に有効な部分の面積を有する窓，その他の開口部を設ける必要があります。

ふすま，障子その他随時開放することができるもので仕切られた**2室**は，居室の採光および換気の規定の適用に当たっては，**1室**とみなします。また，居室には，政令で定める技術的基準に従って**換気設備**を設けた場合，換気のための窓その他の**開口部**を設けなくてもよいです。

④地階の居室

住宅や寄宿舎の寝室で**地階**に設けるものは，壁および床の**防湿措置**，その他の事項について衛生上必要な政令で定める技術的基準に適合するものとします。

⑤居室の床や天井の高さ

最下階の居室の床が**木造**である場合における床の上面の高さは，原則として直下の地面から**45 cm 以上**とします。

居室の天井高さは**2.1 m 以上**とし，1室で天井の高さの異なる部分がある居室の場合は，その**平均の高さ**とします。

⑥階段・傾斜路・廊下の幅

戸建住宅の階段の蹴上げは23 cm以下，踏面は15 cm以上とします。また，劇場，映画館，公会堂，集会場などでの客用の階段やその踊場の幅は，140 cm以上必要です。階段やその踊場の両側には，側壁や手すりを設けなければいけません。回り階段の踏面の寸法は，踏面の狭い方の端から30 cmの位置を測定します。小学校の児童用の廊下の幅は，両側に居室がある場合は，2.3 m以上，片側に居室がある場合は1.8 m以上必要です。

5 防火関係規定

防火地域または準防火地域内にある建築物は，規模に応じて要求される構造があります。

①防火地域内などに要求される構造

	建築物の規模	要求される構造
防火地域	3階以上または 延べ面積100 m²を超える	耐火建築物
	その他	耐火または 準耐火建築物
準防火地域	4階以上（地階を除く）または 延べ面積1,500 m²を超える	耐火建築物
	3階（地階を除く）で延べ面積 1,500 m²以下または2階以下 （地階を除く）で延べ面積 500 m²を超え1500 m²以下	耐火または 準耐火建築物
	2階以下（地階を除く）で 延べ面積500 m²以下	木造建築物など （防火構造）

敷地に関する報告
建築主事は，建築主に対して，建築物の敷地に関する報告を求めることができます。

施工状況の報告
特定行政庁，建築主事，建築監視員は，建築物の工事施工者に，当該工事の施工の状況に関する報告を求めることができます。

傾斜路の勾配
スロープと呼ばれる階段に代わる傾斜路の勾配は，1/8以上必要で，原則として手すりなどを設けます。

便所
下水道法に規定する処理区域内においては，汚水管が公共下水道に連結された水洗便所としなければいけません。

6 防火区画

防火区画とは，火災時における延焼の拡大を防止し，避難を容易にするために，一定の床面積や吹き抜けなどで区切ることです。

①面積区画

面積区画とは一定の面積ごとに区画することをいいます。主要構造部を耐火構造とした建築物のうち，延べ面積が1,500 m^2を超えるものは，原則，床面積の合計1,500 m^2以内ごとに1時間準耐火基準に適合する準耐火構造の床もしくは壁または特定防火設備による**区画が必要**です。

②高層区画

高層区画とは，建築物の**11階以上**の部分に行う区画で，各階の床面積の合計が100 m^2を超えるものは，原則として床面積の合計100 m^2以内ごとに耐火構造の床もしくは壁または防火設備による**区画が必要**です。

③竪穴区画

竪穴区画とは，避難経路である階段などを区画するもので，**3階以上**に居室のある場合の吹抜けとなっている部分や階段の部分については，不燃材料や防火設備などによる**区画が必要**です。ただし，**3階以下**，延べ面積**200 m^2以内**の住宅は**免除**されます。

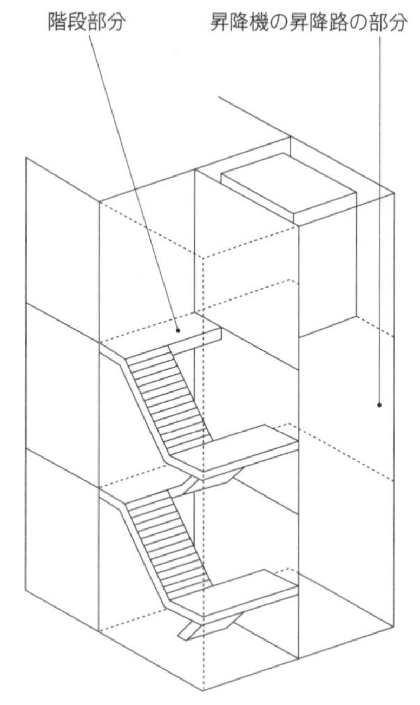

④異種用途区画

異種用途区画とは，共同住宅の部分と自動車車庫の用途など，**違う用途**に供する部分を区画することをいいます。1時間準耐火基準に適合する準耐火構造とした床もしくは壁または特定防火設備による**区画が必要**です。ただし，警報設備などを設けるなどの措置が講じられている場合は，この限りではありません。

7 内装制限

内装制限とは，建築物の初期火災の拡大を防ぎ，安全に避難が行えるようにするため，室内の壁や天井の仕上げに不燃または難燃材料を用いるとする制限をいいます。

①内装制限を受ける特殊建築物

自動車車庫，自動車修理工場や，主要構造部を耐火構造とした地階に設ける飲食店や共同住宅などは，原則として内装制限を受けますが，学校などは構造や規模にかかわらず，内装制限を受けません。

②特殊建築物等の内装

劇場などの天井や床面から1.2 mを超える部分の壁は難燃材料以上とする内装制限があります。しかし，主たる廊下，階段などの室内に面する壁の場合は，床面からの高さが1.2 m以下の部分も，内装制限の対象になります。

8 避難施設等

避難施設には，廊下や階段，出入口などがあり，災害時に安全に避難できるよう様々な規定が設けられています。

①客席からの出入口の建具

劇場，映画館などの客用に供する屋外への出口の戸は，外開きとします。

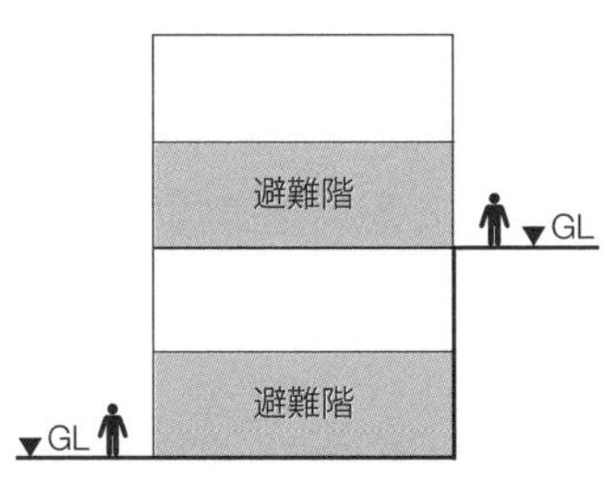

②２以上の直通階段

劇場，映画館，集会

界壁

病院の病室，共同住宅の各戸などの界壁は準耐火構造とし，小屋裏または天井裏に達するものとするほか，遮音性能に関して政令で定める技術的基準に適合するものとしなければいけません。

給排水などの貫通部分の措置

給水管が準耐火構造の防火区画を貫通する場合は，そのすき間を不燃材料で埋める必要があります。

風道の貫通部分の措置

換気設備のダクトが準耐火構造の防火区画を貫通する場合には，火災により煙が発生した場合または火災により温度が急激に上昇した場合に自動的に閉鎖する構造の防火ダンパーを設ける必要があります。

場などで，避難階以外の階に客席を有するもの[※4]は，その階から避難階または地上に通ずる**2以上の直通階段**を設ける必要があります。

③避難階段の施錠

避難階段から屋外に通ずる出口に設ける戸の施錠装置は，原則として，**屋内から鍵を用いることなく解錠**できるものとします。

④手すりの高さ

屋上広場や共同住宅などの2階以上の階にあるバルコニーなどの周囲に設ける手すり壁などの高さは，**1.1 m以上必要**です。

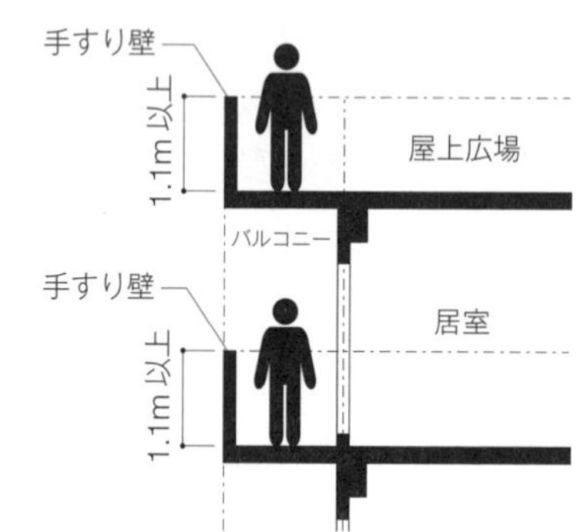

⑤非常用照明装置

非常用の照明装置は，**予備電源が必要**です。小・中・高等学校には，非常用照明の**設置義務はありません**。

9 集団規定

集団規定とは，都市計画区域内において規定された，道路，建ぺい率・容積率・用途地域などの制限の総称です。

①道路

道路とは「公道」,「公道・私道」,「計画道路」,「位置指定道路」に該当する幅員**4 m以上**のものを指します。ただし，特定行政庁が気候・風土の状況などにより必要と認めて都市計画地方審議会を通して指定する区域内における道路は，原則として幅員**6 m以上**のものをいいます。

②建ぺい率

建ぺい率とは**敷地面積に対する建築面積の割合**です。建ぺい率の限度が$\frac{8}{10}$の地域で**防火地域内にある耐火建築物**は，建ぺい率の規定が**適用除外**となります。

③容積率

容積率とは，**敷地面積に対する延べ面積の割合**です。

建築物の容積率の算定において，自動車車庫，自転車置場などの床面積は，敷地内の建築物の各階の床面積の合計の$\frac{1}{5}$までは算入しないことができます。

④用途地域による建築物の用途制限

用途地域[※5]は13種類に分類されていますが，その中の**第一種低層住居専用地域**は，良好な住環境を保護するために定められた地域で，低層の住宅や**老人ホーム**などを建築することができます。また，**外壁の後退距離**（道路や隣地から外壁までの距離）が定められることがあります。

※4
避難階
直接地上に通ずる出入口のある階は，避難階です。

※5
用途地域
環境の保全や，土地利用の効率化を図るために，都市計画法により，都市計画区域内に定められる地域・地区をいいます。

チャレンジ問題！

問1 難 **中** 易

居室の採光および換気に関する記述として，「建築基準法」上，誤っているものはどれか。

(1) 採光に有効な部分の面積を計算する際，天窓は実際の面積の3倍の面積を有する開口部として扱う。

(2) 換気設備のない居室には，原則として，換気に有効な部分の面積がその居室の床面積の$\frac{1}{20}$以上の換気のための窓その他の開口部を設けなければならない。

(3) 地階に設ける居室には，必ずしも採光を確保するための窓その他の開口部を設けなくてもよい。

(4) 病院の診察室には，原則として，採光のための窓その他の開口部を設けなければならない。

解説

病院の診察室には，採光上有効な開口部は不要です。

解答（4）

建設業法

1 目的

建設業法とは，建設業の健全な発達を促進し，公共の福祉の増進を目的とした法律です。建設業を営む者の資質の向上，建設工事の請負契約の適正化などを図ることで，建設工事の適正な施工の確保，発注者や下請の建設業者を保護します。

2 建設業の許可

建設業の許可は，一般建設業と特定建設業の区分により，建設工事の種類ごとに受けます。建設業者は，1つの営業所で，2以上の建設工事の種類（全29業種）について建設業の許可を受けられます。

①大臣許可と知事許可

1つの都道府県だけに営業所を設けて営業する場合，**都道府県知事の許可**（知事許可）が必要です。また，2つ以上の都道府県に営業所を設けて営業する場合，**国土交通大臣の許可**（大臣許可）が必要です。

②特定建設業と一般建設業

下請契約の規模などにより**特定建設業と一般建設業**に区分して許可申請を行います。特定建設業の許可は，発注者から直接請け負った1件の工事代金について4,500万円（建築工事業の場合は**7,000万円**）以上となる**下請契約を締結する場合**に必要な許可です。また，特定建設業以外のものは一般建設業の許可となります。特定建設業の許可を受けたときは，一般建設業の許可は，その**効力を失い**ます。また，発注者が**国または地方公共団体**の場合でも，特定建設業，一般建設業の許可区分は請負金額によって異なります。

③附帯する工事

建設業者は，許可を受けた建設業に係る建設工事を請け負う場合，当該建設工事に附帯する他の建設業に係る建設工事の請負が可能です。

④建設業の許可基準

建設業の許可を受けようとする者は，その営業所ごとに，専任の技術者を置く必要があります。

⑤特定建設業の許可基準

特定建設業の許可を受けようとする者は，請負代金の額が8,000万円以上の工事を履行するに足りる財産的基礎が必要です。

⑥建設業の廃止

許可を受けた建設業を廃止した場合，30日以内にその旨の届出が必要です。また，建設業者として営業を行う個人が死亡した場合，建設業の許可は相続人に承継されず，相続人が廃業などの届出を提出します。

⑦変更等の届出

営業所の所在地について，同一の都道府県内で変更があったときは，その旨の変更届出書を提出しなければいけません。また，使用人数に変更が生じたときは，その旨を書面で届け出なければいけません。

営業所に置く専任技術者について，技術者の追加，変更などがあるときは，その者について，書面を提出しなければいけません。

許可を受けた建設業の業種の区分について変更があった場合，あらためて許可を受ける必要があります。

⑧注意点

複数の建設業許可を取る条件として，ある業種で一般建設業の許可をすでに受けている者が，別の業種で特定建設業の申請をした場合は，許可を受けることができ，逆の場合も同様に許可を受けることができます。建設工事を発注者から直接請け負わず，下請負人

許可の有効期限・更新

建設業の許可の有効期間は，5年間で，5年ごとにその更新を受けなければ，その効力を失います。更新の際は，有効期間満了の30日前までに許可申請書の提出が必要です。

建設業の許可不要の建設工事

工事1件の請負代金の額が1,500万円未満の建築一式工事または延べ面積が150 m²未満の木造住宅工事，工事1件の請負代金の額が500万円未満の建築一式工事以外の建設工事は，建設業の許可は不要です。

建設業許可の取消し

建設業の許可を受けて1年以内に営業を開始しない場合や，1年以上営業を休止した場合，当該許可を取り消されます。

として建設業を営む者は，特定建設業ではなく，一般建設業の許可があればよいです。

3 建設工事の請負契約

請負契約の当事者は，各々の対等な立場における合意に基づいて公正な契約を締結し，信義に従って誠実に契約を履行しなければいけません。

建設業者は，建設工事の注文者から請求があったとき，請負契約が成立するまでの間に建設工事の見積書を提示する必要があります。

①請負契約の内容

建設工事の請負契約の締結時，以下の内容などを書面に記載，**署名または記名押印**をして**相互に交付**する必要があります。

- 工事内容および請負代金の額
- 工事着手の時期および工事完成の時期
- 価格等の変動もしくは変更に基づく請負代金の額または工事内容の変更
- 天災その他不可抗力による工期の変更または損害の負担およびその額の算定方法に関する定め
- 注文者が工事の全部または一部の完成を確認するための検査の時期および方法ならびに引渡しの時期
- 工事完成後における請負代金の支払の時期および方法
- 契約に関する紛争の解決方法

請負契約の当事者は，当該契約の相手方の承諾を得た場合は，書面による契約内容の記載に代えて，**情報通信の技術を利用**した一定の措置による契約の締結を行うことができます。

予定する**下請代金の額の総額**，**現場代理人の氏名**，工事の履行に必要となる**建設業の許可の種類および許可番号**は，**記載の必要はありません**。

②現場代理人の選任等に関する通知

請負人は，工事現場に現場代理人を置く場合，その権限に関する事項などを，注文者に**通知**（**情報通信の技術の利用可**）しなければいけません。

③不当に低い請負代金の禁止

注文者は，自己の取引上の地位を不当に利用して，注文した建設工事を施工するために通常必要と認められる原価に満たない金額を請負代金の額とする下請契約を締結してはいけません。

④不当な使用資材などの購入強制の禁止

注文者は，自己の取引上の地位を不当に利用して，資材や機械器具の購入先を指定して請負人に購入させ，その利益を害してはいけません。

⑤一括下請負

建設業者が建設工事を請け負う場合，一括下請負は禁止ですが，共同住宅の新築工事以外を請け負った建設業者は，元請負人があらかじめ発注者の書面による承諾を得ると，一括下請負が可能です。一括下請負の禁止の規定は，元請負人のみならず，下請負人にも適用されます。

下請負人の変更請求
注文者は，請負人に対して，著しく不適当と認められる下請負人があるときは，あらかじめ注文者の書面などによる承諾を得て選定した下請負人である場合を除き，その変更を請求することができます。

4 元請負人の義務

元請負人は，立場の弱い下請負人に対して，様々な配慮が必要です。

①下請負人への意見聴取

元請負人は，必要な工程の細目，作業方法などを定めようとするときは，あらかじめ，下請負人の意見を聴取する必要があります。

②下請代金の支払い

元請負人が請負代金の支払いを受けたときは，施工した下請負人に対して下請代金を，当該支払いを受けた日から1月以内で，かつ短い期間内に支払う必要があります。また，前払金の支払いを受けたときは，下請負人に対し，資材の購入などの費用を前払金として支払うなど配慮が必要です。

③検査および引渡し

元請負人は，建設工事が完成した旨の通知を受けたときは，当該通知を受けた日から20日以内，かつ，できる限り短い期間内に，その完成を確認するための検査を完了しなければいけません。

元請負人は，下請負人の請け負った建設工事の完成を確認した後，下請負人が引渡しを申し出たときは，直ちに，目的物の引渡しを受けます。

④下請負人への指導

発注者から直接建設工事を請け負った特定建設業者は，当該建設工事の下請負人が，その下請負に係る建設工事の施工に関し，建設業法および関係法令に違反しないよう下請負人の指導に努めます。

5 工事現場に置く技術者

工事現場では工事に応じて主任技術者と監理技術者と呼ばれる技術者を置く必要があり，工事に従事する者は，それらの指導に従います。

①主任技術者の設置と資格条件

建設業の許可を受けた者が建設工事を施工する場合には，元請・下請，請負金額にかかわらず，主任技術者を必ず置かなければいけません。また，建築一式工事に関し10年以上実務の経験を有する者は，建築一式工事における主任技術者になることができます。

②監理技術者の設置と資格条件

発注者から直接建築一式工事を請け負った特定建設業者が，下請契約の総額が7,000万円以上となる工事を施工する場合，監理技術者と呼ばれる技術者を置かなければいけません。元請負人の特定建設業者から請け負った建設工事で，元請負人に監理技術者が置かれている場合でも，施工する建設業の許可を受けた下請負人は主任技術者を置く必要があります。

③専任の技術者が必要な建設工事

公共性のある施設または共同住宅など多数の者が利用する施設1件の請

負金額が4,000万円（建築一式工事の場合は8,000万円）以上の場合は，専任の主任技術者か監理技術者を現場に置く必要があり，同一工事の場合は兼務が可能です。別工事の場合は兼務できません。また，それぞれの工事現場に専任の監理技術者補佐を置く場合は，2つの工事現場まで監理技術者を兼任することができ，この監理技術者のことを特例監理技術者といいます。

監理技術者補佐の要件
主任技術者の要件を満たす者（実務経験者や2級施工管理技士）のうち，監理技術者の職務に係る基礎的な知識および能力を有するもの（1級施工管理技士補）であること。

チャレンジ問題！

問1　難　中　易

建設業の許可に関する記述として，「建設業法」上，誤っているものはどれか。

(1) 2以上の都道府県の区域内に営業所を設けて営業しようとする者が建設業の許可を受ける場合には，国土交通大臣の許可を受けなければならない。
(2) 建築工事業で特定建設業の許可を受けている者は，土木工事業で一般建設業の許可を受けることができる。
(3) 解体工事業で一般建設業の許可を受けている者は，発注者から直接請け負う1件の建設工事の下請代金の総額が3,000万円の下請契約をする場合には，特定建設業の許可を受けなければならない。
(4) 建築工事業で一般建設業の許可を受けている者は，発注者から直接請け負う1件の建設工事の下請代金の総額が7,000万円の下請契約をする場合には，特定建設業の許可を受けなければならない。

解説

特定建設業の許可は，発注者から直接請け負った1件の工事代金について4,500万円（建築工事業の場合は7,000万円）以上となる下請契約を締結する場合に必要な許可です。

解答（3）

労働基準法

1 労働基準法

労働基準法とは，弱い立場になりがちな労働者を保護し，使用者と対等な立場で労働条件を決めるための法律で，以下のような注意点があります。

・労働基準法に定められている基準に達しない労働条件を定める労働契約は，その部分が無効となり，労働基準法に定められている基準が適用されます。

・労働契約は，契約期間の定めのないものを除き，一定の事業の完了に必要な契約期間を定めるもののほかは，原則として3年を超える契約期間について締結してはいけません。

・使用者は，労働契約の不履行について違約金を定める契約をしてはいけません。

・使用者は，前借金その他労働することを条件とする前貸しの債権と賃金を相殺してはいけません。

・使用者は，労働契約に附随して貯蓄の契約をさせてはいけません。

・労働契約の締結に際して，使用者から明示された労働条件が事実と相違する場合には，労働者は，即時に労働契約を解除することができます。

・親権者または後見人は，未成年者に代わって労働契約を締結してはいけません。

2 就業規則等

①就業規則

常時10人以上の労働者を使用する使用者は，就業規則[※6]を作成し，行政官庁に届け出なければいけません。

②労働者の解雇

使用者は，労働者を解雇しようとする場合においては，原則として，30

日前までにその予告をしなければいけません。また，労働者が業務上の負傷や疾病による療養のために休業する期間およびその後30日間は解雇することはできません。

使用者は，退職した労働者からその者の受け取るべき権利のある賃金の支払いの請求があった場合には，7日以内に支払う必要があります。

3 労働者の権利

①賃金・割増賃金

賃金は，労働者に直接，通貨で全額を支払う必要がありますが，労働組合や書面による協定がある場合には，賃金の一部を控除して支払うことができます。

使用者は，法に定める休日に労働させた場合，通常の労働日の賃金より，政令で定められた賃金率以上の割増賃金を支払う必要があります。

②労働時間

使用者は，労働者に，休憩時間を除き，原則として，1日について8時間，1週間について40時間を超えて，労働させてはいけません。

③休憩

使用者は，労働時間が6時間を超える場合には45分以上，8時間を超える場合には1時間以上の休憩時間を労働時間の途中に与える必要があります。また，休憩時間は一斉に与え，自由に利用させなければいけません。

④休日，年次有給休暇

使用者は，労働者に対し毎週少なくとも1回の休日か，4週間を通じ4日以上の休日を与えなければいけません。また，事業の正常な運営を妨げられない限り，

労働条件の明示

使用者は，労働契約の締結に際し，労働者に対して賃金，労働時間その他の労働条件を明示しなければいけません。労働者に書面で交付する必要がある事項は，労働契約の期間に関する事項，就業の場所および従事すべき業務に関する事項，賃金の支払の時期に関する事項，退職に関する事項があります。安全および衛生，休職に関する事項，職業訓練に関する事項は不要です。

※6

就業規則

必ず記載しなければならない事項は次のとおりです。

①始業・終業の時刻，休憩時間，休日，休暇

②賃金の決定，計算，支払の方法，賃金の締切り，支払の時期，昇給に関する事項

③退職に関する事項

退職時の証明書の請求

労働者が，退職の場合において，使用期間，業務の種類，その事業における地位などについて証明書を請求した場合は，使用者は，遅滞なくこれを交付しなければいけません。

労働者の請求する時期に年次有給休暇を与える必要があります。

⑤時間外労働，休日の労働

労働時間，休憩および休日に関する規定は，監督または管理の地位にある者には適用されません。

坑内労働や健康上特に有害な業務において，1日につき労働時間を延長して労働させる時間は2時間を超えてはいけませんが，クレーンの運転の業務は含まれていません。

4 年少者・女性の就業制限

①年少者の就業制限

使用者は，年少者といわれる満18歳に満たない者について，その年齢を証明する戸籍証明書を事業場に備え付ける必要があります。また，深夜業とされる午後10時から午前5時までの間に労働させることはできません。ただし，満16歳以上の男子は交替制に限り労働ができます。

未成年者は，独立して賃金を請求することができ，未成年者の親権者または後見人は，未成年者の賃金を代わって受け取ってはいけません。

使用者は，原則として，満18歳に満たない者が解雇の日から14日以内に帰郷する場合においては，必要な旅費を負担しなければいけません。

危険有害業務[※7]の就業制限として，年少者が行うことができない業務を以下に示します。

- クレーン，デリックまたは揚貨装置の玉掛け・運転の業務
  （2人以上の者によって行うクレーンの玉掛けの業務における補助作業の業務を除く）
- 最大積載荷重2t以上の荷物用・人荷用エレベーターの運転の業務
- 動力駆動巻上げ機（電気ホイスト・エアホイストを除く）等の運転の業務
- 動力により駆動される土木建築用機械の運転の業務
- 深さ5m以上の地穴や，土砂が崩壊するおそれのある場所での業務
- 足場の組立，解体，変更の業務（地上または床上における補助作業の業

務を除く）

・次の表に示す重量物の取扱いでの業務

重量物の取扱い制限

年齢	性別	重量(kg)	
		断続作業	継続作業
満16歳未満	女	12以上	8以上
	男	15以上	10以上
満16歳以上 満18歳未満	女	25以上	15以上
	男	30以上	20以上

※7

危険有害業務

労働者に対して，危険・危害を及ぼすおそれのある業務や，安全・衛生などに有害な場所での業務のこと。

チャレンジ問題！

問1

次の業務のうち，「労働基準法」上，満17歳の者を就かせてはならない業務はどれか。

(1) 電気ホイストの運転の業務

(2) 動力により駆動される土木建築用機械の運転の業務

(3) 最大積載荷重1.5 t の荷物用エレベーターの運転の業務

(4) 20 kg の重量物を断続的に取り扱う業務

解説

動力により駆動される土木建築用機械の運転の業務では，満17歳の者を就かせてはいけません。

解答（2）

労働安全衛生法

1 目的

この法律は，職場における労働者の安全と健康を確保するとともに，快適な職場環境の形成を促進することを目的としています。労働災害の防止のための危害防止基準の確立，責任体制の明確化，自主的活動の促進の措置を講ずるなど，労働災害防止に関する総合的計画的な対策を推進します。

労働者は，労働災害を防止するため，必要な事項を守るほか，事業者が実施する労働災害の防止に関する措置に協力するように努めなければいけません。

2 安全衛生管理体制

安全衛生管理体制は，安全衛生活動の活性化のため，単一や複数といった事業所の規模によって異なります。

①単一事業所の場合

事業者は，規模に応じて必要な管理者，産業医などを選任します。総括安全衛生管理者，安全管理者，衛生管理者，産業医は，選任すべき事由が発生した日から14日以内に事業者が選任する必要があります。また，常時50人以上の労働者を使用する事業場では，安全委員会，衛生委員会の設置が必要で，両方設ける必要がある場合は，それぞれの委員会の設置に代えて，安全衛生委員会を設置することができます。

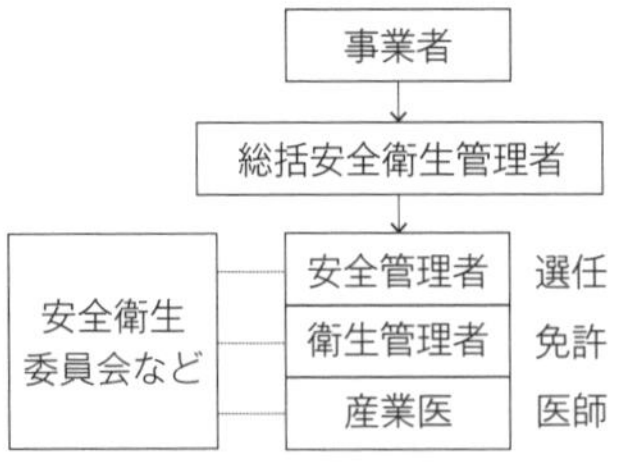

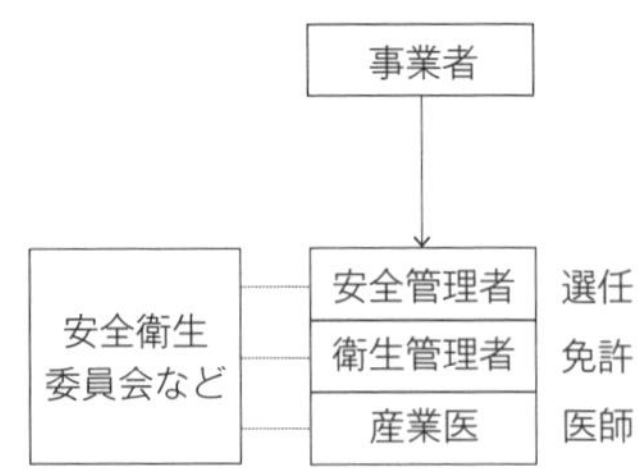

事業者が行う選任

規模	選任
常時100人以上	総括安全衛生管理者
常時50人以上	安全管理者，衛生管理者，産業医
常時10人以上 50人未満	安全衛生推進者

②複数の事業所の場合

複数の事業所では，責任者，管理者などの選任，設置が必要です。

複数の事業所の役職の選任・役割

統括安全衛生責任者	事業者は，同一の場所で元請，下請合わせて常時50人以上の労働者を使用する場合に，事業を行う場所において，事業の実施を統括管理する者を選任する
元方安全衛生管理者	統括安全衛生責任者の指揮を受けて，統括安全衛生責任者の職務のうち技術的事項を管理する。事業場に専属の者を選任する
安全衛生責任者	選任については，統括安全衛生責任者を選任すべき事業者以外の請負人(下請負人)が行う。統括安全衛生責任者との連絡や，関係者への連絡を行う。資格は必要無い
店社安全衛生管理者	同一の場所において鉄骨造・鉄筋コンクリート造の建設の仕事を行う元方事業者は，その労働者および関係請負人の労働者の総数が常時20人以上50人未満の場合に選任する。 所轄労働基準監督署長に届出の必要はなく，8年以上，安全衛生の実務に従事した経験を有する者は，店社安全衛生管理者となる資格がある

安全衛生教育
安全衛生教育は，労働者を雇用した時に行う教育の1つで，作業方法の決定や労働者の配置に関すること，労働者に対する指導や監督の方法に関すること，労働災害を防止するため必要な事項などがあります。

中高年齢者等への配慮
事業者は，中高年齢者の心身の条件に応じて適正な配置を行うように努めなければいけません。

所轄労働基準監督署長への報告書提出
総括安全衛生管理者，安全管理者，衛生管理者，産業医を選任したときに報告書の提出が必要ですが，安全衛生推進者の選任は報告不要です。

50人以上を使用する混在事業場

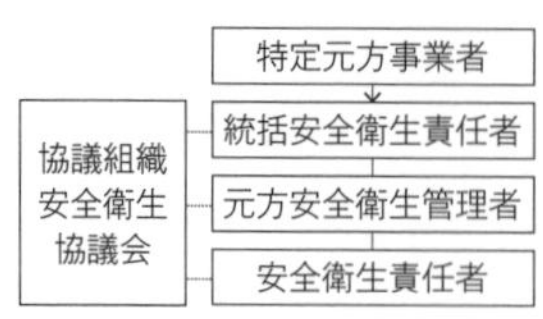

常時20人以上の元請・下請混在現場で
S造・SRC造の建設における安全管理体制

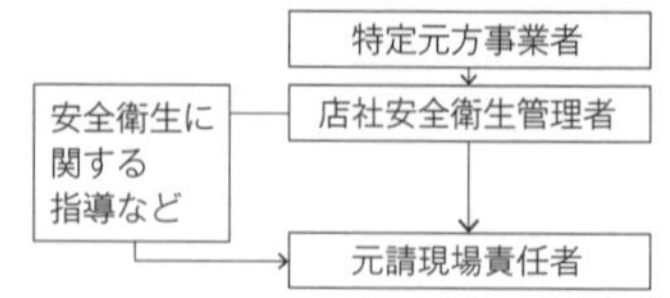

③特定元方事業者の講ずべき措置

元請けである特定元方事業者は，作業間の連絡および調整，協議組織の設置・会議の開催，工程・機械などの配置計画，毎作業日に少なくとも1回以上の作業場所の巡視，関係請負人が行う労働者の安全または衛生のための教育に対する指導および援助を行わなければいけません。

3 労働者の就業

①雇入れ時の教育

事業者は，労働者を雇い入れたときや作業内容を変更したときは，その従事する業務に関する安全または衛生のための教育を行う必要があります。ただし，十分な知識および技能を有している労働者は，省略可能です。

事業者は，危険または有害な業務に現に就いている者に対して，事業場における安全衛生の水準の向上を図るために特別の教育を行い，当該特別[※8]教育の受講者，科目などの記録を作成して，これを3年間保存します。

事業者は，事業場の業種が政令で定めるものに該当するときは，新たに職務に就くこととなった職長や作業中の労働者を直接指導または監督する者（作業主任者を除く）に対し，安全または衛生のための教育を行います。

②職長などの教育

職長などの教育は，作業方法の決定や労働者の配置に関すること，労働者に対する指導または監督の方法に関すること，危険性または有害性等の調査に関すること，異常時などにおける措置に関することなどがあります。

③就業制限（免許・技能講習）

特定の危険業務では，都道府県労働局長の免許を受けた者や技能講習を

修了した者などの資格を有する者が，その業務に就くことができます。業務中は，免許証など，その資格を証する書面を携帯します。書面の写しは認められません。

就業制限（免許・技能講習）

移動式クレーン	つり上げ荷重が5ｔ以上の運転の業務(免許)。つり上げ荷重が5ｔ未満の運転の業務
床操作式クレーン	つり上げ荷重が5ｔ以上の運転の業務
フォークリフト	最大荷重が1ｔ以上の運転の業務
車両系建設機械（ブルドーザー・クラムシェル）	機体重量3ｔ以上の整地・運搬・積み込み用または掘削用の運転
高所作業車	作業床高さが10ｍ以上の運転業務
玉掛け作業	つり上げ荷重が1ｔ以上のクレーン，移動式クレーン等の玉掛け作業

※8
特別教育
事業者は，省令で定める危険または有害な業務に労働者を就かせるときは，当該業務に関する安全または衛生のための特別の教育を行う必要があります。
アーク溶接機での金属の溶接，溶断などの業務，最大荷重が1ｔの建設用リフトの運転の業務，つり上げ荷重が1ｔ未満の移動式クレーンの玉掛けの業務，つり上げ荷重が5ｔ未満のクレーンの運転業務，ゴンドラの操作の業務などがあります。

チャレンジ問題！

問1 　難　**中**　易

「労働安全衛生法」上，事業者が，所轄労働基準監督署長へ報告書を提出する必要がないものはどれか。

(1) 産業医を選任したとき。
(2) 安全管理者を選任したとき。
(3) 衛生管理者を選任したとき。
(4) 安全衛生推進者を選任したとき。

解説

総括安全衛生管理者，安全管理者，衛生管理者，産業医を選任したときに報告書の提出が必要ですが，安全衛生推進者の選任は報告不要です。

解答 (4)

第4章  法規

CASE 2 その他の法規

まとめ & 丸暗記　この節の学習内容とまとめ

- □ 特定建設作業（騒音規制法）:
  杭打機，杭抜機または杭打杭抜機を使用する作業。杭打機をアースオーガーと併用する作業は，騒音規制法上，特定建設作業に該当しない
- □ 特定建設作業（振動規制法）:
  杭打機，杭抜機，杭打杭抜機を使用する作業。圧入式杭打機を使用する作業は，振動規制法上，特定建設作業に該当しない
- □ 産業廃棄物を自ら処理（廃棄物処理法）:
  工事に伴って発生した産業廃棄物は原則，事業者自ら処理しなければならない
- □ 特定建設資材（建設リサイクル法）:
  特定建設資材は，コンクリート，コンクリートおよび鉄から成る建設資材，木材，アスファルト・コンクリートの４種類。せっこうボード，粘土瓦，ガラスくず，土砂，金属くずなどは該当しない
- □ 消防法で定められている資格者（消防法）:
  資格者として，防火管理者，防火対象物点検資格者，危険物保安監督者，危険物取扱者，消防設備士，消防設備点検資格者などが定められている
- □ 道路占用許可（道路法）:
  コンクリート打設作業のために，ポンプ車を道路上に駐車させることに，許可は必要ない

その他の法規

1 騒音規制法

工場および事業場における事業活動並びに建設工事に伴って発生する相当範囲にわたる騒音について必要な規制を行うとともに，自動車騒音に係る許容限度を定めることなどにより，生活環境を保全し，国民の健康の保護に資することを目的としています。

届出の必要な特定建設作業

1	杭打機(もんけんを除く)，杭抜機または杭打杭抜機(圧入式杭打杭抜機を除く)を使用する作業(杭打機をアースオーガーと併用する作業を除く)
2	削岩機を使用する作業(作業地点が連続的に移動する作業にあたっては，1日における当該作業に係る2地点間の最大距離が50 mを超えない作業に限る)
3	空気圧縮機(電動機以外の原動機を用いるものであって，その原動機の定格出力が15 kW以上のものに限る)を使用する作業(削岩機の動力として使用する作業を除く)
4	バックホウ(一定の限度を超える大きさの騒音を発生しないものとして環境大臣が指定するものを除き，原動機の定格出力が80 kW以上のものに限る)を使用する作業
5	トラクターショベル(一定の限度を超える大きさの騒音を発生しないものとして環境大臣が指定するものを除き，原動機の定格出力が70 kW以上のものに限る)を使用する作業
6	ブルドーザー(一定の限度を超える大きさの騒音を発生しないものとして環境大臣が指定するものを除き，原動機の定格出力が40 kW以上のものに限る)を使用する作業

特定建設作業実施の届出（騒音規制法）
特定建設作業を伴う建設工事を施工しようとする者は，開始および終了の時刻，建設工事の目的に係る施設または工作物の種類，作業の場所の付近の見取図などの事項について，市町村長に届出が必要です。

2 振動規制法

工場および事業場における事業活動並びに建設工事に伴って発生する相当範囲にわたる振動について必要な規制を行うとともに，道路交通振動に係る要請限度を定めることなどにより，生活環境を保全し，国民の健康の保護に資することを目的としています。

特定建設作業に伴って発生する振動は，原則として日曜日その他の休日には発生させてはいけません。また，当該作業を開始した日に終わる作業は，特定建設作業から除かれます。また，特定建設作業の振動は，その特定建設作業の敷地境界線において，75 dBを超えないようにします。

特定建設作業

<table>
<tr><td>1</td><td colspan="2">杭打機(もんけん，圧入式杭打機を除く)，杭抜機(油圧式杭抜機を除く)，杭打杭抜機(圧入式杭打杭抜機を除く)を使用する作業</td></tr>
<tr><td>2</td><td colspan="2">鋼球を使用して建築物や，その他の工作物を破壊する作業</td></tr>
<tr><td>3</td><td>舗装版破砕機を使用する作業</td><td rowspan="2">作業地点が連続的に移動する作業であって，1日における当該作業に係る2地点間の最大距離が50 mを超えない作業に限る</td></tr>
<tr><td>4</td><td>ブレーカー(手持式のものを除く)を使用する作業</td></tr>
</table>

3 廃棄物処理法

廃棄物処理法とは，廃棄物の排出の抑制や，廃棄物の適正な分別，保管，収集，運搬，再生，処分などの処理をし，生活環境を清潔にすることにより，生活環境の保全および公衆衛生の向上を図ることを目的としています。

①一般廃棄物と産業廃棄物

産業廃棄物以外の廃棄物を一般廃棄物といい，生活ごみや，現場事務所から排出された新聞，雑誌，図面，書類などを指し，産業廃棄物とは，工事に伴って発生した紙くず，段ボール，木くず，繊維くず，金属くず，ガラスくず，コンクリートの破片，陶磁器くず，汚泥などを指します。工事に伴って発生した産業廃棄物は原則，事業者自ら処理しなければいけません。なお，建設発生土は産業廃棄物に該当しません。

安定型産業廃棄物は，安定型最終処分場であれば，埋立処分を行うことができます。

②都道府県知事の許可

産業廃棄物の収集または運搬を業として行おうとする者は，管轄する都道府県知事の許可が必要ですが，工場に伴って発生した産業廃棄物を事業者自ら運搬する場合，許可は不要です。

4 建設リサイクル法

資源の有効利用や廃棄物の適正な処理による，生活環境の保全や発展を目的とした法律です。特定の建設資材について，分別解体，再資源化などを促進するために，解体工事業者について登録制度を実施します。

①特定建設資材

コンクリート，コンクリートおよび鉄から成る建設資材，木材，アスファルト・コンクリートの4種類です。せっこうボード，粘土瓦，ガラスくず，土砂，金属くずなどは該当しません。

5 消防法

①消防法で定められている資格者

資格者として，防火管理者，防火対象物点検資格者，危険物保安監督者，危険物取扱者，消防設備士，消防設備点検資格者などが定められています。

②消防用設備等の種類と機械器具または設備の組合せ

消防用設備としては，消火設備（消火器），警報設備（漏電火災警報器），避難設備（救助袋，誘導灯など）な

特定建設作業実施の届出（振動規制法）
作業開始の7日前までに，市町村長に届出が必要です。届出では，作業の種類，場所，実施期間および作業時間，建設工事の目的に係る施設または工作物の種類の明示が必要です。また，作業場所の付近見取図，工程を明示した工事工程表などの添付が必要です。

産業廃棄物の運搬・処分の委託
事業者は，工事に伴って生じた産業廃棄物が運搬されるまでの間，保管する必要があります。また，処分を他人に委託する場合，許可を受けた処分業者に委託する必要があり，委託する産業廃棄物の種類，数量，処分の方法，運搬の最終目的地の所在地，委託者が受託者に支払う料金などを委託契約書に記載する必要があります。運搬方法は記載不要です。

消防法で定められていない資格者
建築設備等検査員，建築設備検査資格者，特定高圧ガス取扱主任者などは，消防法で定められた資格者ではありません。

どがあり，消火活動上必要な設備では，排煙設備，連結散水設備，連結送水管などがあります。

6 道路法

①道路占用許可の必要があるもの

道路占用許可は，以下のような行為について，道路管理者の許可を受ける必要があります。

・工事用電力の引込みのために，仮設電柱を道路に設置
・道路の上部にはみ出して，工事用の足場や，防護棚（朝顔）を設置
・道路の一部を掘削して，下水道本管へ下水道管の接続

※コンクリート打設作業のために，ポンプ車を道路上に駐車させることに，許可は必要ありません。

チャレンジ問題！

問１　難　**中**　易

次の建設作業のうち，「騒音規制法」上，特定建設作業に該当しないものはどれか。ただし，作業は開始した日に終わらないものとする。

(1) 環境大臣が指定するものを除く，原動機の定格出力が80 kWのバックホウを使用する作業
(2) 環境大臣が指定するものを除く，原動機の定格出力が70 kWのトラクターショベルを使用する作業
(3) 杭打機をアースオーガーと併用する杭打ち作業
(4) 圧入式を除く，杭打杭抜機を使用する作業

解　説

「杭打機をアースオーガーと併用する作業」は，該当しません。

解答（3）

第一次検定

練習問題

練習問題（第一次検定）

第1章 建築学等

▶ 環境工学

問1 換気に関する記述として，最も不適当なものはどれか。

(1) 全般換気方式は，室内全体の空気を外気によって希釈しながら入れ替える換気のことである。

(2) 局所換気方式は，局所的に発生する汚染物質を発生源近くで捕集して排出する換気のことである。

(3) 第1種機械換気方式は，映画館や劇場など外気から遮断された大きな空間の換気に適している。

(4) 第2種機械換気方式は，室内で発生した汚染物質が他室に漏れてはならない室の換気に適している。

解説

第2種機械換気方式は機械給気と自然排気による換気方式で，室外の汚染物質が室内に侵入してはならない手術室やボイラー室などに用いられます。

▶解答（4）

問2 湿度および結露に関する記述として，最も不適当なものはどれか。

(1) 単位乾燥空気中の水蒸気の質量を相対湿度という。

(2) 飽和水蒸気量は乾球温度によって異なる。

(3) 冬季暖房時において，外壁の断熱性が低い場合，室内に表面結露が生じやすい。

(4) 冬季暖房時において，熱橋部は温度が低下しやすいため，室内に表面結露が生じやすい。

解説

単位乾燥空気中に含まれている水蒸気の質量は，絶対湿度といいます。

▶解答（1）

問3 照明に関する記述として，最も不適当なものはどれか。

(1) 光束は，視感度に基づいて測定された単位時間当たりの光のエネルギー量である。

(2) 照度は，単位面積当たりに入射する光束の量である。

(3) 輝度は，光源の光の強さを表す量である。

(4) グレアは，高輝度な部分や極端な輝度対比などによって感じるまぶしさである。

解説

光源の光の強さを表す量は，光度です。輝度とは，発光体の単位面積当たりの明るさのことをいいます。

▶解答（3）

問4 音に関する記述として，最も不適当なものはどれか。

(1) 吸音率は，入射する音のエネルギーに対する反射音以外の音のエネルギーの割合である。

(2) 床衝撃音には，重くて軟らかい衝撃源による重量衝撃音と，比較的軽量で硬い物体の落下による軽量衝撃音がある。

(3) 単層壁の音響透過損失は，一般に，壁体の面密度が高くなるほど，大きくなる。

(4) 劇場の後方部は，エコーを防ぐため，壁や天井に反射板を設置する。

解説

エコーとは反響音のことで，劇場などの客席後部の壁や天井は，エコー等の音響障害を避けるため吸音板を設置し，反射率を低くします。　▶解答（4）

▶ 構造力学

問 1 図に示す単純梁ABに集中荷重P_1およびP_2が作用するとき，CD間に作用するせん断力の値の大きさとして，正しいものはどれか。

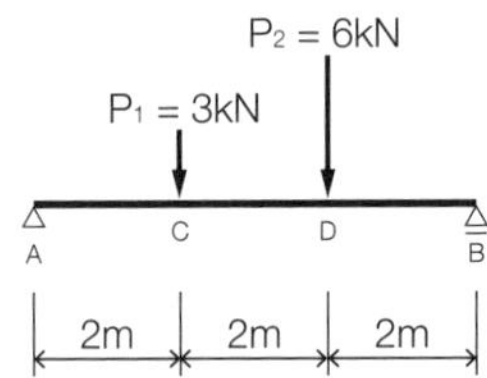

(1) 1kN
(2) 3kN
(3) 4kN
(4) 5kN

解説

反力は，$M_A=0$より，

$+3kN \times 2m + 6kN \times 4m - V_B \times 6m = 0$

$V_B = 5kN$

$V_A + V_B = 9$　$V_A = 4kN$

よって，せん断力は，

$Q_{CD} = V_A - P_1 = 4kN - 3kN = 1kN$

となります。　▶解答（1）

問2 図に示す単純梁に等変分布荷重が作用したときの曲げモーメント図として，正しいものはどれか。
ただし，曲げモーメントは，材の引張側に描くものとする。

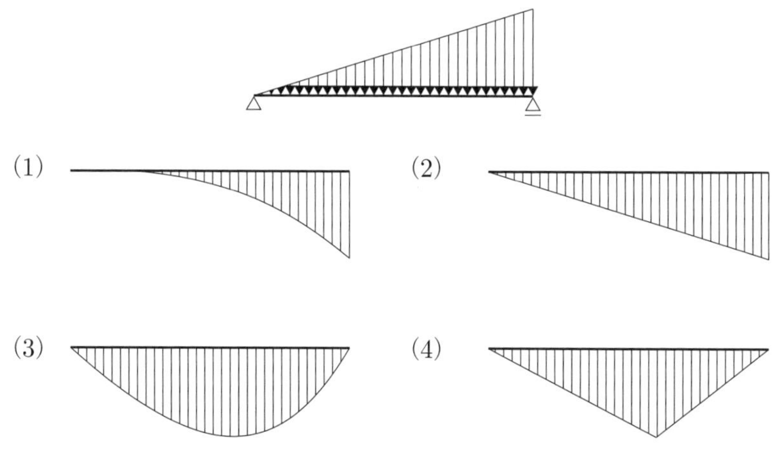

解説

単純梁に等変分布荷重が作用した場合のモーメント図は凸の曲線となります。

したがって，(3) の曲げモーメント図が正しいです。 ▶解答 (3)

問3 建築物の構造設計における荷重および外力に関する記述として，最も不適当なものはどれか。

(1) 積雪荷重は，雪下ろしを行う慣習のある地方では，低減することができる。

(2) 風力係数は，風洞試験によって定める場合のほか，建築物の断面および平面の形状に応じて定められた数値とする。

(3) 風圧力は，地震力と同時に作用するものとして計算する。

(4) 地震力は，建築物の固定荷重または積載荷重を減ずると小さくなる。

解説

短期に生ずる力の応力の組み合わせにおいて，風圧力と地震力，多雪区域を除いた積雪荷重は同時に作用しないものとして，積雪時，暴風時，地震時それぞれを計算します。 ▶解答（3）

問4 構造材料の力学的性質に関する記述として，最も不適当なものはどれか。

(1) 部材の材軸方向に圧縮力が生じているとき，その力がある限界を超えると，その部材が安定を失って曲がる現象を座屈という。
(2) ヤング係数は，熱による材料の単位長さ当たりの膨張長さの割合である。
(3) ポアソン比とは，一方向の垂直応力によって材料に生じる縦ひずみと，これに対する横ひずみの比をいう。
(4) 座屈荷重は，座屈軸まわりの断面二次モーメントに比例する。

解説

ヤング係数とは，材料の変形しにくさを表す係数のことです。数値が大きいほど，硬く，伸びにくく，変形しにくい材料となります。 ▶解答（2）

▶ 一般構造

問1 基礎杭に関する記述として，最も不適当なものはどれか。

(1) 拡径断面を有する遠心力高強度プレストレストコンクリート杭（ST杭）は，拡径部を杭の先端に使用する場合，大きな支持力を得ることができる。
(2) 既製コンクリート杭の埋込み工法の１つで，杭の中空部から掘削土を排出しながら杭を圧入する中掘り工法は，杭径の小さなものの施工に適している。
(3) 外殻鋼管付きコンクリート杭（SC杭）は，一般に継ぎ杭の上杭として，遠心力高強度プレストレストコンクリート杭（PHC杭）と組み合わせて用いられる。

(4) 鋼杭は，地中での腐食への対処法として，肉厚を厚くする方法，塗装やライニングを行う方法等が用いられる。

解説

中掘り工法は，比較的杭径の大きなものの施工に適しています。▶解答 (2)

問2 木造在来軸組構法に関する記述として，最も不適当なものはどれか。

(1) 構造耐力上主要な部分である柱の有効細長比は，150以下とする。

(2) 引張力を負担する木材の筋かいは，厚さ1.5 cm以上で幅9 cm以上とする。

(3) 筋かいを入れた構造耐力上必要な軸組の長さは，各階の床面積が同じ場合，２階のほうが１階より大きな値となる。

(4) ３階建ての１階の構造耐力上主要な部分である柱の断面は，原則として，小径13.5 cm以上とする。

解説

筋かいを入れた構造耐力上必要な軸組の長さは，各階の床面積が同じ場合，１階のほうが2階より大きな値となります。 ▶解答 (3)

問3 鉄筋コンクリート構造に関する記述として，最も不適当なものはどれか。

(1) 大梁は，曲げ破壊よりもせん断破壊を先行するように設計する。

(2) 柱は，軸方向の圧縮力，曲げモーメントおよびせん断力に耐えられるように設計する。

(3) 床スラブの厚さは，8 cm以上で設計する。

(4) 耐力壁の厚さは，12 cm以上で設計する。

解説

大梁は，原則として曲げ破壊がせん断破壊より先行するよう設計し，建物の靭性を確保するようにします。 ▶解答（1）

問4 鉄筋コンクリート造の構造形式に関する一般的な記述として，最も不適当なものはどれか。

(1) シェル構造は，薄く湾曲した版を用いた構造で，大きな空間をつくることができる。

(2) 壁式鉄筋コンクリート構造は，室内に梁形や柱形が突き出ないため，室内空間を有効に利用できる。

(3) フラットスラブ構造は，鉄筋コンクリートの腰壁が梁を兼ねる構造で，室内空間を有効に利用できる。

(4) ラーメン構造は，柱と梁の接合部を剛接合とした骨組で，自由度の高い空間をつくることができる。

解説

フラットスラブ構造とは，柱とスラブを直結して梁をなくした構造のことで，鉄筋コンクリート造の一種です。 ▶解答（3）

問5 鉄骨構造の一般的な特徴に関する記述として，鉄筋コンクリート構造と比べた場合，最も不適当なものはどれか。

(1) 骨組の部材は，工場で加工し，現場で組み立てるため，工期を短縮しやすい。

(2) 骨組の部材は，強度が高いため，小さな断面の部材で大きな荷重に耐えることができる。

(3) 構造体は，剛性が大きく，振動障害が生じにくい。

(4) 同じ容積の建築物では，構造体の軽量化が図れる。

解説
鉄骨構造と比べて，鉄筋コンクリート構造のほうが，剛性が大きく，振動障害も生じにくいです。
▶解答（3）

問6 鉄骨構造に関する記述として，最も不適当なものはどれか。

(1) 丸鋼を用いる筋かいは，主に引張力に働く部材である。
(2) スチフナーは，節点に集まる部材相互の接合に用いられる鋼板である。
(3) エンドタブは，溶接時に溶接線の始終端に取り付けられる補助部材である。
(4) 裏当て金は，完全溶込み溶接を片面から行うために，溶接線に沿って開先ルート部の裏側に取り付けられる鋼板である。

解説
設問は，ガセットプレートの説明です。スチフナーとは，鉄骨のウェブ（H形，I形断面の上下のフランジをつなぐ部分）の座屈を防ぐプレートのことです。
▶解答（2）

▶ 建築材料

問1 鋼の一般的な性質に関する記述として，最も不適当なものはどれか。

(1) 弾性限度内であれば，引張荷重を取り除くと元の状態に戻る。
(2) 炭素含有量が多くなると，溶接性は向上する。
(3) 熱処理によって，強度等の機械的性質を変化させることができる。
(4) 空気中で酸化し，錆を生じるため，防食を施す必要がある。

解説

炭素含有量が多くなると，引張強度・硬度は増加しますが，伸び・溶接性は低下します。 ▶解答 (2)

問2 シーリング材に関する記述として，最も不適当なものはどれか。

(1) ポリウレタン系シーリング材は，施工時の気温や湿度が高い場合，発泡のおそれがある。
(2) シリコーン系シーリング材は，耐候性，耐久性に劣る。
(3) 変成シリコーン系シーリング材は，ガラス越し耐光接着性に劣る。
(4) アクリルウレタン系シーリング材は，ガラス回り目地に適していない。

解説

シリコーン系シーリング材は，表面への塗料の付着性は悪いですが，耐候性，耐熱性，耐寒性，耐久性に優れています。 ▶解答 (2)

問3 JIS（日本産業規格）に規定する建具の性能試験における性能項目に関する記述として，不適当なものはどれか。

(1) 開閉力とは，開閉操作に必要な力の程度をいう。
(2) 水密性とは，風雨による建具室内側への水の浸入を防ぐ程度をいう。
(3) 遮熱性とは，熱の移動を抑える程度をいう。
(4) 結露防止性とは，建具表面の結露の発生を防ぐ程度をいう。

解説

設問は，断熱性の説明です。遮熱性とは，熱を反射させ，室内への熱の侵入を防ぐ性能をいいます。 ▶解答 (3)

問4 内装材料に関する一般的な記述として，最も不適当なものはどれか。

(1) 木毛セメント板は，断熱性，吸音性に優れている。
(2) けい酸カルシウム板は，軽量で耐火性に優れている。
(3) 強化せっこうボードは，心材のせっこうに油脂をしみ込ませ，強度を向上させたものである。
(4) シージングせっこうボードは，普通せっこうボードに比べ，吸水時の強度低下が生じにくい。

解説

強化せっこうボードは，心材のせっこうに無機質繊維などを混入し，防火性を向上させたものです。

▶解答 (3)

▶ 建築設備

問1 給排水設備に関する記述として，最も不適当なものはどれか。

(1) 水道直結直圧方式は，水道本管から分岐した水道引き込み管に増圧給水装置を直結し，建物各所に給水する方式である。
(2) ウォーターハンマーとは，給水配管内の水流が急激に停止したとき，振動や衝撃音などが生じる現象をいう。
(3) 公共下水道の排水方式には，汚水と雨水を同一系統で排除する合流式と，別々の系統で排除する分流式がある。
(4) 排水トラップの破封を防止するため，排水系統に通気管を設ける。

解説

設問は，水道直結増圧方式の説明です。水道直結直圧方式は，水道本管の排水管から分岐して給水管を引き込み，直接各々の水栓に給水する方式です。

▶解答 (1)

問2 空気調和設備に関する記述として，最も不適当なものはどれか。

(1) 定風量単一ダクト方式は，一定の風量で送風するシステムであり，負荷変動の異なる複数の空間に適するものである。
(2) 二重ダクト方式は，冷風，温風の2系統のダクトを設置するシステムであり，混合ボックスで温度を調節して室内に吹き出すものである。
(3) パッケージユニット方式は，機内に冷凍機，ファン，冷却コイル，加熱コイル等を内蔵した一体型の空調機を使用するものである。
(4) ファンコイルユニット方式は，熱源機器でつくられた冷水や温水を各室のファンコイルユニットに供給し，冷風や温風を吹き出すものである。

解説

定風量単一ダクト方式は，一定の風量で送風するシステムであり，負荷変動の異なる複数の空間には適しません。 ▶解答（1）

▶ 測量・塗装

問1 測量に関する記述として，最も不適当なものはどれか。

(1) 水準測量は，地表面の高低差を求める測量で，レベルなどを用いる。
(2) 角測量は，水平角と鉛直角を求める測量で，セオドライトなどを用いる。
(3) 平板測量は，測点の距離と高さを間接的に求める測量で，標尺などを用いる。
(4) 距離測量は，2点間の距離を求める測量で，巻尺などを用いる。

解説

平板測量とは，巻尺で測った結果を平板の上にアリダードを用いて現地で直接作図する測量方法です。 ▶解答（3）

問2 構内舗装工事に関する記述として，最も不適当なものはどれか。

(1) 路盤材料に用いられるクラッシャランは，採取したままの砂利で，砂と土粒の混入したものをいう。
(2) アスファルト舗装の路床は，地盤が軟弱な場合を除いて，現地盤の土をそのまま十分に締め固める。
(3) コンクリート舗装に用いるコンクリートのスランプは，一般的な建築物に用いるものより小さい。
(4) アスファルト舗装は，交通荷重および温度変化に対してたわみ変形する。

解説

クラッシャランは，岩石もしくは玉石を破砕機（クラッシャー）で砕いた砕石のことで，路盤材に用いられる採石です。コンクリート廃材を使った再生砕石もあります。

▶解答（1）

第2章 建築施工

▶ 躯体工事

問1 墨出しなどに関する記述として，最も不適当なものはどれか。

(1) 陸墨を柱主筋に移す作業は，台直しなどを終え，柱主筋が安定した後に行った。
(2) 建物の位置を確認するための縄張りは，配置図に従ってロープを張り巡らせた。
(3) 通り心の墨打ちができないため，通り心より１ｍ離れたところに逃げ墨を設け，基準墨とした。
(4) 建物四隅の基準墨の交点を上階に移す際，２点を下げ振りで移し，ほかの２点はセオドライトで求めた。

解説

建物四隅の基準墨の交点を上階に移す場合，建築物四隅の床に小さな穴をあけ，下階の基準墨を四隅とも下げ振りで上げ，その墨のXY方向の交点をトランシットより角度を確認して上階の基準墨とします。 ▶解答（4）

問2 地業工事に関する記述として，最も不適当なものはどれか。

(1) 砂利地業で用いる砕石は，硬質なものとする。
(2) 砂利地業で用いる砂利は，砂が混じったものよりも粒径の揃ったものとする。
(3) 捨てコンクリートは，墨出しをしやすくするため，表面を平坦にする。
(4) 捨てコンクリートは，床付け地盤が堅固で良質な場合，地盤上に直接打ち込むことができる。

解説

砂利地業で用いる砂利は，すき間が生じないように，砂が混じった粒径の揃っていないものとします。 ▶解答（2）

問3 鉄筋のかぶり厚さに関する記述として，最も不適当なものはどれか。

(1) 設計かぶり厚さは，最小かぶり厚さに施工精度に応じた割増しを加えたものである。
(2) かぶり厚さの確保には，火災時に鉄筋の強度低下を防止するなどの目的がある。
(3) 外壁の目地部分のかぶり厚さは，目地底から確保する。
(4) 屋内の耐力壁は，耐久性上有効な仕上げがある場合とない場合では，最小かぶり厚さが異なる。

解説

屋内の耐力壁は，耐久性上有効な仕上げがある場合とない場合でも，最小かぶり厚さは同じです。 ▶解答（4）

問4 型枠工事に関する記述として，最も不適当なものはどれか。

(1) 梁の側型枠の寸法をスラブ下の梁せいとし，取り付く底型枠の寸法を梁幅で加工した。
(2) 柱型枠は，梁型枠や壁型枠を取り付ける前にチェーンなどで控えを取り，変形しないようにした。
(3) 外周梁の側型枠の上部は，コンクリートの側圧による変形防止のため，スラブ引き金物で固定した。
(4) 階段が取り付く壁型枠は，敷き並べた型枠パネル上に現寸で墨出しをしてから加工した。

解説

底型枠の幅は，梁幅よりも大きくする必要があります。 ▶解答（1）

問5 日本産業規格（JIS）のレディーミクストコンクリート用骨材として，規定されていないものはどれか。

(1) 人工軽量骨材
(2) 高炉スラグ骨材
(3) 溶融スラグ骨材
(4) 再生骨材H

解説

溶融スラグ骨材とは，一般廃棄物を直接，または焼却残さ（焼却灰など）を高温条件下で溶融した後，冷却して生成される固化物をいいます。日本産業規格（JIS）のレディーミクストコンクリート用骨材としては使用が認められていません。

▶解答（3）

問6 在来軸組構法の木工事に関する記述として，最も不適当なものはどれか。

(1) 土台を固定するアンカーボルトは，土台の両端部や継手の位置，耐力壁の両端の柱に近接した位置に設置した。

(2) 柱に使用する心持ち材には，干割れ防止のため，見え隠れ部分に背割りを入れた。

(3) 根太の継手は，大引の心を避けて突付け継ぎとし，釘打ちとした。

(4) 軒桁の継手は，柱心から持ち出して，追掛け大栓継ぎとした。

解説

根太の継手は，大引の心で受けて突付け継ぎとし，釘打ちとします。

▶解答（3）

▶ 仕上げ工事

問1 ウレタンゴム系塗膜防水絶縁工法に関する記述として，最も不適当なものはどれか。

(1) 不織布タイプの通気緩衝シートは，接着剤で張り付けた。

(2) 通気緩衝シートの継目は，すき間や重なり部をつくらないようにシート相互を突付けとし，ジョイントテープを張り付けた。

(3) 穴あきの不織布タイプの通気緩衝シートは，下地に張り付けた後，防水材でシートの穴を充填した。

(4) 通気緩衝シートは，防水立上がり面まで張り上げた。

解説

通気緩衝シートは，下地にある水分を通気させ，防水層の膨れを防ぐものです。したがって，防水立上がり面まで張らず，立上がりの手前で止めます。

▶解答（4）

問2 とい工事に関する記述として，最も不適当なものはどれか。

(1) 鋼板製谷どいの継手部は，シーリング材を入れ60 mm重ね合わせて，リベットで留め付けた。
(2) 硬質塩化ビニル製縦どいは，継いだ長さが10 mを超えるため，エキスパンション継手を設けた。
(3) 鋼板製丸縦どいの長さ方向の継手は，下の縦どいを上の縦どいの中に差し込んで継いだ。
(4) 硬質塩化ビニル製軒どいは，とい受け金物に金属線で取り付けた。

解説

鋼板製丸縦どいの長さ方向の継手は，上の縦どいを下の縦どいの中に差し込んで継ぎます。

▶解答（3）

問3 セルフレベリング材塗りに関する記述として，最も不適当なものはどれか。

(1) セルフレベリング材塗りは，下地となるコンクリートの打込み後，1か月経過したのちに行った。
(2) セルフレベリング材の流し込みは，吸水調整材塗布後，直ちに行った。
(3) セルフレベリング材の流し込み作業中は，できる限り通風を避けるよう窓や開口部をふさいだ。
(4) セルフレベリング材の流し込み後の乾燥養生期間は，外気温が低い冬季であったため，14日間とした。

解説

セルフレベリング材の流し込みは，吸水調整材塗布後，乾燥してから行います。 ▶解答 (2)

問4 木部の塗装工事に関する記述として，最も不適当なものはどれか。

(1) オイルステイン塗りは，耐候性が劣るため，建築物の屋外には使用しなかった。
(2) つや有合成樹脂エマルションペイント塗りの下塗り後のパテかいは，耐水形の合成樹脂エマルションパテを使用した。
(3) クリヤラッカー塗りの下塗り材は，サンジングシーラーを使用した。
(4) 木材保護塗料塗りにおいて，塗料は希釈せず原液で使用した。

解説

クリヤラッカー塗りの下塗りではウッドシーラーを使用します。ちなみにサンジングシーラーは中塗りで使用します。 ▶解答 (3)

問5 建具金物に関する記述として，最も不適当なものはどれか。

(1) モノロックは，押しボタンやシリンダーが設けられており，内外の握り玉の同一線上で施解錠することができる。
(2) ピボットヒンジは，床に埋め込まれる扉の自閉金物で，自閉速度を調整することができる。
(3) 空錠は，鍵を用いずに，ハンドルでラッチボルトを操作することができる。
(4) 本締り錠は，鍵またはサムターンでデッドボルトを操作することができる。

解説

設問は，フロアヒンジの説明です。ピボットヒンジは，ドアの丁番の一種で，扉の上端と下端に取り付けられ，自閉機能はありません。 ▶解答 (2)

問6 内装改修工事における既存床仕上材の除去に関する記述として，最も不適当なものはどれか。ただし，除去する資材は，アスベストを含まないものとする。

(1) ビニル床シートの除去は，カッターで切断し，スクレーパーを用いて他の仕上材に損傷を与えないように行った。
(2) モルタル下地の合成樹脂塗床は，電動斫り器具を用いてモルタル下地とも除去した。
(3) 根太張り工法の単層フローリングボードは，丸のこを用いて根太下地を損傷しないように切断し，除去した。
(4) モルタル下地の磁器質床タイルの張替え部は，斫り(はつ)のみを用いて手作業で存置部分と縁切りをした。

解説

モルタル下地の磁器質床タイルの張替え部は，ダイヤモンドカッターなどを用いて存置部分と縁切りをします。 ▶解答 (4)

第3章 施工管理法

▶ 施工計画

問1 事前調査に関する記述として，最も不適当なものはどれか。

(1) 既存の地下埋設物を記載した図面があったが，位置や規模の確認のための試掘調査を行うこととした。
(2) 既製杭の打込みが予定されているため，近接する工作物や舗装の現況の調査を行うこととした。
(3) 根切り工事が予定されているため，前面道路や周辺地盤の高低の調査を行うこととした。
(4) 防護棚を設置するため，敷地地盤の高低や地中埋設配管の調査を行うこととした。

解説

防護棚（朝顔）は，落下物に対する危害防止のために設けるものです。敷地地盤の高低および地中埋設配管の調査とは関係がありません。 ▶解答（4）

問2 仮設計画に関する記述として，最も不適当なものはどれか。

(1) 騒音，塵埃，飛沫等の近隣への影響を抑制するため，仮囲いを設けることとした。
(2) 施工者用事務所と監理者用事務所は，機能が異なるため，それぞれ分けて設けることとした。
(3) ハンガー式門扉は，扉を吊る梁が車両の積荷高さを制約する場合があるため，有効高さを検討することとした。
(4) 酸素やアセチレンなどのボンベ類の貯蔵小屋は，ガスが外部に漏れないよう，密閉構造とすることとした。

解説

ボンベ類の貯蔵小屋は，通気をよくするため，1面を開口とし，ほかの3面は上部に開口部を設けます。 ▶解答（4）

▶ 工程管理

問1 総合工程表の立案に関する記述として，最も不適当なものはどれか。

(1) 上下階で輻輳する作業では，資材運搬，機器移動などの動線が錯綜しないように計画する。
(2) 鉄骨工事の工程計画では，建方時期に合わせた材料調達，工場製作期間を検討する。
(3) 工区分割を行い，後続作業を並行して始めることにより，工期短縮が可能か検討する。
(4) 工程計画上のマイルストーン（管理日）は，工程上の重要な区切りを避けて計画する。

解説

マイルストーンとは，工事工程表において工程上重要な節目となる時点のことです。

▶解答（4）

問2 バーチャート工程表に関する記述として，最も適当なものはどれか。

(1) 工事全体を掌握することが容易で，作成しやすい。
(2) 工事を構成する各作業を縦軸に記載し，工事の達成度を横軸にして表す。
(3) 工程上のキーポイント，重点管理しなければならない作業が判断しやすい。
(4) 多種類の関連工事間の工程調整に有利である。

解説

バーチャート工程表は，主に作業項目と日時だけなので，工事全体を掌握することが容易で作成しやすいです。

▶解答（1）

▶ 品質管理

問1 次のうち，品質管理に関する用語として，最も関係の少ないものはどれか。

(1) PDCA
(2) トレーサビリティ
(3) ALC
(4) サンプリング

解説

ALCはAutoclaved Lightweight aerated Concrete の略で，高温高圧蒸気養生された軽量気泡コンクリートのことです。 ▶解答 (3)

問2 品質管理のための試験および検査に関する記述として，最も不適当なものはどれか。

(1) 木工事において，造作用木材の含水率の確認は，高周波水分計を用いて行った。
(2) 地業工事において，支持地盤の地耐力の確認は，平板載荷試験によって行った。
(3) 鉄筋工事において，鉄筋のガス圧接部の確認は，超音波探傷試験によって行った。
(4) 鉄骨工事において，隅肉溶接のサイズの確認は，マイクロメーターを用いて行った。

解説

隅肉溶接のサイズの確認は，溶接用ゲージを用いて行います。 ▶解答 (4)

問3 トルシア形高力ボルトの一次締め後に行う，マーキングに関する記述として，最も不適当なものはどれか。

(1) マークによって，一次締め完了の確認ができる。
(2) マークのずれによって，本締め完了の確認ができる。
(3) マークのずれによって，軸回りの有無の確認ができる。
(4) マークのずれによって，トルク値の確認ができる。

解説

マークのずれによって，ナットの回転量，共回り・軸回りの有無を確認できますが，トルク値は確認できません。 ▶解答（4）

▶ 安全管理

問1 工事現場の安全管理に関する記述として，最も不適当なものはどれか。

(1) 安全施工サイクルとは，施工の安全を図るため，毎日，毎週，毎月の基本的な実施事項を定型化し，継続的に実施する活動である。
(2) 新規入場者教育とは，新しく現場に入場した者に対して，作業所の方針，安全施工サイクルの具体的な内容，作業手順などを教育することである。
(3) ゼロエミッションとは，作業に伴う危険性または有害性に対し，作業グループが正しい行動を互いに確認し合う活動である。
(4) リスクアセスメントとは，労働災害の要因となる危険性または有害性を洗い出してリスクを見積もり，優先順位を定め，リスクの低減措置を検討することである。

解説

設問は，KYT（危険予知訓練）の説明です。ゼロエミッションとは，排出される廃棄物を再利用することによって，埋立処分量のゼロを目指す考え方のことです。

▶解答（3）

問2 足場の組立て等作業主任者の職務として，「労働安全衛生規則」上，定められていないものはどれか。

(1) その日の作業を開始する前に，作業を行う箇所に設けた足場用墜落防止設備の取外しの有無を点検すること。
(2) 器具，工具，要求性能墜落制止用器具および保護帽の機能を点検し，不良品を取り除くこと。
(3) 要求性能墜落制止用器具および保護帽の使用状況を監視すること。
(4) 作業の方法および労働者の配置を決定し，作業の進行状況を監視すること。

解説

労働安全衛生規則第566条に，足場の組立て等作業主任者の職務について記載されています。ただし，解体の作業のときは，第一号の規定は，適用しません。

一　材料の欠点の有無を点検し，不良品を取り除くこと。
二　器具，工具，要求性能墜落制止用器具及び保護帽の機能を点検し，不良品を取り除くこと。
三　作業の方法及び労働者の配置を決定し，作業の進行状況を監視すること。
四　要求性能墜落制止用器具及び保護帽の使用状況を監視すること。

▶解答（1）

▶ 法規

問1 建築確認等の手続きに関する記述として,「建築基準法」上, 誤っているものはどれか。

(1) 特定工程後の工程に係る工事は, 当該特定工程に係る中間検査合格証の交付を受けた後でなければ, これを施工してはならない。
(2) 特定行政庁は, 工事施工者に対して工事の計画または施工の状況に関する報告を求めることができる。
(3) 建築主事は, 建築主に対して, 建築物の敷地に関する報告を求めることができる。
(4) 工事施工者は, 建築物の工事を完了したときは, 建築主事または指定確認検査機関の完了検査を申請しなければならない。

解説

建築物の工事を完了したときは, 建築主が完了検査を申請しなければいけません。原則として, 工事完了から4日以内に, 建築主事に到達するように申請します。

▶解答 (4)

問2 居室の採光および換気に関する記述として,「建築基準法」上, 誤っているものはどれか。

(1) 地階に設ける居室には, 必ず, 採光のための窓その他の開口部を設けなければならない。
(2) 幼稚園の教室には, 原則として, 床面積の $\frac{1}{5}$ 以上の面積の採光に有効な開口部を設けなければならない。
(3) 換気設備を設けるべき調理室等に設ける給気口は, 原則として, 天井の高さの $\frac{1}{2}$ 以下の高さに設けなければならない。

(4) 居室には，政令で定める技術的基準に従って換気設備を設けた場合，換気のための窓その他の開口部を設けなくてもよい。

解説

居室には採光のための開口部が必要ですが，地階の居室は除かれています。

▶解答（1）

問3 建設業の許可に関する記述として，「建設業法」上，誤っているものはどれか。

(1) 一の都道府県の区域内にのみ営業所を設けて営業をしようとする場合は，原則として，当該営業所の所在地を管轄する都道府県知事の許可を受けなければならない。
(2) 建設業の許可は，5年ごとに更新を受けなければ，その期間の経過によって，その効力が失われる。
(3) 指定建設業と定められている建設業は，7業種である。
(4) 一般建設業の許可を受けた業者と特定建設業の許可を受けた業者では，発注者から直接請け負うことができる工事の請負代金の額が異なる。

解説

一般建設業の許可を受けた業者と特定建設業の許可を受けた業者は，発注者から直接請け負うことのできる額は同じです。

▶解答（4）

問4 建設工事の請負契約書に記載しなければならない事項として，「建設業法」上，定められていないものはどれか。

(1) 工事着手の時期および工事完成の時期
(2) 工事の履行に必要となる建設業の許可の種類および許可番号
(3) 契約に関する紛争の解決方法
(4) 工事内容および請負代金の額

解説

工事の履行に必要となる建設業の許可の種類および許可番号は，請負契約書に記載不要です。

▶解答（2）

問5 労働契約の締結に際し，「労働基準法」上，使用者が定め，原則として，労働者に書面で交付しなければならない労働条件はどれか。

(1) 職業訓練に関する事項
(2) 安全および衛生に関する事項
(3) 災害補償および業務外の傷病扶助に関する事項
(4) 就業の場所および従事すべき業務に関する事項

解説

就業の場所および従事すべき業務に関する事項は，書面で交付しなければならない労働条件に該当します。

▶解答（4）

問6「労働安全衛生法」上，事業者が，所轄労働基準監督署長へ所定の様式で報告書を提出しなければならないものはどれか。

(1) 産業医を選任したとき
(2) 労働衛生指導医を選任したとき
(3) 安全衛生推進者を選任したとき
(4) 安全衛生責任者を選任したとき

解説

労働安全衛生規則第13条第2項により，産業医を選任したときには，事業者は，遅滞なく，報告書を所轄労働基準監督署長に提出しなければいけません。

▶解答（1）

▶ その他の法規

問1 次の記述のうち,「道路法」上,道路の占用の許可を受ける必要のないものはどれか。

(1) 歩道の上部に防護構台を組んで,構台上に現場事務所を設置する。
(2) 道路の上部にはみ出して,防護棚(養生朝顔)を設置する。
(3) コンクリート打込み作業のために,ポンプ車を道路上に駐車させる。
(4) 道路の一部を掘削して,下水道本管へ下水道管の接続を行う。

解説

コンクリート打込み作業のために,道路上に駐車させるポンプ車は,道路占用許可は不要ですが,道路使用許可は必要となります。 ▶解答(3)

問2 次の記述のうち,「廃棄物の処理及び清掃に関する法律」上,誤っているものはどれか。

(1) 建築物の新築に伴って生じた段ボールは,産業廃棄物である。
(2) 建築物の地下掘削に伴って生じた土砂は,産業廃棄物である。
(3) 建築物の除去に伴って生じた木くずは,産業廃棄物である。
(4) 建築物の杭工事に伴って生じた汚泥は,産業廃棄物である。

解説

地下掘削に伴って生じた土砂は建設発生土であり,産業廃棄物ではありません。 ▶解答(2)

▶ 応用能力問題

問1 鉄筋の継手に関する記述として，不適当なものを２つ選べ。

(1) 鉄筋の継手には，重ね継手，圧接継手，機械式継手，溶接継手などがある。
(2) 重ね継手の長さは，コンクリートの設計基準強度にかかわらず同じである。
(3) フック付き重ね継手の長さには，フック部分の長さを含める。
(4) 鉄筋の継手の位置は，原則として，構造部材における引張力の小さいところに設ける。

解説

鉄筋の重ね継手の長さは，コンクリート設計基準強度によって異る場合があり，フックあり・なしによっても異なります。

フック付き重ね継手の長さは，定着起点からフックの折曲げ開始点までの距離とし，フック部分の長さは含みません。

▶解答 (2), (3)

問2 鉄骨の建方に関する記述として，不適当なものを２つ選べ。

(1) 玉掛け用ワイヤロープでキンクしたものは，キンクを直してから使用した。
(2) 仮ボルトの本数は，強風や地震などの想定される外力に対して，接合部の安全性の検討を行って決定した。
(3) 油が付着している仮ボルトは，油を除去して使用した。
(4) 建方時に用いた仮ボルトを，本締めに用いるボルトとして使用した。

解説

ワイヤロープでキンクしたものは，直しても強度が低下している可能性が高いため，使用してはいけません。

建方時に仮ボルトを使用すると，ねじ山が傷んだり，正しい張力が与えられなくなるため，本締めには用いません。

▶解答 (1), (4)

問3 ウレタンゴム系塗膜防水に関する記述として，不適当なものを2つ選べ。

(1) 下地コンクリートの入隅を丸面，出隅を直角に仕上げた。
(2) 防水層の施工は，立上り部，平場部の順に施工した。
(3) 補強布の張付けは，突付け張りとした。
(4) 仕上塗料は，刷毛とローラー刷毛を用いてむらなく塗布した。

解説

下地コンクリートの入隅は直角に，出隅は通りよく面取りする必要があります。

補強布の張付けは，突付けとせず，重ね幅を50 mm以上とします。

▶解答 (1)，(3)

問4 塗装における素地ごしらえに関する記述として，不適当なものを２つ選べ。

(1) 木部面に付着した油汚れは，溶剤で拭き取った。
(2) 木部の節止めに，ジンクリッチプライマーを用いた。
(3) 鉄鋼面の錆および黒皮の除去は，ブラスト処理により行った。
(4) 鉄鋼面の油類の除去は，錆を除去した後に行った。

解説

木部の節止めには，木部下塗り用調合ペイントを使用します。ジンクリッチプライマーは主に鉄鋼面に用いられます。

鉄鋼面は，油類の除去の後に錆の除去を行います。

▶解答 (2)，(4)

第二次検定

第１章

施工経験記述

第1章

施工経験記述

CASE 1

施工経験記述のポイント

まとめ & 丸暗記　この節の学習内容とまとめ

□ 工事名：
工事名は，「△△ビル新築工事」，「△△小学校改修工事」などのように固有名詞を入れて表現する

□ 工事場所：
工事場所は，「東京都新宿区西新宿△丁目△－△」など，実際の国内の地名を記入する

□ 建物用途：
「事務所」，「小学校」，「共同住宅」，「一戸建ての住宅」など，建築基準法の用途を記入する

□ 構造：担当した工事の建築構造を記載し，「鉄筋コンクリート造」，「鉄骨造」のように記入する

□ 延べ面積または施工数量：
担当した工事の範囲を示し，「延べ面積△△△ m^2」，「延べ面積△△△ m^2のうち増築部分△△△ m^2」などと記入する

□ 主な外部仕上げ：
外部のみえがかりの仕上げで，「磁器質タイル張り」，「窯業系サイディング張り」などと記入する

□ 主要室の内部仕上げ：
内部の床，壁，天井の仕上げで，「床：複合フローリング張り，壁・天井：PB下地の上ビニルクロス張り」などと記入する

□ 工期：試験日までに工事が完了しているもので，年号または西暦で年月まで記入する

□ あなたの立場：
責任ある立場を示し，「現場主任」，「現場代理人」，「主任技術者」などと記入する

施工経験記述の書き方

1 施工経験記述

施工経験記述では，今まで自ら経験してきた建築工事について，具体的に記述する必要があります。受験前に，あらかじめ記入する工事名や工事内容などを決めておきましょう。

①工事名

工事名は，「△△ビル新築工事」，「△△小学校改修工事」などのように固有名詞を入れて記入します。

「土木工事」，「設備工事」，「造園工事」などは建築工事ではないので，記入できません。

②工事場所

工事場所は，「東京都新宿区西新宿△丁目△－△」などのように，実際の国内の地名を記入します。

③工事の内容

<新築・増築工事の場合>

●建物用途

「事務所」，「小学校」，「共同住宅」，「一戸建ての住宅」など，建築基準法の用途を記入します。

●構造

担当した工事の建築構造を記載し，「鉄筋コンクリート造」や「鉄骨造」，「木造」などと記入します。

●階数

「地下△階」，「地上△階」，「増築部分地上△階建」，「B△F」，「△F」などと記入します。

●延べ面積または施工数量

担当した工事の範囲を示し，記入の際は「延べ面積

受検種別
受検種別は「建築」・「躯体」・「仕上げ」の3つに分かれており，それぞれ試験問題の内容が異なります。

□建築
建築一式工事，解体工事

□躯体
大工工事，とび・土工・コンクリート工事，タイル・れんが・ブロック工事，鋼構造物工事，鉄筋工事，解体工事

□仕上げ
大工工事，左官工事，石工事，屋根工事，タイル・れんが・ブロック工事，板金工事，ガラス工事，塗装工事，防水工事，内装仕上工事，熱絶縁工事，建具工事

構造の表現について
「RC造」や「S造」などの表現とすることもできます。

△△△ m^2」,「延べ面積△△△ m^2のうち増築部分△△△ m^2」などと記入します。「施工床面積」や「延べ床面積」という書き方は避けます。また，間違えて「建築面積」を記入しないようにしましょう。

●主な外部仕上げ

外部のみえがかりの仕上げで,「磁器質タイル張り」,「窯業系サイディング張り」などと記入します。

●主要室の内部仕上げ

内部の床，壁，天井の仕上げで「床：複合フローリング張り，壁・天井：PB下地の上ビニルクロス張り」などと記入します。仮に工事を担当していなくても，必ず記入しましょう。

＜改修工事の場合＞

●建築用途

新築・増築の場合と同様に，建築基準法の用途を記入します。

●主な改修内容

「屋上アスファルト防水改修」,「外装タイル張替え改修」などと記入します。

●施工数量

担当した工事の改修範囲を示し,「屋上アスファルト防水改修△△△ m^2」,「外装タイル張替え改修△△△ m^2」などと記入します。

●建物規模

構造，階数，延べ面積などを記入します。

④工期

年号または西暦で年月まで記入します。また，試験日までに工事が完了している必要があります。

⑤あなたの立場

責任ある立場を示し,「現場主任」,「現場代理人」,「主任技術者」などと記入します。会社内の役職で「工事部長」などの記載は避け，主任を「主人」，監督を「官督」というような漢字の書き間違いに気をつけます。

⑥業務内容

「施工管理全般」,「工事管理」,「○○工事施工管理」などと記入します。

2 記述の際の注意点と記入例

●記述時の注意点

・字の上手へたは気にせず，採点者が読みやすいよう丁寧に記入します。
・漢字などの書き間違いは大きな減点につながります。
・書き慣れない専門用語は，事前に練習しましょう。
・記入の際は，工事の契約書の情報をもとにします。
・内容に矛盾がないよう正しい情報を記入します。
・文体は「です・ます調」ではなく，「だ・である調」での統一が一般的です。
・終わった工事についての説明のため，文章の語尾は過去形にします。
・理由を説明する場合は「～したため」で統一します。
・記入漏れや未記入は，厳禁です。

仕上げの記載について
設計図面の仕上表に記載されている仕上げを確認し，商品名ではなく，一般名称で記入しましょう。

記入例（新築工事の場合）

<table>
<tr><td rowspan="5">工事概要</td><td>工事名</td><td colspan="3">○○○ビル新築工事</td></tr>
<tr><td>工事場所</td><td colspan="3">東京都新宿区西新宿△丁目△−△</td></tr>
<tr><td>工事の内容</td><td colspan="3">事務所，鉄骨造，地上6階，延べ面積4,850 m^2
外壁：メタルカーテンウォール，ALC外壁パネルの上複層仕上げ塗材仕上げ，床：OAフロアの上タイルカーペット張り，壁：PB下地の上ビニルクロス張り，天井：岩綿吸音板張り</td></tr>
<tr><td>工　期</td><td>20○○年12月～
20○○年8月</td><td>あなたの立場</td><td>工事主任</td></tr>
<tr><td>業務内容</td><td colspan="3">施工管理全般</td></tr>
</table>

CASE 2 施工経験記述・参考例

まとめ & 丸暗記 この節の学習内容とまとめ

□ 品質管理における記述

「コンクリート工事」

不具合と要因：打設後の乾燥収縮によるひび割れの発生

行ったこと：コンクリート打設後，直射日光を避けるためにシートで覆いつつ，湿潤養生を行った

□ 施工計画に関する記述

「鉄筋工事」

項目：資材の搬入または荷揚げの方法

実際に検討し行ったこと：

先組み鉄筋工法を行うため，まず設置場所を考慮した仮置き場に搬入し，組み上げた鉄筋を荷揚げさせた

その理由：短い工期だったため，現場作業をなるべく少なくすることにより，作業効率の向上を目指すため

□ 工程管理における記述

「内装工事」

留意した内容：壁・天井のせっこうボードは，あらかじめ工場でカットしたものを使用した

着目した理由：現場の作業スペースが狭く，現場加工を少なくすることにより，工期短縮につながるため

施工経験記述

1 施工経験記述

施工経験記述は2問あり，1問目は「品質管理」,「施工計画」,「工程管理」の3つのテーマが主な出題となっています。2問目は問われた管理項目について施工経験を通じて得てきた自分の考えを解答します。どちらも専門用語を入れながら簡潔に記入しましょう。

品質管理の出題の注意点
3つの実際に行ったことはそれぞれ異なる内容とし,「設計図書どおりに施工した。」など行ったことが具体的に記述されていないもの，品質管理以外の工程管理，安全管理などについて記述したものは不可となります。
また，工種名については，同一の工種名でなくてもかまいません。

2 品質管理

記述する際のポイント

品質管理では，例年，担当した工事の工種において，施工により防ごうとした不具合と，その要因，改善するために行ったこと，品質低下防止策などを，品質を確保する観点から記述する必要があります。次に，躯体工事の場合の記述例を示します。

「躯体工事」の場合

①	工種名	鉄筋工事
	不具合と要因	鉄筋のかぶり厚さの不足により，早期にコンクリート中性化の影響を受けやすく，鉄筋の腐食による膨張でコンクリートにひび割れが発生する。
	行ったこと	配筋と型枠組立てが終わった段階で全数のスペーサーの設置状況などからかぶり厚さの確認を行った。

②	工種名	型枠工事
	不具合と要因	フォームタイの締付け不足により，型枠のはらみが発生する。
	行ったこと	コンクリート打設前検査にて，型枠の寸法，フォームタイの締付けを再確認した。
③	工種名	コンクリート工事
	不具合と要因	コンクリート打設後の乾燥収縮によるひび割れの発生。
	行ったこと	コンクリート打設後，直射日光を避けるためにシートで覆いつつ，湿潤養生を行った。

自分が担当した工事，工種に限らず，品質管理の担当者として，品質のよい建物を造るための品質管理の方法や手段と，その方法や手段が有効だと考える理由などが，例年出題されています。**学習した知識と経験を生かせるところでもある**ので，方法や手段・理由について，次のように，キーワードなどを交えながら，記載の準備をしておきましょう。

①	方法や手段	品質管理は，計画，実施，検討，処置を繰り返すことにより，品質の向上を図る。
	有効だと考える理由	工事中に発生する問題点や改善方法などを早期に見出すことが，建物の品質向上につながるため。
②	方法や手段	施工品質管理表(QC工程表)を作成し，各工種の作業が終わるごとに関係者全員で検査を行う。
	有効だと考える理由	各工種の作業後の状況を確認し，品質を確認することにより，手戻りの少ないスムーズな工程となるため。

3 施工計画

記述する際のポイント

施工計画では例年，担当した工種において，施工の計画に当たり事前に検討したことと，その検討をもとに実際に行ったこと，なぜ検討する必要があったのかその理由を，工種名をあげて具体的に記述する必要があります。いくつかの項目を選択した上で記述する必要がありますが，例年類似の出題項目が多く，事前に記載の準備をすることができます。注意点として，コストについてのみの記述は不可とされています。

[項目]

a. 施工方法または作業方法，b. 資材の搬入または荷揚げの方法，c. 資材の保管または仮置きの方法，d. 施工中または施工後の養生の方法（ただし，労働者の安全に関する養生は除く），e. 試験または検査の方法と時期

①	工種名	基礎工事	項目	施工方法または作業方法
	実際に検討し行ったこと	基礎立上がりのコンクリート打設時に，棒形振動機を使用し，内部の気泡を除去した。		
	その理由	基礎形状で，複雑な箇所が複数あったことから，より密実なコンクリートを目指すため。		
②	工種名	鉄筋工事	項目	資材の搬入または荷揚げの方法
	実際に検討し行ったこと	先組み鉄筋工法を行うため，まず設置場所を考慮した仮置き場に搬入し，組み上げた鉄筋を荷揚げさせた。		
	その理由	短い工期だったため，現場作業をなるべく少なくすることにより，作業効率の向上を目指すため。		
③	工種名	コンクリート工事	項目	施工中または施工後の養生の方法
	実際に検討し行ったこと	コンクリート打設後は，直射日光を避け，湿潤養生を行った。		
	その理由	コンクリートの強度，耐久性の保持と，ひび割れ防止のため。		

品質管理「仕上げ工事」の解答例

①工種名：防水工事
不具合と要因：下地から発生する水蒸気により，防水層にふくれが発生，損傷しやすくなり，漏水が発生する。
行ったこと：コンクリート下地の乾燥について，高周波水分計で測定し，規定範囲内であることを確認した。

②工種名：左官工事
不具合と要因：セメントモルタル塗りの過大な塗厚により，接触不良などが発生する。
行ったこと：セメントモルタル塗りの施工後，塗厚測定器やスケールなどで，塗厚を測定する。

③工種名：内装工事
不具合と要因：せっこうボードをドリリングタッピンねじで留め付ける場合，ボード面よりもビス頭が飛び出し，ビニルクロスなどに浮き出る場合がある。
行ったこと：せっこうボード張り付け完了後にビス頭の埋め込み状況を確認し，飛び出たビスは，再度締め直した。

自分が担当した工事，工種に限らず，建設現場で発生する産業廃棄物を減らすために考えられる有効な方法や手段と，その方法や手段を実際に行う場合に留意すべきことが出題されています（以下，解答例）。また他にも，品質低下，工程の遅延，災害などの防止や，施工方法や作業手順を作業員に周知徹底するための方法など，幅広い範囲で出題されています。

①	工種名	金属工事
	有効な方法や手段	軽量鉄骨下地材は，工場での加工を中心とし，現場加工を少なくすることにより，端材の発生を抑えた。
	留意すべきこと	図面や現場寸法を細かく確認した上で，加工寸法を決定する。
②	工種名	解体工事
	有効な方法や手段	鉄筋コンクリート造の解体工事で発生したコンクリートがらを，仮設道路の路盤材として再生利用した。
	留意すべきこと	大きなコンクリートがらは，路盤材として適切な大きさになるよう，破砕機で適切な大きさに加工する。

4 工程管理

記述する際のポイント

工程管理では例年，担当した工種において，工期に遅れることのないように，以下のような各項目の手配や配置をする際，留意して実際に行った内容や，着目した理由を工種名ごとに記述する必要があります。工期を短縮する手法や，遅延防止対策が主な出題となっており，注意点として，工程管理以外の品質管理，安全管理，コストについてのみ記述しないようにします。

［項目］

①材料（本工事材料，仮設材料），②工事用機械・器具・設備，③作業員（交通誘導警備員は除く）

①	工種名	内装工事
	留意した内容	壁・天井のせっこうボードは，あらかじめ工場でカットしたものを使用した。
	着目した理由	現場の作業スペースが狭く，現場加工を少なくすることで工期短縮につながるため。
②	工種名	基礎工事
	留意した内容	掘削作業に油圧ショベルを複数台投入し，同時に作業を行った。
	着目した理由	掘削面積が大きく，敷地に余裕があったため。
③	工種名	塗装工事
	留意した内容	金属・木部の塗装については，現場作業を減らし，工場塗装に切り替えた。
	着目した理由	作業員不足により，工程に影響が出にくい工場塗装を選択した。

自分が担当した工事，工種に限らず，品質管理の担当者として，工期を短縮するための有効な方法や手段などが出題されています（以下，解答例）。また，事前に検討し計画した施工方法や作業手順を作業員に周知徹底するための方法についても，出題されることがあります。

①	工種名	左官工事
	工期を短縮するための有効な方法や手段	床モルタル塗り金ごて仕上げをセルフレベリング材に変更することにより，工期短縮となる。
	工期短縮以外の工事への良い影響	セルフレベリング材は，天端押さえの必要が無く，平滑な仕上げ面が得られる。

②	工種名	内装工事
	工期を短縮するための有効な方法や手段	天井の仕上げをせっこうボードの上にビニルクロス張りから，化粧せっこうボード張りに変更する。
	工期短縮以外の工事への良い影響	ビニルクロス張りの作業が無くなることにより，天井作業用足場の設置期間が短くなり，他の工事の作業スペースが確保できる。

チャレンジ問題！

問１

難　中　易

　あなたが経験した建築工事のうち，あなたの受検種別に係る工事の中から，品質管理を行った工事を１つ選び，下記の工事概要を具体的に記入した上で，次の1．から2．の問いに答えなさい。

　なお，建築工事とは，建築基準法に定める建築物に係る工事とする。ただし，建築設備工事を除く。

〔工事概要〕

イ．工事名

ロ．工事場所

ハ．工事の内容

　　新築等の場合：建物用途，構造，階数，延べ面積または施工数量，主な外部仕上げ，主要室の内部仕上げ

　　改修等の場合：建物用途，主な改修内容，施工数量または建物規模

ニ．工期（年号または西暦で年月まで記入）

ホ．あなたの立場

ヘ．業務内容

1.　工事概要であげた工事で，あなたが実際に担当した工種において，その工事を施工するにあたり，施工の品質低下を防止するため，特に留意したことと何故それに留意したのかその理由およびあなたが実

際に行った対策を，工種名をあげて3つ具体的に記述しなさい。

ただし，「設計図どおり施工した。」など施工に当たり行ったことが具体的に記述されていないものや，品質以外の工程管理，安全管理などについての記述は不可とする。

なお，工種名については，同一の工種名でなくてもよい。

2. 工事概要であげた工事および受検種別にかかわらず，あなたの今日までの工事経験に照らして，品質の良い建物を造るために品質管理の担当者として，工事現場においてどのような品質管理を行ったらよいと考えるか，品質管理体制，手順またはツールなど品質管理の方法とそう考える理由を，2つ具体的に記述しなさい。

ただし，2つの解答はそれぞれ異なる内容の記述とし，また，上記1.の「実際に行った対策」と同じ内容の記述は不可とする。

解説と解答例

解答例は，あくまでも1つの事例・参考です。自身の経験に基づいて事前に練習を重ねましょう。

工事概要	工事名	○○邸新築工事		
	工事場所	愛媛県松山市○○町△丁目△−△		
	工事の内容	一戸建ての住宅，木造2階建，延べ面積120 m² 外壁：金属サイディング，複層仕上げ塗材仕上げ 床：フローリング張り 壁および天井：PB下地の上ビニルクロス張り		
	工　期	20○○年7月～ 20○○年2月	あなたの立場	工事主任
	業務内容	施工管理全般		

1．

①	工種名	基礎工事
	留意したこと その理由	基礎コンクリート打設が夏期だったため，打設後のコンクリート面の湿潤状態に留意した。
	実際に行った対策	コンクリート打設後に湿潤状態を保ちつつ，シートで覆い，夏期の強い直射日光を遮った。
②	工種名	木工事
	留意したこと その理由	木造軸組工法の耐震性確保のため，耐力壁は構造用面材を使用し，取付方法に留意した。
	実際に行った対策	構造用面材の材種，材厚，位置，釘の種類と間隔などを確認し，釘頭部のめり込みを目視で確認した。
③	工種名	防水工事
	留意したこと その理由	屋根のアスファルトルーフィングの重ね幅不足により，漏水が懸念されるため，重ね幅などに留意した。
	実際に行った対策	アスファルトルーフィングは，水下から張り始め，重ね幅は流れ方向を100 mm以上，長手方向は200 mm以上とした。

2．

①	品質管理の方法	工事関係者による現場パトロールを定期的に開催し，現場確認後に意見交換を行うとよい。
	そう考える理由	担当した工事以外の現場を確認することにより，幅広い視点から品質に関わる意見が聞けるため。
②	品質管理の方法	建具の枠回りの施工図を作成し，現場監督，大工工事，建具工事関係者が情報を共有しながら進めるとよい。
	そう考える理由	施工図を関係者で共有することにより，手戻りのないスムーズな工事につながるため。

第二次検定

第2章

施工全般

CASE 1 建築用語

まとめ & 丸暗記　この節の学習内容とまとめ

- □ ローリングタワー：
  高所での作業を行うときに用いる仮設移動式の足場のことで，作業時には車輪を固定する。移動時に作業員を乗せてはいけない
- □ 鉄筋工事のスペーサー：
  鉄筋と型枠までの距離を保ち，かぶり厚さを確保するための部品で，スペーサーの種類，適切・均等な配置などを打設前に確認する
- □ ルーフドレン：
  屋根やベランダなどに設けられる雨水排水金物のことで，コンクリート天端から約30～50 mm程度下げて施工する
- □ 床コンクリートの直均し仕上げ：
  床のコンクリート打設後に，表面を金ごてで仕上げる方法。硬化が始まるのが早い夏期では面積に応じた人員の確保が必要
- □ テーパーエッジせっこうボードの継目処理：
  ボードの突付け部にジョイントテープやジョイントコンパウンドなどを使用し，継目を平滑に仕上げること。ジョイントコンパウンドの下塗り，中塗り，上塗りの工程を適切に行う

建築用語

1 出題

近年の建築用語問題は，建築工事に関する14個の用語から5個選択し，「用語の説明」と「施工上留意すべき内容」について記述する形式になっています。

ここでは，過去に出題された問題を中心に，試験で問われる各工事のポイントを示します。

2 仮設工事

●ベンチマーク

建物の基準位置や高さを決める原点をいいます。ベンチマークは2か所以上設け，相互に確認できるようにします。

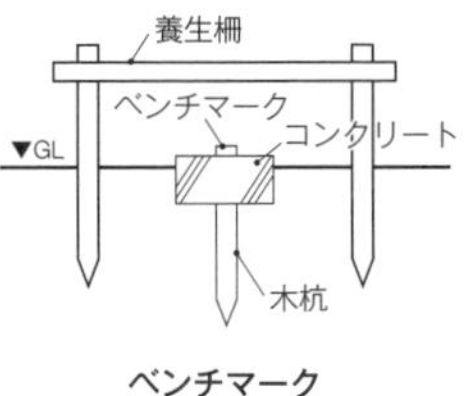

ベンチマーク

●足場の手すり先行工法

足場の組立てや解体を行う作業床に常に手すりがある工法です。手すりの設置前や手すりが取り外された作業床へは乗ることはできません。

●足場の壁つなぎ

足場の倒壊や変形防止のため，建物に足場を連結する金物のことです。足場の種類により，垂直方向，水平方向の間隔のルールを守る必要があります。

●床開口部の養生

床開口部への転落・落下防止のための柵や蓋をいいます。柵や蓋を取り外す場合は，周囲にパイロンなどを立て，注意喚起を行います。

一側足場
狭小地に用いる建地の片側にだけブラケットなどを取り付けた足場のこと。二側足場に比べて自立性が劣るので，壁つなぎを適切に設置します。

親綱
高所作業時に，安全帯を取り付けるために設置するロープのこと。落下時の衝撃に耐えられるように，鉄骨など堅固な部材に固定します。

ローリングタワー
高い場所の作業を行うときに用いる仮設移動式の足場のこと。作業時には車輪を固定します。移動時に作業員を乗せてはいけません。

防護棚（朝顔）
外部足場からの落下物を防ぐために設ける防護棚のこと。外部足場の外側から水平距離で2.0 m以上突き出し，水平面となす角を20度以上とします。

3 土工事・山留め工事・基礎工事

●ヒービング

粘性土地盤の掘削時，山留め壁の背面の土が底部から回り込んで掘削面が膨れ上がる現象をいいます。ヒービング対策として，地盤改良などで，地盤の強度を上げます。

●土工事の布掘り

布基礎のような連続した基礎をつくるために基礎の位置に沿って連続的に根切りすることです。法尻と基礎との間隔は300〜600 mm程度を見込みます。

●土工事のつぼ掘り

独立基礎などをつくるために基礎の形状に合わせて穴状や角形に根切りすることです。掘削した底盤を乱さないよう注意が必要です。

●土工事における釜場

掘削底面からの水を排除するため，地中に穴や窪みなどを設置，集水してから，ポンプで排水する工法で行います。釜場の底面の掘削深度が大きくなると，ボイリングの発生のおそれがあります。

4 鉄筋工事

●帯筋

柱の主筋に対して直交するように設ける座屈防止・せん断補強筋を指します。施工の際は，帯筋を適切な間隔で配筋し，かぶり厚さを確保します。

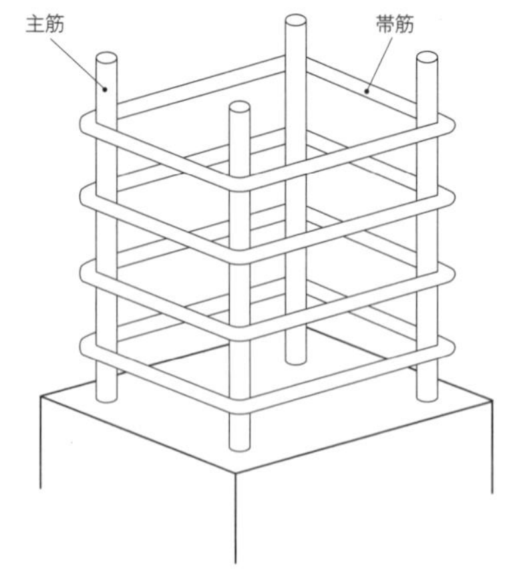

●あばら筋

梁の主筋に対して直交するように設けるせん断補強筋をいいます。あばら筋を適切な間隔で配筋し，かぶり厚さを確保する必要があります。

●腹筋

梁の主筋（上下）の間に，軸方向に設ける鉄筋のことです。腹筋を適切な間隔で配筋し，かぶり厚さを確保します。

●鉄筋工事のスペーサー

鉄筋と型枠までの距離を保ち，かぶり厚さを確保するための部品です。スペーサーの種類，適切・均等な配置などを打設前に確認します。

●鉄筋の先組み工法

現場の鉄筋の組立て場所以外の場所で，あらかじめ鉄筋の加工，組立てを行うことをいいます。運搬やクレーンなどの荷吊り時を考慮し，補強を適切に実施します。

5 型枠工事

●型枠の根巻き

柱や壁の下部を型枠で囲み，モルタルや金物などで固定することをいいます。打設時にモルタルなどが漏れないよう，型枠はすき間なく設置します。

●型枠のセパレータ

せき板相互の間隔を適切に保持するための金物です。締付け時に緩みやすき間が無いよう確認します。

●型枠のフォームタイ

セパレータを締め付けるための型枠締付け用ボルトをいい，締付け時に緩みやすき間が無いよう確認を行います。

●パイプサポート

型枠（スラブ・梁）を支持する長さ調整可能な支柱のことです。高さ3.5 mを超える支柱の場合，高さ2 m以内ごとに水平つなぎを2方向に設けます。

床付け

地盤の掘削が所定の深さまで達することをいいます。床付け面より下を掘ったり，床付け面を乱さないようにします。

切梁のプレロード工法

山留め壁を安定させるために，切梁に油圧ジャッキで圧力をかけ，山留め壁を外側へ押さえつける工法のこと。山留め壁の変形などの異常の有無の確認を行いつつ，切梁の軸力が均等に加わるようにします。

鋼矢板

鋼矢板をかみ合わせ，連続して打込んで山留め壁とする工法のこと。
かみ合わせ部分の強度や，打設時の振動・騒音に留意します。

べた基礎

建物全体の直下を水平なコンクリートスラブとする工法のこと。液状化現象による不同沈下の可能性がある場合は，地盤改良を行います。

●フラットデッキプレート

支保工不要の床の型枠の代わりになる平滑なデッキプレートです。コンクリート打設時に，漏れがないようすき間無く設置します。

●型枠のはく離剤

固まったコンクリートから容易に型枠を取り外すため，事前に型枠に塗布する潤滑材のことで，打設前に型枠全体に均等に塗布します。

6 コンクリート工事

●コンクリートのスランプ値

フレッシュコンクリートの流動性，施工軟度を示す値のことをいいます。品質確保のため，施工に支障が出ない範囲でスランプ値を小さくします。

●コンクリートの回し打ち

コンクリートを，打設場所全体を回りながら何回かに分けて打つ方法のことです。コールドジョイントを防止するために，気温により回し打ちの時間を考慮します。

●コンクリートのブリーディング

コンクリート打設後に，表面に水が浮かび上がる現象をいいます。水セメント比をできるだけ小さくすることが重要です。

●コンクリートの打継ぎ

固まったコンクリートに続けて，新たにコンクリートを打設することです。レイタンスの除去を含め，固まったコンクリートの打継ぎ面を削ります。

●コンクリートの締固め

コンクリートの打設時に[※1]棒形振動機などを用いて密実に打ち込むことです。棒形振動機は鉄筋に当たらないよう注意し，[※2]加振時間を守ります。

7 鉄骨工事

●鉄骨の地組

そのままでは運搬できない大きな部材を分割・現場搬入し，地上で組み立てることです。組み立ては架台の上で行い，高い施工精度を確保します。

●鉄骨柱のベースモルタル

基礎とベースプレート下部の間に充填する高さ調整用のモルタルのことです。モルタルは，無収縮モルタルなどを使用し，すき間が無いよう充填します。

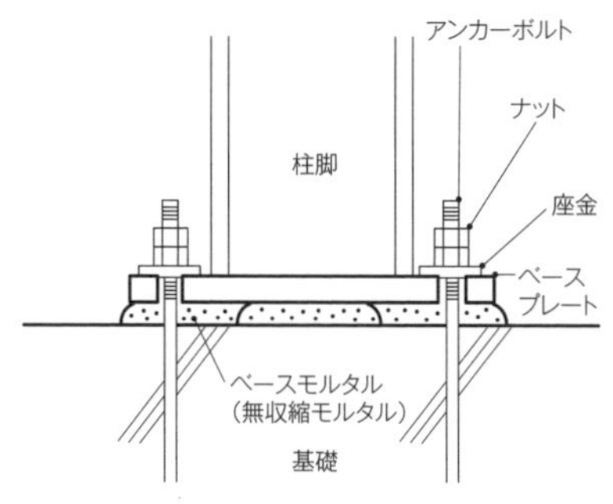

●鉄骨建方時の安全ブロック

鉄骨柱の最上部に設置する，墜落を防止するための落下防止器具のことです。鉄骨柱の最上部から，確実に外れないよう強固に取り付けます。

●鉄骨工事のリーマー掛け

鉄骨部材接合部のボルトの孔心のずれをそろえる修正作業をいいます。ボルト孔の食違い2 mm以下まではリーマー掛けが可能です。

●鉄骨工事の仮ボルト

鉄骨建方時に使う，本締めや溶接をするまで使用するボルトです。高力ボルトの継手はボルト数の$\frac{1}{3}$程度かつ2本以上とします。

●高力ボルト摩擦接合

高力ボルトの締付けにより，鋼材間に摩擦力を生じさせ，鋼材を接合します。鋼材の接合面には，摩擦力を上げるためにショットブラストなどの処理を行います。

耐震スリット
地震時に柱にせん断破壊が生じないように，柱の両側に設ける構造的に縁を切る目地のこと。漏水の原因にならないよう，すき間が無いよう耐震スリットを設置します。

コンクリート壁の誘発目地
コンクリートの乾燥・収縮などのひび割れを意図的に誘発させるための目地をいいます。目地は柱に接している壁や，壁面3 m間隔に設けます。

超高圧水によるコンクリート面下地処理
打継ぎ時に使用するコンクリート表面の脆弱層を除去する下地処理で，水の吐出圧やノズルの間隔，処理時間を適切に設定します。

※1
棒形振動機
コンクリートの流動化，気泡除去を目的とする振動を発生させる棒状の装置のこと。

※2
加振時間
5～15秒程度を目安とし，コンクリートの軟らかさに応じて調整が必要です。

8 木工事

●木構造の土台

基礎天端の上部に敷かれる上部荷重を受ける横架材のことで，土台と基礎の連結はアンカーボルトで適切に締め付けます。

●木造在来軸組工法のアンカーボルト

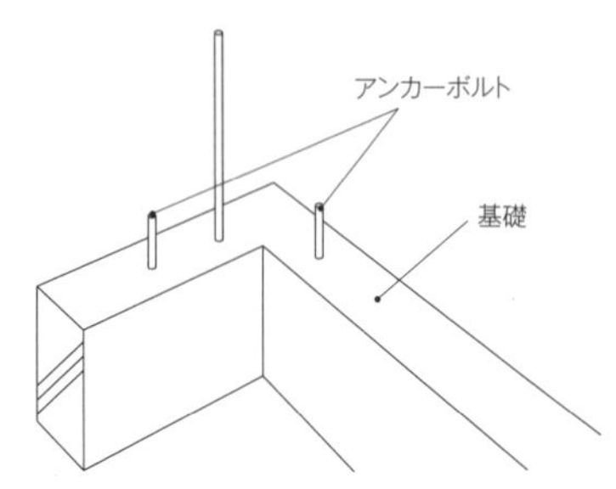

基礎に埋め込まれたボルトで，土台と基礎を緊結する金物のことです。アンカーボルトの埋込間隔は2.7 m以内とします。

●木構造の通し柱

2階以上の隅柱で，土台から軒まで通した1本の柱のことです。通し柱は，胴差しなどにより断面欠損になりやすいため，管柱よりも大きな部材とします。

●木工事の大引

1階の床を支える部材で，根太や構造用合板などを受けます。大引は約900 mm間隔で配置し防腐処理を行います。

●木造住宅の気密シート

壁や天井・屋根の室内側に設ける防湿性の高いシートのことで，シートの継目は100 mm以上重ねて気密テープをすき間なく張ります。

●木工事の仕口

仕口とは，構造部材を組み合わせる方法です。仕口は強度不足になりやすいため，金物などで補強します。

9 防水工事・シーリング工事・屋根工事

●改質アスファルトシート防水トーチ工法

防水シートをトーチバーナーであぶりながら下地と溶着させる工法で，溶融時にはシート端部からアスファルトがはみ出すように施工します。

●防水工事の脱気装置

下地の水蒸気などを防水層から逃がすための脱気装置で，ふくれを防止します。アスファルト防水の絶縁工法では，25～100 m^2につき1個程度設置します。

●塗膜防水絶縁工法の通気緩衝シート

防水層と下地の間に敷設するシートで，下地の水蒸気などを通気できます。通気緩衝シートの継目は突付けとして不織布などを張り付けます。

●ルーフドレン

屋根やベランダなどに設けられる雨水排水金物のことです。コンクリート天端から約30～50 mm程度下げて施工します。

●シーリング工事のマスキングテープ

シーリング材が目的の場所以外に付着しないように養生するテープをいい，シーリング工事施工後は硬化前にマスキングテープをはがします。

●ボンドブレーカー

3面接着を防止するために，シーリング目地の底に張るテープのことです。シーリング材との適合性を確認した上で，ボンドブレーカーを選定します。

●シーリング工事のバックアップ材

3面接着を防止，充填深さ調整のために，シーリング目地の底に設置する材料のことをいいます。シーリング材との適合性や，吸水しないものを確認した上で，バックアップ材を選定することが必要です。

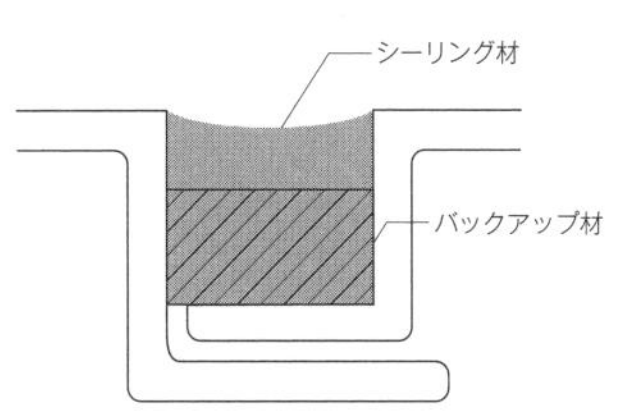

タンピング
コンクリート打設後に，床面にタンパーなどで表面を叩くことをいい，コンクリート凝結前に行います。

溶接作業の予熱
溶接不良や欠陥を回避するために，母材と溶接金属との温度差を無くす作業のこと。溶接線の周り，約100 mmの範囲が加熱により，所定の温度になるよう温めます。

被覆アーク溶接
母材と同材の心線の周囲を被覆材でコーティングした溶接棒との間にアークを発生させて行う溶接のこと。溶接棒の太さに合わせて電流管理をします。

溶接のアンダーカット
止端に沿って母材が掘られ，溶接金属が溶け込まずに溝状になっている部分のこと。溶接電流や溶接棒の操作を適切に行います。

スタッド溶接
母材とスタッドボルトなどの間を圧着・溶接する方法のこと。専用電源を設け，スタッドボルトを水平・垂直に溶接します。

●金属製折板葺きのタイトフレーム

折板屋根と梁などの躯体の間に取り付けられる金物をいいます。基準の墨に合わせ，アーク溶接により梁などにタイトフレームを接合します。

10 左官工事

●モルタルのつけ送り

コンクリート下地に凹凸がある場合に，モルタルで仕上げ厚さを均一にすることをつけ送りといいます。一度に厚く塗りすぎると，収縮クラックが入りやすいので，数回に分けてつけ送りを行います。

●床コンクリートの直均し仕上げ

床のコンクリート打設後に，表面を金ごてで仕上げる方法をいいます。硬化の始まりが早い夏期では，面積に応じた人員の確保が必要です。

●セルフレベリング材工法

自己水平性を持ち，床に流し込むだけで水平・平滑な仕上がりとなります。硬化するまでは，開口部を閉めて，通風を避けます。

11 塗装工事

●塗装工事の研磨紙ずり

研磨紙で素地の汚れや錆，塗面の付着物などを研磨し，取り除くことです。下層塗膜やパテが硬化乾燥した後，各層ごとに研磨紙で素地の長手方向に，下層の塗膜を研ぎ去らないように注意して研ぎます。

●目止め

木部塗装の前に，との粉などを用いて木部下地面を平滑にすることをいいます。目止めの材料は，よく練り混ぜて均一な状態で使用します。

●吹付け塗装のエアレススプレー塗り

専用のスプレーガンを用いて，塗料を噴射して塗装をする方法で，噴射の範囲が広いため，塗装範囲外はすき間無く養生を行います。

12 張り石工事・タイル工事

●ジェットバーナー仕上げ

石の表面をジェットバーナーであぶることにより，石肌の結晶をはじき，凹凸の状態に仕上げることで，使用する石材は，適切な厚みを持ったものを選定します。

●内壁石張りの空積工法

躯体と石材をステンレス鋼材などで緊結し，接合アンカー部分まわりのみモルタルで固定する工法で，設置場所は高さ4m以下の場所とします。

●タイルの密着張り工法（ヴィブラート工法）

張付けモルタルを下地に塗り，タイル張り用振動工具で，タイルを埋め込むように張り付ける工法です。1回の塗付け面積は2 m^2以内，または20分以内に張り付けます。

13 ガラス工事・建具工事

●ガラス工事のセッティングブロック

サッシ下辺のはめ込み溝内に置き，ガラスの自重をサッシ内で支えるための副資材のことです。設置位置は，ガラスの両端部より$\frac{1}{4}$の位置とし，2か所設置します。

●グレイジングチャンネル

ガラスの周りに巻き付けるゴム状のガスケットをいいます。継目は，すき間がないように，ガラス上辺中央部で突合せとします。

●金属製建具のかぶせ工法（アルミサッシのかぶせ工法）

既存の窓枠を利用して，新しい窓枠をかぶせて取り

マスク張り工法

専用のマスク板を用いて張付けモルタルを塗り，ユニットタイルを圧着する工法のこと。張付けモルタルを塗り付けたタイルを壁面に張り付けるまで5分以内とします。

ユニットタイル

タイルを台紙に張り付けるなど，多数のタイルを連結したものをいいます。張付け完了後，台紙は水に浸してから剥がします。

セメントモルタルによるモザイクタイル張り

張付けモルタルを下地に塗り，ユニット化されたモザイクタイルをたたき押さえ，張り付ける工法のこと。張付けモルタルの1回の塗り付け面積は，3 m^2以内，または30分以内に張り終える面積とします。

内壁タイルの接着剤張り工法

下地面に接着剤を塗り，タイルをもみ込み，たたき押さえ張る工法のこと。接着剤は，くし目ごてを用いて，塗厚は3 mm程度とします。

付ける工法です。事前に既存のサッシの劣化状況の確認が必要です。

●フロアヒンジ

ドアの軸下の床に埋め込み，扉の自閉速度を制御する装置で，フロアヒンジの内部に水が入らないよう設置位置を考慮します。

●クレセント

引き違い窓などを施錠するために用いられる金具で，窓を開けているときに，クレセントを施錠した状態で動かすと，建具に干渉するため注意が必要です。

14 金属工事

●軽量鉄骨壁下地のスペーサー

スタッドの振止め，ねじれ防止のために設置する補強材をいい，スペーサーは，各スタッドの端部を押さえ，600 mm程度の間隔で留め付けます。

●軽量鉄骨壁下地の振止め

スタッドの振れ止めを目的にした，スタッドに水平に引き通した補強材です。床ランナーの下端から約1,200 mmごとの間隔で振れ止めを設けます。

●天井インサート

コンクリートスラブの下部に天井下地のつりボルトを取り付けるための雌ねじの金物のことです。コンクリート打設前に，インサートの位置を確認します。

15 内装工事・その他

●テーパーエッジせっこうボードの継目処理

ボードの突付け部にジョイントテープやジョイントコンパウンドなどで継目を平滑に仕上げることをいいます。ジョイントコンパウンドの下塗り，中塗り，上塗りの工程を適切に行います。

●せっこうボードの直張り工法

コンクリート壁下地などに団子状の接着材を貼りつけ，ボードを接着・

固定する方法をいいます。一度に練る接着材の量は，1時間以内に使い切れる量とします。

●ビニル床シートの熱溶接工法

熱溶接機で，シートの継手部分と溶接棒を同時に溶融し，余盛りができる程度に加圧，溶接を行う工法です。溶接後は完全に冷却してから余盛り部分を削り取ります。

●タイルカーペット

約50 cm角程度にカーペットをタイル状にカットして床に敷いたもので，施工範囲を清掃後，設置範囲の中心から端に向かって敷きます。

●グリッパー工法

施工範囲の壁際に固定金具を設置し，カーペットの端を伸長して，裏をピンに引っかけて固定する方法をいいます。敷き込む前に清掃を徹底し，下地に不陸がないか確認します。

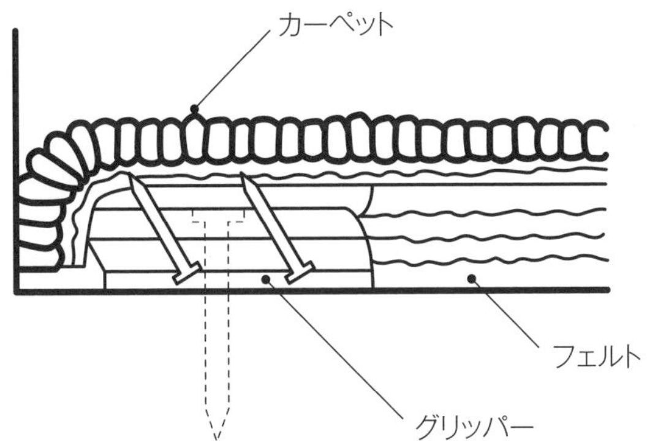

せっこうボード張りにおけるコーナービード
せっこうボードの隅角部などに設ける損傷を防止するための材料をいいます。コーナービードは，下地に適切に固定し，必要に応じてパテ処理を行います。

陸墨
墨出し作業で，各階の高さの基準を表示するための水平の基準墨のこと。施工図を確認しながら，基準から精度の高い墨出しを行います。

チャレンジ問題！

問1　　難　中　易

次の建築工事に関する用語a. からn. のうちから5つ選び，その用語の説明と施工上留意すべきことを具体的に記述しなさい。

ただし，a. およびn. 以外の用語については，作業上の安全に関する記述は不可とする。また，使用資機材に不良品はないものとする。

用語

a. 足場の手すり先行工法
b. 型枠のセパレータ
c. 軽量鉄骨壁下地のスペーサー
d. 鋼矢板
e. コンクリートのスランプ
f. セルフレベリング材工法
g. 鉄筋工事のスペーサー
h. 内壁タイルの接着剤張り工法
i. 被覆アーク溶接
j. 防水工事の脱気装置
k. 木工事の大引
l. 木造住宅の気密シート
m. ルーフドレン
n. 陸墨

解答例

以下は解答例ですが，出題頻度の高い用語を5つ選んでいます。学科で学習した内容も含め，キーワードを覚えて，具体的に記述できるようにしましょう。

(1)	用語	足場の手すり先行工法
	用語の説明	足場の組立てや解体を行う作業床に常に手すりがある工法。
	留意点	手すりの設置前や手すりが取り外された作業床へは乗らない。

(2)	用語	鋼矢板
	用語の説明	鋼矢板をかみ合わせ，連続して打込んで山留め壁とする工法のこと。
	留意点	かみ合わせ部分の強度や，打設時の振動・騒音に留意する。
(3)	用語	鉄筋工事のスペーサー
	用語の説明	鉄筋と型枠までの距離を保ち，かぶり厚さを確保するための部品。
	留意点	スペーサーの種類，適切・均等な配置などを打設前に確認する。
(4)	用語	木造住宅の気密シート
	用語の説明	壁や天井・屋根の室内側に設ける防湿性の高いシートのこと。
	留意点	シートの継目は100 mm以上重ね，気密テープをすき間なく張る。
(5)	用語	ルーフドレン
	用語の説明	屋根やベランダなどに設けられる雨水排水金物。
	留意点	ルーフドレンはコンクリート天端から約30～50 mm程度下げて施工する。

第2章 施工全般

CASE 2

工程表

まとめ & 丸暗記　この節の学習内容とまとめ

□ 各工事と工程表との関係：

各工事と工程表との関係は，縦線を記入すると流れが明確になり，不明な工事も明確になりやすい

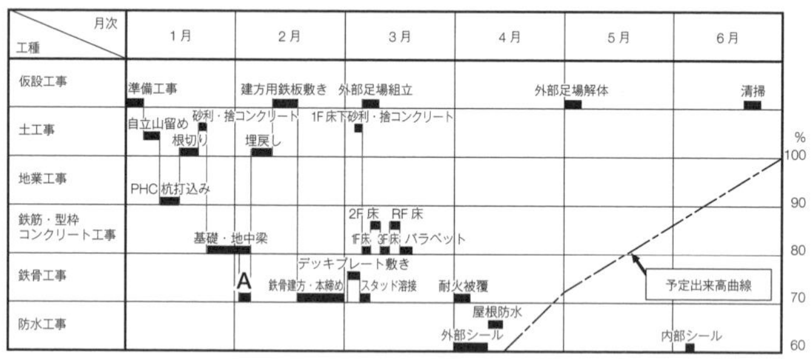

□ 出来高表：

工事の進行中における工事完了部分を表にしたもので，各工種の工事金額合計と予定金額合計を確認する

単位　万円

工　種	工事金額	予定／実績	1月	2月	3月	4月	5月	6月
仮設工事	750	予　定	50	200	200	50	150	100
		実　績	50	200	200	50		
土工事	600	予　定	400	120	80			
		実　績	400	120	80			
地業工事	200	予　定	200					
		実　績	200					
鉄筋・型枠 コンクリート工事	900	予　定	200	300	400			
		実　績	200	350	350			
鉄骨工事	950	予　定		270	500	180		
		実　績		280	490	180		
防水工事	200	予　定				150		50
		実　績				150		
外壁工事	600	予　定				100		
		実　績				100		
建具工事	520	予　定				420	100	
		実　績				400		
金属工事	200	予　定				200		
		実　績				200		

青枠内を比較すると，外壁工事の工事金額が500万円合わないことがわかる

工程表

1 バーチャート工程表

バーチャートとは，作業項目や日程を横線で表した工程表のことです。工程表の出題は，ネットワーク工程表かバーチャート工程表のどちらかですが，近年，バーチャート工程表の出題が多いため，ここでは例題を通して解説します。

例題 木造2階建て住宅の建設工事における次の工程表と出来高表に関し，次の1. から3. の問いに答えなさい。

なお，工程表は工事着手時点のものであり，予定出来高曲線を破線で表示している。

また，出来高表は3月末時点のものを示しているが，建具工事のうち外部アルミニウム製建具の出来高および総工事金額の月別出来高は，記載していない。

〔工事概要〕

用途：住宅

構造・規模：木造在来軸組工法　2階建て
延べ面積100 m²

基礎：ベタ基礎

仕上げ：屋根は，住宅屋根用化粧スレート張り
外壁は，塗装窯業系サイディングボード張り，内装は，壁・天井ともせっこうボード下地クロス仕上げ，床はフローリング仕上げ

1. 工程表の仮設工事のAに該当する作業名を記述しなさい。

2. 建具工事における外部アルミニウム製建具の取付け作業の工程は，未記入となっている。
適当な工程となるように，取付け作業の開始日を月次と旬日で定めて，記入しなさい。
ただし，解答の旬日は，上旬，中旬，下旬とする。

3. 出来高表から，総工事金額に対する3月末までの完成出来高の累計をパーセントで記入しなさい。

工程表

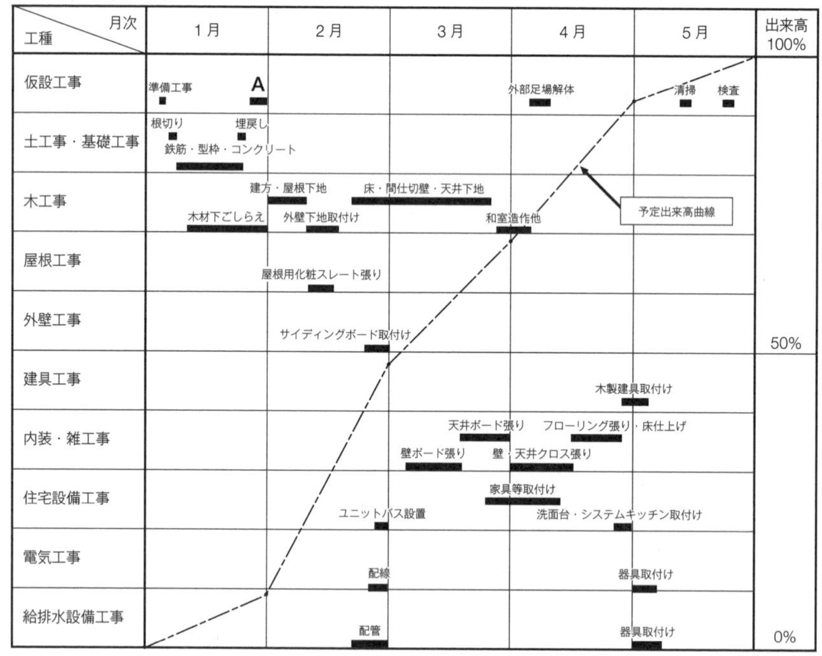

出来高表

工　種	工事金額	予定／実績	1月	2月	3月	4月	5月
仮設工事	100	予定	50			40	10
		実績	50				
土工事・基礎工事	100	予定	100				
		実績	100				
木工事	500	予定	50	200	200	50	
		実績	50	200	170		
屋根工事	100	予定		100			
		実績		100			
外壁工事	200	予定		200			
		実績		200			
建具工事	200	予定				50	50
		実績					
内装・雑工事	400	予定			200	200	
		実績			150		
住宅設備工事	200	予定		50	50	100	
		実績		50	50		
電気工事	100	予定		50			50
		実績		50			
給排水設備工事	100	予定		50			50
		実績		50			
総工事金額	2,000	予定					
		実績					

解説と解答

1．建方の前に必要な仮設工事で，4月初旬に「外部足場解体」があることに注目します。

Aに該当する作業名：**外部足場組立て**

2．外部アルミニウム製建具の取付け作業は，「外壁下地取付け」後，「サイディングボード取付け」前です。

外部アルミニウム製建具の取付け作業の開始日：

2月中旬

3．出来高表の工事金額を確認すると，**建具工事（予定）が100万円分記載されていない**ことがわかります。設問2で，2月中旬に外部アルミニウム製建具の取付け作業を行っているので，2月の建具工事に100万円が入ることがわかります。実績の1月の合計は200万円，2月は750万円，3月は370万円で，合計すると1,320万円となります。

総工事金額（2,000万円）に対する3月末までの完成出来高の累計は，1,320万円÷2,000万円＝0.66＝66％となります。

総工事金額に対する3月末までの完成出来高の累計：

66％

チャレンジ問題！

問1　難　中　易

鉄骨造3階建て事務所ビルの建設工事における次の工程表と出来高表に関し，次の1. から4. の問いに答えなさい。

工程表は，工事着手時点のものであり，予定出来高曲線を破線で表示している。また，出来高表は，4月末時点のものを示している。

ただし，工程表には，外壁工事における押出成形セメント板取付けの工程は未記入であり，出来高表には，総工事金額の月別出来高および押出成形セメント板の出来高は記載していない。

〔工事概要〕

用途：事務所

構造・規模：鉄骨造地上3階建て延べ面積470 m²

地業：既製コンクリート杭

山留め：自立山留め

鉄骨工事：建方は，移動式クレーンで行う。

　　　　　耐火被覆は，耐火材巻付け工法，外周部は合成工法

仕上げ：屋根は，アスファルト露出断熱防水

　　　　外壁は，押出成形セメント板（ECP）張り，耐候性塗料塗り

　　　　内装は，壁，天井は軽量鉄骨下地せっこうボード張り

　　　　床はOAフロアー，タイルカーペット仕上げ

1. 工程表の鉄骨工事のAに該当する作業名を記述しなさい。
2. 外壁工事の押出成形セメント板取付け終了日を月次と旬日で定めて記入しなさい。ただし，解答の旬日は，上旬，中旬，下旬とする。
3. 出来高表から，2月末までの完成出来高の累計を金額で記入しなさい。
4. 出来高表から，総工事金額に対する4月末までの完成出来高の累計をパーセントで記入しなさい。

工程表

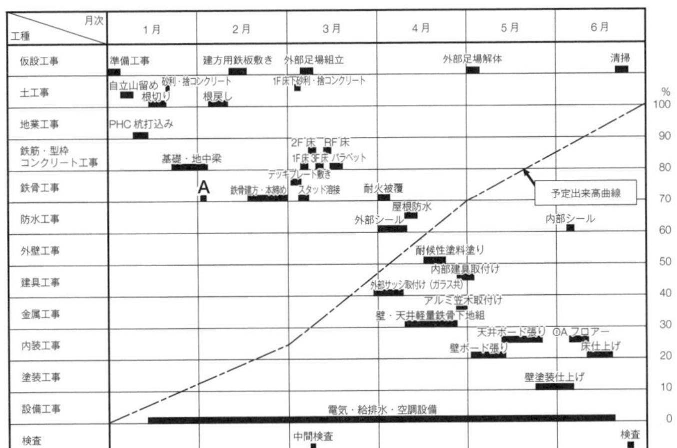

出来高表

単位　万円

工　種	工事金額	予定 実績	1月	2月	3月	4月	5月	6月
仮設工事	750	予定	50	200	200	50	150	100
		実績	50	200	200	50		
土工事	600	予定	400	120	80			
		実績	400	120	80			
地業工事	200	予定	200					
		実績	200					
鉄筋・型枠 コンクリート工事	900	予定	200	300	400			
		実績	200	350	350			
鉄骨工事	950	予定		270	500	180		
		実績		280	490	180		
防水工事	200	予定				150		50
		実績				150		
外壁工事	600	予定				100		
		実績				100		
建具工事	520	予定				420	100	
		実績				400		
金属工事	200	予定				200		
		実績				200		
内装工事	1,000	予定					350	650
		実績						
塗装工事	180	予定					120	60
		実績						
設備工事	1,400	予定	50	100	100	650	300	200
		実績	50	100	100	500		
総工事金額	7,500	予定						
		実績						

解説と解答

1. 鉄骨工事の，鉄骨建方前に必要な作業であることに注目します。
2. 防水工事の外部シール前に施工が終わっている必要があります。
3. 1月実績合計900万円＋2月実績合計1,050万円＝1,950万円
4. 押出成形セメント板取付けが3月に500万円想定され，各月実績は1月900万円，2月1,050万円，3月1,720万円，4月1,580万円合計5,250万円。総工費7,500万円なので，5,250万円÷7,500万円＝0.7＝70%

1．アンカ　ボルト埋め込み　　2．3月次　下旬
3．1,950万円　　4．70%

CASE 3 法規

まとめ & 丸暗記　この節の学習内容とまとめ

■ 建設業法

□ 主任技術者及び監理技術者の職務等（第26条の4第1項）：
主任技術者及び監理技術者は，工事現場における建設工事を適正に実施するため，当該建設工事の施工計画の作成，工程管理，品質管理その他の技術上の管理及び当該建設工事の施工に従事する者の技術上の指導監督の職務を誠実に行わなければならない。

■ 建築基準法

□ 工事現場における確認の表示等（第89条第1項）：
建築，大規模の修繕又は大規模の模様替の工事の施工者は，当該工事現場の見やすい場所に，国土交通省令で定める様式によって，建築主，設計者，工事施工者及び工事の現場管理者の氏名又は名称並びに当該工事に係る同項の確認があった旨の表示をしなければならない。

■ 労働安全衛生法

□ 就業制限（第61条第1項）：
事業者は，クレーンの運転その他の業務で，政令で定めるものについては，都道府県労働局長の当該業務に係る免許を受けた者又は都道府県労働局長の登録を受けた者が行う当該業務に係る技能講習を修了した者その他厚生労働省令で定める資格を有する者でなければ，当該業務に就かせてはならない。

法規

1 建設業法

建設業法の中から，元請負人の義務など，建設業法第24条を中心に選択・記述式で出題されています。以下の条文全体を確認しましょう。過去に出題された用語には［　　］で囲みをしています。

①定義（第2条第2項）

この法律において「建設業」とは，［元請］，［下請］その他いかなる名義をもってするかを問わず，建設工事の［完成］を請け負う営業をいう。

②下請代金の支払（第24条の3第1項）

元請負人は，請負代金の［出来形］部分に対する支払又は工事完成後における支払を受けたときは，当該支払の対象となった建設工事を施工した下請負人に対して，当該元請負人が支払を受けた金額の［出来形］に対する［割合］及び当該下請負人が施工した［出来形］部分に相応する下請代金を，当該支払を受けた日から［1月］以内で，かつ，できる限り短い期間内に支払わなければならない。

③検査及び引渡し（第24条の4第1項）

元請負人は，［下請負人］からその請け負った建設工事が完成した旨の通知を受けたときは，当該通知を受けた日から［20］日以内で，かつ，できる限り短い期間内に，その完成を確認するための［検査］を完了しなければならない。

現場代理人の選任等に関する通知

請負人は，請負契約の履行に関し工事現場に現場代理人を置く場合，当該現場代理人の権限に関する事項及び当該現場代理人の行為についての注文者の請負人に対する意見の申出の方法を，書面により注文者に通知しなければいけません。

下請負人の意見の聴取

元請負人は，その請け負った建設工事を施工するために必要な工程の細目，作業方法その他元請負人において，定めるべき事項を定めようとするときは，あらかじめ下請負人の意見を聞かなければいけません。

主任技術者及び監理技術者の職務等

主任技術者及び監理技術者は，工事現場における建設工事を適正に実施するため，当該建設工事の施工計画の作成，工程管理，品質管理その他の技術上の管理及び当該建設工事の施工に従事する者の技術上の指導監督の職務を誠実に行わなければいけません。

④施工体制台帳及び施工体系図の作成等（第24条の8 第1項）

特定建設業者は，発注者から直接建設工事を請け負った場合において，当該建設工事を施工するために締結した[下請契約]の請負代金の額（当該[下請契約]が2以上あるときは，それらの請負代金の額の総額）が政令で定める金額以上になるときは，建設工事の[適正]な施工を確保するため，国土交通省令で定めるところにより，当該建設工事について，下請負人の商号又は名称，当該下請負人に係る建設工事の内容及び工期その他の国土交通省令で定める事項を記載した[施工体制台帳]を作成し，工事現場ごとに備え置かなければならない。

2 建築基準法

建築基準法の中から，仮囲い，危害の防止など，建築基準法施行令第136条を中心に穴埋め式で出題されています。以下の条文全体を確認しましょう。

①仮囲い（第136条の2の20）

木造の建築物で高さが13 m若しくは[軒の高さ]が9 mを超えるもの又は木造以外の建築物で[2]以上の階数を有するものについて，建築，修繕，模様替又は除却のための工事（以下この章において「建築工事等」という）を行う場合においては，工事期間中工事現場の周囲にその地盤面（その地盤面が工事現場の周辺の地盤面より低い場合においては，工事現場の周辺の地盤面）からの高さが1.8 m以上の板塀その他これに類する仮囲いを設けなければならない。

ただし，これらと同等以上の効力を有する他の囲いがある場合又は工事現場の周辺若しくは工事の状況により[危害防止]上支障がない場合においては，この限りでない。

②根切り工事，山留め工事等を行う場合の危害の防止（第136条の3 第1項）

建築工事等において根切り工事，[山留め]工事，ウェル工事，ケーソン工事その他基礎工事を行なう場合においては，あらかじめ，地下に埋設されたガス管，ケーブル，[水道管]及び下水道管の[損壊]による危害の発生を防止するための措置を講じなければならない。

③根切り工事，山留め工事等を行う場合の危害の防止（第136条の3 第3項，4項，6項）

建築工事等において建築物その他の工作物に［近接］して［根切り］工事その他土地の掘削を行なう場合においては，当該工作物の［基礎］又は［地盤］を補強して構造［耐力］の低下を防止し，急激な排水を避ける等その傾斜又は［倒壊］による［危害］の発生を防止するための措置を講じなければならない。建築工事等において深さ［1.5］m以上の根切り工事を行なう場合においては，地盤が崩壊するおそれがないとき，及び周辺の状況により危害防止上支障がないときを除き，山留めを設けなければならない。この場合において，山留めの［根入れ］は，［周辺］の地盤の安定を保持するために相当な深さとしなければならない。建築工事等における根切り及び山留めについては，その工事の［施工中］必要に応じて点検を行ない，山留めを補強し，［排水］を適当に行なう等これを安全な状態に維持するための措置を講ずるとともに，矢板等の［抜取り］に際しては，周辺の地盤の沈下による危害を防止するための措置を講じなければならない。

3 労働安全衛生法

労働安全衛生法の中から，総括安全衛生管理者，作業主任者，職長教育，就業制限など，限られた範囲から穴埋め式で出題されています。以下の条文全体を確認しましょう。

①総括安全衛生管理者（第10条第1項）

事業者は，政令で定める規模の［事業場］ごとに，厚生労働省令で定めるところにより，総括安全衛生［管理者］

工事現場における確認の表示等
建築，大規模の修繕又は大規模の模様替の工事の施工者は，工事現場の見やすい場所に国土交通省令で定める様式により，建築主，設計者，工事施工者及び工事の現場管理者の氏名又は名称並びに当該工事に係る同項の確認があった旨の表示をしなければいけません。また，工事の施工者は，設計図書を現場に備える必要があります。

工事現場の危害の防止
建築物の建築，修繕，模様替又は除却のための工事の施工者は，当該工事の施工に伴う地盤の崩落，建築物または工事用の工作物の倒壊等による危害を防止するために必要な措置を講じなければいけません。

建設リサイクル法
建設業を営む者は，建設資材廃棄物の発生を抑制するとともに，分別解体等及び建設資材廃棄物の再資源化に要する費用を低減するよう努めなければいけません。

を選任し，その者に安全管理者，衛生管理者又は第25条の2第2項の規定により技術的事項を管理する者の指揮をさせるとともに，次の業務を統括管理させなければならない。

②作業主任者（第14条）

事業者は，高圧室内作業その他の労働災害を防止するための管理を必要とする作業で，政令で定めるものについては，都道府県労働局長の免許を受けた者又は都道府県労働局長の登録を受けた者が行う技能講習を修了した者のうちから，厚生労働省令で定めるところにより，当該作業の区分に応じて，作業主任者を選任し，その者に当該作業に従事する労働者の指揮その他の厚生労働省令で定める事項を行わせなければならない。

③職長教育（第60条）

事業者は，その事業場の業種が政令で定めるものに該当するときは，新たに職務につくこととなった職長その他の作業中の労働者を直接指導又は監督する者（作業主任者を除く）に対し，次の事項について，厚生労働省令で定めるところにより，安全又は衛生のための教育を行なわなければならない。

1　作業方法の決定及び労働者の配置に関すること

2　労働者に対する指導又は監督の方法に関すること

3　前2号に掲げるもののほか，労働災害を防止するため必要な事項で，厚生労働省令で定めるもの

④就業制限（第61条第1項，第2項，第3項）

1. 事業者は，クレーンの運転その他の業務で，政令で定めるものについては，都道府県労働局長の当該業務に係る免許を受けた者又は都道府県労働局長の登録を受けた者が行なう当該業務に係る技能講習を修了した者その他厚生労働省令で定める資格を有する者でなければ，当該業務に就かせてはならない。
2. 前項の規定により当該業務につくことができる者以外の者は，当該業務を行なってはならない。
3. 第1項の規定により当該業務につくことができる者は，当該業務に従事するときは，これに係る免許証その他その資格を証する書面を携帯していなければならない。

チャレンジ問題！

問1　難　中　易

次の各法文の□の語句について，誤っている語句の番号を1つあげ，それに対する正しい語句を記入しなさい。

1. 建設業法（第19条の2 第1項）
請負人は，請負契約の①履行に関し工事現場に現場代理人を置く場合においては，当該現場代理人の②権限に関する事項及び当該現場代理人の行為についての③設計者の請負人に対する意見の申出の方法（第3項において「現場代理人に関する事項」という。）を，書面により③設計者に通知しなければならない。

2. 建築基準法施行令（第136条の3 第3項）
建築工事等において建築物その他の工作物に近接して①根切り工事その他土地の掘削を行なう場合においては，当該工作物の②外壁又は地盤を補強して構造耐力の低下を防止し，急激な排水を避ける等その傾斜又は倒壊による③危害の発生を防止するための措置を講じなければならない。

3. 労働安全衛生法（第60条）
事業者は，その事業場の業種が政令で定めるものに該当するときは，新たに職務につくこととなった①職長その他の作業中の②労働者を直接指導又は監督する者（作業主任者を除く）に対し，次の事項について，厚生労働省令で定めるところにより，安全又は衛生のための教育を行なわなければならない。
1 作業方法の決定及び労働者の③安全に関すること
2 労働者に対する指導又は監督の方法に関すること
3 前2号に掲げるもののほか，労働災害を防止するため必要な事項で，厚生労働省令で定めるもの

解答

1．③注文者　2．②基礎　3．③配置

第2章  施工全般

CASE 4 建築施工

まとめ & 丸暗記　この節の学習内容とまとめ

□ 埋戻し土の締固め：
透水性の悪い山砂を埋戻し土に用いる場合の締固めは，建物躯体などのコンクリート強度が発現していることを確認の上，厚さ300 mm程度ごとにローラーやタンパーなどで締め固める

□ 鉄筋の継手：
鉄筋の継手は，硬化したコンクリートとの付着により鉄筋の応力を伝達する重ね継手と，鉄筋の応力を直接伝達するガス圧接継手や溶接継手などに大別される

□ コンクリートの打継ぎ：
打継ぎ部の形状は，構造部材の耐力の低下が少なく，コンクリート打込み前の打継ぎ部の処理が円滑に行え，かつ，新たに打ち込むコンクリートの締固めが容易に行えるものとし，柱および梁の打継ぎ面は主筋に直角となるようにする

□ 改質アスファルトシート防水トーチ工法：
改質アスファルトシート防水トーチ工法による平場のシート張付けは，下地にプライマーを塗布し乾燥させた後，シート裏面および下地をトーチバーナーで十分あぶり，改質アスファルトを溶融させながら，平均に押し広げて下地に密着させる

□ 現場調合のセメントモルタル：
下塗りモルタルは，上塗りモルタルに比べ富調合とし，こてで十分に押さえ，こてむらなく塗り付ける

建築施工

1 出題

受検種別「建築」,「躯体」,「仕上げ」ごとにそれぞれ出題されます。出題形式は，文章の下線部に対し，適当なものには○印を付け，不適当なものには適当な語句または数値を解答します。

ここでは，過去に出題された問題を中心にポイントを絞り，出題された用語には□で囲みをしています。

2 躯体工事

①仮設工事

●縄張り

建築物の位置を定めるため，建築物の外形と内部の主要な間仕切の中心線上に，縄やビニルひもを張って建築物の位置を地面に表すことをいいます。

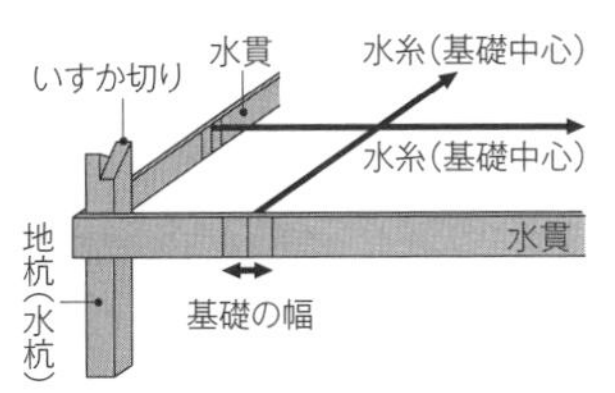

②土工事

●杭工事

杭工事のプレボーリング拡大根固め工法は，掘削装置によって杭径以上の根固め球根を築造するようにします。根固め液などを充填した掘削孔に杭を回転または自沈で設置する既製杭の埋め込み工法です。

●掘削

掘削が大深度に及ぶ場合，床付け面の地盤は土被り

山留め

山留め壁の支保工として用いる地盤アンカーは，一般的に斜め下向きに打設されるので，水平力のみでなく鉛直力が発生し，山留め壁には軸力が生じ，腹起しには水平方向応力と同時に鉛直方向応力が作用します。

切梁工法は，山留め壁を切梁，腹起しなどの支保工によって支持し，根切りを進める工法で，敷地に大きな高低差がある場合，根切り平面が不整形な場合や大スパンの場合には採用が難しくなります。

埋戻し土の締固め

透水性の悪い山砂を埋戻し土に用いる場合の締固めは，建物躯体などのコンクリート強度が発現していることを確認の上，厚さ30 cm程度ごとにローラーやタンパーなどで締め固めます。

土工事において，軟弱な粘土質地盤を掘削する場合に，根切り底面付近の地盤が山留め壁の背面からまわり込むような状態で膨れ上がる現象をヒービングといいます。

分の重量が除去されるため，全体にはリバウンドと呼ばれる隆起が起き，表面的にはゆるみが生じます。

●ボイリング

ボイリングとは，砂質地盤を掘削する場合に，根切り底面付近の砂質地盤に上向きの浸透流が生じ，この水流によって砂が沸騰したような状態で根切り底を破壊する現象をいいます。

③鉄筋工事

●鉄筋の継手

鉄筋の継手は，硬化したコンクリートとの付着により鉄筋の応力を伝達する重ね継手と，鉄筋の応力を直接伝達するガス圧接継手[※1]や溶接継手などに大別されます。

柱や梁の主筋の継手に，ガス圧接継手を採用し，異形鉄筋を用いる場合の鉄筋相互のあきの最小寸法は，隣り合う鉄筋の平均径（呼び名の数値）の1.5倍，粗骨材最大寸法の1.25倍，25 mmのうちで，最も大きい値以上とします。

鉄筋（SD345）のガス圧接継手において，同径の鉄筋を圧接する場合，圧接部のふくらみの直径は鉄筋径 d の1.4倍以上とし，かつ，その長さを鉄筋径 d の1.1倍以上とします。

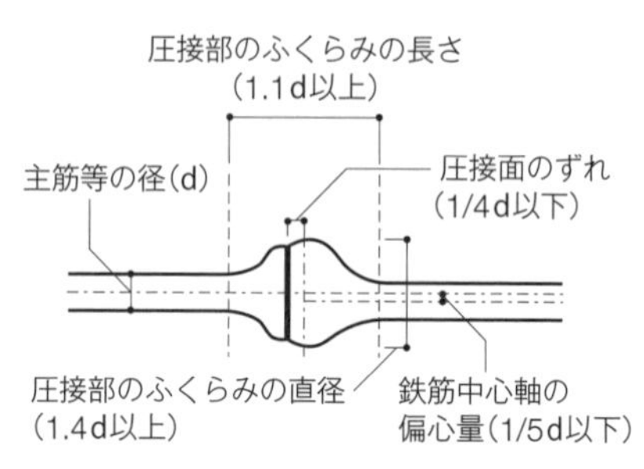

また，圧接面のずれは鉄筋径 d の$\frac{1}{4}$以下，圧接部における鉄筋の中心軸の偏心量は鉄筋径 d の$\frac{1}{5}$以下，圧接部の折曲がりは2度以下，片ふくらみは鉄筋径 d の$\frac{1}{5}$以下とします。

大梁の主筋をガス圧接する場合，鉄筋径程度の縮み代を見込んで加工することで，全長寸法の不足や直交部材の配筋の乱れを防止します。

鉄筋相互のあきは，鉄筋とコンクリートの間の付着による応力の伝達が十分に行われ，コンクリートが分離することなく密実に打ち込まれるために必要なものです。

●超音波探傷試験

超音波探傷試験とは，超音波を利用して金属（溶接）内部の欠陥の存在を検査する方法です。

鉄筋のガス圧接継手部の超音波探傷試験での抜取検査は，目視，スケール・外観検査用治具による圧接完了直後の外観の全数検査の結果が合格とされた圧接部を対象として行います。

●鉄筋の再圧接

鉄筋の圧接部における鉄筋中心軸の偏心量が規定値を超えた場合には，圧接部を切り取って再圧接します。

④型枠工事

型枠の設計において，型枠の変形量は支持条件をどのように仮定するかでその結果が異なり，単純支持で計算したものは，両端固定で計算したものに比べてたわみは大きくなります。せき板に合板を用いる場合は転用などによる劣化のため，剛性の低下を考慮して，安全側の設計となるように単純支持と仮定して計算します。

型枠工事における木製のせき板は，コンクリート表面の硬化不良などを防止するため，製材・乾燥および集積などの際に，できるだけ直射日光にさらされないよう注意します。

柱や壁の型枠を組み立てる場合，足元を正しい位置に固定するために，墨出しを行います。敷桟で行う場合にはコンクリート漏れ防止に，パッキングを使用する方法やプラスチックアングルを使用する方法などがあります。

合板型枠の締付け金物を締めすぎると，内端太，外端太が内側に押され，せき板が内側に変形します。締めすぎへの対策として，内端太（縦端太）を締付け

※1

ガス圧接継手

鉄筋の接合方法の1つで，2本の鉄筋を特殊な圧接器で軸方向にそろえてくわえ，特殊なガスバーナーで同時に2本の鉄筋を平均に加熱しながら，30 Mpa/cm²以上の圧力で徐々に加圧することによって溶融する以前に接着させる方法です。

解体工事

建設リサイクル法の対象となる木造住宅の解体工事においては，分別解体の計画書を作成し，原則として屋根葺き材の撤去は手作業で行います。

解体工事におけるカッター工法とは，ダイヤモンドを埋め込んだ円盤状の切刃（ブレード）を高速回転させて鉄筋コンクリートの部材を切断する工法で，床および壁などの比較的薄い部材の切断に用いられます。

ボルトにできるだけ近接させて締め付けます。

型枠は，コンクリートの自重，コンクリート打込み時の振動や衝撃，コンクリートの側圧などの荷重に対して安全であり，型枠取外し後のコンクリートに必要な仕上がり寸法および精度が得られ，容易に取外しができるものでなければいけません。

⑤コンクリート工事

●打設

コンクリートの工事現場内運搬において，高所から縦形フレキシブルシュートを用いてコンクリートを打設する場合，その投入口と排出口との水平距離は，垂直方向の高さの$\frac{1}{2}$倍以下とします。

●打継ぎ

鉄筋コンクリート造でコンクリートを打ち継ぐ場合，打継ぎ部の位置は，構造部材の耐力への影響が最も少ない位置に定めるものとします。また，梁，床スラブおよび屋根スラブの鉛直打継ぎ部は，スパンの中央または端から$\frac{1}{4}$付近に設け，柱および壁の水平打継ぎ部は，床スラブおよび梁の上端に設けます。

また，打継ぎ部の形状は，構造部材の耐力の低下が少なく，コンクリート打込み前の打継ぎ部の処理が円滑に行え，かつ，新たに打ち込むコンクリートの締固めが容易に行えるものとし，柱および梁の打継ぎ面は主筋に直角となるようにします。

●運搬時間

コンクリートの練混ぜ開始から工事現場での打込み終了までの時間は，外気温が25℃未満で120分以内，25℃以上で90分以内とします。

レディーミクストコンクリート工場の選定は，できるだけ運搬時間が短くなるようにします。

●打重ね時間

打込み継続中の打重ね時間の間隔限度は，外気温が25℃未満のときは150分以内，25℃以上のときは120分以内を目安とし，先に打ち込まれたコンクリートの再振動が可能な時間内とします。

●バイブレーター

コンクリートの1層の打込み厚さは，締固めに用いる棒形振動機の長さ以下とし，コールドジョイントなどの欠陥を防止するため，棒形振動機の挿入の際には先に打ち込んだコンクリートの層に棒形振動機の先端が入るようにし，棒形振動機を引き抜く際にはコンクリートに穴を残さないよう加振しながら［ゆっくり］引き抜かなければいけません。

⑥鉄骨工事

●アンカーボルト

鉄骨のアンカーボルトに二重ナットを使用する場合，一般にボルト上部の出の高さは，ナット締め後のネジ山がナット面から［3］山以上とします。

●高力ボルト

鉄骨工事におけるボルトの取付けは，ナットおよび座金の裏表の向きに注意し，座金の内側面取り部が［表］となるようにします。

高力ボルトの締付けは，ナットの下に座金を敷き，ナットを回転させることにより行います。ナットは，ボルトに取付け後に等級の［マーキング］が外側から見える向きに取り付けます。

鉄骨工事におけるトルシア形高力ボルトの締付け後の検査は，ボルトの［全数］について，ピンテールの破断の確認，1次締め後に付したマークのずれによる共回り・軸回りの有無，ナット回転量の確認およびナット面から突き出したボルトの余長の過不足を目視で検査します。［共回り］を生じているボルトなどは，新しいボルトセットと交換します。

●フィラープレート

鉄骨工事における高力ボルト接合部の組立てにおい

圧縮強度試験のための供試体

供試体は直径の2倍の高さをもつ円柱形とし，その直径は粗骨材の最大寸法の3倍以上，かつ，100 mm以上とします。

寒中コンクリート工事

平均気温が4 ℃を下回る期間に行う寒中コンクリート工事として扱います。

被覆養生

寒中コンクリート工事における保温養生の1つです。打ち込まれたコンクリートをシートなどで覆い，コンクリートからの水分の蒸発と風の影響を防ぎ，コンクリートの冷却を遅らせるための簡易な養生方法で，外気温が－2 ℃程度以上の時期の養生方法として有効です。

骨材の種類

コンクリートに使用する骨材の種類に応じて，普通コンクリート，軽量コンクリート1種および軽量コンクリート2種の種類分けがされます。

て，接合部の材厚の差等により，接合部に1 mmを超える肌すきがある場合は，フィラープレートを用いて補います。

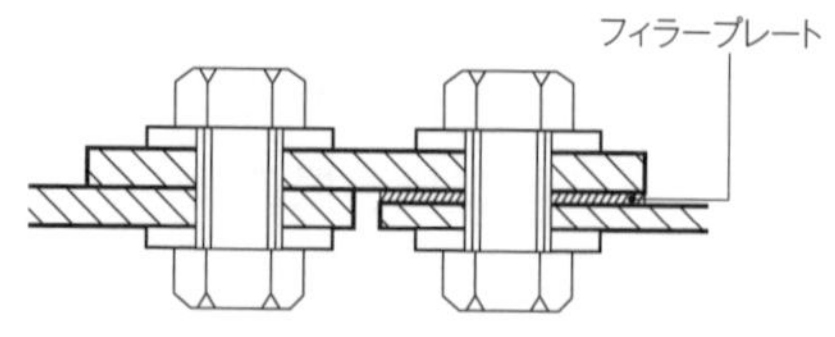

●ベースモルタルの後詰め中心塗り工法

鉄骨工事における露出形式の柱脚ベースプレートの支持方法であるベースモルタルの後詰め中心塗り工法は，一般にベースプレートの面積が大きく，全面をベースモルタルに密着させることが困難な場合や建入れの調整を容易にするために広く使われています。

また，ベースモルタルの厚さは50 mm以下，中心塗り部分の大きさは200～300 mmの角形または円形とし，建方中に柱脚に作用する応力に見合うものとします。

●冷却速度

鉄骨工事の溶接では予熱を行いますが，その目的は，溶接後の冷却速度を遅くして，冷却過程で鋼の中の水素の外部放出を容易にし，熱影響部[※1]の硬さも減少させることで，低温割れを防止することです。

⑦木構造

木構造の在来軸組構法における和小屋[※2]において，次の図は，小屋束で棟木や母屋などを支える小屋組で，小屋梁を約1,800 mm間隔にかけ，その

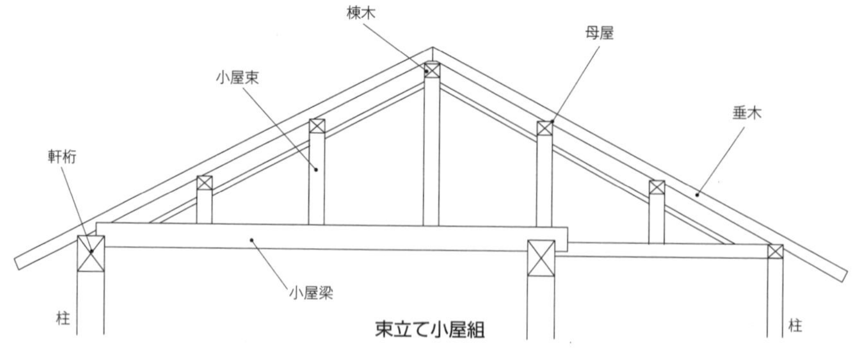

束立て小屋組

上に約900 mm間隔に小屋束を立てます。

東立て小屋組の中で，小屋梁を軒桁の上に乗せかけるかけ方を京呂組といい，小屋梁を軒桁の上に乗せかける仕口はかぶと蟻掛け※3で納め，羽子板ボルト締めとする。棟木の継手は，小屋束心より約150 mm持出し腰掛蟻継ぎ，両面かすがい打ちとします。母屋の断面寸法は90 mm角を標準とし，棟木や母屋には，垂木を取り付けるため垂木欠きを行い，垂木の取付けは母屋の上で，そぎ継ぎとして，釘打ちを行います。

3 仕上げ工事

①防水工事

アスファルト防水で，立上がりのルーフィング類を平場と別に張り付ける場合，平場と立上がりのルーフィング類は重ね幅を150 mm以上とって張り重ねます。

改質アスファルトシート防水トーチ工法による平場のシート張付けは，下地にプライマーを塗布し乾燥させた後，シート裏面および下地をトーチバーナーで十分あぶり，改質アスファルトを溶融させながら，平均に押し広げて下地に密着させます。シート相互の接続部の重ね幅は，長手方向および幅方向とも100 mm以上とし，出隅および入隅には，改質アスファルトシートの張付けに先立ち，幅200 mm程度の増張り用シートを張り付けます。

②屋根工事

●金属製折板葺き

重ね形折板を用いた折板葺においては，折板を1山ごとにタイトフレームに固定ボルト締めとし，折板の流れ方向の重ね部を600 mm程度の間隔で緊結ボル

※1
熱影響部
溶接や切断などの熱によって金属組織や機械的性質などが変化を受けた部分をいいます。

※2
和小屋
曲げ材としての梁と，鉛直力を受ける束からなる，わが国古来の小屋組です。

※3
かぶと蟻掛け
一方の材の上端にびんた状のもの，すなわち，かぶとを取り，下半分に蟻ほぞを付け他方の材にほぞ穴を付けて接合する仕口のこと。

露出用改質アスファルトシートの幅方向の接合部
下側のシートの砂面に上側のシートを接合するときには，下側のシートの砂面をあぶって砂を沈めるか，砂をかき取ってから上側シートの裏面を十分にあぶって重ね合わせます。

ト留めを行います。

軒先の水切れをよくするために[尾垂れ]を付ける場合は，つかみ箸などで軒先先端の溝部分を15度程度折り下げます。

●とい

といとは，屋根の雨水を集めて地上に導くための溝や筒状の装置です。

硬質塩化ビニル樹脂製のたてどいを継ぐ場合は，専用の継手部品を用いて接着し，継いだといの長さが[10 m]を超える場合は，エキスパンション継手を有効に設けます。

③左官工事

現場調合のセメントモルタルの練混ぜは，機械練りを原則とし，セメントと細骨材を十分に空練りし，水を加えてよく練り合わせます。下塗りモルタルは，上塗りモルタルに比べ[富調合]とし，こてで十分に押さえ，こてむらなく塗り付けます。

④塗装工事

●塗料の使用量

塗装工事において，所定の塗膜厚さを得られているか否かを確認する方法として，塗料の[使用量]から塗装した面積当たりの塗料の塗付け量を推定する方法や，専用測定器により膜厚を測定する方法があります。また，各工程における塗料の塗付け量（kg/m^2）は，一般に，平らな面に実際に付着させる希釈[前]の塗料の質量で，施工ロスを含まない量を示します。

●吹付け塗り

塗装工事における吹付け塗りは，スプレーガンを塗装面から30 cm程度離した位置で，塗装面に対して直角に向け，平行に動かし塗料を噴霧します。噴霧された塗料は，[中央部]ほど密になりがちであるため，一列ごとに吹付け幅が$\frac{1}{3}$程度重なるように吹付け，塗膜が均一になるようにします。

●塗装の欠陥

塗装作業中における塗膜の欠陥であるしわは，下塗りの乾燥が不十分のまま上塗りを行ったり，油性塗料を[厚塗り]した場合に生じやすいです。

⑤石工事

大理石の場合の仕上げは，主に粗磨き，水磨き，本磨きに区分され，一般に壁に使用する場合は本磨きを，床に使用する場合は水磨きを用います。

⑥タイル工事

●密着張り工法

外壁の陶磁器質タイルを密着張りとする場合，張付けモルタルを塗り付けた後，タイルを上部から一段おきに水糸に合わせて張り付け，その後，その間を埋めていくように張り付けます。

張付けモルタルの塗付け後，直ちにタイルをモルタルに押し当て，ヴィブラートを用いて張付けモルタルがタイル裏面全面に回り，タイル周辺からのモルタルの盛上りが，タイル厚さの$\frac{1}{2}$以下の目地深さとなるように，ヴィブラートを移動しながら張り付けます。

●タイル後張り工法（接着剤張り工法）

外壁の有機系接着剤によるタイル後張り工法においては，こて圧をかけて接着剤を平坦に塗り付けます。裏あしのあるタイルを，接着剤にくし目を立てて張る場合，くし目ごてを使用して壁面に対し約60度の角度を保ってくし目を立てます。また，くし目の方向は，タイルの裏あしに対して交差となるようにします。

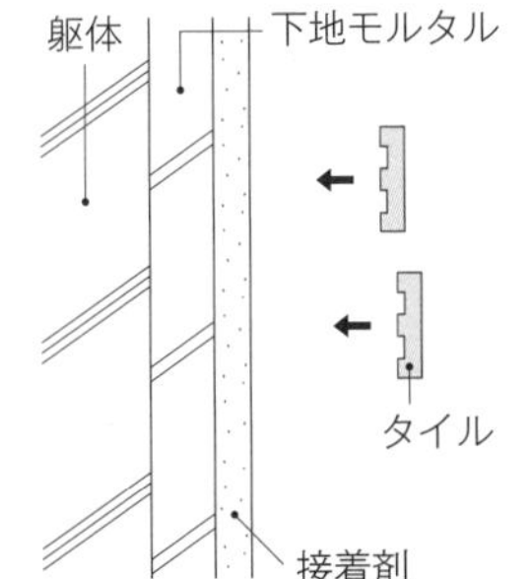

次のタイルの張付け作業にかかるときは，作業の途中で，張り付けた直後のタイルを1枚はがし，タイル裏面に対して接着剤が50％以上の部分に接着，かつ，タイル裏の全面に均等に接着していることを確認してからにします。

ローラーブラシ塗り
建物内部壁面の塗装工事におけるローラーブラシ塗りでは，一般に，入隅など塗りにくい部分は，小ばけか専用ローラーを用い，他の部分より先に塗り付け，壁面全体にローラーマークをそろえて塗り付けていることを確認します。

エアレススプレー方式
塗装のエアレススプレー方式は，塗料自体に圧力を加えて，この圧力により霧化するため，エアスプレー方式よりも高粘度の塗装材料を霧化でき，厚膜に仕上げられ，飛散ロスも少なく効率的な施工ができます。

鉄鋼面の塗装
鉄鋼面の塗装素地調整から第一層目の塗装までの間隔は，一般に2時間以内が望ましく，また，鉄鋼面が腐食しないよう，施工場所の相対湿度が80％以下であることが望ましいです。

●タイル接着力試験

鉄筋コンクリート造の外壁面をセメントモルタルによる磁器質タイル張りとする場合のタイル接着力試験は，夏季を除き，タイル施工後2週間以上経過してから行うのが一般的です。

また，タイル接着力試験では，試験体のタイルの目地部分にダイヤモンドカッターで[コンクリート]面まで切り込みを入れ，周囲と絶縁した後，引張試験を行い，引張接着強度と破壊状況を確認します。

なお，試験体のタイルの数は100 m^{2}ごとおよびその端数につき1個以上，かつ，全体で[3]個以上とします。

⑦金属工事

●軽量鉄骨天井下地工事

JIS（日本産業規格）に基づく建築用鋼製下地材を用いた軽量鉄骨天井下地工事において，天井のふところが1.5 m以上3 m以下の場合は，吊りボルトの水平補強，斜め補強を行う。水平補強の補強材の間隔は，縦横方向に[1.8] m程度の間隔で配置します。

軽量鉄骨天井下地の水平精度は，一般に基準レベルに対して±10 mm以下，水平距離3 mに対して±3 mm以下程度とされています。

平らな天井の場合，目の錯覚で中央部が下がって見えることがあります。そのため，天井の中央部を基準レベルよりも，つり上げる方法が行われています。この方法を[むくり]といい，室内天井張りのスパンに対して$\frac{1}{500}$から$\frac{1}{1000}$程度が適当とされています。

●軽量鉄骨壁下地工事

JISの建築用鋼製下地材を用いたせっこうボード壁下地の場合，スタッドは，スタッドの高さによる区分に応じたものを使用します。

また，せっこうボード1枚張りの壁の場合のスタッド間隔は，[300] mm程度として上下ランナーに差し込み，半回転させて取り付けます。

なお，スタッドの建込み間隔の精度は，[±5] mm 以下として，せっこうボードを張り付けます。

コンクリート床，梁下およびスラブ下に固定するランナーは，両端部から50 mm内側をそれぞれ固定し，中間部は[900] mm 程度の間隔で固定します。また，ランナーの継手は突付けとし，共に端部より50 mm内側を固定します。

⑧木工事（内装）

木工事において，製材を加工して内装部材に使用する場合，角材の両面を仕上げる時は，両面合わせて5 mm程度の削り代を見込んだひき立て寸法の製材を使用します。

また，敷居やかもいに溝じゃくりを行う際に，溝じゃくりを行う面に木の表裏がある場合，木の性質として，木表側に反る傾向があるため，木表側に溝じゃくりを行います。

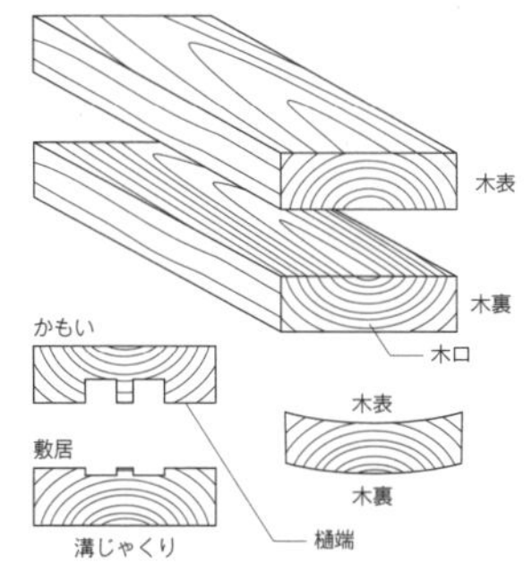

⑨内装工事

●床シート

塩化ビニル系床シートの熱溶接工法では，床シート張り付け後12時間以上の接着剤の硬化時間を置いてから溶接作業にかかります。

また，床シートの溶接部は，床シート厚さの$\frac{1}{2}$～$\frac{2}{3}$程度の深さでV字またはU字に溝を切り，熱溶接機を用いて床シートと溶接棒を同時に溶融させて，余盛りができる程度に加圧しながら溶接します。

なお，余盛りは溶接部が完全に冷却した後に削り取ります。

ビニル床タイルなどの高分子系床材料の張付けに使用されるウレタン樹脂系接着剤のほとんどが，湿気硬化形の一液性で，反応硬化形接着剤の中では作業性がよく，初期粘着性がよいため，土間コンクリートな

シーリング工事
鉄筋コンクリート外壁の打継ぎ目地，ひび割れ誘発目地，建具回り目地等で動きの小さい場合の目地構造は，3面接着を標準とします。

ガラス工事
セッティングブロックは，建具下辺のガラス溝内に置き，ガラスの自重を支え，建具とガラス小口との接触を防止し，かつ適当なエッジクリアランスとかかり代を確保することを目的とします。
型板ガラスは，片側表面にいろいろな型模様をつけたガラスで，外部建具に用いる場合，型模様面を，一般に室内側にして取り付けます。

カーペット
ウィルトンカーペットをグリッパー工法で敷き込む場合，カーペットの張り仕舞いは，ニーキッカーまたはパワーストレッチャーでカーペットを伸展しながらグリッパーに引っ掛け，端はステアツールなどを用いて溝に巻き込むように入れます。

どの場所に多く用いられています。

●せっこうボード

内装工事で使用される[シージング]せっこうボードは，両面のボード用原紙と心材のせっこうに防水処理を施したもので，屋内の台所や洗面所などの壁や天井の下地材として使用されます。

木製壁下地にせっこうボードを釘打ちにより張り付ける場合，使用する釘の長さは，ボード厚さの[3]倍程度とします。釘打ち間隔は，ボード周辺部を100～150 mm，中間部を150～200 mmの間隔とし，釘頭がボード表面と平らになるよう打ち付けます。

せっこうボードの取付けにおいて，ボードを鋼製壁下地にねじ留めとする場合，鋼製下地の裏面に[10] mm以上の余長が得られる長さのドリリングタッピンねじを用います。

●直張り工法

せっこうボードのせっこう系直張り用接着材による直張り工法において，下地に塗り付ける接着材の間隔は，ボード周辺部では150～200 mm，ボード中間部は床上1.2 m以下では200～250 mm，1.2 mを超える部分では250～300 mmとします。接着材の盛上げ高さは，ボードの仕上がり高さの[2]倍以上とします。

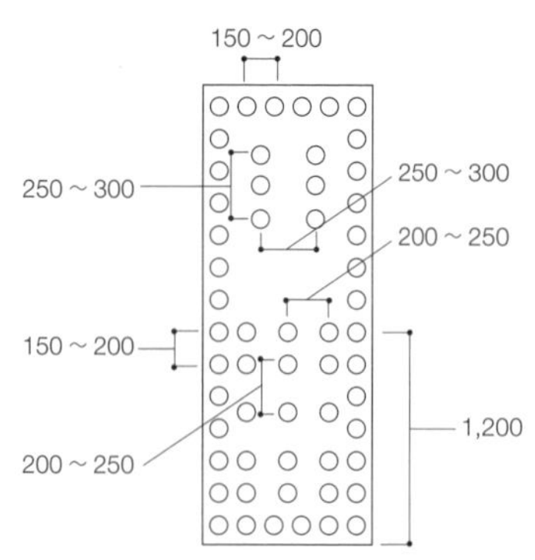

●ジョイナー

[ジョイナー]は，ボード類を壁・天井などに張るとき，突付けジョイント部，出隅・入隅部などに目地隠しや化粧カバー，押えなどとして用いる目地材です。

●吹付け硬質ウレタンフォームの吹付け工法

断熱工事における吹付け硬質ウレタンフォームの吹付け工法は，その主な特徴として，窓回りなど複雑な形状の場所への吹付けが容易なこと，継ぎ目のない連続した断熱層が得られること，平滑な表面を[得にくい]こと，施工技術が要求されることなどがあげられます。施工に際しては接着剤が不要です。

●防湿層

壁の内部結露の防止方法の1つで，壁体内部への室内の水蒸気の移動を防止するために設けられるのが防湿層です。

木造住宅における防湿層付きフェルト状断熱材は，防湿層を室内に向けて取り付け，防湿層に傷や破れなどがある場合，防湿テープで補修します。

⑩その他，複数の工種で行われる作業

●鋼製巻尺

墨出しなどに用いる鋼製巻尺は，工事着手前にテープ合わせを行い，同じ精度を有する鋼製巻尺を2本以上用意して，1本は基準鋼製巻尺として保管しておきます。テープ合わせの際には，それぞれの鋼製巻尺に一定の張力を与えて，相互の誤差を確認します。

建築現場で特に規定しない場合は，通常50Nの張力とします。

●墨の引通し

一般に1階床の基準墨は，上階の基準墨の基になるので特に正確に行う必要があります。2階より上では，通常建築物の四隅の床に小さな穴を空けておき，下げ振りにより1階から上階に基準墨を上げていきます。この作業を墨の引通しといいます。

●産業廃棄物の処理

特別管理産業廃棄物以外で，建設工事に伴い生じた産業廃棄物の処理を委託した排出事業者は，委託処理した産業廃棄物を搬出する際に，産業廃棄物管理票（マニフェスト）を交付したときは，産業廃棄物管理票の交付から90日以内にD票が，180日以内にE票が返送されてこない場合，廃棄物の処理状況を確認するとともに，都道府県知事などに報告しなければいけません。

チャレンジ問題！

問1　難　中　易

＜受検種別：建築＞次の1. から8. の各記述において，下線部の語句または数値が適当なものには○印を，不適当なものには適当な語句または数値を記入しなさい。

1. 一般に1階床の基準墨は，上階の基準墨の基になるので特に正確を期す必要がある。2階より上では，通常建築物の四隅の床に小さな穴を開けておき，①自動レベルにより1階から上階に基準墨を上げていく。この作業を墨の引通しという。
2. 鉄筋の継手は，硬化したコンクリートとの付着により鉄筋の応力を伝達する②機械式継手と，鉄筋の応力を直接伝達するガス圧接継手や溶接継手などに大別される。
3. 鉄骨のアンカーボルトに二重ナットを使用する場合，一般にボルト上部の出の高さは，ナット締め後のネジ山がナット面から③2山以上とする。
4. 建設リサイクル法の対象となる木造住宅の解体工事においては，④分別解体の計画書を作成し，原則として屋根葺き材の撤去は手作業で行う。
5. アスファルト防水において，立上がりのルーフィング類を平場と別に張り付ける場合，平場と立上がりのルーフィング類は，重ね幅を⑤100 mm以上とって張り重ねる。
6. 外壁の陶磁器質タイルを密着張りとする場合，張付けモルタルを塗り付けた後，タイルを⑥下部から一段おきに水糸に合わせて張り付け，その後，その間を埋めていくように張り付ける。
7. 型板ガラスは，片側表面にいろいろな型模様をつけたガラスで，外部建具に用いる場合，型模様面を，一般に⑦室外側にして取り付ける。
8. 内装工事で使用される⑧シージングせっこうボードは，両面のボード用原紙と心材のせっこうに防水処理を施したもので，屋内の台所や洗面所などの壁や天井の下地材として使用される。

解答

①下げ振り ②重ね ③3 ④○ ⑤150 ⑥上部 ⑦室内 ⑧○

問2

難 中 易

<受検種別：躯体> 次の1. から4. の各記述において，下線部の語句または数値が適当なものには○印を，不適当なものには適当な語句または数値を記入しなさい。

1. 土工事において，軟弱な粘土質地盤を掘削する場合に，根切り底面付近の地盤が山留め壁の背面から回り込むような状態で膨れ上がる現象を①液状化という。
   また，砂質地盤を掘削する場合に，根切り底面付近の砂質地盤に②上向きの浸透流が生じ，この水流によって砂が沸騰したような状態で根切り底を破壊する現象をボイリングという。
2. 鉄筋（SD345）のガス圧接継手において，同径の鉄筋を圧接する場合，圧接部のふくらみの直径は鉄筋径dの1.4倍以上とし，かつ，その長さを鉄筋径dの③1.0倍以上とする。
   また，圧接面のずれは鉄筋径dの1/4以下，圧接部における鉄筋の中心軸の偏心量は鉄筋径dの④1/4以下，圧接部の折曲がりは2度以下，片ふくらみは鉄筋径dの1/5以下とする。
   ただし，dは異形鉄筋の呼び名に用いた数値とする。
3. 鉄筋コンクリート造でコンクリートを打ち継ぐ場合，打継ぎ部の位置は，構造部材の耐力への影響が最も少ない位置に定めるものとし，梁，床スラブおよび屋根スラブの鉛直打継ぎ部は，スパンの中央または端から⑤1/4付近に設け，柱および壁の水平打継ぎ部は，床スラブおよび梁の上端に設ける。

また，打継ぎ部の形状は，構造部材の耐力の低下が少なく，コンクリート打込み前の打継ぎ部の処理が円滑に行え，かつ，新たに打ち込むコンクリートの締固めが容易に行えるものとし，柱および梁の打継ぎ面は主筋に⑥平行となるようにする。

4. 鉄骨工事における露出形式の柱脚ベースプレートの支持方法であるベースモルタルの後詰め中心塗り工法は，一般にベースプレートの面積が⑦小さく，全面をベースモルタルに密着させることが困難な場合や建入れの調整を容易にするために広く使われている。

また，ベースモルタルの厚さは⑧100 mm以下，中心塗り部分の大きさは200～300 mmの角形または円形とし，建方中に柱脚に作用する応力に見合うものとする。

解 答

①ヒービング　②○　③1.1　④1/5　⑤○　⑥直角　⑦大きく　⑧50

問3　難　中　易

＜受検種別：仕上げ＞ 次の1. から4. の各記述において，下線部の語句または数値が適当なものには○印を，不適当なものには適当な語句または数値を記入しなさい。

1. 鉄筋コンクリート造の外壁面をセメントモルタルによる磁器質タイル張りとする場合のタイル接着力試験は，夏季を除き，タイル施工後2週間以上経過してから行うのが一般的である。

また，タイル接着力試験では，試験体のタイルの目地部分にダイヤモンドカッターで①モルタル面まで切り込みを入れ，周囲と絶縁した後，引張試験を行い，引張接着強度と破壊状況を確認する。

なお，試験体のタイルの数は，100 m^2ごとおよびその端数につき1個以上，かつ，全体で②2個以上とする。

2. 木工事において，製材を加工して内装部材に使用する場合，角材の両面を仕上げる時は，両面合わせて5 mm程度の削り代を見込んだ③仕上がり寸法の製材を使用する。
また，敷居やかもいに溝じゃくりを行う際に，溝じゃくりを行う面に木の表裏がある場合，木の性質として，④木裏側に反る傾向があるため，④木裏側に溝じゃくりを行う。

3. JIS（日本工業規格／現日本産業規格）の建築用鋼製下地材を用いたせっこうボード壁下地の場合，スタッドは，スタッドの高さによる区分に応じたものを使用する。
また，せっこうボード1枚張りの壁の場合のスタッド間隔は，⑤450 mm程度として上下ランナーに差し込み，半回転させて取り付ける。
なお，スタッドの建込み間隔の精度は，⑥±15 mm以下として，せっこうボードを張り付ける。

4. 塩化ビニル系床シートの熱溶接工法では，床シート張り付け後⑦12時間以上の接着剤の硬化時間を置いてから溶接作業にかかる。
また，床シートの溶接部は，床シート厚さの1/2～2/3程度の深さでV字またはU字に溝を切り，熱溶接機を用いて床シートと溶接棒を⑧同時に溶融させて，余盛りができる程度に加圧しながら溶接する。
なお，余盛りは，溶接部が完全に冷却した後に削り取る。

解 答

①コンクリート　②3　③ひき立て　④木表　⑤300
⑥±5　⑦○　⑧○

第二次検定

練習問題

練習問題（第二次検定）

第1章 施工経験記述

問1

あなたが経験した建築工事のうち，あなたの受検種別に係る工事の中から，施工の計画を行った工事を1つ選び，工事概要を具体的に記述したうえで，次の(1)から(2)の問いに答えなさい。

なお，建築工事とは，建築基準法に定める建築物に係る工事とし，建築設備工事を除くものとする。

［工事概要］

イ．工事名　　　　　　　ロ．工事場所

ハ．工事の内容

　新築等の場合：建物用途，構造，階数，延べ面積または施工数量，主な外部仕上げ，主要室の内部仕上げ

　改修等の場合：建物用途，建物規模，主な改修内容および施工数量

ニ．工期等

　(工期または工事に従事した期間を年号または西暦で年月まで記入)

ホ．あなたの立場

へ．あなたの業務内容

(1) 工事概要であげた工事であなたが担当した工種において，施工の計画時に着目した項目を①の中から異なる3つを選び，②から④について具体的に記述しなさい。

ただし，②の工種名は同一の工種名でもよいが，③および④はそれぞれ異なる内容を記述するものとする。また，コストについてのみ記述したものは不可とする。

① 着目した項目

　a　施工方法または作業方法

b　資材の搬入または荷揚げの方法

c　資材の保管または仮置きの方法

d　施工中または施工後の養生の方法（ただし，労働者の安全に関する養生は除く）

e　試験または検査の方法

② 工種名

③ 現場の状況と施工の計画時に検討したこと

④ 施工の計画時に検討した理由と実施したこと

(2) 工事概要であげた工事および受検種別にかかわらず，あなたの今日までの工事経験を踏まえて，「品質低下の防止」および「工程遅延の防止」について，それぞれ①および②を具体的に記述しなさい。

ただし，(1) ③および④と同じ内容の記述は不可とする。

① 施工の計画時に検討することとその理由

② 防止対策とそれに対する留意事項

解答例

(1)

あなたの受験種別に○を付けなさい。	・建築（○）　・躯体　・仕上げ

建築工事のうち，施工の計画を行った工事

イ．工事名	○○○マンション新築工事
ロ．工事場所	○○県○○市○○町○丁目○-○
ハ．工事の内容	共同住宅，RC造，地上6階建，延べ面積4,850m^2 外壁：磁器タイル張り，内部床：ビニルシート張り，壁および天井：PB下地の上ビニルクロス張り
ニ．工期等	20○○年4月～20○○年3月
ホ．あなたの立場	現場代理人
ヘ．あなたの業務内容	建築工事の施工管理

(1)

1	①着目した項目	a 施工方法または作業方法
	②工　種　名	型枠工事
	③現場の状況と施工の計画時に検討したこと	敷地周辺に住宅が多く，工事の時間帯に制限があるため，躯体工事の省力化・工期短縮を検討した。
	④検討した理由と実施したこと	型枠の解体作業がなく，また，支保工が不要なことから，基準階の床型枠を合板型枠工法からデッキプレート型枠工法に変更，施工した。
2	①着目した項目	b 資材の搬入または荷揚げの方法
	②工　種　名	鉄筋工事
	③現場の状況と施工の計画時に検討したこと	敷地に対して計画建物の範囲が大きいため，鉄筋の仮置きの場所を1か所に集中しないように検討した。
	④検討した理由と実施したこと	搬入時に施工場所の近くに間配りすることにより，材料の移動が少なくなり，重量，区画を明示したうえで搬入・荷揚げを実施した。
3	①着目した項目	c 資材の保管または仮置きの方法
	②工　種　名	内装工事
	③現場の状況と施工の計画時に検討したこと	開口部の多い建築物なので，内装工事材料の品質確保を検討した。
	④検討した理由と実施したこと	直射日光や，温湿度の影響を受けにくい窓のない部屋に，石こうボードを，300 mm間隔に台木を配置，平積みのうえ，シートで覆って保管した。
4	①着目した項目	d 施工中または施工後の養生の方法
	②工　種　名	コンクリート工事
	③現場の状況と施工の計画時に検討したこと	1階壁から2階スラブのコンクリート打設が冬期となる工程であるから，コンクリート打設時の寒中コンクリート対応を検討した。
	④検討した理由と実施したこと	コンクリート打設後の外気温が低くなる可能性があるため，コンクリート打設後のシート養生，ジェットヒーターを稼働させた。
5	①着目した項目	e 試験または検査の方法
	②工　種　名	アスファルト防水工事
	③現場の状況と施工の計画時に検討したこと	過去に施工業者による施工不良の事例があったため，防水下地コンクリートの表面が平坦で突起物が完全に撤去されているかを確認できるように検討した。
	④検討した理由と実施したこと	不十分な下地状態では，防水性能が確保できないため，現場代理人，管理者と同時に確認・検査する体制とした。

(2)

品質低下の防止	①施工の計画時に検討することとその理由	防水工事で，共同住宅など住居系の建物においては，引き渡し後の補修が特に困難となるため，屋上からの漏水防止対策を検討する。
	②防止対策とそれに対する留意事項	防水工事施工前に下地コンクリートの乾燥状態，平滑性を確認するとともに，施工中はルーフィングの重ね幅を確認し，その結果をチェックリストに記録する。
工程遅延の防止	①施工の計画時に検討することとその理由	雨天などの作業不能日による鉄筋工事の遅延を解消するため，現場配筋作業の軽減方法について検討する。
	②防止対策とそれに対する留意事項	基礎，床，壁などの鉄筋には，工場である程度組み立てた上で搬入可能なユニット鉄筋や鉄筋格子を採用し，現場配筋作業を減らす。

第2章 施工全般

問1

次の建築工事に関する用語の一覧表の中から5つ用語を選び，解答用紙の用語の記号欄の記号にマークしたうえで，選んだ用語欄に用語を記入し，その用語の説明と施工上留意すべきことを具体的に記述しなさい。

ただし，gおよびn以外の用語については，作業上の安全に関する記述は不可とする。また，使用資機材に不良品はないものとする。

用語の一覧表

用語の記号	用　語	用語の記号	用　語
a	クレセント	h	腹筋
b	コンクリート壁の誘発目地	i	ビニル床シート熱溶接工法
c	ジェットバーナー仕上げ	j	フラットデッキ
d	セルフレベリング工法	k	壁面のガラスブロック積み
e	鉄骨の耐火被覆	l	ボンドブレーカー
f	土工事における釜場	m	木工事の大引
g	乗入れ構台	n	ローリングタワー

解答例

<table>
<tr><td rowspan="3">①</td><td>選んだ用語</td><td>クレセント</td></tr>
<tr><td>用語の説明</td><td>引き違いサッシの召し合わせ部などに取り付ける締め金物のこと。</td></tr>
<tr><td>施工上留意すべきこと</td><td>鍵を付ける建具には，気密性，遮音性などの性能も求められるので，正確な錠と受け金具の取合い寸法，堅固な部品の取り付けが必要である。</td></tr>
<tr><td rowspan="3">②</td><td>選んだ用語</td><td>コンクリート壁の誘発目地</td></tr>
<tr><td>用語の説明</td><td>コンクリート壁の適切な位置にひび割れを集中して起こさせるために設ける目地。</td></tr>
<tr><td>施工上留意すべきこと</td><td>ひび割れがその目地に集中するように，3～4 mごとに間隔を設け，壁厚の1/5程度欠き込みを行い，シーリング材を充填する。</td></tr>
<tr><td rowspan="3">③</td><td>選んだ用語</td><td>ジェットバーナー仕上げ</td></tr>
<tr><td>用語の説明</td><td>冷却水を散布しながら，高温バーナーで石材の表面部分を弾き飛ばして凹凸のある状態にする仕上げ方法。</td></tr>
<tr><td>施工上留意すべきこと</td><td>ジェットバーナー仕上等の粗面仕上げでは，最終的な仕上げ厚さよりも2 mm以上厚い石を用意する必要がある。</td></tr>
<tr><td rowspan="3">④</td><td>選んだ用語</td><td>セルフレベリング工法</td></tr>
<tr><td>用語の説明</td><td>コンクリートの床に自己流動性のある液状の塗材を使い，水平・平滑な床仕上げ面を形成させる工法をいう。</td></tr>
<tr><td>施工上留意すべきこと</td><td>セルフレベリング材が硬化途中で風を受けると，しわやひび割れの原因になるのため，硬化するまでは開口部を塞いでおく。</td></tr>
<tr><td rowspan="3">⑤</td><td>選んだ用語</td><td>鉄骨の耐火被覆</td></tr>
<tr><td>用語の説明</td><td>耐火被覆とは，鉄骨造の主要構造部の骨組みを耐火性・断熱性の高い材料で被覆することをいい，工法としては，耐火材吹付け，耐火板張り，耐火材巻付け，耐火塗料などがある。</td></tr>
<tr><td>施工上留意すべきこと</td><td>耐火材の吹付けは，施工前に十分な養生を行い，周辺への飛散防止に留意する必要がある。</td></tr>
<tr><td rowspan="3">⑥</td><td>選んだ用語</td><td>土工事における釜場</td></tr>
<tr><td>用語の説明</td><td>土工事の際に発生する湧水を集めるために設ける地面のくぼみのことで，集めた水をポンプで排水する。</td></tr>
<tr><td>施工上留意すべきこと</td><td>掘削深度が大きくなると，釜場の底面にボイリングの発生のおそれがあるため，留意する必要がある。</td></tr>
<tr><td rowspan="3">⑦</td><td>選んだ用語</td><td>乗入れ構台</td></tr>
<tr><td>用語の説明</td><td>地下躯体工事や根切りで材料の搬入･搬出や土砂の搬出を行う車両が乗り入れる仮設の構台のこと。</td></tr>
<tr><td>施工上留意すべきこと</td><td>乗入れ構台の支柱の位置は，地下構造図と重ね合わせ，地下躯体の主要構造の位置と重ならないように配置する必要がある。</td></tr>
</table>

⑧	選んだ用語	腹筋
	用語の説明	鉄筋工事の梁の配筋で，梁の変形を防止するため，上下主筋の間に平行に設置する鉄筋のこと。
	施工上留意すべきこと	腹筋は，梁せいが600 mmを超えると必要になり，梁せいの大きさによって，間隔や配置が変わるため，留意が必要である。
⑨	選んだ用語	ビニル床シート熱溶接工法
	用語の説明	ビニル床シートを張り付けた接着剤硬化後，はぎ目および継目の溝切りを行い，溶接棒を用いてビニル床シートを同時に溶接する工法。
	施工上留意すべきこと	継目の溝はV字形またはU字形とし，シート厚さの2/3程度まで溝切りする。また，溶接完了後，溶接部が完全に冷却したのち，余盛りを削り取り平滑にする必要がある。
⑩	選んだ用語	フラットデッキ
	用語の説明	コンクリート床型枠用の上面が平らな鋼製デッキのことで，下部表面にリブを付けて所定の強度を確保し，コンクリート打設時の型枠にすることができる。
	施工上留意すべきこと	敷き詰めたフラットデッキの中央に鉄筋などを仮置きした際に，その重みによりフラットデッキが崩壊することがあるため，留意が必要である。
⑪	選んだ用語	壁面のガラスブロック積み
	用語の説明	ガラスブロックとは内部が空間になっている立方体のガラス製ブロックをいい，壁面のガラスブロック積みとは，壁部分に，壁用金属枠を用いて現場にて1個ずつ積む工法をいう。
	施工上留意すべきこと	ガラスブロック積について，外部に面する下枠の溝には径6 ㎜以上の水抜き孔を，1.0～1.5 m間隔に設ける必要がある。
⑫	選んだ用語	ボンドブレーカー
	用語の説明	ワーキングジョイントのシーリングに用いる目地が深くない場合に，三面接着を回避する目的で目地底に張り付けるテープ状の材料。
	施工上留意すべきこと	ボンドブレーカーは，シーリング材と接着しないものを選び，浮きなどが生じないように目地底に確実に張り付ける必要がある。目地底が深い場合は，バックアップ材を使用する。
⑬	選んだ用語	木工事の大引
	用語の説明	大引は，木造建築物で1階の床を支えるための横架材で，根太を受ける部材である。大引の下は，床束で支える。
	施工上留意すべきこと	大引は，通常 910 mm程度の間隔で根太に直角に配置し，端部は土台や大引受けに連結する。

⑭	選んだ用語	ローリングタワー
	用語の説明	鋼管枠を塔状に組み，最上段に作業床を設け，脚部には移動のための脚輪を取り付けた高所作業に用いる移動式足場のこと。
	施工上留意すべきこと	作業中はブレーキなどで脚輪を固定し，足場の一部を建物の一部等に固定する。また，作業者を乗せたままで移動したり，作業床の上で脚立を使用しないよう留意する必要がある。

問2

鉄骨造3階建て複合ビルの新築工事について，次の（1）から（4）の問いに答えなさい。工程表は，工事着手時点のもので，鉄骨工事における耐火被覆工事の工程は未記入であり，予定出来高曲線を破線で表示している。

また，出来高表は，3月末時点のものを示しており，総工事金額の月別出来高，耐火被覆工事の工事金額および出来高は記載していない。

なお，各作業は一般的な手順に従って施工されるものとする。

［工事概要］

用　　途：店舗（1階），賃貸住宅（2，3階）

構造・規模：鉄骨造地上3階，延べ面積300 m^2

鉄骨耐火被覆は半乾式工法

外部仕上げ：屋上防水は，ウレタンゴム系塗膜防水絶縁工法，脱気装置設置

外壁は，ALCパネル張り，防水形複層塗材仕上げ

内部仕上げ：

店　　舗　床は，コンクリート直押さえのまま

壁，天井は，軽量鉄骨下地せっこうボード張り

ただし，テナント工事は別途で本工事工程外とする。

賃貸住宅　床は，乾式二重床，フローリング張り

壁，天井は，軽量鉄骨下地せっこうボード張りの上，クロス張りユニットバス，家具等（内装工事に含めている）

工　程　表

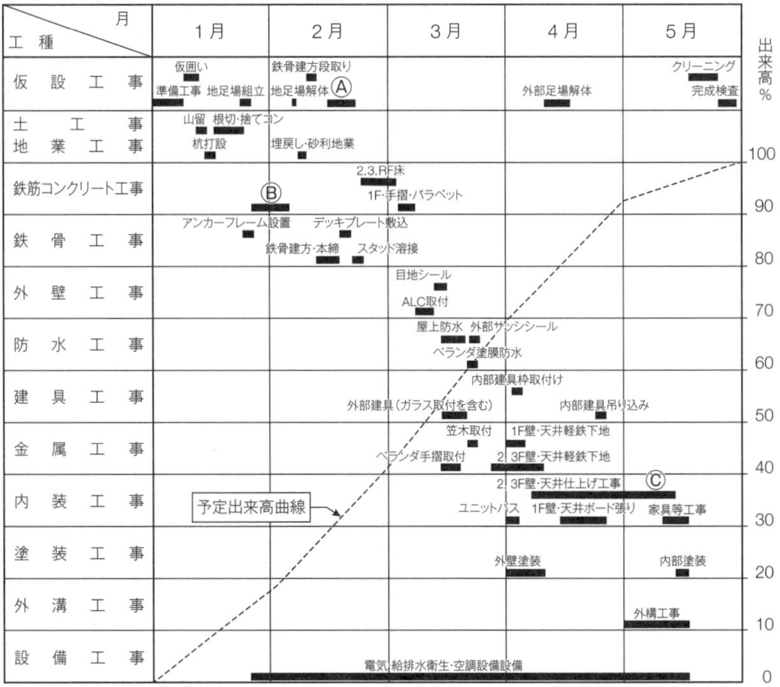

工種＼月	1月	2月	3月	4月	5月
仮設工事	仮囲い 準備工事 地足場組立	鉄骨建方段取り 地足場解体 Ⓐ		外部足場解体	クリーニング 完成検査
土工事 地業工事	山留 根切・捨てコン 杭打設	埋戻し・砂利地業			
鉄筋コンクリート工事	Ⓑ（1月〜2月）	2.3.RF床	1F手摺・パラペット		
鉄骨工事	アンカーフレーム設置	デッキプレート敷込 鉄骨建方・本締 スタッド溶接			
外壁工事			目地シール ALC取付		
防水工事			屋上防水 外部サッシシール ベランダ塗膜防水		
建具工事			外部建具（ガラス取付を含む）	内部建具枠取付け 内部建具吊り込み	
金属工事			笠木取付 ベランダ手摺取付 2、3F壁・天井軽鉄下地（3月〜4月）	1F壁・天井軽鉄下地	
内装工事	予定出来高曲線			2、3F壁・天井仕上げ工事（4月〜5月） Ⓒ ユニットバス 1F壁・天井ボード張り	家具等工事
塗装工事				外壁塗装	内部塗装
外溝工事					外構工事
設備工事		電気・給排水衛生・空調設備設備（2月〜5月）			

出来高％　0　10　20　30　40　50　60　70　80　90　100

出　来　高　表

単位　万円

工種	工事金額	予定/実績	1月	2月	3月	4月	5月
仮設工事	500	予定	50	200	50	150	50
		実績	50	200	50		
土工事 地業工事	600	予定	390	210			
		実績	390	210			
鉄筋コンクリート工事	900	予定	450	180	270		
		実績	360	200	340		
鉄骨工事	900	予定	50	760			
		実績	30	780			
外壁工事	400	予定			400		
		実績			400		
防水工事	150	予定			150		
		実績			150		
建具工事	500	予定			400	100	
		実績			400		
金属工事	250	予定			100	150	
		実績			100		
内装工事	500	予定				400	100
		実績					
塗装工事	200	予定				150	50
		実績					
外構工事	200	予定					
		実績					
設備工事	900	予定	90	90	180	450	90
		実績	90	90	180		
総工事金額	6,000	予定					
		実績					

(1) 工程表の仮設工事の（A），鉄筋コンクリート工事の（B），内装工事の（C）に該当する作業名を記入しなさい。

解説

仮設工事の（A）に該当する作業名	外部足場組立
鉄筋コンクリート工事の（B）に該当する作業名	基礎
内装工事の（C）に該当する作業名	2，3階フローリング張り

(2) 鉄骨工事のうち，耐火被覆工事完了日を月と旬日で定めて記入しなさい。ただし，解答の旬日は，上旬，中旬，下旬とする。

解説

耐火被覆工事は，ALC取付から2，3階壁・天井軽鉄下地の間に施工されると考えられるので，耐火被覆工事の完了は，3月中旬くらいと思われます。

▶解答　3月中旬

(3) 出来高表から，2月末までの実績出来高の累計金額を求め，総工事金額に対する比率をパーセントで記入しなさい。

解説

まず，記載していない耐火被覆工事の金額を確認すると，

　鉄骨工事の2月までの累積予定金額は，50＋760＝810万円

　鉄骨工事の2月までの累積実績金額は，30＋780＝810万円

となります。

鉄骨工事の工事金額900万円から810万円引いた90万円が，耐火被覆工事の金額となります。

※3月の鉄骨工事の出来高（予定・実績）に，それぞれ90万円の記載が必要です。

出来高表より1月，2月の工事金額（実績）を足すと2,400万円なので，2,400万円を総工事金額の6,000万円で割り，×100すると40%となります。

▶解答　40％

(4) 出来高表から，3月末までの実績出来高の累計金額を記入しなさい。

解説

耐火被覆工事の金額90万円を含めて，1月から3月末までの実績出来高の累計金額は，4,110万円となります。 ▶解答 4,110万円

問3

次の (1) から (3) の各法文において，[ ] に当てはまる正しい語句または数値を，下の該当する枠内から1つ選びなさい。

(1) 建設業法（検査および引渡し）

第24条の4 元請負人は，下請負人からその請け負った建設工事が[①]した旨の通知を受けたときは，当該通知を受けた日から[②]日以内で，かつ，できる限り短い期間内に，その[①]を確認するための検査を完了しなければならない。

① (1) 完了 (2) 終了 (3) 完成 (4) 竣工

② (1) 7 (2) 14 (3) 20 (4) 30

解説

法文の通りです。 ▶解答 ① (3) 完成 ② (3) 20

(2) 建築基準法（工事現場における確認の表示等）

第89条 第6条第1項の建築，大規模の修繕又は大規模の模様替の工事の[③]は，当該工事現場の見易い場所に，国土交通省令で定める様式によって，建築主，設計者，工事施工者および工事の現場管理者の氏名は名称並びに当該工事に係る同項の確認があった旨の表示をしなければならない。

2 第6条第1項の建築，大規模の修繕又は大規模の模様替の工事の[③]は，当該工事に係る[④]を当該工事現場に備えておかなければならない。

③ (1) 建築主 (2) 設計者 (3) 施工者 (4) 現場管理者
④ (1) 設計図書 (2) 請負契約書 (3) 施工体系図 (4) 確認済証

解説

法文の通りです。 ▶解答 ③(3) 施工者 ④(1) 設計図書

(3) 労働安全衛生法（事業者等の責務）

第3条（略）

3 建設工事の注文者等仕事を他人に請け負わせる者は，施工方法，[⑤] 等について，安全で衛生的な作業の [⑥] をそこなうおそれのある条件を附さないように配慮しなければならない。

⑤ (1) 人員配置 (2) 工期 (3) 労働時間 (4) 賃金
⑥ (1) 環境 (2) 継続 (3) 計画 (4) 遂行

解説

法文の通りです。 ▶解答 ⑤(2) 工期 ⑥(4) 遂行

※受検種別：建築の受験者は解答してください。

問4-A

次の (1) から (8) の各記述において，[ ] に当てはまる最も適当な語句または数値を，下の該当する枠内から1つ選びなさい。

(1) 図面に示される通り心は壁心であることが多く，壁工事が行われるために墨を打つことができない。そのため壁心から離れた位置に補助の墨を打つが，この墨のことを [①] という。

① (1) 逃げ墨 (2) 陸墨 (3) 地墨 (4) 親墨

解説

壁心から離れた位置に打つ補助の墨のことを逃げ墨といいます。

▶解答　①（1）逃げ墨

(2) 埋戻し工事における締固めは，川砂および透水性のよい山砂の類いの場合は水締めとし，上から単に水を流すだけでは締固めが不十分なときは，埋戻し厚さ［　②　］程度ごとに水締めを行う。

②　（1）5 cm　（2）10 cm　（3）30 cm　（4）60 cm

解説

上から単に水を流すだけでは締固めが不十分なときは，埋戻し厚さ30 cm程度ごとに水締めを行います。

▶解答　②（3）30 cm

(3) 鉄筋工事における鉄筋相互のあきは，粗骨材の最大寸法の1.25倍，25 mmおよび隣り合う鉄筋の平均径の［　③　］のうち最大のもの以上とする。

③　（1）1.0倍　（2）1.25倍　（3）1.5倍　（4）2.0倍

解説

鉄筋工事における鉄筋相互のあきは，粗骨材の最大寸法の1.25倍，25 mmおよび隣り合う鉄筋の平均径の1.5倍のうち最大のもの以上とします。

▶解答　③（3）1.5倍

(4) 鉄骨工事における柱脚アンカーボルトの締付けは，特記がない場合，ナット回転法で行い，ボルト頭部の出の高さは，ねじが2重ナット締めを行っても外に［　④　］以上出ることを標準とする。

④　（1）1山　（2）2山　（3）3山　（4）4山

解説

ボルト頭部の出の高さは，ねじが2重ナット締めを行っても外に3山以上出ることを標準とします。

▶解答 ④（3）3山

(5) ウレタンゴム系塗膜防水の通気緩衝シートの張付けに当たって，シートの継ぎ目は［ ⑤ ］とし，下地からの浮き，端部の耳はね等が生じないように注意して張り付ける。

⑤ （1）50 mm重ね　（2）200 mm重ね　（3）目透し　（4）突付け

解説

ウレタンゴム系塗膜防水の通気緩衝シートの張付けに当たって，シートの継ぎ目は50 mm重ねとします。

▶解答 ⑤（1）50 mm重ね

(6) 大理石は，模様や色調などの装飾性を重視することが多いため，磨き仕上げとすることが多く，壁の仕上げ材に使用する場合は［ ⑥ ］を用いることが多い。

⑥ （1）本磨き　（2）水磨き　（3）粗磨き　（4）ブラスト

解説

大理石を壁の仕上げ材に使用する場合は本磨きを用いることが多いです。

▶解答 ⑥（1）本磨き

(7) 塗装工事において，塗膜が平らに乾燥せず，ちりめん状あるいは波形模様の凹凸を生じる現象を［ ⑦ ］といい，厚塗りによる上乾きの場合などに起こりやすい。

⑦ （1）だれ　（2）しわ　（3）にじみ　（4）はじき

解説

塗装工事において，塗膜が平らに乾燥せず，ちりめん状あるいは波形模様の凹凸を生じる現象をしわといいます。 ▶解答 ⑦ (2) しわ

(8) 内装工事において使用される［ ⑧ ］せっこうボードは，両面のボード用原紙と心材のせっこうに防水処理を施したもので，屋内の台所や洗面所などの壁や天井の下地材として使用される。

⑧ (1) 強化　(2) シージング　(3) 化粧　(4) 構造用

解説

内装工事において使用されるシージングせっこうボードは，両面のボード用原紙と心材のせっこうに防水処理を施したものです。

▶解答 ⑧ (2) シージング

※受検種別：躯体の受験者は解答してください。

問4-B

次の (1) から (2) の各記述において，［　　］に当てはまる最も適当な語句又は数値を，下の該当する枠内から1つ選びなさい。

(1) 建築物の高さおよび位置の基準となるものを［ ① ］という。高さの基準は隣接の建築物や既存の工作物に，位置の基準は一般に建築物の縦，横2方向の通り心を延長して設ける。工事測量を行うときの基準のため，工事中に動くことのないよう2か所以上設けて，随時確認できるようにしておく。

また，建築物の位置を定めるため建築物の外形と内部の主要な間仕切の中心線上に，ビニルひも等を張って建築物の位置を地面に表すことを［ ② ］という。このとき，建築物の隅には地杭を打ち地縄を張りめぐらす。

① (1) 親墨　(2) 逃げ墨　(3) ベンチマーク　(4) ランドマーク

② （1）縄張り　（2）水貫　（3）遣方　（4）いすか切り

解説

建築物の高さおよび位置の基準となるものをベンチマークといいます。

建築物の位置を定めるため建築物の外形と内部の主要な間仕切の中心線上に，ビニルひもなどを張って建築物の位置を地面に表すことを縄張りといいます

▶解答　①（3）ベンチマーク　②（1）縄張り

(2) 鉄筋工事において，コンクリートの中性化や火災等の高温による鉄筋への影響を考えた鉄筋を覆うコンクリートの厚さを「かぶり厚さ」といい，建築基準法施行令で規定されており，原則として，柱または梁にあって［　③　］mm以上，床にあっては20 mm以上となっている。

また，かぶり厚さを保つためにスペーサーが用いられ，スラブ筋の組立時には［　④　］のスラブ用スペーサーを原則として使用する。

③ （1）25　（2）30　（3）35　（4）40
④ （1）木レンガ　（2）モルタル製　（3）鋼製　（4）プラスチック製

解説

かぶり厚さは，原則として，柱または梁にあって30 mm以上，床にあっては20 mm以上必要です。

かぶり厚さを保つためにスペーサーが用いられ，スラブ筋の組立て時には鋼製のスラブ用スペーサーを原則として使用します。

▶解答　③（2）30　④（3）鋼製

※受検種別：仕上げの受験者は解答してください。

問4-C

次の（1）の記述において，［　　］に当てはまる最も適当な語句又は数値を，下の該当する枠内から1つ選びなさい。

(1) 改質アスファルトシート防水トーチ工法において，改質アスファルトシートの張付けは，トーチバーナーで改質アスファルトシートの［　①　］および下地を均一にあぶり，［　①　］の改質アスファルトシートを溶融させながら均一に押し広げて密着させる。改質アスファルトシートの重ねは，2層の場合，上下の改質アスファルトシートの接合部が重ならないように張り付ける。

出隅および入隅は，改質アスファルトシートの張付けに先立ち，幅［　②　］mm程度の増張りを行う。

①　（1）表面　（2）裏面　（3）両面　（4）小口面

②　（1）100　（2）150　（3）200　（4）250

解説

改質アスファルトシート防水トーチ工法において，改質アスファルトシートの張付けは，トーチバーナーで改質アスファルトシートの裏面および下地を均一にあぶり，裏面の改質アスファルトシートを溶融させながら均一に押し広げて密着させます。

出隅および入隅は，改質アスファルトシートの張付けに先立ち，幅200 mm程度の増張りを行います。

▶解答　①（2）裏面　②（3）200

索 引

あ 行

か 行

さ 行

た 行

な 行

は 行

ま 行

や 行

ら 行

わ 行

英数字

●近藤岳志

株式会社ATKdesign一級建築士事務所代表取締役社長。株式会社近藤木工所取締役設計部長。公益社団法人愛媛県建築士会松山支部理事。一般社団法人愛媛県建築士事務所協会理事。株式会社環・設計工房を経て，2008年にATKdesign二級建築士事務所を設立。2011年にATKdesign一級建築士事務所に改名後，2013年に事務所を法人化し，株式会社ATKdesign一級建築士事務所とする。現在は九州産業大学建築都市工学部の非常勤講師としても活躍している。

所有している主な国家資格は，1級建築士，1級建築施工管理技士，宅地建物取引士。

2級建築施工（きゅうけんちくせこう）　超速（ちょうそく）マスター　［第2版］

2021年4月1日　初　版　第1刷発行
2024年2月23日　第2版　第1刷発行

著　者　近　藤　岳　志
発行者　多　田　敏　男
発行所　TAC株式会社　出版事業部（TAC出版）

〒101-8383　東京都千代田区神田三崎町3-2-18
電話 03（5276）9492（営業）
FAX 03（5276）9674
https://shuppan.tac-school.co.jp

組　版　株式会社　エディポック
印　刷　今家印刷　株式会社
製　本　東京美術紙工協業組合

ISBN 978-4-300-10592-4
N. D. C. 525

書籍の正誤に関するご確認とお問合せについて

書籍の記載内容に誤りではないかと思われる箇所がございましたら、以下の手順にてご確認とお問合せをしてくださいますよう、お願い申し上げます。

なお、正誤のお問合せ以外の**書籍内容に関する解説および受験指導などは、一切行っておりません。**
そのようなお問合せにつきましては、お答えいたしかねますので、あらかじめご了承ください。

 「Cyber Book Store」にて正誤表を確認する

TAC出版書籍販売サイト「Cyber Book Store」の
トップページ内「正誤表」コーナーにて、正誤表をご確認ください。

CYBER BOOK STORE TAC出版書籍販売サイト

URL:https://bookstore.tac-school.co.jp/

2 1の正誤表がない、あるいは正誤表に該当箇所の記載がない ⇒ 下記①、②のどちらかの方法で文書にて問合せをする

★ご注意ください★

お電話でのお問合せは、お受けいたしません。
①、②のどちらの方法でも、お問合せの際には、「お名前」とともに、
「対象の書籍名(○級・第○回対策も含む)およびその版数(第○版・○○年度版など)」
「お問合せ該当箇所の頁数と行数」
「誤りと思われる記載」
「正しいとお考えになる記載とその根拠」
を明記してください。
なお、回答までに1週間前後を要する場合もございます。あらかじめご了承ください。

① ウェブページ「Cyber Book Store」内の「お問合せフォーム」より問合せをする

【お問合せフォームアドレス】

https://bookstore.tac-school.co.jp/inquiry/

② メールにより問合せをする

【メール宛先 TAC出版】

syuppan-h@tac-school.co.jp

※土日祝日はお問合せ対応をおこなっておりません。
※正誤のお問合せ対応は、該当書籍の改訂版刊行月末日までといたします。

乱丁・落丁による交換は、該当書籍の改訂版刊行月末日までといたします。なお、書籍の在庫状況等により、お受けできない場合もございます。
また、各種本試験の実施の延期、中止を理由とした本書の返品はお受けいたしません。返金もいたしかねますので、あらかじめご了承くださいますようお願い申し上げます。

TACにおける個人情報の取り扱いについて
■お預かりした個人情報は、TAC(株)で管理させていただき、お問合せへの対応、当社の記録保管にのみ利用いたします。お客様の同意なしに業務委託先以外の第三者に開示、提供することはございません(法令等により開示を求められた場合を除く)。その他、個人情報保護管理者、お預かりした個人情報の開示等及びTAC(株)への個人情報の提供の任意性については、当社ホームページ(https://www.tac-school.co.jp)をご覧いただくか、個人情報に関するお問い合わせ窓口(E-mail:privacy@tac-school.co.jp)までお問合せください。

(2022年7月現在)